Innovation und Arbeit

Fakten – Analysen – Perspektiven

herausgegeben von

Hermann Schnabl

Mohr Siebeck

Die Deutsche Bibliothek – CIP-Einheitsaufnahme:

Innovation und Arbeit: Fakten - Analysen - Perspektiven / hrsg. von Hermann Schnabl.
– Tübingen: Mohr Siebeck, 1997
ISBN 3-16-146794-9

Das Buch wurde von Gulde-Druck in Tübingen auf alterungsbeständigem Werkdruckpapier der Papierfabrik Niefern gedruckt. Den Einband besorgte die Großbuchbinderei Heinr. Koch in Tübingen.

Inhaltsverzeichnis

Vorwort

"Die Innovationskraft Deutschlands steht im Zentrum der Debatte um die Position der Bundesrepublik im internationalen Standortwettbewerb. Der wirtschaftliche Aufschwung wurde in den 80er Jahren zu einem wesentlichen Teil durch die forschungsintensiven Wirtschaftszweige ... getragen"
(Pressemitteilung des BMFT 106/93)

Die Debatte um Innovation und Arbeit hat seit dieser Pressemitteilung des BMFT an Aktualität eher noch gewonnen. Dies ergibt sich nicht nur aus der gegenwärtigen hitzigen Diskussion um Senkung von Spitzensteuersatz und Lohnnebenkosten, die einzusetzenden Mittel – Umverteilung der Arbeit durch nochmals abgesenkte Wochenarbeitszeit kontra Steigerung der globalen Wettbewerbsfähigkeit durch „Markt pur" – werden kontrovers gesehen und vertreten. Will man nicht mehr oder weniger bei Glaubensbekenntnissen stehen bleiben, gilt es die Zusammenhänge zwischen Innovation und Beschäftigung – oder breiter: Innovation und Arbeit – besser aufzuklären, wozu dieser Band u.a. beitragen will.

Das Wirkungsspektrum von Innovationen wird dabei umfassender gesehen als es eine Konzentration auf die reinen Beschäftigungseffekte erlauben würde. Probleme ergeben sich hierbei allerdings schon daraus, daß *Innovationen* als ökonomisches Phänomen nur schwer quantitativ faßbar sind. Schon die Definition des Begriffs bereitet Schwierigkeiten (wann stellt eine beobachtete Veränderung etwas „wirklich Neues" dar? Ist eine neue Autofarbe schon eine Innovation? wohl kaum, möglicherweise aber eine „schwarze Rose" als Neuzüchtung?), noch mehr allerdings die sog. *Adäquation*, d.h. die statistische Umsetzung des Konzepts, die i.d.R. nur mittels sog. Indikatoren oder Proxivariablen bewerkstelligt werden kann. Auch ist sicherlich danach zu differenzieren, *wo* die Innovation erfolgt, d.h. ob als *Prozeß*- oder als *Produktinnovation.* Zum anderen sind die möglichen und hier besonders interessierenden Wirkungen auf den Faktor Arbeit und die verschiedenen Arbeitsmärkte vielfältig und nicht mit einer Fokussierung auf den reinen Beschäftigungsaspekt erschöpft. Arbeitsmarkteffekte ergeben sich *qualitativ* in erster Linie in einer Änderung der Berufsstruktur, aber auch *quantitativ* in Verschiebungen der Beschäftigtenzahlen zwischen den Sektoren, die angesichts des veränderten Anforderungsprofils der Arbeitsnachfrage und des vorhandenen know-how- bzw. skill-profils der Arbeitsanbieter resultieren.

Der vorliegende Band versucht deshalb, ausgehend von einer Beleuchtung der *Erfassungsprobleme* die Tiefendimensionen des Spannungsverhältnisses von Innovation und Arbeit aufzurollen, die faktische *Entwicklung* der Arbeitsmärkte und der Beschäftigung nachzuzeichnen – wobei zumindest die meßbaren Wirkungen der Produktivitätssteigerungen von *Prozeßinnovationen* in die Analyse einbezogen werden können – empirische Zusammenhänge zwischen dem Faktor Arbeit und *Produktinnovationen* herzustellen und schließlich mittels disaggregierter Prognosemodellen zukünftige Beschäftigungswirkungen in einer *Szenario-Analyse* vorherzusagen.

Im Prinzip könnten die einzelnen Beiträge grob einem dieser vier Themenbereiche zugeordnet werden, es wurde jedoch auf diese präzise Einordnung verzichtet, weil die Thematiken der einzelnen Beiträge in dieser Hinsicht teilweise überlappend sind und eine derart eindeutige Zuweisung deshalb künstlich wäre. Die Reihenfolge der Beiträge läßt sich jedoch in gewissem Sinne durchaus als Sequenz „vom Allgemeinen und Grundsätzlichen über die Vertiefung der spezifischen Zusammenhänge zur vermutlichen Zukunft" verstehen, so daß der Gesamtzusammenhang der Beiträge die Topologie der angesprochenen Problematik ganz gut – wenn auch nicht unbedingt erschöpfend abbildet. Der Vordringlichkeit der Probleme im Rahmen der wirtschaftspolitischen Aktualität gemäß ist der Band nicht primär theoretisch ausgerichtet, sondern orientiert sich mit seinen Aussagen eher an der vorfindbaren Wirklichkeit, d.h. an der Empirie. Der Natur der zu beleuchtenden Prozesse entspricht auch die Konzentration der Beiträge auf disaggregierte Modelle und Analysen, da genau dies sowohl Befund als auch Problem zu sein scheint: Innovationen erfordern neue Qualifikationen in den Berufen wie auch in der Ausbildung. Das mit ihnen geschaffene neue Wissen will bzw. muß adäquat verwaltet, eingesetzt bzw. geschützt werden. Der damit initiierte strukturelle Wandel taucht in vielen Varianten auf, insbesondere im Strukturwandel der Wirtschaftssektoren. Dadurch sind die üblichen Repräsentativitäts-Annahmen der Wirtschaftstheorie zum Scheitern verurteilt, bzw. irreführend, weil Innovationen tendenziell eher heterogenisieren als vereinheitlichen.

Neuere Ergebnisse der Innovationstheorie zeigen, daß Innovationen kaum in einer einzelnen Firma entstehen, ja nicht einmal in einem einzelnen Sektor. Sie sind vielmehr Produkt des *Zusammenwirkens* der Bemühungen vieler Firmen aus ganz verschiedenen Sektoren – *„innovations cluster"* (DeBresson). Es zeigt sich immer deutlicher, daß wir mit einer Partialbetrachtung der Zusammenhänge den Gegenstand *Innovation* nicht adäquat in den Griff bekommen werden, da sich die Innovationsgenese nur erschließt, wenn wir die Einbettung der Neuerung in ihr ökonomisches wie auch technologisches Umfeld, die Verknüpfung der verwendeten Technologie mit anderen Technologien, d.h. den *Verflechtungsaspekt* der Innovation mit zum Gegenstand der Betrachtung machen. Damit ist auch eine gewisse Skepsis verknüpft, daß mittels einer nur hinreichend geschickt gewählten Wirtschaftspolitik die möglicherweise fehlenden Innovationen „gemacht" werden könnten.

Ansatzpunkt einer wie immer gearteten Strategie einer „Versöhnung von Innovation und Arbeit" ist die Verbesserung unseres Wissensstandes über die relevanten Einflußfaktoren, allen voran des Ausbildungsstandes und des Forschungspotentials.

In diesem Sinne faßt der Beitrag von Hariolf Grupp, *Technischer Wandel und Beschäftigung*, einige wichtige Ergebnisse bisheriger Innovationsforschung zusammen, so daß auf knappem Raum ein gute Einführung in die Problemlage, den bisherigen Erkenntnisstand und das Potential zukünftiger Forschungsanstrengungen auf diesem Gebiet gegeben wird.

Die folgenden Beiträge von Siegfried Maaß, *Konzeption eines VGR-Satellitensystems für Forschung, Entwicklung und Innovation* bzw. von Werner Grünewald, *Wissenschaftliches und technisches Personal: Ansätze eines Satellitensystems für F&E und Innovation* greifen das Erfassungs- bzw. das Adäquationsproblem auf. Sowohl bei den Innovationen, wie auch beim Faktor Arbeit gilt es eine Statistik-Basis aufzubauen, die in sich konsistent, gleichzeitig aber auch informativ ist. Während der Beitrag von Maaß hierzu die Konzeption beschreibt, zeigt Grünewald, wieweit die Ansätze hierzu im Rahmen der EU schon gediehen sind und gibt damit auch einen interessanten Einblick in die Einschätzung von F&E bzw. Innovationen von seiten der EU-Politik.

Der Beitrag von Norbert Rainer und Sonja Auracher, *Wirtschaftsstruktur, Berufe und Qualifikationern in Österreich,* nimmt einerseits den Faden für Österreich auf, das als neues EU-Mitglied seine Statistik an die der EU angleichen muß, im Hinblick auf die oben angesprochenen Fragestellungen auch eigene Wege geht, bzw. voranschreitet, beinhaltet aber auch schon Analysen zum Strukturwandel auf dem Arbeitsmarkt in der vorangehenden Dekade.

Hans Kohlers Beitrag, *Innovation und Beschäftigung: Jahresarbeitzeit, Arbeitsvolumen, Produktivität*, widmet sich dem Einfluß der Arbeitszeit im Sinne der Arbeitszeitstruktur (Teilzeit, Verkürzungen bei Lebens-, Jahres-, Wochenarbeitszeit) auf die Produktivitätsveränderung. Er zeigt, daß wesentliche Aussagen nur gewonnen werden können, wenn der Strukturwandel bei den verschiedenen Zeitstrukturen mit berücksichtigt wird. In eine ähnliche Kerbe schlägt der Beitrag von Peter Bleses und Carsten Stahmer, die durch Nutzung einer an die heutige Konvention adaptierten Input-Output-Tabelle für 1960 im Vergleich zur Tabelle für 1990 den Strukturwandel im Laufe der drei Dekaden auf sektoraler Ebene nachvollziehen und dabei zeigen können, daß zwischen den Sektoren große Heterogenität in bezug auf das Wachstum der Bruttowertschöpfung und der Produktivität herrscht, die sich in einer kräftigen Streuung des durch Produktivitätswachstum ausgelösten Arbeitsplatzabbaus zeigt. Da das Produktivitätswachstum eine Konsequenz von Prozeßinnovationen darstellt, ist damit auch deutlich, daß diese produktbedingt ganz unterschiedlich über die Sektoren verteilt sind. Eine Mittlerposition zwischen dem Strukturwandel der Vergangenheit und dem Ausblick in die Zukunft nehmen die folgenden vier Beiträge zur Ursachen-Analyse der Beziehungen zwischen Innovation und Arbeit ein.

Günter Strassert analysiert in seinem Beitrag *Von Innovationen in der UGR zur Beschäftigungspolitik* wie eine Berücksichtigung von Umweltrestriktionen Einfluß auf die Beschäftigung nehmen kann, wenn man mit den hieraus folgenden Veränderungen bei den nachgefragten Qualifikationen konsequent weiteranalysiert. Das Novum einer *Physischen Input-Output-Tabelle* als Bestandteil einer UGR (Umwelt-Gesamt-Rechnung) wird hier als Ausgangspunkt für beschäftigungspolitische Fragestellungen nach Arbeitsplätzen und

-qualifikationen genommen. Das hieraus folgende Vektor-Maximum-Problem wird anhand von Graphiken anschaulich gemacht. Die Bedeutung von Innovationen für die Beschäftigung wird im Beitrag von Monika Kaiser und Werner Münzenmaier, *Auswirkungen von F&E-Aktivitäten auf den baden-württembergischen Arbeitsmarkt* für Baden-Württemberg als Exponent der Bundesländer in bezug auf Hochtechnologie analysiert. Ihr methodischer Ausgangspunkt ist eine definitorische Zuordnung von Sektoren zu den Gruppen, teilweise und weniger F&E-intensiv, (abgeleitet aus einer Klassifikation des ISI, Karlsruhe) aus der sie eine Erweiterung der Baden-Württembergischen Input-Output-Tabelle für 1990 herleiten. Diese dient dann als Basis, den Technologiegrad der Produktion und die Beschäftigung in Beziehung zu setzen.

Mit einem Ansatz zur multisektoralen Beschreibung der Innovationsaktivitäten (Innovationsaufwendungen nach der breiten Oslo-Definition) und ihrer Zurechnung im Sinne von "Innovationsgehalten" werden Bezüge zu den Arbeitsmarkt- bzw. Beschäftigungswirkungen im Beitrag des Herausgebers, *Innovation und Beschäftigung in der BRD 1980-1990,* hergestellt. Technologieflüsse zwischen den Sektoren werden dabei im Umfang des Arbeitsproduktivitätswachstums den sektoralen Prozeßinnovationen zugerechnet, das Residuum den Produktinnovationen. Die sektoral stark heterogenen Innovationsanstrengungen sind im Ergebnis beschäftigungswirksam. Ein ähnliches Ergebnis zeigt der Beitrag von Kohei Yoshinaga *Zusammenhänge von Innovation und Beschäftigung für Japan 1980 – 1990.* Der methodische Ansatz unterscheidet sich von den beiden vorausgehenden Arbeiten – es werden u.a. Beschäftigungswirkungen in Abhängigkeit vom sektoralen Einsatz von typischen HighTech-Inputs untersucht bzw. eine Komponentenzerlegung angestellt – die Ergebnisse dekken sich jedoch mit den Befunden für Westdeutschland bzw. Baden-Württemberg: Der bereits vom Ifo-Institut in der sog. META-Studie belegte, *positive* Zusammenhang zwischen Innovation und Beschäftigung (d.h. innovative Sektoren schaffen de fakto zusätzliche Arbeitsnachfrage und steigern zumeist auch ihre Beschäftigung, während wenig innovative Sektoren Arbeitsplätze verlieren) wird für drei unterschiedlich abgegrenzte Wirtschaftsgebiete mit teilweise verschiedenen Analyseansätzen erneut bestätigt

In den beiden letzten Beiträgen von Thomas *Siebe, Branchenwachstum und Beschäftigung: Mittelfristige Szenarien mit einem disaggregierten ökonometrischen Prognosemodell,* sowie von Bernd Meyer und Georg Ewerhart; *Lohnsatz, Produktivitätswachstum und Beschäftigung: Ergebnisse einer Simulationsstudie mit dem disaggregierten ökonometrischen Modell INFORGE,* wird qua Investitionsvariation mit den großen integrierten ökonometrischen Modellen des RWI bzw. der Universität Osnabrück versucht, die Beschäftigungswirkung innovativer Aktivitäten bis zum Jahre 2005 vorauszuschätzen. Die Ergebnisse sind nicht identisch, was darauf zurückzuführen ist, daß das Osnabrücker Modell stärker endogenisiert ist (u.a. z.B. bei der Produktivität und dem Lohnsatz, der eine ganz wesentliche Rolle für die Ausweichbewegungen der Unternehmer in Richtung verstärkter Rationalisierung spielt) doch macht gerade dieser Unterschied viel von der immanenten Dynamik klar, die hier auf etwas unterschiedliche Weise gespiegelt wird. Die Innovationen werden dabei nicht explizit in das Modell gefüttert, weil dies gar nicht möglich ist, sondern spiegeln sich indirekt in den mit Prozeßinnovationen korrelierten Investitionen. Das Ergebnis bei Siebe mit einer relativ konstanten Produktivitätsannahme führt bis 2005 zu einem weiteren Abbau von ca. 1 Mio Arbeitsplätzen, während das Ergebnis von Meyer und Ewerhart in dieser Hinsicht etwas optimistischer ist und einen leichten Beschäftigungsanstieg voraussieht. Ihre Ergebnisse sind damit Wasser auf die Mühlen der Angebotstheoretiker, die sich durch eine gewisse Lohnzurückhaltung Beschäftigungsverbesserungen versprechen, wobei allerdings deutlich zu machen ist, daß Meyer und Ewerhart ihre Ergebnisse nicht durch eine einfache quasi „lineare" theoretische Ableitung gewinnen, sondern aus dem dynamischen Ablauf eines hochintegrierten disaggregierten Modells das eine Vielzahl von nichtlinearen Rückkopplungen beinhaltet.

Ob der vorliegende Band "Innovation und Arbeit" sein Ziel erreicht hat, können letztlich nur die Leser entscheiden. Die Beiträge wurden auf jeden Fall in dem Bemühen geschrieben, Aktualität der Fragestellung und aktuelle Forschungsmethoden zusammenzuführen um damit zur Klärung einer brennenden gesellschaftlichen Frage beizutragen.

Es bleibt mir noch, mich bei all denen zu bedanken, die durch ihren Einsatz zum Entstehen des Bandes beigetragen haben. Dies sind in erster Linie die Autorinnen bzw. Autoren der Beiträge. Ihrem Engagement ist es zu verdanken, daß die Vielfältigkeit der Thematik einigermaßen abgedeckt werden konnte und trotzdem ein vergleichsweise homogenes Produkt entstand, soweit dies bei einer derartigen Fragestellung überhaupt möglich ist. Für die formale Gestaltung danke ich meiner stud. Hilfskraft Jens Bahner, dessem unermüdlichen Fleiß die Fertigstellung ganz wesentlich zuzurechnen ist. Schließlich habe ich auch unserem Verleger, Herrn Georg Siebeck, meinen Dank abzustatten für seine Geduld bei der Entstehung des Opus und seine Bereitschaft es unter seine verlegerischen Fittiche zu nehmen. Unserem Produkt wünsche ich, daß es zur leider kleineren Schar erfolgreicher „Innovationen" zählen möge und bei den Lesern genügend Anklang findet.

Stuttgart, im Juni 1997 Hermann Schnabl

Technischer Wandel und Beschäftigung[1]

Hariolf Grupp, Karlsruhe

1 Neuere theoretische Beiträge zum Thema Innovation und Beschäftigung

Die Diskussion über wissenschaftlich-technischen Wandel und seine Konsequenzen für die Beschäftigung hat in der Ökonomie zwar eine lange Tradition, doch sind die theoretischen Modellvorstellungen vergleichsweise arm geblieben, vor allem aus empirischer Sicht.[2] Aus theoretischer Sicht gibt es auch kaum Neues zu berichten (Blattner 1996, S. 211). Im Zentrum der bisherigen wirtschaftstheoretischen Debatte über den Zusammenhang von Fortschritt und Beschäftigung stehen Freisetzungs- und Kompensationsprozesse, wobei zwischen kurz- und langfristigen Wirkungen und zwischen den Substitutions-, Innovations- und den Rationalisierungseffekten unterschieden werden muß. Helmstädter hat betont, daß nur eine Arbeitsmarkttheorie, welche die Heterogenität der Leistungsfähigkeit der Arbeitskräfte modelliert, überhaupt einen Beitrag zum Thema liefern kann (Helmstädter 1996, S. 233). Unter Berücksichtigung des internationalen Warenhandels ist bei der Entwicklung neuer Produkte immer auch die Möglichkeit von Standortverlagerungen einzubeziehen. Es wäre ein Trugschluß, anzunehmen, daß eine technologische Spitzenposition auf Weltmärkten stets positive Beschäftigungseffekte in einer bestimmten Gesamtwirtschaft haben wird (Hesse 1996 und Burtless 1995). Wie die Beschäftigungseffekte aus technischem Fortschritt nach Betrag und Vorzeichen aussehen, ist in der Literatur weitgehend offen.

Über den Nettoeffekt des wissenschaftlich-technischen Fortschritts auf die Beschäftigung entscheidet das Zusammenwirken von nachfrage- und angebotsorientierten Faktoren. Je nach Art des Fortschritts wird ihnen unterschiedliche Bedeutung zugemessen. So kommt Katsoulacos im Rahmen allgemeiner und partieller Gleichgewichtsmodelle zu dem Schluß, daß Produkt- wie Prozeßinnovationen langfristig positive Beschäftigungseffekte aufweisen können, daß jedoch nur bei den ersteren mit größerer Wahrscheinlichkeit auch kurzfristig eine positive Wirkung nachzuweisen sei.[3] Die neue Wachstumstheorie kann in

---

[1] Der Verfasser hat zu diesem Thema kürzlich ausführlicher Stellung genommen (Grupp, 1996b). Der Beitrag in diesem Buch ist an einigen Stellen gekürzt, dafür aber aktualisiert worden.

[2] Siehe hierzu z. B. die Beiträge v. Kaiser/Münzenmaier, sowie Schnabl bzw. Yoshinaga in diesen Buch oder Schips und Kaplaneck (1987). Eine Übersicht über das angelsächsische Schrifttum geben Pianta et al. (1995). Franz (1996, S. 172) beklagt das Fehlen zureichender Daten, um die theoretischen Argumente empirisch überprüfen zu können.

[3] Katsoulacos (1986). Oppenländer (1991, S. 13) bemerkt, daß zur Zeit das Aufzeigen der Mikro-Fundierung einer entsprechenden Makrotheorie, die sogenannte Mikro-Makro-Brücke, wohl nicht gelingt. Kromphardt und Teubener (1986, S. 244) weisen zu dieser Thematik dar-

dieser Ratlosigkeit auch keine Abhilfe schaffen, auch dann nicht, wenn sie die Gesamtwirtschaft mit zwei Sektoren modelliert. Die Annahme zweier Arbeitsmärkte für die Produktion und für Forschung und Entwicklung (F&E), so hilfreich eine solche Unterscheidung zur Bestimmung der Akademikerbeschäftigung sein könnte, ist ein hochgradig theoretisches Konstrukt. Entsprechendes gilt für die Varianten der neuen Wachstumstheorie, die anstelle eines F&E-Sektors einen gesonderten Humankapitalsektor modellieren.

Auf empirischer Seite zeigt König aufgrund einer ökonometrischen Analyse von Umfragedaten aus Unternehmen, daß mit Fortschrittsprozessen sowohl eine Zunahme wie auch eine Abnahme der Beschäftigung belegt werden kann.[4] Meyer-Krahmer stellt nach Durchsicht der Literatur zu den Effekten neuer Technologie auf die Beschäftigung inklusive einer umfangreichen empirischen Untersuchung in Deutschland fest, daß viele Faktoren zusammenwirken, und nicht nur der technische Fortschritt allein betrachtet werden könne.[5] Im empirischen Teil kommt Meyer-Krahmer zu dem Ergebnis, daß die mit Hilfe der Input-Output-Tabelle berechneten F&E-Kapitalstöcke eine wichtige Rolle bei der Erklärung des Arbeitsmarktes spielen. Jedoch variiert dieser Effekt im Verlauf der Zeit und von Sektor zu Sektor sehr stark. Erst in den 80er Jahren, d. h. bei mäßigem Wachstum des Lohnniveaus im Zusammenhang mit einer geringen Nachfragesteigerung, sei der Einfluß der Variablen für den F&E-Kapitalstock auf die Beschäftigung überhaupt wahrnehmbar (Meyer-Krahmer, a.a.O., S. 146).

Da theoretisch kein bewährter Zusammenhang zwischen dem wissenschaftlich-technischen Fortschritt und der Beschäftigung abgeleitet werden kann, kommt man nicht umhin, zwar theoretisch inspirierte, aber nicht aus der Theorie abgeleitete Zusammenhänge empirisch-deskriptiv zu untersuchen. Will man darüber hinaus Mutmaßungen über die zukünftige Entwicklung anstellen, begibt man sich auf noch dünneres Eis. Schon der Begriff Innovation bzw. technischer Fortschritt läßt sich meßtechnisch nur schwer operationalisieren, während ein Begriff wie „zukünftige Technik“ in den Wirtschaftswissenschaften nicht geläufig ist. Analysen zu Folgen der Zukunftstechnik für den Arbeitsmarkt betreffen bis zum heutigen Zeitpunkt unbekannte Produkte, also die *Antizipation* von zukünftigem Fortschritt. Daraus ergibt sich bereits, daß im Unterschied zu üblichen Analysen des technischen Fortschritts und der Be-

---

auf hin, daß der gesamtwirtschaftliche Beschäftigungseffekt mittel- und langfristig nur dann positiv ist, wenn der Wachstumsspielraum, den die Produktivitätsfortschritte bei der Prozeßinnovation schaffen, auch genutzt würde, was von der Entwicklung von Angebot und Nachfrage in *allen* Bereichen der Volkswirtschaft abhinge.

[4] König (1987) und weitere dort gegebenen Quellen. Für die angelsächsische Literatur ist - mit gleichem Ergebnis - Freeman, Clark und Soete (1982) einschlägig.

[5] Meyer-Krahmer (1992). Diese Ergebnisse sind als Teil der sogenannten META-Studie zu den Beschäftigungsfolgen neuer Technologie entstanden. Matzner (1991, S. 33) faßt alle empirischen Resultate der META-Studie so zusammen, daß „Innovation durch Stärkung der Konkurrenzfähigkeit ein Anwachsen der Arbeitslosigkeit, das bei geringerem Innovationsniveau

schäftigung die *Bestimmung des Innovationszeitpunkts* eine wichtige Größe wird. Während die Wachstums- und Fortschrittsliteratur das Ausmaß und ggfs. die Richtung des technischen Fortschritts zu einem gegebenen Zeitpunkt oder für eine (historische) Zeitreihe empirisch bestimmt, wird für die Vorausschau der (zukünftige) Innovationszeitpunkt zusammen mit dem zukünftigen Ausmaß und der Richtung des Fortschritts zu einer Schätzgröße und kann nicht mehr als empirisch bestimmbare, unabhängige Variable angesehen werden. Von ersten solchen empirischen Versuchen handelt dieser Beitrag.

2 Konturen des Zusammenhangs zwischen Technologie, Beschäftigung und Einkommensverteilung

Seit etwa einem Jahrzehnt wird im Auftrag des heutigen Bundesministeriums für Bildung, Wissenschaft, Forschung und Technologie (BMBF) in Ergänzung zur Strukturberichterstattung des Bundesministeriums für Wirtschaft eine Berichterstattung zur technologischen Wettbewerbsposition, die neuerdings technologische Leistungsfähigkeit genannt wird, erarbeitet. Darin werden die Industriezweige im Hinblick auf die Entwicklung der Beschäftigung dreigeteilt analysiert: bezüglich ihrer F&E-Intensität unterdurchschnittliche Industriezweige (nicht F&E-intensiv), überdurchschnittliche Industriezweige (höherwertige Technik) und sehr stark überdurchschnittliche Industriezweige (Spitzentechnik).[6] Abbildung 1 zeigt die Entwicklung der Beschäftigung in diesen Kategorien für das frühere Bundesgebiet nach fachlichen Betriebsteilen.

Demnach konnten die Industriezweige, die Spitzentechnik und höherwertige Technik hervorbringen, die Beschäftigung in den achtziger Jahren um mehr als 300.000 Personen erhöhen; die per saldo zusätzlich in der Industrie geschaffenen Arbeitsplätze waren in diesem Zeitraum vollständig diesen Sektoren zuzuschreiben. So gesehen fungierte die Spitzen- und höherwertige Technik in den 80er Jahren als Wachstumsmotto und Zugpferd der deutschen Industrie. Die Beschäftigungsentwicklung 1990 und 1991 war von binnenwirtschaftlichen Sonderfaktoren geprägt, welche die Effekte der weltwirtschaftlichen Rezession insgesamt überlagerten. Mit dem Auslaufen dieser Vereinigungskonjunktur im Verlauf des Jahres 1992 schlug die Rezession voll auf Westdeutschland durch; Beschäftigungseinschränkungen auch bei Spitzen- und höherwertiger Technik waren die Folge. In dieser rezessiven Situation zeigten sich die Sektoren der Spitzen- und höherwertigen Technik im Gegensatz zu früheren Perioden sogar überdurchschnittlich betroffen. Allerdings bleiben die gewohnten Rangplätze im Beschäftigungsindex erhalten. Die Beschäftigungsbilanzen der Industriezweige aus dem Bereich höherwertiger Technik fallen dabei meist etwas niedriger aus als im Spitzentechniksektor: Der internationale Kostenwettbewerb nimmt mit abnehmender Innovationsintensität zu, der Produktivitätsdruck wird schärfer. Dies drückt tendenziell auf das Beschäf-

[6] Zur Abgrenzung und ihrer Problematisierung siehe Gehrke et al. (1994).

tigungsniveau in der höherwertigen Technologie, insbesondere in Zeiten ungünstigerer Mengenkonjunktur.

Abb. 1: Entwicklung der Beschäftigung im früheren Bundesgebiet nach F&E-Intensität 1978 bis 1994 (1978 = 100; fachliche Betriebsteile). (Grupp et al. 1996, S. 53)

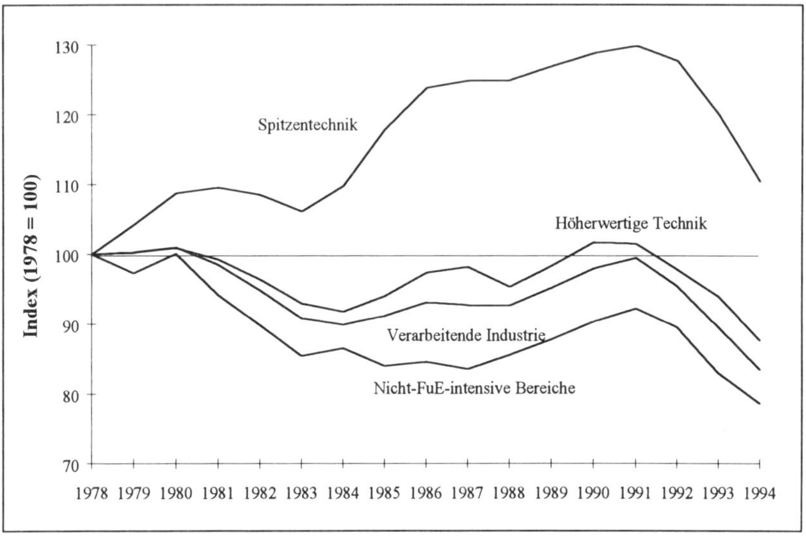

Unschwer ist aus dieser deskriptiven Analyse zu erkennen, daß die unterschiedliche „Technologiehaltigkeit" der Produktion mit unterschiedlichen Beschäftigungseffekten einhergeht, die je nach der Dynamik der allgemeinen Wirtschaftsentwicklung zu unterschiedlichen Veränderungsraten und Vorzeichen führen. Ein maßgeblicher Einfluß des technischen Fortschritts auf die Beschäftigung kann aber wohl nicht geleugnet werden, wenngleich er – wie schon in Abschnitt 1 dargelegt – in kurzfristiger Hinsicht nicht immer positiv ausfällt.

Einen anderen von vielen möglichen empirischen Zugängen anhand von zeitgenössischen Daten stellt die Analyse des Einflusses technologischer Innovationsaktivitäten auf die *Einkommensverteilung* dar. Die Frage, wem die Produktion der neuen Güter einer Volkswirtschaft zugute kommt, gehört zu den Grundproblemen, die in jeder Wirtschaftsordnung gelöst werden müssen. Weil die Preistheorie der Haushalte für die meisten wirtschaftspolitischen Probleme zu kompliziert ist, stellt ersatzweise die Verteilungstheorie die Frage nach der Verteilung des Einkommens. Um auch die neuen Länder in die Betrachtung einbeziehen zu können, wird der Zeitraum 1991 bis 1993 gewählt. Als Hilfsindikator für technischen Fortschritt wird die Patentstatistik genommen.[7] Da die funktionelle Einkommensverteilung nach der volkswirtschaftlichen Gesamt-

[7] Inlandsanmeldungen am Deutschen Patentamt nach regionaler Herkunft; Deutsches Patentamt (1995, S. 95). Zum angemessenen Gebrauch der Patentstatistik siehe etwa Schmoch et al. (1988).

rechnung für die neuen Länder nicht bekannt ist, werden die Angaben des Statistischen Bundesamtes zur Lohn- und Gehaltsstruktur herangezogen. Der Verteilungseffekt aus technischem Fortschritt wird also nach dem Verdienstkonzept personenbezogen untersucht. Die entsprechende Verteilungsstatistik ist auf Einkommensbezieher abgestellt und kann die Einkommensverteilung der Haushalte nicht aufklären.

Rechnet man Regressionen für den Einfluß des bundeslandspezifischen Patentaufkommens aus den Jahren 1991 bis 1993 als einem Maß für das Engagement im technischen Fortschritt auf die Einkommensverteilung, so ergeben sich folgende Zusammenhänge: Die Bruttowochenverdienste in der Industrie und die Bruttomonatsverdienste in Industrie und Handel (1993) hängen hochsignifikant von der Patentproduktivität, d. h. der Patentaktivität pro Erwerbstätigem, ab.[8] Wie Abbildung 2 zeigt, stellt sich der Zusammenhang allerdings als nichtlinear, nämlich einfachlogarithmisch heraus.[9]

In Abbildung 2 erscheint das Verdienstniveau in Ostdeutschland in seiner geringen Höhe aufgrund der Vereinigungseffekte (noch) überzeichnet zu sein; der erwähnte Zusammenhang ist jedoch auch für Westdeutschland allein nachweisbar, wenn auch schwächer ausgeprägt. Wird unterstellt, daß der Zusammenhang nicht nur für den momentanen Zeitpunkt, sondern auch für die Zukunft gilt, ergibt sich eine deutliche soziale Komponente der Innovation. Auf den Zusammenhang von Technologie und Einkommensverteilung wird allerdings in der Literatur selten verwiesen; meist bleibt die Betrachtung auf das Marktwachstum begrenzt. In der Regel werden Einkommensunterschiede aus anderen, nicht technologischen Faktoren erklärt und ein möglicher Einfluß aus technischem Fortschritt gar nicht in Betracht gezogen. Hier scheint sich ein großes Forschungsgebiet aufzutun, das für die Wirtschafts- und Sozialpolitik von größter Bedeutung ist (Grupp 1996b). Betrachtet man die Agglomerationen (Stadtstaaten), scheint auch eine hier vernachlässigte regionale Komponente zu wirken.

---

[8] Wobei im Falle des Bruttowochenverdienstes in der Industrie das 1 % Signifikanzniveau, im Falle des Bruttomonatsverdienstes in Industrie und Handel das 0,1 % Signifikanzniveau unterschritten wird; auch das Einkommensniveau im Handel ist somit vom technischen Fortschritt beeinflußt.

[9] Dies ist das Ergebnis des konsekutiven Tests einer linearen, einfachlogarithmischen, Potenz-, S-Kurven-, Wachstums- und logistischen Funktion. Die zweitbeste Schätzung neben der einfachlogarithmitischen Funktion stellt die Potenzfunktion zur vierten Wurzel dar.

Abb. 2: Technischer Fortschritt und regionale Einkommensverteilung am Beispiel der Patentproduktivität und des Bruttomonatsverdiensts 1993 nach Bundesländern.

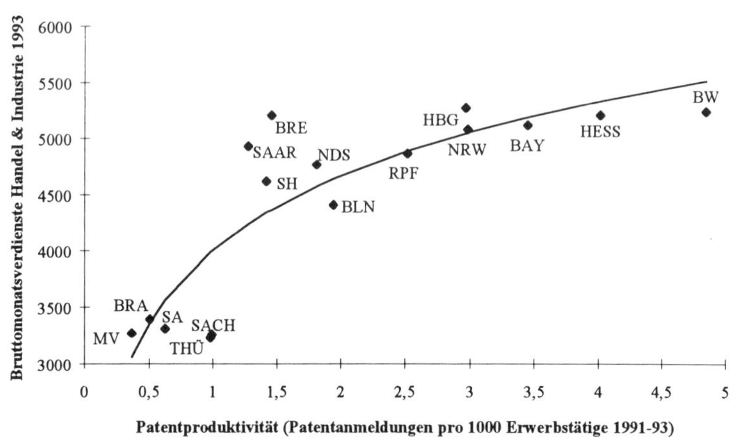

BW = Baden-Württemberg, BAY = Bayern, BLN = Berlin, BRA = Brandenburg, BRE = Bremen, HBG = Hamburg, HESS = Hessen, MV = Mecklenburg-Vorpommern, NDS = Niedersachsen, NRW = Nordrhein-Westfalen, RPF = Rheinland-Pfalz, SAAR = Saarland, SACH = Sachsen, SA = Sachsen-Anhalt, SH = Schleswig-Holstein, THÜ = Thüringen.

Insgesamt kann trotz der spärlichen Zahl an Untersuchungen ein Zusammenhang zwischen technischem Fortschritt und Beschäftigungsmenge sowie -qualität nicht in Abrede gestellt werden. Man hat jedoch den Eindruck, daß der größte Teil der analytischen Arbeit aufgrund der neuerlich verfügbaren Daten erst noch zu leisten ist.[10]

3 Wissensintensität und die Umstrukturierung zur Dienstleistungsgesellschaft

Bisher ist die ökonomische Analyse des technischen Fortschritts überwiegend auf das verarbeitende Gewerbe begrenzt. Dieses wird nach landläufiger Ansicht an Bedeutung in der Gesamtwirtschaft abnehmen und durch den Dienstleistungssektor teilweise verdrängt werden. Unabhängig davon, wie sicher diese Prognose ist und wie schnell der Strukturwandel eintritt, stellt sich die Frage, ob hieraus Effekte für die Wissensintensität der Volkswirtschaft und damit der Struktur der Beschäftigung folgen. Hierzu liegen erste Untersuchungen vor, die explorativen Charakter haben und mindestens ebenso viele Fragen aufwerfen,

[10] So auch Burtless (1995), der bei einem Überblick über die Wirkungen des Außenhandels auf die Lohnniveau-Disparitäten passim immer wieder darauf hinweist, daß die meisten Ökonomen solche Effekte dem technischen Wandel zuordnen, aber nicht dem Außenhandel.

wie sie beantworten. Als Eckwert kann man davon ausgehen, daß fast alle Dienstleister Geräte und Maschinen einsetzen (z.B. Kreditkartenleser, Münzwechsler, Cafeteria-Bedarf, Reinigungsmaschinen etc.)[11], so daß mit dem Strukturwandel hin zu mehr Dienstleistungen immer auch eine Nachfrage nach Investitionsgütern des verarbeitenden Gewerbes verbunden sein wird. Die Frage für das verarbeitende Gewerbe ist dann, ob es auch für die zukünftige Dienstleistungsgesellschaft die „richtigen“ Maschinen herstellt und anbietet.

Abb. 3: Erwerbstätige im Unternehmenssektor (ohne Staat) 1980 bis 1994 (1980 = 100, früheres Bundesgebiet).[12]

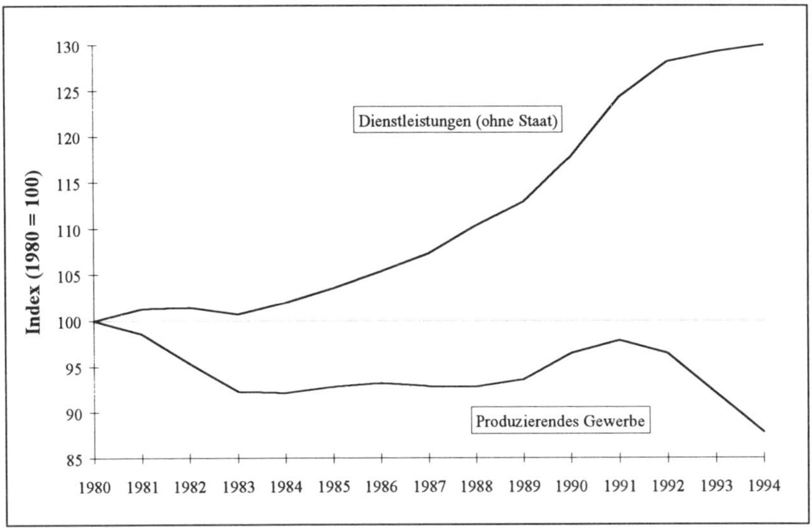

Die Annahme eines Strukturwandels hin zur Dienstleistungsgesellschaft stellt letztlich eine Trendfortsetzung dar, wenn man Abbildung 3 betrachtet. In der Industrie gingen fast alle Arbeitsplätze verloren, die in den Wachstumsphasen seit 1984 geschaffen worden sind. Der Dienstleistungssektor wächst hingegen weiter an, auch wenn sich seit 1991, spätestens seit 1992, das Wachstum verlangsamt. Untersucht man den Wandel der Tätigkeitsinhalte, dann zeigt sich, daß noch 1985 mehr als 37 % der Beschäftigten mit dem Herstellen, Warten oder Reparieren von Maschinen betraut waren, während sich dieser Anteil 1993 nur noch auf 32 % beläuft. Die Tätigkeitsmerkmale Büroarbeit, Planen, Forschen, Leiten, Ausbilden und Informieren sind hingegen im gleichen Zeitraum

[11] In Gehrke et al. (1994, S. 129ff.) werden Innovationsaktivitäten auf dem speziellen Markt für „Dienstleistungsmaschinen“ betrachtet.

[12] Grupp et al. (1996, S. 55); die Analyse stützt sich auf die VGR der Länder und Berechnungen des NIW. Die Angaben für 1994 sind mit Hilfe der Veränderung der Anzahl der sozialversicherungspflichtig Beschäftigten geschätzt.

bezogen auf alle Wirtschaftsbereiche von 37,2 % auf 42,4 % angestiegen.[13] Freilich kann man auch aus der funktionalen Tätigkeitsanalyse nicht direkt auf die Beschäftigungsstruktur schließen.

Ein umfangreiches Gemeinschaftsgutachten[14] hat das verarbeitende Gewerbe und die übrige Wirtschaft unter dem Aspekt der Wissensintensivierung sehr detailliert analysiert. Unter anderem wurde dabei der Anteil der sozialversicherungspflichtig Beschäftigten mit Fachhochschul- oder Universitätsabschluß („Hochqualifizierte") und alternativ nur mit Wissenschaftlern (Universitätsabgängern) ermittelt, allerdings für das frühere Bundesgebiet und nur für den Zeitraum 1990 bis 1994. Im Ergebnis zeigt sich, daß die Hochqualifiziertenquote bei Dienstleistern und in der Industrie selbst in diesem kurzen Zeitraum angestiegen ist. Dies zeigt einen Trend zur Verstärkung der Beschäftigung von Hochschulabgängern im Vergleich zum Arbeitsmarkt für andere Ausbildungsebenen und damit auch für die „Wissensintensivierung" auch in den Dienstleistungsbranchen. Bereits heute liegt die Beschäftigung Hochqualifizierter im Dienstleistungssektor (ohne Staat) höher als in der Industrie. Die Wissenschaftlerquote aus Universitätsabsolventen kann nur für die Industrie (in diesem Falle ohne den Bergbau) bestimmt werden, steigt aber ebenfalls an. Würde man im Dienstleistungsbereich allerdings die Gebietskörperschaften einbeziehen, ergäben sich andere Relationen.[15]

Der überwiegende Teil der Akademiker ist im jeweils wissensintensiven Sektor innerhalb der Industrie und innerhalb der Dienstleister anzusiedeln. Auch die Abgrenzung eines jeweils *wissensintensiven Sektors* ist nicht ohne Mühe und zweifelsfrei zu erreichen. Die umfangreichen Listen sind in der gegebenen Quelle nachzulesen. Innerhalb der verarbeitenden Industrie ist etwa der Luft- und Raumfahrzeugbau, die Herstellung von Zählern, Fernmeldegeräten, optischen Geräten, pharmazeutischen Erzeugnissen usw. wissensintensiv, während im Dienstleistungsbereich die wissenschaftlichen Bibliotheken und Hochschulen, Verlage, Kliniken, Nachrichtenbüros, Architektenbüros etc., zum wissensintensiven Bereich gehören.

---

[13] Hummel et al. (1995, S. 62); die Analyse beruht auf Daten des Statistischen Bundesamtes und des Mikrozensus.

[14] Niedersächsisches Institut für Wirtschaftsforschung (NIW) und Fraunhofer-Institut für Systemtechnik und Innovationsforschung (ISI); siehe Grupp et al. (1996).

[15] Vgl. Weißhuhn et al. (1994).

Abb. 4: Sozialversicherungspflichtig beschäftigte Hochqualifizierte bzw. Universitätsabsolventen in der Industrie bzw. in der sonstigen Wirtschaft (Dienstleistungsbereich ohne Staat) im früheren Bundesgebiet 1990 bis 1994.[16]

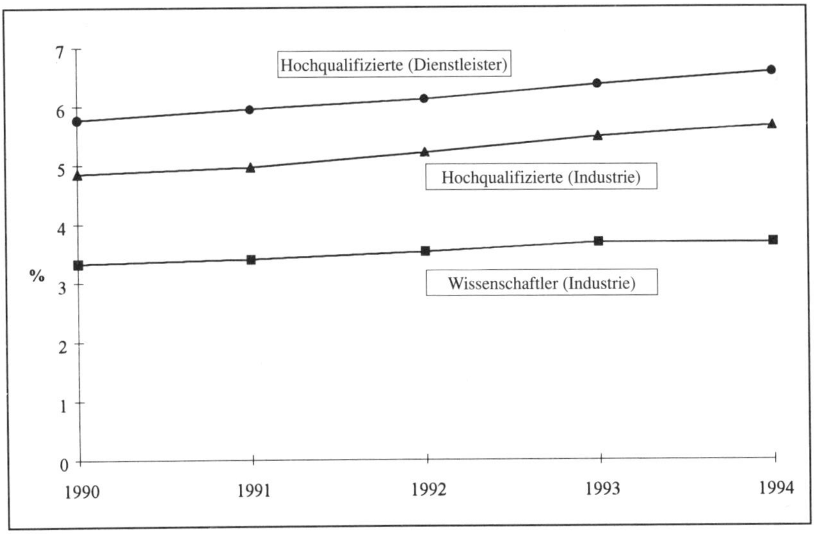

In Verbindung mit der erwarteten, fortgeschriebenen Strukturentwicklung hin zu einer Dienstleistungsgesellschaft bedeutet dies, daß im Hinblick auf die Arbeitsnachfrage mit zwei Effekten zu rechnen ist. Einerseits intensiviert sich jeder Sektor vermutlich weiterhin in Richtung auf Hochqualifizierte, zusätzlich wird durch das langsamere Wachstum – oder den Rückgang – im verarbeitenden Gewerbe zugunsten der Dienstleistungen ein Niveaueffekt zugunsten Hochqualifizierter im Bereich eines Prozentpunkts zu erwarten sein. Für die relative Arbeitsnachfrage im Bereich der Hochqualifizierten haben beide Effekte ein positives Vorzeichen, so daß die qualitative Aussage, daß sich innerhalb der Gesamtbeschäftigung der Anteil der Akademikerbeschäftigung verstärken wird, auf der sicheren Seite ist. Letztlich bleiben für eine quantitative Prognose, die hier nicht vorgelegt werden kann, „nur" Zusammensetzung und relativen Anteile der beiden Effekte offen.

4 Abschätzungen zur mittel- und langfristigen Entwicklung von Wissenschaft und Technik

Ein Teil des für das Wirtschaftswachstum und damit die Beschäftigung wichtigen *Wissens* läuft über den Dienstleistungs- oder Arbeitsmarkt (Patente und Lizenzen, Datenbanken, Informationsrecherchen, externe Vertragsforschung, Humankapital für F&E etc.), während ein anderer Teil im Rahmen sogenannter „Communities" ausgetauscht wird, also in informellen Kreisen von Wissen-

[16] Vgl. Grupp et al. (1996, S. 56)

schaftlern, Ingenieuren und Geschäftsleuten, in denen der Informationsfluß meist unentgeltlich gehandelt wird. Es treten folglich positive externe Effekte innerhalb des Innovationssystems auf, die eine Volkswirtschaft gezielt nutzen kann. Die gezielte Förderung des Transfers von Wissenselementen über zukünftige Produktionsmöglichkeiten innerhalb dieser informellen Kreise kann somit als ein wichtiger Input in das Innovationsgeschehen aufgefaßt werden.[17] Unterschiede zwischen nationalen Volkswirtschaften treten insofern auf, als die entsprechenden informellen Kreise meist noch national organisiert sind, und die einzelnen Staaten ihrer Aufgabe in unterschiedlichem Umfang nachkommen, die darin besteht, die wachstumsträchtigen Technologiebereiche der Zukunft zu identifizieren und im Rahmen von strategischen Dialogen die entsprechenden informellen Kreise zu einem Austausch zu bewegen (vgl. Münt 1996).

Ein ernstes Problem betrifft den Erkenntnisgewinn aus der Aktivität des Staates im Bereich der *Vorausschau*. Er beruht meist auf Umfragen und damit subjektiven Meinungen, auch dann, wenn die befragten Personen wissenschaftlich geschulte Fachleute sind. Auch das beste Verfahren führt letztlich nicht zu sicheren Aussagen über die Zukunft, die eine Volkswirtschaft ohnehin nicht gewinnen kann, da die Zukunft selbst ein Objekt der Gestaltung durch Innovationsprozesse ist (Bewertung unter Unsicherheit). Aus solchen Untersuchungen über die mutmaßliche Entwicklung von Wissenschaft und Technik lassen sich aber strukturelle Informationen über die Richtung des technischen und ggfs. des wissenschaftlichen Fortschritts gewinnen, die wiederum im Sinne von Portfolio-Analysen mit dem gegenwärtigen Aktivitätsprofil einer Volkswirtschaft verglichen werden können.

Das klassische Repertoire[18] kann nach *qualitativen* und *quantitativen* Methoden unterschieden werden, auch wenn häufig ein Methodenmix vorliegt. Vor einem falschen Gebrauch *allein quantitativer* Methoden sollte deutlich gewarnt werden; gerade bei der Beschreibung des naturwissenschaftlich-technischen Hintergrunds der Zukunftstechnologie werden häufig regelhafte und gesetzesartige Zusammenhänge unterstellt, die zwar eine gewisse Plausibilität aufweisen, aber sich noch nicht mit erfahrungswissenschaftlicher Stringenz bewährt haben. Die Modellbildung im Bereich der Innovationsökonomik und der Technikgenese ist noch so unsicher, daß schon von daher Zweifel an manchen aus den Naturwissenschaften übernommenen quantitativen Methoden angebracht sind. Das Zustandebringen von Innovationen unter wirtschaftlichen Bedingungen ist ein *sozialer Prozeß*, keine technische Zwangsläufigkeit. Die systematische Methodenlehre und eine kritische Methodendiskussion sind in der Technikvorausschau wenig entwickelt; sie verdienen dabei aber höchste Priorität.

In jüngster Zeit haben Anwendungen der sogenannten Delphi-Methodik in Deutschland vermehrt Aufmerksamkeit gefunden. Die *Delphi-Experten-Um-*

---

[17] Zur Bedeutung dieser Effekte für das Innovationsmanagement siehe Grupp (1996).

[18] Zu den Methoden der Technikbewertung siehe VDI (1991).

frage ist eine bestimmte Ideenfindungs- und Vorausschaumethode, welche die Zukunftseinschätzungen ausgewählter Fachleute systematisch erhebt und ausmittelt. Dabei werden die Umfrageergebnisse den beteiligten Experten einmal oder mehrmals zur erneuten Urteilsbildung vorgelegt, damit sie ihre Auffassung im Lichte der anderen Expertenmeinungen überprüfen und (stark) abweichende Positionen ggfs. korrigieren können.

Der Erfolg der Delphi-Methode hängt entscheidend von der Auswahl der befragten Fachleute ab (BMFT 1993, Cuhls und Kuwahara 1994, Cuhls et al. 1996 und dort gegebene Quellen). Dabei neigen Fachleute, die an einer bestimmten technischen Entwicklung beteiligt sind, häufig zu besonders optimistischen Einschätzungen. Da die Methode konvergenzbildend ist, favorisiert sie Mehrheitsmeinungen und bewegt abweichende Auffassungen zur Anpassung. Sie dient mithin nicht dem Zweck, Wahrscheinlichkeitsaussagen über den Wahrheitsgehalt zukünftiger Ereignisse in Wissenschaft und Technik zu treffen, was ja im Rahmen des sozialen Gestaltungsprozesses noch keine feste Größe sein kann. Vielmehr geht es darum, festzustellen, inwieweit die heutigen wissenschaftlich-technischen Eliten bereits konsensuale Auffassungen über die mutmaßliche Entwicklungsrichtung und das vermutete Entwicklungstempo gebildet haben oder nicht. Ergebnisse einer Delphi-Untersuchung stellen keine Prognosen dar, sondern antizipieren alternative Entwicklungspfade, um die *heutigen* Entscheidungsträger in Wirtschaft, Wissenschaft und Politik in einen Selbstreflexionsprozeß über die langfristige Entwicklung zu verwickeln, und zwar sektorübergreifend.

Die deutsche Delphi-Untersuchung aus dem Jahr 1993 ist in einem Doppel-Blindversuch als vergleichende Untersuchung zwischen Japan und Deutschland angelegt und faßt den Zeitraum bis zum Jahr 2020 ins Auge. Sie bemüht sich um eine Bestimmung der *zeitlichen Bandbreite*, in der wichtige Entdeckungen gemacht oder im Grundsatz bekannte technologische Innovationen unter wirtschaftlichen Gesichtspunkten eingeführt bzw. breit verwendet werden könnten. Es wird nicht nur nach den wissenschaftlichen und technischen Möglichkeiten auf der Angebotsseite gefragt, sondern auch nach den wichtigsten Hemmnissen, die ihrer wirtschaftlichen Nutzung entgegenstehen (technischer Art, Gesetze, Regeln und Vorschriften, wirtschaftlicher Art, Situation beim F&E-Personal, kulturelle und ethische Faktoren u. dgl.). Die Gegenstände der Umfrage sind nicht in Frageform formuliert, sondern als *Falschaussage*. Es wird eine Produkt-, Prozeß- oder Dienstleistungsvision behauptet, die es heute in dieser Qualität oder Leistungsausprägung nicht gibt.[19] Die Fachleute sollen zu diesen falschen Tatsachenbehauptungen Bandbreiten angeben, in denen diese in zeitlicher und sonstiger Hinsicht (Hemmniskategorie) wahr werden könnten, und bei dieser Gedankenübung die unterstellte wissenschaftlich-technische Entwicklung implizit einbeziehen. Der genaue Lösungs-

---

[19] Z. B.: Dünnschichtsolarzellen auf Dächern von Privathäusern mit einem Wirkungsgrad von 20 % sind weit verbreitet.

weg dahin wird dabei – schon aus Vertraulichkeitsschutzgründen – nicht expliziert.

Die Delphi-Methode ist besonders nützlich, um Expertenschätzungen über die mittel- bzw. langfristige Zukunftsperspektive einzuholen, denn für kürzere Zeithorizonte sind alternative Methoden etabliert (z. B. die Patentstatistik); in längerfristigem Zusammenhang stellen Experteneinschätzungen die einzige Informationsquelle dar. Die sehr verbreitete Szenarienmethode kommt für eine umfassende Vorausschau von Wissenschaft und Technik ebenfalls nicht in Frage, weil sie sich jeweils auf ein bestimmtes Szenario beziehen muß (Energiebedarfsprognosen, Prognosen zum Kohlendioxidgehalt etc.).

Um einen gedrängten Eindruck von den Ergebnissen der japanisch-deutschen Delphi-Untersuchung zu geben, sind Aggregationen erforderlich. Die einzelnen Produktvisionen lassen sich Zukunftsmärkten zuordnen; eine Zuordnung nach (produktionsverwandten) Industriezweigen erscheint unmöglich zu sein, weil die Umfrage keinerlei Hinweise darauf gibt, wie die Unternehmen zu diversifizieren beabsichtigen oder ob sie im Substitutionsfall eher ihre angestammten Märkte verteidigen (mit neuer Technologie) oder ihre technologischen Kernkompetenzen beibehalten und sich hiermit neue Märkte erschließen.

Die *zukünftigen Marktpotentiale* gemäß dieser Delphi-Untersuchung ergeben sich aus der Untersuchung nicht unmittelbar. Harte Fakten und gesicherte Angaben über zukünftige Marktgrößen liegen nicht vor und sind auch nur schwer zu bekommen. So schwanken beispielsweise die Schätzungen des Potentials der Biotechnologie im Jahr 2000 in der veröffentlichten Literatur zwischen 28 und 100 Mrd. US $. Generell ergibt sich das Marktvolumen aus dem Produkt der abgesetzten Menge und dem erzielten Preis. Die Delphi-Studie macht jedoch weder quantitative Aussagen zur Menge noch zum Preis. Daher unterliegt eine Bewertung des *Marktpotentials* wesentlich größeren Unsicherheiten als die Bewertung der wissenschaftlich-technischen Entwicklung. Unter Heranziehung von Kunstgriffen kann man jedoch versuchen, wenigstens die strukturellen Entwicklungen zu erkennen. Beispielsweise ist es gelungen, darzutun, daß sich unter dem Anwendungsbereich „Gesundheit" acht näher bestimmbare Zukunftsmärkte mit insgesamt 74 repräsentativ verstandenen Produktvisionen zu erwarten sein werden.[20]

Diese kursorische Erwähnung der insgesamt fast 1.200 Produktvisionen, welche die Delphi-Untersuchung enthält, ist hier im wesentlichen exemplarisch gemeint, weil daraus Probeschätzungen für den technologisch bestimmten Einfluß auf die Beschäftigungsentwicklung abgeleitet werden können. Dieser Aufgabe widmet sich der nächste Abschnitt in quantitativer Hinsicht und der übernächste Abschnitt in disziplinärer bzw. qualitativer Hinsicht.

---

[20] Siehe Grupp (1996b, S. 249-251). Die acht prognostizierten Zukunftsmärkte sind: neue Therapien, künstliche Organe, Dienstleistungen in der Medizin, Medikamente und pharmazeutische Produkte, diagnostische Instrumente, Geräte und Verfahren, chirurgische Instrumente, Geräte und Verfahren, Produkte für die Gerontologie und Rehabilitationsmedizin, biomedizinische Wirkungsanalysen und Entstehungsursachen.

5 Zukünftiger Umfang der Arbeitsnachfrage

Aufbauend auf den qualitativen Aussagen der Delphi-Untersuchung zur Entwicklung von Wissenschaft und Technik (BMFT 1993) liegt inzwischen eine Langfristprognose für Gesamtdeutschland vor, die auf dem völlig überarbeiteten WEFA-Weltmodell beruht.[21] Es baut auf teilautonomen Prognosen für 22 OECD-Staaten und 11 Regionen auf und besteht aus ca. 200 Identitäts- und Verhaltensgleichungen. Es werden dabei zwei technikzentrierte Szenarien durchgerechnet, wobei das optimistische Szenario nicht auf einer explizit modellierten Technologiepolitik, sondern auf einer vergrößerten Fähigkeit der Wirtschaft beruht, neue Technikentwicklungen *im Inland* praktisch nutzbar zu machen. Die Finanzpolitik ist auf Konsolidierung gerichtet. Die internationalen Rahmenbedingungen, insbesondere die Wechselkurse, sind für beide Szenarien identisch; die Währungsunion beginnt für einen engeren Kreis der Europäischen Union 1999. Die effektiven Löhne entwickeln sich in beiden Szenarien zunächst mit gleicher und zum Ende des Prognosehorizonts mit nur leicht divergierender Rate. Für den Außenhandel wird unterstellt, daß Gütergruppen, deren Absatzwachstum das durchschnittliche Wachstum aller Exporte deutlich und dauerhaft übertrifft, als technologieintensiv anzusehen sind,[22] wobei die Diffusionsverläufe neuer Technik an die Ergebnisse der Delphi-Studie angelehnt sind, also den mutmaßlichen Innovationsraten im Zeitraum bis 2015 folgen (Carstensen 1995).

Abbildung 5 läßt deutlich werden, daß die deutlichsten Beschäftigungsgewinne in der Phase 2010 bis 2015 eintreten, weil gemäß der unterstellten mutmaßlichen Innovationsrate nach der japanisch-deutschen Delphi-Untersuchung eine breite Diffusion neuer Technik gehäuft im Zeitraum 2005 bis 2010 erfolgt. Dieses Ergebnis korreliert mit der Auffassung, daß bei technologisch erfolgreicherer Entwicklung ein größerer Anteil von Anwenderarbeitsplätzen im Inland gehalten werden kann. Die günstige Beschäftigungsentwicklung im optimistischen Szenario in diesem Zeitraum wird auch durch eine spürbare Zunahme der Anzahl der Selbständigen (inkl. Familienangehörige) unterstützt. Selbst unter diesen günstigen Rahmenbedingungen wird die Sockelarbeitslosigkeit nur langsam abgebaut und könnte zwischen 2005 und 2015 im optimistischen Fall von 9 % auf 8 % aller abhängig Beschäftigten sinken, während im pessimistischen Szenario der Anteil im gleichen Zeitraum von 10 auf über 11 % steigen dürfte. Dabei ist ein Bevölkerungswachstum von 0,2 % jährlich nach dem Jahr 2000 unterstellt.

---

[21] WEFA bezeichnet das Modell der Wharton Econometric Forecasting Associates, das aus den Arbeiten Kleins an der Pennsylvania University in Philadelphia hervorgegangen ist.

[22] Dies ist im Einklang mit den in Abschnitt 2 dargelegten Analysen zur F&E-Intensität; siehe bei Gehrke et al. (1994).

Abb. 5: Abhängig Beschäftigte und selbständig Beschäftigte in Gesamtdeutschland nach optimistischem und pessimistischem Szenario auf der Basis des WEFA-Modells. (A.a.O).

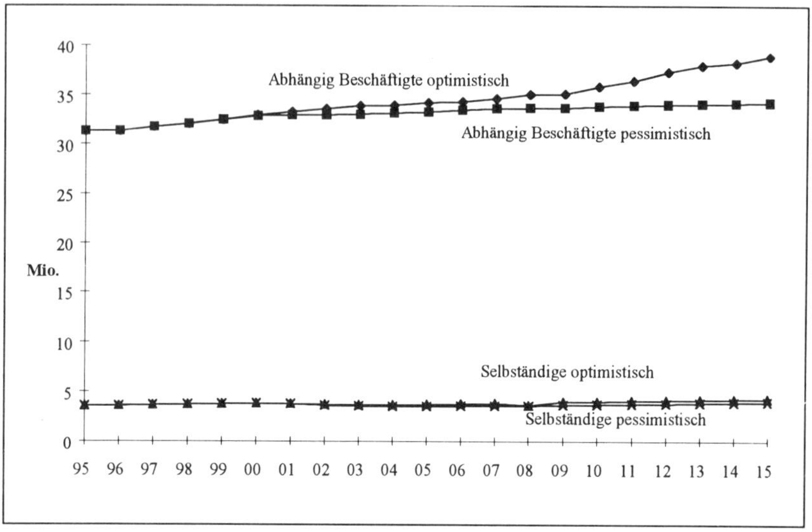

Leider gibt das WEFA-Modell keinen Hinweis zur Qualifikationsstruktur der Beschäftigung; da der Schub in der Arbeitsnachfrage allerdings unmittelbar aus dem technischen Fortschritt abgeleitet wird, kann unterstellt werden, daß hochqualifizierte Arbeit verstärkt nachgefragt werden wird. Diese Interpretation wird auch dadurch gestützt, daß eine andere Untersuchung zu quantitativ ähnlichen Ergebnissen gelangt.[23] Ohne auf die Details einzugehen, wird dort mit einem Szenarienmodell, beruhend auf der Erwerbspotentialrechnung des IAB, ein Integrations- und ein Restriktionsszenario entworfen, wobei in bezug auf die Technologie im Integrationsszenario eine Verbesserung der gesellschaftlichen und politischen Bedingungen für die Umsetzung technologischer Innovationen angenommen wird, wobei zentrales Technikfeld die Mikroelektronik bleibt. Starke Bedeutungsgewinne der Bio- und Gentechnik sowie neuer Werkstoffe und alternativer Energieträger werden unterstellt. Im Restriktionsszenario erfolgt annahmegemäß eine zögerliche Umsetzung der neuen Technologie bei gesellschaftlichen Akzeptanzproblemen. Diese Annahmen sind qualitativ mit den detaillierteren Schätzungen aus dem zitierten Delphi-Bericht gut verträglich.[24]

Im Ergebnis errechnet Gornik für das Jahr 2010 fast 38 Mio. Erwerbstätige im Inland, im Restriktionsszenario 36 Mio. Im Vergleich dazu kommt nach dem WEFA-Modell für dasselbe Jahr im optimistischen wie im pessimistischen Fall ein niedrigeres Ergebnis heraus, der Abstand zwischen den beiden

[23] Gornik (1995).

[24] Die Ergebnisse sind auch mit anderen Projektionen verträglich, die kein ausdrückliches Technikszenario modellieren; siehe z. B. Weißhuhn et al. (1994).

und das interessiert hier im Zusammenhang mit dem Innovationsthema – wird allerdings beidemal gleich geschätzt. Zur Bestimmung der Qualifikationsstruktur aus der mutmaßlichen technischen Entwicklung kann also momentan nichts *Quantitatives* beigetragen werden. Daher wendet sich der folgende Abschnitt den neuen *Qualifikationsanforderungen* auf dem Arbeitsmarkt zu.

6 Zukünftige qualitative Anforderungen an Erwerbspersonen

Die industrieökonomische Literatur hat sich in den letzten Jahren verstärkt der Frage zugewendet, wie eindeutig sich naturwissenschaftlich-technische Gebiete trennen lassen. Denn das entsprechende Wissen ähnelt in vielfacher Weise einem öffentlichen Gut: Wettbewerber eines Innovators können fast kostenlos imitieren und das neue Wissen anderer für sich in Anspruch nehmen. Um die Produktion neuen Wissens nicht völlig kostenlos zu machen und es damit zum Versiegen zu bringen, müssen die Innovatoren z. B. die durch Patentschutz ermöglichten zeitweiligen Monopolrechte in Anspruch nehmen. Trotz der Möglichkeit des Patentschutzes und anderer Schutzrechte, die zeitlich und sachlich begrenzt sind, lassen sich aber „Mitnahmeeffekte" beobachten, das bedeutet positiv ausgedrückt, daß das auf der Industrieebene entstehende technische Wissen sogenannte *Spillovers* hervorbringt (vgl z.B. Grupp 1994 und 1996a). Sie werden hauptsächlich aus zwei Quellen gespeist: Die eine Quelle sind technologische Ähnlichkeiten, also technikimmanente Faktoren, nach denen jede Innovation grundlegende Prinzipien und Methoden beinhaltet, die weit verbreitet und relativ leicht übertragbar sind. Die andere Quelle ergibt sich aus der Tatsache, daß auch unternehmensspezifisches technologisches Wissen nicht gänzlich in einem einzigen Unternehmen verbleibt. Vielmehr wird es zu einem gewissen Grade in andere Unternehmen diffundieren, z. T. unbeabsichtigt, zu einem sicherlich größeren Teil aber als geplanter, organisierter und sogar von einzelnen Unternehmen forcierter Effekt (etwa über Wechselpersonal, durch Firmenzusammenschlüsse, Firmenübernahmen, strategische Allianzen, etc.).

Im Sinne dieser Definition verursacht auch der Wissenstransfer von Universitäten und staatlich geförderten Forschungseinrichtungen zu privatwirtschaftlichen Unternehmen einen Spillover-Effekt, der meist ganz in der Absicht der staatlichen Förderung von F&E liegt. In der neuen Wachstumstheorie sind Informations-Spillovers eine der am häufigsten diskutierten Quellen eines systemimmanent generierten Wachstums (Harhoff und König 1993). Die zuletzt genannte Art der externen Effekte wird in der Literatur allerdings häufiger mit „Wissenschaftsbindung der Technik" umschrieben. Dabei wird der Blick von der Technik auf die unterstützenden Faktoren aus den Natur- und Ingenieurwissenschaften gerichtet, nicht von diesen auf Spillover-Effekte in Richtung Technik.

Es gibt quantitative Verfahren, das Ausmaß der technologischen Spillovers sowie der Wissenschaftsbindung zu erfassen, auf die hier nicht eingegangen werden kann (z.B. bei Grupp und Schmoch 1992, Grupp 1994 und 1996a). Mit

Hilfe solcher Verfahren läßt sich das Ausmaß der momentanen Verflechtung zwischen technischen Gebieten im Sinne von Indexwerten angeben. Im Bereich der Biotechnologie und der Werkstoffe, sowie der Halbleiter- und der Umwelttechnik werden besonders viele Produktinnovationen erwartet, die in disziplinärer Hinsicht in hohem Maße verflochten sind und damit Spillover-Effekten unterliegen (Details siehe Grupp (1996b, S. 258-261)). Um sie zustande zu bringen, wird ein Humankapital erforderlich sein, das zumindest multidisziplinäre, wenn nicht interdisziplinäre Kenntnisse hat. Überdurchschnittlich groß ist die Innovationsrate auch im Bereich der Datenverarbeitung, der Oberflächentechnik, der Optik, des Transports, der audio-visuellen Technik (Unterhaltungselektronik), der Telekommunikation, der elektrischen Energie und im Bereich Messen und Regeln. Diese Gebiete sind zwar auch in einem gewissen Umfang verflochten, jedoch dürften sich hier die disziplinären Anforderungen etwas überschaubarer darstellen. Die anderen Gebiete mit zu erwartenden Produktinnovationen sind teilweise ebenfalls hochgradig verflochten.

Die Biotechnologie und die Werkstoffe sowie die Halbleiter sind ebenso herausfordernd im Hinblick auf ihre besondere Abhängigkeit von der Wissenschaft. Das Transferproblem stellt sich für diese und andere Gebiete mit besonderer Dringlichkeit. Dabei werden Fragen des Technologietransfers in beiden Richtungen zu lösen sein, nämlich eine intensive Kommunikation in der Wissenschaft im Hinblick auf technologische und wirtschaftliche Anwendungen (dies entspricht dem traditionellen Verständnis von Technologietransfer) wie auch das umgekehrte, nämlich ein Wissenstransfer aus den Unternehmen in den Bereich der (öffentlichen) Wissenschaft hinein, welche Innovationsprojekte überhaupt betrieben werden und welche Lösungen von der Wissenschaft erwartet werden.

Es ist nicht Aufgabe dieses Beitrags, die Frage zu prüfen, ob der *Technologietransfer* auch unter der neuen interdisziplinären Anforderung in Deutschland genügend entwickelt ist und wie er ggfs. verbessert werden kann. Es sollte lediglich dargelegt werden, daß bereits Untersuchungen dazu vorliegen, welcher Art die Herausforderungen an das Aus- und Weiterbildungssystem im Bereich der Qualifikation sein dürften und in wie erheblichem Umfang die tradierten disziplinären Strukturen hierbei außer Kraft gesetzt werden (zu diesem Thema siehe auch Gibbons et al. 1994). Die generelle Aussage kann durch Beispiele unterlegt werden, die in der neueren Literatur zu finden sind. Dabei wird nicht verkannt, daß qualifiziertes und motiviertes Personal gerade im Bereich von F&E im Vereinten Deutschland jetzt und in absehbarer Zukunft reichlich vorhanden ist. Das Bildungssystem hat auf allen Ausbildungsstufen besondere Stärken. Qualifiziertes Personal ist und war eine der Trumpfkarten, die Deutschland in den internationalen Technologiewettlauf einbringen kann und ist in einem rohstoffarmen Land wie dem unseren ein wesentlicher Produktionsfaktor (Gehrke et al. 1994). Die Herausforderung durch die Technologie der Zukunft besteht darin, die berufliche Qualifikation der wissenschaftlichen Mitarbeiterinnen und Mitarbeiter in der Industrie sowie der wirtschaftsnahen Forschung von schmalbandiger Spezialisierung auf lösungsorientierte, fachübergreifende Kompetenz umzupolen und Flexibilität und die Fähigkeit zur Zusammenarbeit zu stärken.[25]

Eine wichtige Fragestellung ist ferner, was dies für die einzelnen *Wirtschaftszweige* bedeutet. Seit kurzem liegen Umfragedaten vor, welche Technikbereiche für die Innovationsaktivitäten der Unternehmen zur Zeit von Bedeutung sind. Dabei zeigt sich, daß sich die einzelnen Branchen im Hinblick auf die mittlere Zahl der Technikgebiete mit Bedeutung für die Branche und ihrer Heterogenität erheblich unterscheiden. Die für Deutschland wichtigen Branchen des Straßenfahrzeugbaus und der Elektrotechnik sowie die Feinmechanik und die Ernährung sind alle dadurch gekennzeichnet, daß das Innovationsgeschehen in diesen Branchen von einer überdurchschnittlich hohen Zahl von Technikgebieten abhängt (Abbildung 6). Diese Gebiete sind außerdem noch heterogen, d. h. sehr weit gestreut und für die jeweilige Branche nicht etwa so homogen, daß für die Arbeitsmarktpolitik ein Standardmuster der Unternehmen anwendbar wäre. Gerade die momentan beschäftigungsstarken Branchen liegen also unter einem erheblichen Anpassungsdruck durch neue Technik; die Anforderungen an interdisziplinäres Wissen betreffen nicht nur benachbarte Gebiete, sondern aufgrund der großen Heterogenität viele Gebiete der Technik, die nicht unbedingt verwandt sein müssen.[26]

---

[25] So Grupp (1995, S. 166). Als eines unter mehreren Beispielen zur Untermauerung dieser Forderung wird dort die Personalsituation in der Biomedizin in Deutschland angesprochen. Die zitierte Studie hat ergeben, daß diese Situation ungünstig einzustufen ist. Es gäbe Biologen mit medizinischem und Mediziner mit biologischem Interesse. Den Biomediziner gäbe es nicht, Ansätze seien nur in vereinzelten klinischen Forschungsgruppen vorhanden. Qualifiziertes Personal müsse also speziell ausgebildet und gefördert werden, denn sonst würden weiterhin Biomediziner in Deutschland nicht existent sein.

[26] Das in Abbildung 6 verwendete Heterogenitätsmaß ist das Entropiemaß; methodisch siehe hierzu auch Grupp (1990). Eine detaillierte Erörterung ist an dieser Stelle nicht möglich.

Abb. 6: Zahl der Technikgebiete mit Bedeutung für einzelne Wirtschaftszweige und ihre technologische Heterogenität.[27]

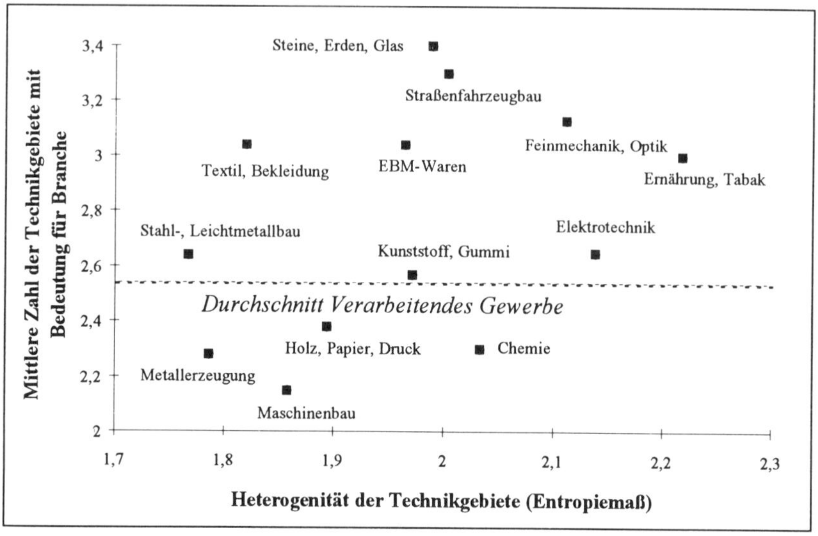

7 Schlußfolgerungen

Der vorliegende Beitrag hat viele Frage nur anreißen können und muß im wesentlichen zu der Feststellung kommen, daß die Datensituation im Hinblick auf die mutmaßliche Entwicklung von Wissenschaft und Technik sich in den letzten Jahren auch in Deutschland verbessert hat, daß aber eine Übertragbarkeit dieser Analysen auf die Frage des Arbeitsangebots und seiner Qualifizierung noch nicht möglich erscheint. Alle in diesem Beitrag dargestellten Überlegungen haben vorläufigen und selektiven Charakter; ferner sind sie im Hinblick auf die Klassifizierung recht unterschiedlich und kaum vergleichbar. Dies zeigt, daß für weiterreichende Aussagen unbedingt die Datenbasis zu stärken ist.

Bei aller Zurückhaltung bezüglich der Aussagemöglichkeit bei der bestehenden Datensituation scheinen sich folgende *Trendlinien* herauszuschälen. Die Aus- und Weiterbildung im Bereich von Wissenschaft und Technik steht vor neuen Anforderungen im Hinblick auf Infrastruktur und das Lehrpersonal. An Hochschulen und anderen Ausbildungsstätten werden sich die Strukturen in Richtung einer stärkeren Interdisziplinarität verändern müssen; das Ausbildungspersonal selbst muß seine Fähigkeiten überprüfen, den neuen Anforderungen gerecht zu werden.

[27] Die Angaben sind der Innovationserhebung des Zentrums für Europäische Wirtschaftsforschung (ZEW) und von Infas entnommen. Siehe Beise und Licht (1996, S. 13). Die Daten beruhen auf einer Umfrage im Vereinten Deutschland und beziehen sich auf die Jahre 1991 bis 1993. Abbildung 6 stellt auf dieser Datengrundlage eigene Berechnungen dar.

Die Branchenanalyse unterstreicht, daß die zunehmende Anforderung nach *Interdisziplinarität nicht* etwa dadurch gelöst werden kann, daß homogen gedachte Branchen sich branchenverbindliche Aus- und Weiterbildungsprogramme zulegen. Vielmehr sind die herkömmlichen Wirtschaftszweige eher einem Verfallsprozeß ausgesetzt, was ihre Produktionsverwandtschaft und damit die Ähnlichkeit ihres Humankapitals nach wissenschaftlich-technischen Disziplinen angeht. Vor diesem Hintergrund sind also nicht nur neue Anforderungen an das Aus- und Weiterbildungssystem zu erwarten, sondern auch neue Fragen an die Organisation der Wirtschaft, ihre korporatistischen Möglichkeiten und ihre herkömmlichen Strukturen zu stellen. Es wird sicherlich kein günstiger Weg sein, den absehbaren Herausforderungen dadurch zu begegnen, daß jedes Unternehmen, vor allem ein mittleres oder kleines, sich selbst überlassen bleibt, denn es kann als „quantité négligeable" seine Anforderungen an den Arbeitsmarkt und das Ausbildungssystem gar nicht artikulieren. Ein *strategischer Dialog* zwischen Politik, Wissenschaft, dem Bildungssystem und den Unternehmen zum Thema „hochqualifizierte Arbeit" scheint unausweichlich zu sein. Bedauerlicherweise sind aufgrund der unbefriedigenden Situation bei Untersuchungen zu den Sozialberufen, den Ausbildungsberufen und allgemein den Dienstleistungsberufen derzeit keine weitergehenden Aussagen aus Sicht des zu erwartenden Strukturwandels in Wissenschaft, Technik und Innovation möglich.

Die Fähigkeit zu interdisziplinärem Lernen wird stärker in den Vordergrund treten. Soweit die herkömmlichen Strukturen entsprechende, ggfs. auch wiederholte Lernvorgänge nicht erleichtern, wird es notwendig werden, das Anreiz- und ggfs. auch das Entlohnungssystem so umzuorganisieren, daß das Beherrschen interdisziplinärer Fähigkeiten attraktiver wird. Das entsprechende Lernen wird nicht in einer Frühphase der Ausbildung zu Ende sein, sondern während der beruflichen Laufzeit anhalten müssen.

Es wäre zu hoffen, daß die Größe der Herausforderung für ein humankapitalstarkes Land wie Deutschland erkannt wird, das im internationalen Ringen um Einkommen und Beschäftigung eine Reihe von traditionellen Produktionsfaktoren im Wettbewerb der Standorte nicht gewinnbringend einsetzen kann (z. B. Rohstoffe, billige Produktionsflächen, belastbare Umwelt, niedrige Löhne etc.). Eine der wesentlichen Stärken Deutschlands im internationalen Wettbewerb ist sein Humankapital in der Breite und in der Spitze. Mit einer Modernisierung dieses Faktors steht und fällt das zukünftige Erwirtschaften von Wohlstand. Es wäre zu wünschen, daß eine bessere Durchdringung der Zusammenhänge ermöglicht wird.

Literatur

Beise, M. und G. Licht (1995)
Innovationsverhalten der deutschen Wirtschaft, Gemeinschaftsgutachten zur „erweiterten Berichterstattung zur technologischen Leistungsfähigkeit Deutschlands“ im Auftrag des Bundesministeriums für Bildung, Wissenschaft, Forschung und Technologie (BMBF), Mannheim

Blattner, N. (1996)
Technischer Fortschritt und Arbeitslosigkeit, in Gahlen, Hesse und Ramser (1996), S. 211-227.

Bundesministerium für Forschung und Technologie (BMFT) (Hrsg.) (1993)
Deutscher Delphi-Bericht zur Entwicklung von Wissenschaft und Technik, Selbstverlag, Bonn

Burtless, G. (1995)
International Trade and the Rise in Earnings Inequality
Journal of Economic Literature XXXIII (2), S. 800-816.

Carstensen, K. (1995)
WEFA-Studie-Szenario Hochtechnologie, Frankfurt a.M.

Cuhls, K. und T. Kuwahara (1994)
Outlook for Japanese and German Future Technology, Heidelberg, Physica-Verlag.

Cuhls, K., Ch. Uhlhorn und H. Grupp (1996)
Foresight in science and technology – future challenges of the German S&T system, in: Krull, Meyer-Krahmer (1996), S. 63-81.

Deutsches Patentamt (1995)
Blatt für Patent-, Muster- und Zeichenwesen, Statistiken, 97 (3), S. 82-115.

Franz, W. (1996)
Arbeitsmärkte, in: von Hagen, Börsch-Supan, Welfens (1996), S. 135-176.

Freeman, C., J. Clark und L. Soete (1982)
Unemployment and Technical Innovation, London, Francis Pinter.

Gahlen, B., H. Hesse und H. J. Ramser (Hrsg.) (1996)
Arbeitslosigkeit und Möglichkeiten ihrer Überwindung, Tübingen, J. C. B. Mohr (Paul Siebeck).

Gehrke, B., H. Grupp, H. Legler, G. Münt, U. Schasse und U. Schmoch (1994)
Innovationspotential und Hochtechnologie, Heidelberg, Physica-Verlag, zweite, wesentlich erweiterte und aktualisierte Auflage.

Gibbons, M., C. Limoges, H. Nowotny, S. Schwartzman, P. Scott und M. Trow (1994)
The new production of knowledge, London, Sage Publications.

Gornik, M. (1995)
Gesamtwirtschaftliche Projektionen und Möglichkeiten einer Regionalisierung, in NIW (1995), S. 41-56.

Grenzmann, Ch. und M. Müller (Hrsg.) (1994)
Wissenschafts- und Technologieindikatoren, Technologische Innovationen, SV-Gemeinnützige Gesellschaft für Wissenschaftsstatistik, Materialien zur Wissenschaftsstatistik, Heft 8, Essen.

Grupp, H. (1990)
The Concept of Entropy in Scientometrics and Innovation Research, Scientometrics 18, S. 219-239.

Grupp, H. (1994)
Innovationsaktivitäten in strategischen Sektoren: Meßmethoden und empirische Befunde für ausgewählte Technologiegebiete, in Grenzmann, Müller (1994), S. 71-96.

Grupp, H. (Hrsg.) (1995)
Technologie am Beginn des 21. Jahrhunderts, Heidelberg, Physica-Verlag, zweite unveränderte Auflage.

Grupp, H. (1996)
Vorausschau und Bewertung der technischen Entwicklung, in Pleschak, Sabisch (1996), S. 132-146.

Grupp, H. (1996a)
Spillover Effects and the Science Base of Innovation Reconsidered: An Empirical Macro-Economic Approach, Journal of Evolutionary Economics, im Druck.

Grupp, H. (1996b)
Strukturwandel in der Beschäftigung durch Wissenschaft, Technik und Innovation, *Beiträge zur Arbeitsmarkt- und Berufsforschung (BeitrAB)* 201, S. 233-268.

Grupp, H. und U. Schmoch (1992)
Wissenschaftsbindung der Technik, Heidelberg, Physica-Verlag.

Grupp, H., G. Münt, B. Gehrke und H. Legler (1996)
Knowledge-intensive and ressource-concerned structures: strength and weakness of high technology in Germany, in Krull, Meyer-Krahmer (1996), S. 46-62.

von Hagen, J., A. Börsch-Supan und Paul J. J. Welfens (Hrsg.) (1996)
Springers Handbuch der Volkswirtschaftslehre 1, Berlin, Heidelberg, Springer-Verlag.

Harhoff, D. und H. König (1993)
Neuere Ansätze der Industrieökonomik – Konsequenzen für eine Industrie- und Technologiepolitik, in Meyer-Krahmer (1993), S. 47 – 67.

Helmstädter, E. (1996)
Korreferat zum Referat N. Blattner, in Gahlen, Hesse und Ramser (1996), S. 229-233.

Henn, R. (Hrsg.) (1987)
Technologie, Wachstum und Beschäftigung, Berlin, Heidelberg, Springer-Verlag.

Hesse, H. (1996)
Internationale Konkurrenz: Ursache von Arbeitslosigkeit und Lohnungleichheit? in Gahlen, Hesse und Ramser (1996), S. 331-358.

Hummel, M., K. Faust, R. Köddermann, K. Vogler-Ludwig, C. Saul, H. Schedl, C. Waldkircher-Heyne und M. Wilhelm (1995)
Strukturbericht 1995, Gutachten im Auftrag des Bundesministers für Wirtschaft, München.

Katsoulacos (1986)
The Employment Effect of Technical Change, Honiton.

König, H. (1987)
Innovationsaktivität und Beschäftigung: Einige empirische Ergebnisse, in Henn (1987), S. 1008 – 1017.

Kromphardt, J. und M. Teschner (1986)
Neuere Entwicklung der Innovationstheorie, Vierteljahreshefte zur Wirtschaftsforschung, ohne Bandnr., S. 235 – 248.

Krull, W. und F. Meyer-Krahmer (Hrsg.) (1996)
Science and Technology in Germany, London, Cartermill.

Matzner, E. (1991)
Forschungsplanung, Methoden und Ergebnisse der META-II-Studie aus der Sicht des Koordinators, in Oppenländer (1991), S. 19 – 39.

Meyer-Krahmer, F. (1992)
The Effects of New Technologies on Employment, Econ. Innov. New Techn. 2, S. 131 – 149.

Meyer-Krahmer, F. (Hrsg.), Innovationsökonomie und Technologiepolitik, Heidelberg, Physica-Verlag.

Münt, G. (1996)
Dynamik von Innovation und Außenhandel, Entwicklung technischer und wirtschaftlicher Spezialisierungsmuster, Heidelberg, Physica-Verlag.

NIW (Hrsg.) (1995)
NIW-Workshop 1994/95, Hannover.

Oppenländer, K. H. (Hrsg.) (1991)
Beschäftigungsfolgen moderner Technologien, Berlin, New York, de Gruyter.

Oppenländer, K. H. (1991)
Planung und Durchführung der META-II-Studie aus der Sicht des wissenschaftlichen Begleitausschusses, in derselbe (1991), S. 8 – 15.

Pianta, M., R. Evangelista und G. Perani (1995)
The Dynamics of Innovation and Employment: An International Comparison, Seminaire d'experts sur la technologie, la productivité et l'emploi: Analyses macro-economiques et sectorielles, Paris, OECD.

Pleschak, F. und H. Sabisch (Hrsg.) (1996)
Innovationsmanagement, Stuttgart, Schäffer-Poeschel Verlag.

Schips, B. und H. Kaplanek (1987)
Lohnniveau, Wettbewerbsfähigkeit und Beschäftigung: Einige ökonomische Überlegungen zur wirtschaftspolitischen Argumentation mit den Kosten des Faktors Arbeit, in Henn (1987), S. 1018 – 1040.

Schmoch, U., H. Grupp, W. Mannsbart und B. Schwitalla (1988)
Technikprognosen mit Patentindikatoren, Köln, Verlag TÜV Rheinland.

Verein Deutscher Ingenieur (1991)
Technikbewertung – Begriffe und Grundlagen, Erläuterungen und Hinweise zur VDI-Richtlinie 3780, VDI-Report 15, Düsseldorf.

Weißhuhn, G., J. Wahse und A. König (1994)
Arbeitskräftebedarf in Deutschland bis 2010, Schriftenreihe Studien zu Bildung und Wissenschaft 116.

Konzeption eines VGR-Satellitensystems für Forschung, Entwicklung und Innovationen

Siegfried Maaß, Nürnberg

1 Einleitung

Den Aktivitäten der Forschung und Entwicklung (F&E) und den darauf aufbauenden Innovationen kommt eine überragende Bedeutung für die wirtschaftliche und gesellschaftliche Entwicklung eines Landes zu. Wichtige Institutionen der Gesellschaft, wie die Wirtschaft, regionale, nationale und supranationale staatliche Einrichtungen sowie die Wissenschaft, tragen dieser Bedeutung im Rahmen ihrer Aktivitäten Rechnung. In der Politik beispielsweise spielen Maßnahmen zur Förderung von Forschung, Entwicklung und Innovationen (FEI) mit dem Ziel der Erhöhung der Wettbewerbsfähigkeit und der Beschäftigung im nationalen Bereich (man denke an die Diskussion um den Wirtschaftsstandort Deutschland) ebenso eine Rolle wie im supranationalen Bereich der Europäischen Union, wo sie beispielsweise in einem Weißbuch der Kommission der Europäischen Gemeinschaften zum Ausdruck gebracht wird (vgl. Europäische Gemeinschaften, Kommission, 1993).

1.1 Die Notwendigkeit zusätzlicher Informationen für FEI-Prozesse

Die genannte Bedeutung der FEI-Aktivitäten macht eine statistische Informationsbasis als Entscheidungsgrundlage für Wirtschaft und Politik und eine Datenbasis für die Forschung in diesen Bereichen dringend erforderlich. Der Rat der Europäischen Union hat in einer Entscheidung vom 24. Januar 1994 den Aufbau von Statistiken über Forschung, Entwicklung und Innovation angeordnet (vgl. Europäische Union, 1994). Als Ziel des Aufbaus dieser Statistiken wird darin die Möglichkeit des Vergleichs nationaler Politiken sowie die Bereitstellung von Entscheidungsgrundlagen für Maßnahmen zur Durchführung von Rahmenprogrammen und speziellen Programmen der Europäischen Union im FEI-Bereich genannt. Gefordert werden Aktivitäten zur Einführung der FEI-Statistiken, begonnen bei der Abschätzung des Bedarfs, über die Durchführung der Erhebungen bis hin zur Verbreitung der Informationen. Ferner wird die Entwicklung eines gemeinschaftlichen Bezugsrahmens gefordert.

Wenn Statistiken aufgebaut werden, können sie prinzipiell als *Einzelbereichsstatistiken* konzipiert oder in das *System der Volkswirtschaftlichen Gesamtrechnungen* einbezogen werden. Sicherlich müssen in der Praxis beide Wege beschritten werden; der vorliegende Beitrag beschränkt sich auf das letztgenannte Ziel der Erörterung des Systems der Volkswirtschaftlichen Gesamtrechnungen als Bezugsrahmen für Statistiken auf dem Gebiet der Forschung, Entwicklung und Innovationen.

1.2 Zweckmäßigkeit und Funktion eines VGR-Satellitensystems

Seit ihrer Einführung wurden an die Volkswirtschaftlichen Gesamtrechnungen ständig Erweiterungswünsche herangetragen, um zusätzlichen Informationsbedarf zu befriedigen. Im Laufe der Zeit hat sich ein Zentralsystem herausgebildet, das derzeit die folgenden Komponenten enthält:

- Kontensystem der Volkswirtschaftlichen Gesamtrechnung
- Input-Output-Tabelle
- Konten zu Bevölkerung und Arbeitseinsatz

Für Erweiterungen können dann prinzipiell zwei Wege beschritten werden:

- Die Verstärkung der Tiefengliederung des Zentralsystems
- Die Einführung zusätzlicher Rechenwerke

Zusätzliche Rechenwerke werden in der Form von Social Accounting Matrices (SAM´s) und Satellitensystemen verwendet. SAM´s können charakterisiert werden als Matrixdarstellungen der Volkswirtschaftlichen Gesamtrechnungen, die nach speziellen Fragestellungen weiter untergliedert werden. Sie sind im Handbuch zum System of National Accounts (SNA) beschrieben (vgl. United Nations u. a., SNA 1993, Kap. XX). Satellitensysteme sind vom Zentralsystem der Volkswirtschaftlichen Gesamtrechnungen unabhängige Rechenwerke, die an wichtigen Stellen mit diesem verbunden sind (zu ihrer Beschreibung vgl. United Nations u. a., SNA 1993, Kap. XXI).

Die Möglichkeiten, neue Informationen in das Zentralsystem aufzunehmen, sind beschränkt, weil es unübersichtlich wird, zum einen wegen des steigenden Umfangs durch Aufnahme neuer Informationen, zum anderen weil neue Wissensgebiete häufig auch andere Grundkonzepte (wie Klassifikationen, Maßeinheiten und die Art der Verbuchung der Transaktionen) erfordern. Satellitensysteme sind geeignete Darstellungsinstrumente, wenn zusätzlicher Informationsbedarf in den folgenden Formen auftritt (vgl. United Nations u. a., SNA 1993, S. 489):

- Bereitstellung zusätzlicher Daten für ein Teilgebiet des wirtschaftlichen oder sozialen Prozesses.
- Verwendung komplementärer oder alternativer Konzepte wie Klassifikationen oder Rahmenkonzepte.
- Erweiterte Darstellung von Kosten und Erträgen bestimmter menschlicher Tätigkeiten.
- Weitergehende Analyse von Daten mittels relevanter Indikatoren und Aggregate.
- Verbindung von Quellen nicht-monetärer Daten zum monetären Rechenwerk der VGR.

FEI-Prozesse weisen Datenerfordernisse in allen genannten Punkten auf. Dazu soll kurz erläutert werden, welche Angaben für FEI-Prozesse im derzeitigen SNA-Zentralsystem (1993) bereits enthalten sind und wo Ähnlichkeiten und Unterschiede zu den im FRASCATI-Handbuch festgelegten F&E-Bedürfnissen vorliegen (OECD, FRASCATI-Handbuch 1994, Ann. XI und die entsprechenden Passagen aus dem SNA, 1993). Dies soll erfolgen mit Bezug auf die

- allgemeine Einbeziehung von F&E im SNA
- Sektorenbildung und ihre Unterteilung
- Messung von F&E-Ausgaben im SNA

Zur *Einbeziehung von F&E-Aktivitäten* enthält das revidierte SNA folgende Ausführungen: Wenn ein Unternehmen in erheblichem Umfang Forschung und Entwicklung betreibt, ist es wünschenswert, ein eigenes *establishment* hierfür einzuführen, so daß die relevanten Inputs und Outputs für F&E identifiziert werden können (United Nations u. a., SNA 1993, S. 142, 145). Der getrennte Ausweis von F&E entspricht den Vorstellungen des FRASCATI-Handbuchs (OECD 1994, FRASCATI-Handbuch, S. 51); das SNA sagt jedoch nur, es sei wünschenswert, einen getrennten Ausweis zu führen, erklärt es aber nicht für verbindlich. Erfolgt kein getrennter Ausweis, so erscheinen damit die F&E-Ausgaben für eigene Zwecke als Vorleistungen bei den Unternehmen, die sie tätigen.

Forschungs- und Entwicklungstätigkeiten von staatlichen Institutionen, Universitäten und non-profit-Forschungsinstituten sind für Zwecke der F&E-Statistik von Lehrtätigkeiten in diesen Institutionen zu trennen und in einer eigenständigen statistischen Einheit auszuweisen (United Nations u. a., SNA 1993, S. 142).

Inwieweit die Definition von F&E in beiden Systemen übereinstimmt, ist schwer zu beurteilen, da das SNA nur eine generelle Definition für diese Prozesse enthält (United Nations u. a., SNA 1993, S.142). Ein Hinweis, die Definitionen des FRASCATI-Handbuchs für F&E (OECD 1994, FRASCATI-Handbuch, S. 29) anzuwenden, findet sich im SNA nicht.

Die *Sektorengliederung* des SNA stimmt mit der des FRASCATI-Handbuchs bis auf die wichtige Ausnahme des 'Higher Education Sector' gut überein. Die Bildung eines eigenen Sektors dieser Art ist für Zwecke der F&E-Statistik sehr wichtig (OECD, FRASCATI-Handbuch 1994, Kapitel III), im SNA stößt sie jedoch auf erhebliche Probleme der praktischen Realisierung.

Bei der Untergliederung der Sektoren können unterschiedliche Klassifikationen für SNA-Zwecke einerseits und F&E-Zwecke andererseits sinnvoll sein. In beiden Fällen wird zunächst die ISIC angewendet; es kann jedoch Unterschiede in der Zuordnung zu Wirtschaftszweigen geben aufgrund unterschiedlicher statistischer Einheiten oder Klassifizierungskriterien (OECD, FRASCATI-Handbuch 1994, Ann. XI, S.25). Das FRASCATI-Handbuch sieht institutionelle Einheiten für die F&E-Statistik vor. Das SNA sieht institutionelle Einheiten im Zusammenhang mit der Gliederung nach Wirtschaftssektoren vor, establishments für die Bildung von Wirtschaftszweigen (United Nations u. a., SNA 1993, S. 87, 118). Die Klassifikationen von F&E-Aktivitäten im FRASCATI-Handbuch stimmen nicht notwendigerweise mit denen des SNA überein: Die Kategorien der „Produzenten" („Producer" im SNA und „Performer" im FRASCATI-Handbuch) stimmen gut überein, nicht jedoch die Kategorien des „Verwender" („User") im SNA und des „Spender" („Funder") des FRASCATI-Handbuchs.

Im Bereich des Staates wird für die Klassifikation nach Aufgabenbereichen im SNA die „COFOG"-Systematik verwendet, im FRASCATI-Handbuch die davon abweichende „NABS"-Systematik vorgeschlagen. Eine Harmonisierung beider Systematiken ist bisher nicht erfolgt.

Die *Messung der F&E-Ausgaben* soll von der Produktions-, der Einkommens- und der Verwendungsseite aus betrachtet werden.

Die F&E-Leistungen sollen im SNA zu Marktpreisen angesetzt werden bzw. zu denjenigen Preisen, die man auf dem Markt hätte bezahlen müssen. Ist dies nicht möglich, werden sie zu Produktionskosten bewertet (United Nations u. a., SNA 1993, S. 142). Das FRASCATI-Handbuch erfaßt F&E-Leistungen von der Ausgaben-Seite her (OECD, FRASCATI-Handbuch 1994, S. 98).

Auf der Einkommensseite ist im SNA beim Produzenten eine Subvention zu verbuchen, falls die F&E-Leistung von dritter Hand finanziert wird. Der im SNA ausgewiesene Wert der Leistung ist dann geringer als die Kosten.

Die F&E-Leistungen werden im SNA als Intermediärverbrauch behandelt, im FRASCATI-Handbuch werden sie als *Investitionen* gesehen. Hier liegt also ein wichtiger konzeptioneller Unterschied vor.

Weiterer Informationsbedarf läßt sich unmittelbar ersehen: Zur Beschreibung der Ergebnisse der FEI-Prozesse ist beispielsweise die Erfassung der geschaffenen Patente sinnvoll oder auch andere Indikatoren wie der Anteil der Verkäufe neuer Produkte an den Gesamtverkäufen, die technologische Zahlungsbilanz, bibliometrische Indikatoren usw. (vgl. EUROSTAT 1996, Regionales Handbuch, S. 53f.; OECD 1992, OSLO-Manual, S. 42 ff.). Weiterhin sind Rahmenbedingungen von Bedeutung wie die Gesetzgebung oder die staatliche Förderung von Forschung und Entwicklung. Dies sind zum großen Teil nicht-monetäre Indikatoren, teilweise gar verbale Indikatoren, so daß im Zusammenhang mit FEI-Aktivitäten im Prinzip alle fünf Kategorien zusätzlichen Informationsbedarfs auftreten. Informationen zu Innovationen fehlen im SNA vollständig.

2 Zur Ableitung des Informationsbedarfs für ein gegebenes Wissensgebiet

2.1 Arbeitsschritte zum Aufbau eines Informationssystems

Satellitensysteme sind Informationssysteme. Den Aufbau eines Informationssystems kann man in Arbeitsschritten vornehmen, bei denen das Adäquations- und Interpretationsproblem (vgl. z. B. Schäffer, 1980) als Leitfaden dient. Diese Schritte sollen nun beschrieben und im nächsten Abschnitt für die vorliegende Problemstellung genutzt werden. Unter Verwendung des Adäquations- und Interpretationsproblems wurde von Schröder der Vorschlag eines Informationssystems für Zwecke der Sozialplanung und Sozialpolitik entwickelt (vgl. K. Schröder, 1996).

Aus dem Adäquations- und Interpretationsproblem ergeben sich die folgenden Arbeitsschritte

- Ableitung der Datenerfordernisse aus der konkreten Problemstellung
- Bereitstellung von Daten durch
  - Datenerhebung
  - Nutzung von Sekundärerhebungen oder -untersuchungen
- Bereitstellung von statistischen Methoden
- Durchführung von Analysen oder Prognosen
- Präsentation und Interpretation von Ergebnissen

Der erste Schritt besteht in der Formulierung der Problemstellung im realen Bereich und der Übertragung dieser Problemstellung in den formalen Bereich, wo dann zunächst die für die Problemlösung erforderlichen Daten abgeleitet werden. Wie dies geschehen kann, wird später beschrieben.

Im zweiten Schritt geht es um die Bereitstellung der als erforderlich erachteten Daten im Informationssystem. Dazu gibt es prinzipiell zwei Wege: einmal die originäre Datenerhebung für Zwecke des Informationssystems, zum andern die Einstellung von Sekundärdaten oder -untersuchungen.

Im dritten Schritt werden statistische Methoden in das Informationssystem eingestellt, die für die Analyse der bereitgestellten Daten von Bedeutung sind und für den Nutzer des Systems verfügbar sein sollen.

Der vierte Schritt besteht in der Durchführung von Analysen und Prognosen für die potentiellen Nutzer. So erscheint es sinnvoll, in einem Informationssystem die Individualdaten zu einer Form zu aggregieren, in der sie häufig benötigt werden oder häufig benötigte Analysen und Prognosen durchzuführen und ins System einzustellen.

Schließlich werden Präsentationsmethoden für die Nutzer bereitgestellt und die Ergebnisse der Analysen und Prognosen interpretiert und präsentiert.

Der Schwerpunkt der Anwendung dieser Vorgehensweise in diesem Beitrag liegt auf dem ersten der genannten Arbeitsschritte, der *Ableitung des Informationsbedarfs*.

2.2 Die Ableitung des Informationsbedarfs

Die Ableitung des Informationsbedarfs kann man sich in zwei Stufen vorstellen, in der Ermittlung der Bausteine des Datenteils als erste Stufe und in der Ermittlung der Einzeldaten für jeden Baustein als zweite Stufe. Das folgende Schema zeigt zwei Vorgehensweisen zur Ableitung des Datenbedarfs (die im folgenden beschriebene Vorgehensweise wurde vom Verfasser auch in EUROSTAT 1996, Anhang VII, dargestellt).

Abb. 1: Schema zur Ableitung einer Statistik

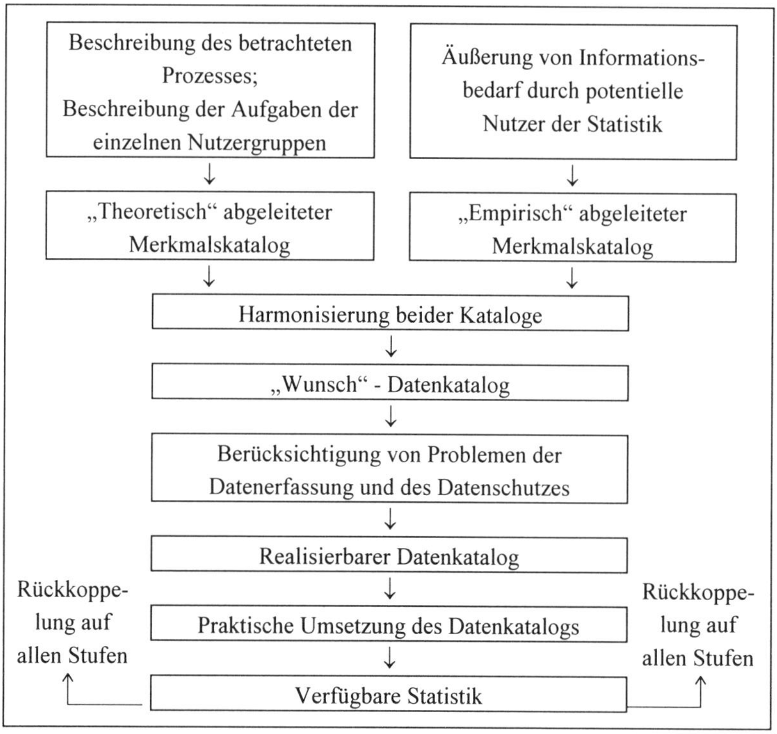

Die Interpretation des Schaubilds ergibt sich unmittelbar: Ausgangspunkt ist die Darstellung des betrachteten Prozesses. Sie wird aus den Ergebnissen der zugrundeliegenden wissenschaftlichen Theorie gewonnen. Für die vorliegende Problemstellung ist dies die Darlegung des Ablaufs der Prozesse der Forschung, Entwicklung und Innovationen.

Potentielle Nutzer der zu erhebenden Daten sind Gruppen von Wirtschaftseinheiten wie Unternehmen, regionale, nationale und supranationale staatliche

Stellen sowie die Wissenschaft. Ihre Aufgaben können in den Bereichen der Analyse, Beobachtung oder Gestaltung der Prozesse liegen. Aus der Zusammenführung der Aufgaben der jeweiligen Einheiten mit den wissenschaftlichen Darlegungen zum Prozeß kann man den Informationsbedarf ableiten zur Planung von Maßnahmen, damit die genannten Institutionen ihre Aufgaben erfüllen können. Schwierig ist dabei die Ermittlung des Informationsbedarfs für die Wissenschaft. Hier geht es auch darum, neue Zusammenhänge zu erforschen, deren Ergebnisse neue Wege der Aufgabenerfüllung durch die Institutionen ermöglichen. Hierfür ist allerdings ungewiß, welche Merkmale erfolgversprechend sind. Die Statistik hat hier eine „vorwärtsgerichtete" Funktion; sie soll der Wissenschaft eine Reihe von Merkmalen als „Experimentier-Material" zur Verfügung stellen.

Ein auf die geschilderte Art abgeleiteter Informationsbedarf wird als „theoretischer" Merkmalskatalog bezeichnet, weil er allein durch Studium der wissenschaftlichen Literatur und der Aufgaben der verschiedenen Gruppen von Einheiten sozusagen „am Schreibtisch" gewonnen werden kann. Er sollte durch einen aus der Sicht der potentiellen Nutzer geäußerten Informationsbedarf ergänzt werden, der hier als „empirischer" Merkmalskatalog bezeichnet wird.

Da in einem Merkmalskatalog sowohl der theoretische als auch der empirische Aspekt berücksichtigt werden sollten, ist es wichtig, beide Kataloge zu harmonisieren. In der praktischen Arbeit kann man sich vorstellen, daß der harmonisierte Katalog in einem Arbeitsgang unter Berücksichtigung beider Aspekte gewonnen wird. Der harmonisierte Katalog wird als „Wunschkatalog" bezeichnet, weil er ausschließlich auf Grund fachlicher Zusammenhänge ermittelt werden soll, unbeeinträchtigt durch Restriktionen, die sich aus Schwierigkeiten der statistischen Erfassung, Erfassungskosten oder Problemen des Datenschutzes ergeben. Nach Berücksichtigung dieser Probleme ist der „realisierbare" Merkmalskatalog gefunden.

Bei der praktischen Umsetzung des realisierbaren Katalogs in die verfügbare Statistik sind insbesondere Fragen der Erhebungsmethode, der Freiwilligkeit bzw. Pflicht der Auskunft, der statistischen Einheiten, der Periodizität der Erhebung usw. zu lösen. Die sodann verfügbare Statistik wird angewendet und in der Anwendung erprobt. Dabei wahrgenommene Mängel können den geschilderten Prozeß der Katalogbildung auf allen Stufen erneut in Gang setzen und zu einer Revision der Statistik führen.

3 Bausteine eines Satellitensystems für FEI

3.1 Die Beschreibung der FEI-Prozesse

Die Ausführungen des Abschnitts 2.2 zur Ableitung einer Statistik für ein vorgegebenes Wissensgebiet werden nun auf die Ableitung eines Satellitensystems für Zwecke der Forschung, Entwicklung und Innovationen angewendet.

Abb. 2: Schematische Darstellung der FEI-Prozesse

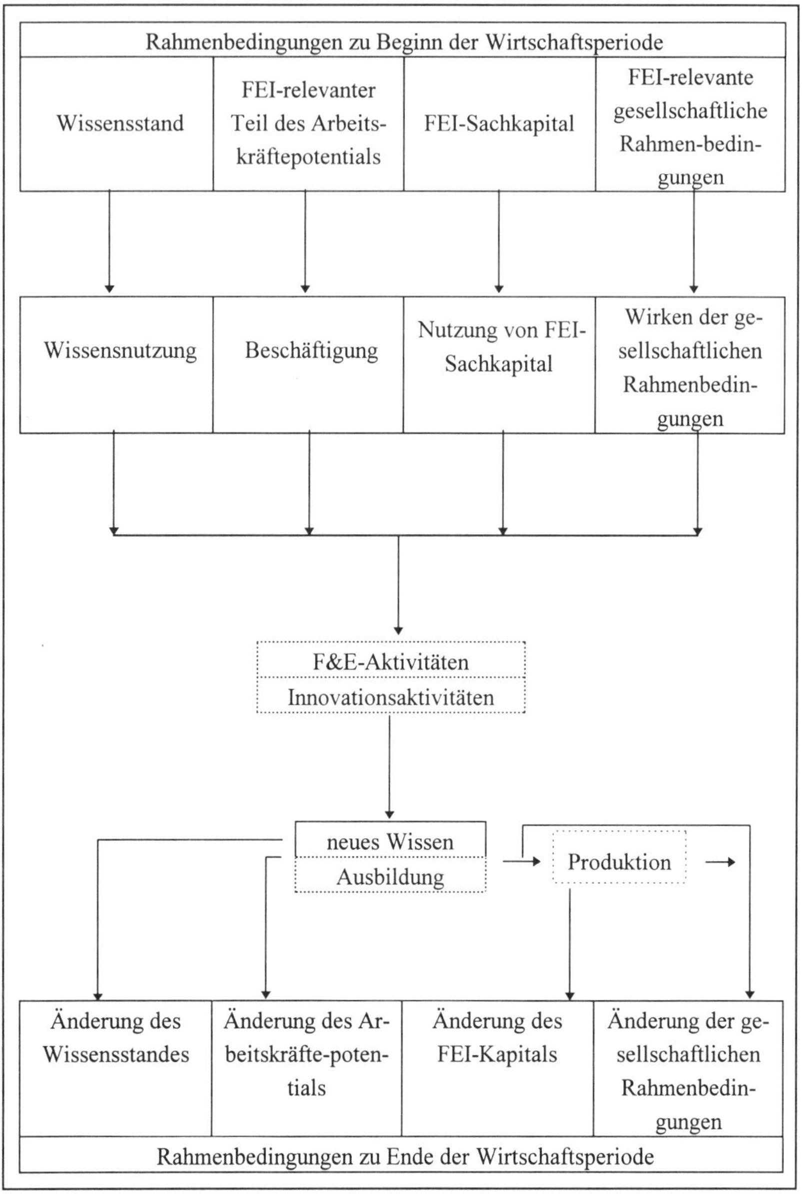

Hier wird der erste Schritt, die Ermittlung eines Wunschkatalogs diskutiert, wobei die „theoretische“ Vorgehensweise gewählt wird. Bei der Diskussion wird nicht bis zu Einzelmerkmalen vorgedrungen, sondern es werden lediglich Bausteine eines Satellitensystems abgeleitet. Die einzelnen Elemente dieses Schemas sollen kurz erläutert werden. Die folgende Übersicht ist eine Darstellung der FEI-Prozesse. Mit Aufgabenstellungen der einzelnen Kategorien von Institutionen im Hintergrund, dient sie in den folgenden Ausführungen zur Ableitung der Struktur eines Satellitensystems für FEI.

3.2 Rahmenbedingungen der FEI-Prozesse

Mit der Ermittlung der Bausteine eines FEI-Satellitensystems soll bei den Rahmenbedingungen dieser Prozesse begonnen werden. In die vorstehende Übersicht sind der Wissensstand, der FEI-relevante Teil des Arbeitskräftepotentials, das FEI-Sachkapital sowie die FEI-relevanten gesellschaftlichen Rahmenbedingungen explizit aufgenommen.

3.2.1 Der Wissensstand

Der Stand des ökonomisch verwertbaren Wissens ist eine erste Rahmenbedingung für die Aktivitäten im Bereich der Forschung, Entwicklung und Innovationen. Er ist bestimmend für die Qualifikation der Arbeitskräfte und gibt den Wissensvorrat an, aus dem das wissenschaftliche und technische Personal bei der Durchführung der Aktivitäten schöpfen kann. Dieser Vorrat ist zu einem erheblichen Teil weltweit verfügbar. Vor der Aufgabe, vorhandenes Wissen für die weitere Nutzung zu erfassen und zu ordnen, stehen wissenschaftliche und technische Datenbanken. Für Teilbereiche des Wissens liegen bereits solche Datenbanken vor, wie beispielsweise für den Bereich der Chemie, mit Teilsystemen für die organische Chemie und die anorganische Chemie, mit einer Datenbank für die chemische Technik und weiteren Teilbereichen der Chemie. Weitere Datenbanken entstehen im Bereich der Computerwissenschaft und der Werkstoffwissenschaft (vgl. Bundesministerium für Forschung und Technologie, 1993, S. 251). Auf dem Gebiet des geschützten Wissens informiert eine Datenbank der Patentanmeldungen. Es gibt auch Datenbanken für Publikationen; beispielsweise enthält die nun zu besprechende Datenbank der Europäischen Gemeinschaften eine Teildatenbank zu Publikationen von FEI-Resultaten.

Auf der Ebene der Europäischen Gemeinschaften wurde ein Informationssystem für Forschung und technologische Entwicklung eingerichtet. Es trägt den Namen „Community Research and Development Information Service" (CORDIS) und enthält insgesamt neun Datenbasen. Die folgenden Datenbasen gehören dazu (vgl. Europäische Kommission, 1994, S. 38ff.):

Neuheiten-Datei: Sie enthält die neuesten Information über FEI-Ergebnisse, Gesetzgebung und -Politik

Partner-Datei: Mit Hilfe dieser Datei kann man Partner finden für die Teilnahme an FEI-Programmen der Europäischen Union

Programm-Datei: Sie enthält Informationen über alle durch die Europäische Union geförderten FEI-Programme

Publikationen-Datei: Sie enthält Informationen über Veröffentlichungen zu den Resultaten von allen durch die EU geförderten FEI-Projekten

Es ist nun zu fragen, inwieweit derartige Datenbanken über den Stand des Wissens und seiner Veränderungen in ein Satellitensystem zu FEI-Prozessen gehören. Geht man davon aus, daß die Wirtschaft als Nutzer des geplanten FEI-Satellitensystems auftritt, so erscheint es sinnvoll, Informationen über sie in das System aufzunehmen. Freilich können diese Datenbanken nicht vollständig in das Satellitensystem einbezogen werden. Man kann sich aber vorstellen, daß Beschreibungen des Inhalts dieser Datenbanken aufgenommen werden.

3.2.2 Der Bestand an Arbeitskräften

Der Umfang und die Zusammensetzung des Arbeitskräftebestandes nach verschiedenen Merkmalen wie Alter, Geschlecht, Qualifikationen usw. bestimmen generell die zukünftige Wohlfahrt der Bewohner eines Landes, insbesondere also deren wirtschaftliche und technologische Entwicklung und die Umweltsituation. Von besonderer Bedeutung in diesem Zusammenhang ist die Ermittlung des Bestandes an Humankapital, der in vielen ökonomischen Untersuchungen benötigt wird, beispielsweise für gesamtwirtschaftliche Produktionsfunktionen (vgl. E. Gundlach 1993, 1994) oder für die Untersuchung von Zusammenhängen zwischen Humankapital, Wachstum und internationalem Handel (vgl. D. M. Gould, R. J. Ruffin 1995; K. E. Maskus, C. D. Sveikauskas, A. Webster 1994). Von Bedeutung für die wirtschaftliche Entwicklung eines Landes sind auch bestimmte Gruppen von Arbeitskräften; einige davon sollen nun beschrieben werden.

3.2.2.1 Das wissenschaftliche und technische Personal

Von besonderer Bedeutung für die Entwicklung und Anwendung neuer Produkte und Produktionsprozesse ist derjenige Teil des Arbeitskräftebestandes, der als „wissenschaftliches und technisches Personal" („Human Resources in Science and Technology", HRST) bezeichnet wird. Eine Beschreibung dieser Personengruppe und des statistischen Informationsbedarfs über sie findet sich in einem von der OECD und EUROSTAT entwickelten Handbuch (OECD, EUROSTAT, 1994). Informationen über das wissenschaftliche und technische Personal im Arbeitskräftepotential sind somit eine eigenständige statistische Berichterstattung oder sie bilden einen Teil des Satellitensystems zu Forschung, Entwicklung und Innovationen.

Das Konzept des wissenschaftlichen und technischen Personals wird im Beitrag von W. Grünewald in diesem Bande ausführlich erörtert. Weitere Ausführungen zu diesem Teil des Arbeitskräfteangebots an dieser Stelle erübrigen sich damit; lediglich der Aspekt des Niveaus der Ausbildungsabschlüsse dieses Personals sei noch angesprochen.

Neben dem Umfang des wissenschaftlichen und technischen Personals beeinflußt das Niveau ihrer Ausbildungsabschlüsse den technischen Fortschritt. Daher stellt sich die Frage der Messung des Niveaus der Abschlüsse und ihres Vergleichs, insbesondere des internationalen Vergleichs. Das Problem des internationalen Vergleichs stellt sich auch immer stärker im Zusammenhang mit der gegenseitigen Anerkennung von Ausbildungsabschlüssen der Mitgliedsländer im Zuge der Realisierung der Europäischen Gemeinschaften.

Will man Informationen über das Niveau von Ausbildungsabschlüssen in ein FEI- Satellitensystem aufnehmen, ist zunächst zu entscheiden, welche Ausbildungsgänge dafür ausgewählt werden sollen. Es sollten Ausbildungsgänge sein, die als besonders wichtig für die Förderung des technischen Fortschritts angesehen werden. Im nächsten Schritt ist dann zu überlegen, welche Indikatoren der entsprechenden Ausbildungsabschlüsse ermittelt werden sollten. Grundsätzlich stehen zwei Vorgehensweisen zur Verfügung, um die Qualität von Ausbildungsabschlüssen miteinander zu vergleichen, eine inputorientierte und eine outputorientierte Vorgehensweise. Die erste führt dann zu Input-Indikatoren, die zweite zu Output-Indikatoren. Die inputorientierte Methode beinhaltet einen Vergleich der Ausbildungspläne. Aus den Inhalten dieser Pläne wird auf vermittelte Fähigkeiten geschlossen und daraus Indikatoren der Ausbildungsqualität gewonnen. Dieser Weg wurde bisher überwiegend beschritten, wenn es um Fragen der gegenseitigen internationalen Anerkennung von Ausbildungsabschlüssen ging. Die outputorientierte Methode geht von den Ausbildungsergebnissen aus und beurteilt die aufgrund der Ausbildung erworbene berufliche Kompetenz der Menschen, unabhängig davon, wie die Ausbildungspläne gestaltet sind.

Für die vorliegende Problemstellung erscheint die ergebnisorientierte Vorgehensweise geeignet zur Gewinnung von Indikatoren für die Charakterisierung der Ausbildungsniveaus. In den dabei angewandten Verfahren sind von den Absolventen der Ausbildungsgänge häufig Fragen zu drei verschiedenen Komplexen zu beantworten (vgl. Beck, 1995). Das erreichte Ausbildungsniveau wird dann für jede Person durch ein Tripel von Bewertungen charakterisiert. Der erste Bewertungskomplex beschreibt das, was man umgangssprachlich als „berufliches Interesse und Engagement" bezeichnet. Der zweite Komplex beschreibt das „erreichte Niveau des beruflichen Wissens und Denkens", der dritte Komplex schließlich enthält Fragen zur „berufsethischen Handlungsorientierung". Für jedes in die Untersuchung einbezogene Land wird eine Stichprobe von Absolventen des betrachteten Ausbildungsgangs befragt; als Ergebnis wird für jede der drei Komponenten und jedes Land der Durchschnitt der einbezogenen Personen ermittelt. In der genannten Studie von Beck wurde diese Vorgehensweise speziell auf den deutsch-österreichischen Vergleich der Ausbildungsergebnisse ausgewählter kaufmännischer Berufe angewendet. Indikatoren dieser Art ermöglichen Vergleiche zwischen Ausbildungsniveaus einzelner Länder.

3.2.2.2 Die Bedeutung weiterer Gruppen von Arbeitskräften für den technischen Fortschritt

Der oben betrachtete Teil des Arbeitskräftepotentials, das wissenschaftliche und technische Personal, ist insbesondere für die Entwicklung und Einführung neuer Produkte und Produktionsprozesse von Bedeutung; für deren Verbreitung durch Anwendung ist die Akzeptanz und Mitarbeit weiterer Berufsgruppen erforderlich. Welche Berufsgruppen dabei besonders gefordert sind, hängt von den Innovationen im Einzelfall ab. Im Falle der Computer ist es insbesondere das Büropersonal, das die Verbreitung der neuen Technik hemmen oder beschleunigen kann. Indikatoren über die Technik-Akzeptanz dieser Berufsgruppen könnten Informationen über Verbreitungschancen und Verbreitungsgeschwindigkeit von Innovationen liefern. Diese Indikatoren könnten Teil einer Menge von Indikatoren zur generellen Technik-Akzeptanz sein, die im Abschnitt 3.2.4 erörtert wird.

3.2.3 FEI-Sachkapital

Der zu Beginn einer Wirtschaftsperiode vorhandene Bestand an Sachkapital für Zwecke der Forschung, Entwicklung und Innovationen bildet eine weitere Rahmenbedingung für das Niveau und die Art dieser Prozesse in der betrachteten und den folgenden Perioden. Der Informationsbedarf zu diesem Kapital wird im FRASCATI-Handbuch (OECD, 1994) erörtert; auf eine weitere Besprechung kann hier verzichtet werden. Angaben hierzu sollten Teil des Satellitensystems sein.

3.2.4 Staatliche und gesellschaftliche Rahmenbedingungen

3.2.4.1 Staatliche Rahmenbedingungen

Die Bedeutung regionaler, staatlicher und supranationaler Institutionen für die Aktivitäten der Forschung, Entwicklung und Innovationen ist erheblich. Dies wird schon deutlich, wenn man die Gesamtausgaben oder die gewählten Schwerpunkte der Forschung oder Forschungsförderung betrachtet. Ebenso ist in vielen Ländern die staatliche F&E-Tätigkeit in staatlichen Forschungseinrichtungen von erheblicher Bedeutung. Der Informationsbedarf über diese unmittelbaren Aktivitäten staatlicher Stellen wird im FRASCATI-Handbuch beschrieben.

Neben den unmittelbaren Aktivitäten wirkt der Staat auch auf indirekte Weise auf den Umfang der FEI-Aktivitäten ein; dies geschieht durch Gestaltung eines innovationsfreundlichen Klimas in der Volkswirtschaft, vor allem über die Gesetzgebung. So wurde beispielsweise in den vergangenen Jahren in den USA die amerikanische Kartellgesetzgebung als innovationsfeindlich kritisiert und Änderungen mit Bezug auf die FEI-Aktivitäten durchgesetzt (vgl. z.B. Jorde und Teece, 1990).

Auch in der Bundesrepublik Deutschland werden wichtige gesetzliche Maßnahmen zur Verbesserung des Investitionsklimas für erforderlich gehalten (vgl. Bundesministerium für Forschung und Technologie 1993, S. 34f.). Durch Entbürokratisierung und Deregulierung sollen Innovationshemmnisse beseitigt werden; dies kann geschehen z.B. durch Lockerung von Vorschriften des Gentechnikgesetzes, durch das die gentechnische Forschung und Produktion in Deutschland in den letzten Jahren erheblich beschränkt wurde oder durch Neugestaltung des Tierschutzgesetzes: notwendige Tierversuche sollen zugelassen werden, Ersatzmethoden zu Tierversuchen sollen gefördert werden.

Für das FEI-Engagement der Wirtschaft ist vor allem auch die Steuergesetzgebung von Bedeutung. Sie soll die Wachstumskräfte stärken durch steuerliche Förderung von FEI-Aktivitäten in bestehenden Unternehmen und durch Förderung von technologie-orientierten Unternehmens-Neugründungen oder von Technologie-Parks.

Eine fördernde Wirkung auf die FEI-Tätigkeit in der Wirtschaft soll auch durch die Errichtung von wissenschaftlichen und technischen Datenbanken erreicht werden, mit deren Hilfe das verfügbare Wissen schneller ermittelt und angewendet werden kann (vgl. Abschnitt 3.2.1).

Die vorstehenden Ausführungen zeigen, daß für ein FEI-Satellitensystem auch nicht-monetäre, sogar verbale Informationen von Interesse sein können. Beispielsweise könnten bestimmte FEI-relevante Gesetze oder Informationen darüber in das Satellitensystem aufgenommen werden.

3.2.4.2 Rahmenbedingungen im Bereich der Wirtschaft

Die Art und das Ausmaß der Aktivitäten einzelner Unternehmen im Bereich der Forschung, Entwicklung und Innovationen werden auch durch wirtschaftliche Rahmenbedingungen beeinflußt. Beispiele sind die Marktstruktur oder die Unternehmensgröße, letztere gemessen durch die Beschäftigung, den Umsatz oder die Wertschöpfung. Informationen hierüber sollten also für die FEI- Analyse zugänglich sein. Hierfür ist die Einbeziehung von Individualdaten in das Satellitensystem erforderlich. Es zeigt sich also, daß neben aggregierten Daten auch (anonymisierte) Einzeldaten sinnvolle Bestandteile von Satellitensystemen sein können.

3.2.4.3 Gesellschaftliche Rahmenbedingungen: Technik-Akzeptanz

Jeglicher Strukturwandel verlangt ein Handeln unter den Bedingungen von Unsicherheit. Die Errungenschaften von Wissenschaft und Technik versprechen viel Gewinn für die Lebensqualität, enthalten aber auch große Gefahrenquellen, so daß Hoffnungen und Befürchtungen im Widerstreit liegen. Die Realisierung neuer Techniken wird dadurch fraglich oder sie wird verzögert. Soll der strukturelle Wandel bewältigt und internationale Wettbewerbsfähigkeit gesichert werden, ist hohe Innovationsbereitschaft und breite Akzeptanz neuer Techniken notwendig (Meier, 1994).

Die Wirtschaftsforschung versucht, den Grad der Technologie-Akzeptanz in der Bevölkerung durch Indikatoren zu erfassen. Dahinter steht die Hoffnung, anhand der Höhe und Entwicklung dieser Indikatoren etwas über das Ausmaß und die Geschwindigkeit der Realisierung der Technik aussagen zu können.

Akzeptanzindikatoren werden je nach Untersuchungsziel vom Inhalt her oder nach der befragten Personengruppe unterschiedlich konzipiert. Hierzu seien einige Möglichkeiten genannt. Antworten auf generelle Fragen zur Technikeinschätzung an einen repräsentativen Querschnitt der Gesamtbevölkerung verschaffen ein derzeitiges Stimmungsbild über die Abschätzung von Vorteilen und Gefahren der Technik. Beispiele sind Fragen, ob die Bewältigung des Lebens durch die moderne Technik einfacher oder schwieriger wird oder Fragen nach der Einschätzung der Technik allgemein auf einer vorgegebenen Bewertungsskala (Meier, 1994, S. 22ff.).

Fragen an Jugendliche zum technischen Wissen oder Interesse dienen häufig bildungspolitischen oder prognostischen Zwecken. Jugendliche bilden die Personengruppe, die später Technologien entwickeln und anwenden sollen. Eine Erhöhung des Anteils der technisch interessierten und technisch ausgebildeten Jugendlichen kann daher als Hoffnung zur Verbesserung der Technik-Akzeptanz in der Zukunft angesehen werden.

Befragungen zu speziellen Techniken geben Informationen zur Akzeptanz gerade dieser Technik und damit indirekt zu ihren Verbreitungschancen in der nahen Zukunft. Die Akzeptanz wird häufig vom Alter der befragten Personen abhängen; dieses Ergebnis zeigte sich bei Befragungen zur Computer-Technik (Meier, 1994, S. 34). Die Akzeptanz kann noch gezielter ermittelt werden, wenn man Angehörige von Berufsgruppen befragt, die die neue Technik anzuwenden haben, wie beispielsweise Angehörige von Büroberufen im Falle der Computer-Technik. Vorteile der individuellen Arbeitsplatzsicherheit stehen dann Nachteilen der notwendigen Weiterbildungsanstrengungen gegenüber.

3.3 Input- und Output-Indikatoren und Konten der FEI-Prozesse

3.3.1 F&E-Prozesse

Wie im Abschnitt 3.2 ausgeführt wurde (vgl. auch Abbildung 2), erscheinen die Nutzung des Wissens und des F&E-Sachkapitals sowie die Beschäftigung des wissenschaftlichen und technischen Personals als Inputs in die F&E-Prozesse. Davon bilden die Nutzung des F&E-Kapitals und die Beschäftigung besonders wichtige Kostenelemente. Für die Klassifikationen, insbesondere nach Arten der F&E-Aktivitäten und die Sektoren- und Wirtschaftszweiggliederung gelten die Überlegungen im FRASCATI-Handbuch, ebenso wie für die Arten von Indikatoren, die erfaßt werden sollten.

Geeignete Output-Indikatoren für F&E-Prozesse zu finden, ist eine schwierige Aufgabe. Das Ergebnis der F&E-Prozesse ist eine Zunahme an Wissen, die zu quantifizieren ist. Dieses zusätzliche Wissen kann als Zuwachs an Kapital aufgefaßt werden, das nun im Wirtschaftsprozeß genutzt wird. Soll er in Werteinheiten ausgedrückt werden, ist ein geeigneter Wertmaßstab zu finden. Grundsätzlich können dies diskontierte zusätzliche Erträge aus der Verwertung des Wissens sein. Werden Neuentwicklungen über Lizenzen genutzt, wären die daraus resultierenden zukünftigen Einnahmen zu diskontieren. Ist dies nicht der Fall, wie bei Eigennutzungen von Entwicklungen, müssen zumeist die Kosten als Wertmaßstab herangezogen werden.

Weitere häufig verwendete Output-Indikatoren der F&E-Prozesse sind Patente und wissenschaftliche Papiere (Meyer-Krahmer, Schmoch 1993, S. 193f.). Vor allem die letztgenannten können in die weitere F&E-Arbeit eingehen; ihre Bedeutung wird dann in Form von Zitaten erfaßt. Man bezeichnet sie daher auch als „throughput"-Indikatoren.

Bisher wurden Input-Indikatoren und Output-Indikatoren der F&E-Prozesse erörtert. Betrachtet man den in monetären Einheiten dargestellten Teil eines Satellitensystems zu den FEI-Aktivitäten, so soll dort die Produktion der F&E-Leistungen und ihre Verwendung abgebildet werden, einschließlich der Prozesse der Einkommensentstehung, Einkommensverteilung und Einkommensumverteilung und der Kapitalbildung. Es sind also für die F&E-Prozesse die üblichen Konten der Volkswirtschaftlichen Gesamtrechnungen zu erstellen.

3.3.2 Der Innovationsprozeß

Analog zu den F&E-Prozessen kann man auch für die Innovationsaktivität Input-Indikatoren, Output-Indikatoren und die Konten der Produktion und Verwendung gemäß den Prinzipien der VGR entwickeln.

Als Input-Indikatoren dienen prinzipiell die gleichen Größen wie bisher, also Wissen, wissenschaftliches und technisches Personal, staatliche Förderung und insbesondere die Ergebnisse der Forschungs- und Entwicklungsaktivitäten, die nun zur Anwendung gelangen. Das eingesetzte Wissen kann dabei von der eigenen Institution geschaffen bzw. in Auftrag gegeben oder von anderen Institutionen bezogen worden sein. Den Output der Innovationstätigkeit bilden neue Produkte. Als Indikatoren des Outputs kann man somit Art, Anzahl oder technische Beschaffenheit neuer Produkte oder den Umsatz an neuen Produkten verwenden.

Entsprechend den Regeln des Zentralsystems – mit leichten Modifikationen für die vorliegende Fragestellung – sind für die Innovationsaktivität die einzelnen Konten zu konzipieren. Wie bei den F&E-Aktivitäten sind dabei die Empfehlungen des SNA zur Erstellung funktionell orientierter Satellitensysteme hilfreich. Die Ergebnisse der F&E-Aktivitäten gehen dabei als Inputs in Form monetärer Größen in das Produktionskonto der Innovationsaktivität ein; dadurch wird ein Bild des interindustriellen Technologieflusses dargestellt.

3.4 Die Verbreitung der Technologie in der Wirtschaft

Die bisherigen Indikatoren beschreiben im wesentlichen Inputs und Outputs für die Forschung und Entwicklung sowie die Herstellung neuer Produkte und Prozesse. Zusätzlich ist das Ausmaß der Verbreitung der Technologie in der

Wirtschaft zu erfassen. Ein erster Schritt in dieser Richtung ist die Matrixdarstellung von Lieferanten und Nutzern von Patenten nach Wirtschaftszweigen (vgl. Greif, 1993). In dieser Darstellung erfolgt die Zuordnung der Patente auf Unternehmensbasis.

Weitere Informationen zur Verbreitung der Technik kann man gewinnen, wenn man bedenkt, daß die wirtschaftlichen Güter letztlich Träger der Technologie sind. Der Technologiegehalt eines Gutes wird dann über technisch-ökonomische Vorleistungsverflechtungen an andere Güter weitergegeben, bis die Güter schließlich zur Befriedigung der Endnachfrage dienen. Als Darstellungs- und Analyseinstrumente dieser Verflechtung zwischen Produktionszweigen stehen die Input-Output-Tabelle und die Input-Output-Analyse zur Verfügung. Sinnvollerweise wird dabei die „kind of activity unit" als statistische Einheit gewählt.

Zwei Möglichkeiten, Indikatoren der Technologie-Verbreitung mit diesem Instrumentarium zu gewinnen, sollen hier geschildert werden:

1. Die Analyse der Technologiegeber- und Technologienehmer-Verflechtung und
2. die Abschätzung der Beschäftigungswirkung neuer Produkte, die in der betrachteten Untersuchung anhand des F&E-Gehalts identifiziert werden (vgl. auch die Beiträge von Schnabl und Yoshinaga in diesem Band).

Zu 1: Die Technologiegeber-Technologienehmer-Beziehungen können mit Hilfe der Berechnung des Wertes des F&E-Kapitalstocks für die einzelnen Produktionssektoren erfaßt werden. In Höhe der Abschreibungen geht dieser Kapitalstock in die Güterproduktion und über die Vorleistungsverflechtung auch in andere Produkte ein. Mit Hilfe der Input-Output-Analyse kann abgeschätzt werden, welcher F&E-Gehalt in den Gütermengen der Endnachfrage enthalten ist. Die Endnachfrage wird weiter unterteilt in ihre Komponenten privater Verbrauch, Staatsverbrauch, Investitionen und Exporte. Damit kann auch der F&E-Gehalt exportierter Güter im Vergleich zu anderen Verwendungsrichtungen betrachtet werden. Eine Untersuchung dieser Art wurde für die Bundesrepublik Deutschland von Meyer-Krahmer und Wessels durchgeführt (Meyer-Krahmer, z.B. Wessels, 1989). Die Untersuchung kommt zum Ergebnis, daß der F&E-Kapitalstock der einzelnen Branchen den Komponenten der Endnachfrage in unterschiedlichem Maße zugute kommt. Bei den Ausrüstungsinvestitionen und bei der Ausfuhr ist die F&E-Kapitalintensität rund drei bis viermal größer als beim privaten und öffentlichen Verbrauch sowie bei den Bauinvestitionen. Dies zeigt, daß der Faktor Technologie für die Exporte und für Ausrüstungsinvestitionen als Basis für das Sachkapitalvermögen von großer Bedeutung ist (Meyer-Krahmer, Wessels 1989, S. 577).

Zu 2: Wenn man neue Produkte mit Hilfe des F&E-Gehalts als F&E-intensive Güter definiert ist zunächst zu klären, welche Produkte als F&E-intensiv

angesehen werden. In vielen Untersuchungen ist die folgende Abgrenzung üblich: F&E-intensive Güter werden eingeteilt in Güter der Spitzentechnik und Güter der höherwertigen Technik. Güter der Spitzentechnik sind solche, deren F&E-Aufwendungen mehr als 8.5% des Produktionswertes betragen; als Güter der höherwertigen Technik werden diejenigen Güter klassifiziert, für die diese Aufwendungen zwischen 3.5% und 8.5% des Produktionswertes betragen (vgl. Grupp, Legler 1991).

Zur Abschätzung der Beschäftigungswirkungen der Produktion F&E-intensiver Güter müssen diese Gütermengen in Zwischennachfrage (Vorleistungsproduktion) und Endnachfrage (Konsumgütermengen, Investitionsgütermengen, exportierte Gütermengen) unterteilt werden. Mit Hilfe der Inputkoeffizienten aus intermediären Inlandslieferungen kann man dann die Beschäftigungswirkungen abschätzen. Geeignete Beziehungszahlen, wie der Anteil der durch die Produktion F&E-intensiver Güter induzierten Beschäftigung an der Gesamtbeschäftigung, dienen dann der Charakterisierung der Verbreitung der Technologie. Ein anderer Indikator ist der Anteil der durch den Export F&E-intensiver Güter induzierten Beschäftigung an der durch den Gesamtexport induzierten Beschäftigung. Eine Studie zur Abschätzung regionaler Beschäftigungswirkungen moderner Technologien wurde z. B. von Kaiser und Münzenmaier durchgeführt (vgl. Kaiser, Münzenmaier 1995).

3.5 Auswirkungen der FEI-Aktivitäten auf die Rahmenbedingungen

Die Ergebnisse der FEI-Prozesse haben Auswirkungen auf die Rahmenbedingungen gesellschaftlichen Handelns allgemein und damit auch im besonderen auf die Rahmenbedingungen dieser Prozesse. Entsprechend den Ausführungen im Abschnitt 3.2. kann man dann Veränderungen im Wissensstand, im Umfang und der Qualität der Arbeitskräfte und den wirtschaftlichen, staatlichen und sonstigen gesellschaftlichen Rahmenbedingungen unterscheiden.

Die Dateien des Wissensstandes werden um die FEI-Ergebnisse aktualisiert; neue Ergebnisse werden hinzugefügt, veraltetes Wissen wird daraus entfernt. Der aktualisierte Wissensstand kann für neue FEI-Aktivitäten genutzt werden.

Die neuen, in den Wissensbestand übergegangenen Erkenntnisse werden über das Ausbildungssystem an die Arbeitskräfte weitergegeben, so daß sie auch anderswo in der Wirtschaft genutzt werden können. Zusammen mit den Ergebnissen der übrigen Ausbildungsprozesse wird Umfang und Qualifikation des Arbeitskräftepotentials bestimmt, insbesondere des wissenschaftlichen und technischen Personals. Zeitliche Veränderungen in der Qualifikation können durch das früher erwähnte Verfahren von Beck erfaßt werden (vgl. Abschnitt 3.2.1). Es zeigt sich an dieser Stelle die enge Verbindung der Statistik des wissenschaftlichen und technischen Personals mit der Statistik des Ausbildungssystems.

Die neuen Erkenntnisse aus den FEI-Prozessen, der Umgang mit neuen Produkten und Prozessen haben Einfluß auf das Gesellschaftsleben und sind mitbestimmend für die Einstellung zur Technik. Indikatoren zur Technik-Akzeptanz können erneut ermittelt werden. Neue Überlegungen können den Staat zu Änderungen seiner Förderpolitik oder FEI-relevanten Gesetzgebung veranlassen.

3.6 Einige Abgrenzungsfragen zu den Daten des Satellitensystems

Die Abschnitte 3.2 bis 3.5 behandeln die Frage, welche Arten von Informationen für ein FEI-Satellitensystem benötigt werden. Als Orientierung dienen dabei die einzelnen Stufen der FEI-Prozesse, ihre Inputs, Outputs, Rahmenbedingungen und gesellschaftliche Folgen. Zusätzlich sind noch einige Abgrenzungsprobleme dieser Daten zu erörtern.

Eine erste Frage betrifft das Aggregationsniveau der Daten. Üblicherweise sind in solchen Rechenwerken nur hochaggregierte Daten enthalten, z.B. Wirtschaftszweigdaten. Jedoch gibt es eine Reihe von interessanten Fragestellungen des FEI-Bereichs, die Individualdaten erfordern, wie z.B. Untersuchungen zur Abhängigkeit des Unternehmensgewinns oder der Produktivität von der Höhe der F&E-Aufwendungen in einzelnen Wirtschaftszweigen. Daher ist es sinnvoll, auch bestimmte Individualdaten in das Satellitensystem aufzunehmen. Allerdings stellt sich dann die Frage des Datenschutzes und es müssen Methoden zur Anonymisierung der Daten angewendet werden.

Eine zweite Frage betrifft den regionalen Bezug der Daten. Ein Satellitensystem kann für Regionen oder nationale Gebietseinheiten erstellt werden. Die Bedeutung des regionalen Bezugs für FEI-Prozesse wurde von EUROSTAT durch die Erstellung eines Handbuchs der regionalen FEI-Statistik anerkannt (EUROSTAT 1995). Der regionale Bezug wirkt sich insbesondere in der Wahl der statistischen Einheiten aus. Das Unternehmen ist für regionale Untersuchungen ungeeignet und muß idealerweise durch die *Local Kind of Activity Unit* ersetzt werden.

Die zeitliche Abgrenzung der Daten ist ein letztes Problem, das hier angesprochen werden soll. Man müßte die Ausreifungszeiten von Forschungs-, Entwicklungs- und Innovationsvorhaben kennen, um die Aufwendungen in den zutreffenden Wirtschaftsperioden auf die Produktion beziehen zu können. Bevor weitere Forschungsergebnisse vorliegen, wird man hier mit Konventionen arbeiten müssen.

4 Ausgewählte Arbeiten zu FEI-Satellitensystemen

In diesem Abschnitt werden einige Arbeiten zu FEI-Satellitensystemen angesprochen, die dem Verfasser bisher bekannt wurden. Sie beschäftigen sich teilweise mit konzeptionellen Fragen, teilweise mit der Bereitstellung von Daten. Sie beziehen sich vor allem auf die im Abschnitt 3.3.1 angesprochenen Konten eines solchen Satellitensystems, die entsprechend den VGR-Konten definiert werden (Konten der Produktion von F&E-Gütern, der Einkommensentstehung, -verteilung, -umverteilung und -verwendung usw.). Allgemeine Vorschläge zum Aufbau von Satellitensystemen werden im System of National Accounts bereitgestellt (United Nations u.a., SNA 1993, Kap. XXI).

Die Autoren Kurabayashi und Matsuda (1989) entwarfen die Grundkonzeption eines F&E-Satellitensystems und ordnete die F&E-Anstrengungen der japanischen Volkswirtschaft in dieses Konzept ein. Im konzeptionellen Teil dieses Beitrags werden Grundprobleme eines F&E-Satellitensystems erörtert: Definition von Forschung und Entwicklung, Art der einbezogenen Daten (monetäre versus nicht-monetäre Daten), Sektorenbildung, Klassifikation der F&E-Aktivitäten und Arten der Konten eines solchen Systems. Ein grundsätzlicher Gedanke des vorgeschlagenen Systems besteht darin, nicht nur aggregierte Daten auszuweisen, sondern auch Mikrodaten in das System aufzunehmen, um damit tiefergehende Untersuchungen für besonders wichtige Bereiche der F&E-Aktivitäten durchführen zu können. Als besonders wichtig wird von den Verfassern die (Grundlagen-)Forschung und Entwicklung in akademischen Einrichtungen und Forschungsinstitutionwen ohne Erwerbscharakter angesehen.

Die empirische Realisierung des vorgeschlagenen Satellitensystems führt entsprechend den vorstehenden Überlegungen zu zwei Teilen: Der erste Teil beschreibt die Struktur der F&E-Aktivitäten: Dazu wird die Einteilung in die Sektoren Unternehmen, Forschungsinstitute und akademische Institutionen gewählt. Erfaßt werden die Gesamtausgaben für Forschung und Entwicklung und ihre Aufteilung nach Ausgabearten (Löhne und Gehälter, Materialausgaben und Sachkapital) sowie nach der Herkunft der Mittel. Der zweite Teil beschäftigt sich mit der tiefergehenden Analyse von Einzelproblemen. Da von den Verfassern den akademischen Einrichtungen große Bedeutung beigemessen wird, werden hier die Ergebnisse einer Erhebung im Hochschulbereich ausgewertet. Insbesondere wird die Aufteilung des wissenschaftlichen Personals nach Personengruppen (Professoren, Assistenten usw.), nach Fachgebieten und nach dem Alter der Personen ausgewiesen. Im Sinne der Gliederung des Abschnitts 3 enthält diese Arbeit demnach Daten zu Abschnitt 3.1 (Rahmenbedingungen, wissenschaftliches und technisches Personal) und Abschnitt 3.2.1 (Inputs in F&E-Prozesse).

Das Niederländische Statistische Zentralamt (Central Bureau of Statistics, The Netherlands) befaßt sich intensiv mit der Entwicklung von Satellitensystemen. Eine Arbeit von Bos, Hollanders und Keuning (1992) beschäftigt sich mit der Konzeption eines F&E-Satellitensystems als Ergänzung zu einem Kernsystem der VGR. Die Arbeit beschränkt sich auf den F&E-Bereich, läßt also Innovationen außer Betracht. Sie bezieht sich auf die in Abschnitt 3.3.1 angesprochene Kontendarstellung der F&E-Prozesse und präsentiert hierfür einen vollständigen Kontenplan. Die einzelnen F&E-Konten sind mit dem Kontensystem der Volkswirtschaftlichen Gesamtrechnungen abgestimmt und lauten wie folgt:

- Das Güterkonto, getrennt nach F&E-Gütern und sonstigen Gütern
- Das Produktionskonto, getrennt nach F&E-Gütern und sonstigen Gütern
- Das Konto der Einkommensentstehung
- Das Konto der primären Einkommensverteilung
- Das Konto der sekundären Einkommensverteilung
- Das Konto der Einkommensverwendung
- Das Konto der Kapitalbildung, getrennt nach F&E-Kapital und sonstigem Kapital
- Das Finanzierungskonto
- Das Konto der übrigen Welt, getrennt nach laufenden Transaktionen und Vermögens-Transaktionen

An diese Konten werden weitere Untergliederungen nach Sektoren oder Wirtschaftszweigen angeschlossen.

Die amtliche französische Statistik ist ebenfalls sehr aktiv in der Entwicklung von Satellitensystemen. Beispiele für dort aufgebaute Systeme sind Forschung, Gesundheit, soziale Sicherung, Ausbildung, Umwelt, Tourismus usw. (Braibant 1994, S. 34). Das französische Satellitensystem für Forschung und Entwicklung enthält u.a. die folgenden Konten (Braibant, Minder 1993):

- Ausgaben nach Sektoren
- Ausgaben für Rechnung anderer nach Sektoren
- Aufkommen und Verwendung der F&E-Leistungen
- Durchführung und Finanzierung der F&E-Leistungen nach Sektoren
- Durchführung und Finanzierung der F&E-Leistungen nach Wirtschaftszweigen

Die Konten enthalten also Informationen nach Abschnitt 3.2 (staatliche Rahmenbedingungen) und 3.3.1 (Inputs in F&E-Prozesse).

5 Ausblick

In den vorstehenden Ausführungen wurde versucht, die Bausteine eines FEI-Satellitensystems zu beschreiben. Das dargestellte System kann als „Wunsch"-Satellitensystem bezeichnet werden, da versucht wurde, in systematischer Weise möglichst umfassend seine wünschenswerten Bausteine herauszufinden. Die Ausführungen zu Abschnitt 4 zeigen, daß die praktische Realisierung solcher Systeme noch weit von der genannten Wunschvorstellung entfernt ist. Frankreich und Holland haben mit dem Aufbau eines FEI-Satellitensystems bereits begonnen, in der Bundesrepublik Deutschland steht ein solches System noch nicht einmal auf dem Arbeitsprogramm der amtlichen Statistik. Angesichts der geschilderten Bedeutung der FEI-Prozesse für die wirtschaftliche und gesellschaftliche Entwicklung, die auch in den Diskussionen um den Wirtschaftsstandort Deutschland ihren Niederschlag findet, ist es bedauerlich, daß kein derartiges Informationssystem als Entscheidungsgrundlage für Wirtschaft und Politik und als Datenbasis für die Forschung zur Verfügung steht.

Es ist also dringend geboten, daß der Aufbau eines FEI-Satellitensystems zum Arbeitsgebiet der amtlichen Statistik der Bundesrepublik Deutschland wird. Angesichts der Divergenz von Wünschen an ein derartiges System und Realisierungsmöglichkeiten ist es dann naheliegend, eine Prioritätenliste von Bausteinen aufzustellen. Besonders wichtig erscheinen dem Verfasser dabei die Erfassung der Inputs und Outputs der FEI-Prozesse und die Erstellung der Konten (vgl. Abschnitt 3.2), die Schätzung der Verbreitung der Technologie mittels Input-Output-Analyse durch Analyse der Technologieverflechtung oder durch Feststellung der Abhängigkeit der Beschäftigung von neuen Produkten (vgl. Abschnitt 3.3) sowie die statistische Erfassung des wissenschaftlichen und technischen Personals.

Literatur

Beck, K. (1995)
Die Äquivalenz von Ausbildungsabschlüssen in Europa als Voraussetzung transnationaler beruflicher Mobilität? Ein erziehungswissenschaftlicher Ansatz zur Lösung des Vergleichsproblems. In: Wirtschaft, Gesellschaft und Staat im Umbruch; Festschrift der Wirtschafts- und Sozialwissenschaftlichen Fakultät der Friedrich-Alexander-Universität Erlangen-Nürnberg, 75 Jahre nach Errichtung der Handelshochschule Nürnberg, Berlin, S. 1-16

Bos, F., Hollanders, H., Keuning, S. (1992)
A Research and Development Module Supplementing the National Accounts; Conference, International Association for Research in Income and Wealth, Flims, Schweiz.

Braibant, M. (1994)
Un outil de syntheses économiques pour la politique sectorielle; les comptes satellites. In: Courrier des statistiques, no. 69, März 1994, S. 33-39

Braibant, M., Minder, J.-F. (1993)
Un example français de compte satellite; le compte de la recherche. In: Courrier des statistiques, no. 66, Juni 1993, S. 40-42

Europäische Gemeinschaften, Kommission (1993)
Wachstum, Wettbewerbsfähigkeit, Beschäftigung. Herausforderungen der Gegenwart und Wege ins 21. Jahrhundert; Weißbuch. Bulletin der Europäischen Gemeinschaften, Beilage 6/1993

Europäische Kommission (1994)
CORDIS-focus, Supplement 3, 28. November 1994, Luxemburg

Europäische Union (1994)
Entscheidung des Rates vom 24. Januar 1994 über die Aufstellung eines mehrjährigen Programms zur Entwicklung von Gemeinschaftsstatistiken über Forschung, Entwicklung und Innovation (94/78/EG, Euratom). In: Amtsblatt der Europäischen Gemeinschaften, Nr. L 38 vom 9.2.1994, S. 38/30 -38/34.

EUROSTAT (1996)
Die regionale Dimension der FuE- und Innovationsstatistik – regionales Handbuch, Luxemburg

Gould, D. M., Ruffin, R. J. (1995)
Human Capital, Trade and Economic Growth. In: Weltwirtschaftliches Archiv, Bd. 131, 3/1995, S. 425-445

Greif, S. (1993)
Patente als Indikatoren für Forschungs- und Entwicklungstätigkeit.
In: Forschung und Entwicklung in der Wirtschaft, SV-Gemeinnützige Gesellschaft für Wissenschaftsstatistik im Stifterverband für die Deutsche Wissenschaft; Materialien zur Wissenschaftsstatistik, Heft 7, 1993, S. 33-59

Grupp, H., Legler, H. (1991)
Innovationspotential und Hochtechnologie – technologische Position Deutschlands im internationalen Wettbewerb 1989/90. Hrsg.: Fraunhofer-Institut für Systemtechnik und Innovationsforschung (ISI), Niedersächsisches Institut für Wirtschaftsforschung (NIW) und Gesellschaft für Wirtschaftsförderung und Marktplanung (GEWIPLAN), Karlsruhe/Hannover

Gundlach, E. (1993)
Determinanten des Wirtschaftswachstums: Hypothesen und empirische Evidenz. In: Die Weltwirtschaft, 4/1993, S. 466-498

Gundlach, E. (1994)
Accounting for the Stock of Human Capital: Selected Evidence and Potential Implications. In: Weltwirtschaftliches Archiv, Bd. 130, 2/1994, S. 350-374

Jorde, Th. M., Teece, D. J. (1990)
Innovation and Cooperation: Implications for Competition and Antitrust. In: Journal of Economic Perspectives, 1990, S. 75-96

Kaiser, M., Münzenmaier, W. (1995)
Technologische Verflechtungsstrukturen in Baden-Württemberg – Möglichkeiten und Grenzen eines Einbaus von F&E-Informationen in regionale Input-Output-Tabellen. In: Schnabl, H. (Hrsg.): Technologieverflechtung und Strukturwandel, Tübingen, S. 69-90

Kurabayashi, Y., Matsuda, Y. (1989)
A Satellite Account Approach Applied to Research and Development: Japanese Data. Conference, International Association for Research in Income and Wealth, Lahnstein, Deutschland

Maskus, K. E., Sveikauskas, C. D., Webster, A. (1994)
The Composition of the Human Capital Stock and ist Relation to International Trade: Evidence from the US and Britain. In: Weltwirtschaftliches Archiv, Bd. 130, 1/1994, S. 50-76

Meier, B. (1994)
Technologie-Akzeptanz in der Diskussion, Köln 1994
Meyer-Krahmer, F., Schmoch, U. (1993) Die Innovationsproblematik aus der Sicht der angewandten Innovationsforschung. In: Ifo-Studien, 39. Jahrgang, S. 191-219

Meyer-Krahmer, F., Wessels, H. (1989)
Intersektorale Verflechtung von Technologiegebern und Technologienehmern – eine empirische Analyse für die Bundesrepublik Deutschland. In: Jahrbücher für Nationalökonomie und Statistik, Vol. 206, 1989, S. 563-582

OECD (1992)
OECD Proposed Guidelines for Collecting and Interpreting Technological Innovation Data – Oslo Manual, Paris

OECD (1994)
The Measurement of Scientific and Technical Activities. Proposed Standard Practice for Surveys of Research and Experimental Development; FRASCATI-Manual, Paris

OECD, EUROSTAT (1994)
Draft Manual on the Measurement of Human Resources devoted to S&T, 2nd Revision, Canberra, Australia, 18-20 April 1994

Schäffer, K.-A. (1980)
Zur Entwicklung der statistischen Methodik und ihrer Anwendungen. In: Allgemeines Statistisches Archiv, Band 64, S. 1-18

Schröder, K. (1995)
Konzeption eines planungsunterstützenden Informationssystems für das Dienstleistungsunternehmen Kommune. Dissertation, Nürnberg

United Nations, Commission of the European Communities u.a. (1993)
System of National Accounts 1993, Brüssel/Luxemburg, New York, Paris, Washington D.C.

Wissenschaftliches und technisches Personal: Ansätze eines Satellitensystems für F&E und Innovation

Werner Grünewald, Luxemburg

1 Einleitung

Qualifiziertes Personal wird heutzutage als wesentlicher Faktor für die Wettbewerbsfähigkeit und das Innovationspotential westlicher Industriegesellschaften wie etwa der Mitgliedsstaaten der Europäischen Union angesehen. Erst qualifiziertes Personal ermöglicht die Durchführung und anschließende Anwendung der Ergebnisse von Forschung und experimenteller Entwicklung (F&E), die in der ökonomischen Diskussion immer stärker als zusätzlicher Produktionsfaktor neben Arbeit und Kapital betrachtet werden. Auf internationaler Ebene ist Forschung und experimentelle Entwicklung (F&E) definiert als „systematische, schöpferische Arbeit zur Erweiterung des Kenntnisstandes, einschließlich der Erkenntnisse über den Menschen, die Kultur und die Gesellschaft sowie deren Verwendung mit dem Ziel, neue Anwendungsmöglichkeiten zu finden" (Vogel, Grünewald, 1996, S. 134). F&E ist nicht mit „Innovation" gleichzusetzen, worunter entsprechend internationaler Übereinkunft „die Transformation einer Idee entweder in ein neues oder verbessertes Produkt, das auf den Markt gebracht wird, oder in einen neuen oder verbesserten Prozeß, der in der Industrie oder dem Dienstleistungsgewerbe eingesetzt wird, oder in eine neue Form sozialer Dienstleistungen" (Vogel, Grünewald, 1996, S. 180) zu verstehen ist. Somit ist F&E ein wichtiger, aber keineswegs der einzige Inputfaktor von Innovationen. Außerdem sind Innovationen ohne jeglichen F&E-Input möglich.

Folgt man dieser Argumentation, ist die Existenz qualifizierten Personals ein entscheidender Faktor für den zukünftigen Wohlstand von Industriegesellschaften. In der Realität steht dieser grundsätzlich bestehenden Nachfrage nach qualifiziertem Personal ein Arbeitskräfteangebot gegenüber, das mehr oder weniger gut für diese Ansprüche qualifiziert ist. Hinzukommt eine Gruppe von Personen, die grundsätzlich qualifiziert sind, aber aus welchen Gründen auch immer kein Interesse an der Aufnahme einer (entsprechenden) Beschäftigung zeigen. Für die Zukunft der westlichen Ökonomien scheint es somit entscheidend darauf anzukommen, hinreichend qualifiziertes Personal bereitzustellen beziehungsweise entsprechendes Potential zu (re-)aktivieren.

Im Zuge der zunehmenden Internationalisierung der ökonomischen Prozesse – man spricht in diesem Zusammenhang auch von „Globalisierung" – werden verstärkt international vergleichbare Daten über F&E-Prozesse und Bestände an qualifiziertem Personal benötigt, sei es zu Analysen, sei es zur Vorbereitung und Durchführung nationaler und/oder supranationaler Politiken.

Während es bereits seit einigen Jahrzehnten die notwendige Methodik zur Messung von F&E auf internationaler Ebene gibt (FRASCATI-Handbuch, vgl. OECD, 1994), deren Anwendung zu weitgehend vergleichbaren Daten geführt hat, ist man hiervon im Bereich des qualifizierten Personals noch weit entfernt. Allerdings gibt es seit kurzem eine auf internationaler Ebene beschlossene Methodik zur Messung dessen, was seither als „Wissenschaftliches und Technisches Personal" (Human Resources devoted to Science and Technology = HRST[1] bezeichnet wird. Die Organisation für Wirtschaftliche Zusammenarbeit und Entwicklung (OECD) und das Statistische Amt der Europäischen Gemeinschaften (Eurostat) haben gemeinsam ein Handbuch zur Messung von HRST entwickelt, das von den entsprechenden Gremien 1994 endgültig beschlossen wurde und seit 1995 als gemeinsame Veröffentlichung vorliegt (Eurostat/OECD 1995). Die Grundzüge und wesentlichen Eigenschaften dieses HRST-Konzepts sollen in diesem Beitrag vorgestellt werden.

Die Beschreibung von HRST soll allerdings nicht isoliert erfolgen, sondern als Beispiel eines möglichen Bestandteils eines Satellitensystems für Forschung, (experimentelle) Entwicklung und Innovation zu den Volkswirtschaftlichen Gesamtrechnungen. Ein derartiges Satellitensystem mit möglichen Bestandteilen, aber auch seinen allgemeinen und speziellen Problemen sowie ersten Lösungsansätzen wurde bereits in dem Beitrag von MAAß (in diesem Band) allgemein beschrieben. Im folgenden sollen diese Probleme und Lösungsansätze am Beispiel des wissenschaftlichen und technischen Personals konkretisiert werden. Dabei lassen sich gewisse Überschneidungen mit dem Beitrag von RAINER/AURACHER (Rainer, Auracher, in diesem Band) nicht vermeiden, die sich u.a. auch mit dem Problem der Verwendung amtlicher sozioökonomischer Daten für Zwecke der Volkswirtschaftlichen Gesamtrechnungen beschäftigen. Insgesamt stellt der folgende Beitrag also ein Beispiel dafür dar, wie die von MAAß generell beschriebenen Ideen für ein derartiges Satellitensystem konkret ausgestaltet werden können.

2 Das Konzept des Wissenschaftlichen und Technischen Personals (HRST)

2.1 Definition

Das auf OECD-Ebene entwickelte Konzept des wissenschaftlichen und technischen Personals (HRST) stellt einen Kompromiß zwischen bereits existierenden nationalen Praktiken und den Bedürfnissen der daran interessierten Nutzer auf nationalen, inter- sowie supranationalen Ebenen dar. Gemäß Paragraph 49 des sog. „CANBERRA Handbuchs" umfaßt HRST jene Personen, die eine der beiden folgenden Bedingungen erfüllen (vgl. Eurostat/OECD, 1995, S. 16):

---

[1] Die deutsche Übersetzung dieses Begriffs ist insofern unzulänglich, als HRST auch einen Potentialbestandteil enthält (vgl. hierzu auch Kapitel 2.1.).

a) erfolgreicher Abschluß einer Ausbildung auf der dritten Stufe (ISCED-Niveau 5, 6 oder 7) im Bereich Wissenschaft und Technik;
b) Beschäftigung im Bereich Wissenschaft und Technik, wofür normalerweise eine unter a) genannte Ausbildung erforderlich wäre, ohne diese Ausbildung allerdings zu besitzen (ISCO-88-Gruppen 122, 123, 131, 2 oder 3).

Grob gesprochen besagt diese Definition, daß eine Person dem wissenschaftlichen und technischen Personal angehört, wenn sie entweder eine höhere Ausbildung, definiert als Ausbildung auf der dritten Stufe der ISCED-Systematik, erfolgreich abgeschlossen hat oder eine Beschäftigung ausübt, wofür normalerweise eine höhere Ausbildung erforderlich ist.[2]

Entsprechend dem internationalen Charakter der Definition basiert sie auf internationalen Systematiken, in diesem Fall der ISCED (International Standard Classification of Education) der UNESCO (vgl. UNESCO, 1976) und der ISCO (International Standard Classification of Occupations) des Internationalen Arbeitsamts (vgl. ILO, 1990). Mit Hilfe der ISCED wird festgelegt, was unter höherer Ausbildung zu verstehen ist, und ISCO wird benutzt, um die Berufe zu definieren, für die normalerweise höhere Ausbildung erforderlich ist.

Entsprechend der oben gegebenen Definition umfaßt höhere Ausbildung die ISCED-Niveaus 5, 6 und 7. Alle drei Niveaus beziehen sich auf die dritte Stufe, d.h. sie setzen den erfolgreichen Abschluß der zweiten Stufe voraus, was im deutschen Bildungssystem dem Abiturniveau entspricht. Somit besagt dieser Teil der HRST-Definition, daß jede Person, die – übertragen auf das deutsche Bildungssystem – nach dem erfolgreichen Abschluß des Abiturs oder eines vergleichbaren Abschlusses noch einen darauf aufbauenden Ausbildungsgang erfolgreich abschließt, dem wissenschaftlichen und technischen Personal angehört. Die einzelnen ISCED-Niveaus sind wie folgt abgegrenzt:

- ISECD-Niveau 5: Ausbildung auf der dritten Stufe mit einem Abschluß unterhalb eines Universitätsabschlusses. Ein Beispiel im deutschen Bildungssystem wäre der erfolgreiche Abschluß einer Technikerschule, deren Besuch Abitur oder einen vergleichbaren Bildungsabschluß voraussetzt;
- ISCED-Niveau 6: Ausbildung auf der dritten Stufe mit einem Abschluß äqui-valent einem ersten Universitätsabschluß o.ä., worunter im deutschen Bildungssystem beispielsweise ein Magister-Artium (M.A.)-Abschluß zu verstehen wäre;
- ISCED-Niveau 7: Ausbildung auf der dritten Stufe mit einem Abschluß entsprechend einem postgraduierten Universitätsabschluß o.ä., was beispielsweise einem Doktorgrad entspricht.

Noch schwieriger als die Festlegung vergleichbarer Bildungsabschlüsse auf internationaler Ebene ist die allgemeine Bestimmung, welche Berufe be-

[2] Der Bestandteil der Definition "im Bereich Wissenschaft und Technik" stellt insofern keine Einschränkung dar, als HRST im weitesten Sinn alle wissenschaftlichen und technischen Studiengänge umfaßt.

stimmte Bildungsniveaus voraussetzen. Der gefundene Kompromiß definiert als Berufe, für die normalerweise höhere Ausbildungsniveaus erforderlich sind, die ISCO-88-Kategorien[3] 122 („Production and Operations Department Managers"), 123 („Other Department Managers"), 131 („General Managers"), 2 („Professionals") und 3 („Technicians and Associate Professionals"), wohl wissend, daß damit zumindest in einigen Staaten auch Berufe erfaßt werden, für die in diesen Ländern kein höherer Bildungsabschluß erforderlich ist, und daß Berufe, für die sehr wohl ein höheres Bildungsniveau erforderlich ist, unberücksichtigt bleiben. So gehören zu diesen Berufskategorien beispielsweise Physiker, Architekten, Zahnärzte, Brückenbauingenieure oder Universitätsprofessoren ebenso wie Hebammen, Schulinspektoren, Notare, Fahrlehrer, Grundstücksmakler, Auktionäre oder Zollinspektoren.

Trotz der offensichtlichen Unzulänglichkeiten scheint diese Definition hinreichend akzeptabel und gleichermaßen praktikabel für internationale Vergleiche von wissenschaftlichem und technischem Personal zu sein. Eine wesentliche Eigenschaft dieser Definition besteht darin, daß eine Person, die einmal in ihrem Leben einen höheren Ausbildungsgang erfolgreich abgeschlossen hat, während ihres gesamten Lebens dem wissenschaftlichen und technischen Personal angehört, unabhängig davon, ob oder wie lang sie einen Beruf ausübt. Demgegenüber gehören Personen, die eine entsprechende formale Qualifikation nicht aufweisen, nur solange zu HRST, solange sie einen entsprechenden Beruf ausüben. Sie scheiden mit dem Tag, an dem sie diesen Beruf aufgeben und anschließend keinen vom Niveau her äquivalenten Beruf weiter ausüben, aus HRST aus, unabängig von Niveau der tatsächlich erreichten praktischen Qualifikation.

2.2 Untergliederungen

Mit Hilfe der eingeführten Definition von HRST ist es möglich, den – nationalen oder regionalen – HRST-Bestand zu einem beliebigen Zeitpunkt zu definieren. Er umfaßt alle Personen eines Landes bzw. einer Region, die zu diesem Zeitpunkt – beispielsweise einem beliebigen Arbeitstag – eine der beiden in der Definition genannten Bedingungen erfüllen.

Neben diesem Gesamtbestand an HRST können für analytische wie politische Zwecke auch bestimmte Teilgesamtheiten von besonderem Interesse sein. Im bereits erwähnten CANBERRA-Handbuch wird daher vorgeschlagen, den HRST-Gesamtbestand neben traditionellen sozio-ökonomischen Merkmalen wie Alter, Geschlecht, Nationalität oder Wirtschaftszweig auch nach HRST-spezifischen Merkmalen in bestimmte Teilgesamtheiten weiter aufzuteilen. Folgende Variablen erscheinen hierfür besonders relevant:

– (höchstes) Ausbildungsniveau gemäß ISCED. Im Gegensatz zur Definition von HRST sind in diesem Zusammenhang alle ISCED-Niveaus von Interes-

[3] Der Zusatz "ISCO-88" besagt, daß die Definition auf der Basis der Version des Jahres 1988 der ISCO entwickelt worden ist.

se, um einen Eindruck vom formalen Ausbildungsniveau aller Mitglieder des HRST-Bestands zu erhalten. Dabei interessieren vor allem jene Personen, die nur aufgrund ihrer aktuell ausgeübten Tätigkeit und nicht aufgrund ihrer formalen Qualifikation dem HRST-Bestand angehören, beispielsweise die Anzahl der Personen mit Hauptschulabschluß.

- Ausbildungsbereich mit den Ausprägungen „Naturwissenschaften" (z.B. Biologie, Astronomie oder Mathematik), „Ingenieurwissenschaften" (z.B. Maschinenbau, Architektur oder Textilingenieurwissenschaften), „Medizin", „Agrarwissenschaften", „Sozialwissenschaften" (z.B. Ökonomie, Psychologie, Iura oder Ökotrophologie), „Humanwissenschaften" (z.B. Kunst, Photographie, Literaturwissenschaft oder Religion) und „Sonstige". In diese letzte Kategorie fallen auch alle multidisziplinären Studiengänge, die keiner anderen Ausprägung eindeutig zugeordnet werden können. Diese Aufteilung ist beispielsweise für Fragestellungen von Interesse, die sich mit Defiziten bzw. Überschüssen in bestimmten Ausbildungsbereichen beschäftigen.
- (derzeitiger) Beruf gemäß ISCO. Analog zur Differenzierung nach dem Niveau der formalen Qualifikation ist auch hier eine Differenzierung nach allen ISCO-Kategorien (zumindest auf der Ein-Steller-Ebene) sinnvoll, um jenen Teil des HRST-Bestands zu identifizieren, der zwar die entsprechende formale Qualifikation aufweist, aber trotzdem in einem Beruf beschäftigt ist, für dessen Ausübung normalerweise eine Überqualifikation vorliegt. Beispiele sind der promovierte Soziologe, der als Taxifahrer arbeitet, oder der Fischereiwissenschaftler, der als Matrose auf einem Fischereifangschiff zur See fährt.
- Beschäftigungsstand mit Ausprägungen wie „beschäftigt", „erwerbslos"/„arbeitslos" oder „inaktiv". Von besonderer Bedeutung für die Nutzer ist dabei eine nähere Betrachtung des „nicht-beschäftigten" HRST-Bestands. Dieser Teil gibt Aufschlüsse darüber, in welchem Umfang formal qualifiziertes wissenschaftliches und technisches Personal nicht im Arbeitsmarkt eingesetzt wird bzw. eingesetzt werden kann. In diesem Zusammenhang sind Kreuzklassifikationen mit dem Ausbildungsniveau und/oder dem Ausbildungsbereich von besonderem Interesse, um beispielsweise das Ausmaß der Nichtbeschäftigung von Promovierten oder Absolventen bestimmter Studiengänge zu eruieren.

Auf der Basis dieser Strukturmerkmale können sehr unterschiedliche Teilgesamtheiten definiert werden. Dabei dürften folgende Teilgesamtheiten[4] von besonderer analytischer und politischer Bedeutung sein:[5]

- HRSTE, das wissenschaftliche und technische Personal mit formaler Qualifikation auf ISCED-Niveau 5, 6 oder 7. Diese Teilgesamtheit umfaßt alle

[4] Alle Teilgesamtheiten können nach sozio-ökonomischen Merkmalen weiter untergliedert werden.

[5] Ein detaillierter Überblick über verschiedene Teilgesamtheiten ist zu finden in EUROSTAT (1995), insbesondere in den Paragraphen 12 bis 22.

Personen, die die Bedingung der formalen Qualifikation in der HRST-Definition erfüllen, unabhängig davon, ob sie überhaupt, adäquat oder nicht beschäftigt sind.

- HRSTO, das wissenschaftliche und technische Personal, das im Bereich Wissenschaft und Technik beschäftigt ist, unabhängig vom Niveau der formalen Qualifikation.
- HRSTC, der „HRST-Kern", ist das wissenschaftliche und technische Personal mit formaler Qualifikation auf ISCED-Niveau 5, 6 oder 7 und gleichzeitiger Beschäftigung im Bereich Wissenschaft und Technik. HRSTC ist also die Schnittmenge der beiden Teilgesamtheiten HRSTE und HRSTO. Ein Vergleich von HRSTC mit den beiden oben definierten Teilgesamtheiten HRSTE und HRSTO ermöglicht erste Aussagen über das Ausmaß der adäquaten Nutzung vorhandener formaler Qualifikationen (HRSTE vs. HRSTC) und über das Ausmaß des Einsatzes formal weniger qualifizierter Personen im Bereich Wissenschaft und Technik (HRSTO vs. HRSTC). Liegt HRSTE beispielsweise nur geringfügig über HRSTC, dann bedeutet dies, daß nur wenige formal qualifizierte Personen nicht oder nicht entsprechend beschäftigt sind. Andererseits besagt eine große Differenz zwischen HRSTO und HRSTC, daß viele, formal nicht qualifizierte Personen im Bereich von Wissenschaft und Technik beschäftigt sind.
- HRSTU, das erwerbslose wissenschaftliche und technische Personal mit einer formalen Qualifikation auf ISCED-Niveau 5, 6 oder 7. Der Umfang dieser Teilgesamtheit gibt Anhaltspunkte darüber, in welchem Ausmaß formal qualifiziertes wissenschaftliches und technisches Personal ohne Beschäftigung ist, aber gleichzeitig an einer Beschäftigung interessiert ist.
- HRSTI, das wissenschaftliche und technische Personal mit formaler Qualifikation auf ISCED-Niveau 5, 6 oder 7, das weder beschäftigt noch erwerbslos ist. Diese Teilgesamtheit umfaßt beispielsweise formal qualifizierte Elternteile, die aufgrund von Kindererziehung derzeit kein Interesse an einer Beschäftigung haben, pensionierte Personen mit entsprechender Qualifikation u.s.w.[6]
- HRSTR, die HRST-Reserve, bestehend aus dem formal qualifizierten wissenschaftlichen und technischen Personal, das nicht oder nicht adäquat beschäftigt ist. HRSTR umfaßt somit die zuvor definierten Teilgesamtheiten HRSTU und HRSTI, aber auch jenes wissenschaftliche und technische Personal mit entsprechender formaler Qualifikation, das nicht im Bereich Wissenschaft und Technik, d.h. sozusagen „unter seinen Fähigkeiten" beschäftigt ist. HRSTR umfaßt somit alle Personen, die grundsätzlich für Tätigkeiten im Bereich Wissenschaft und Technik geeignet sind, ohne allerdings

[6] Dabei ist zu beachten, daß die Potentialbetrachtung bei Personen ab einem bestimmten Alter (z.B. 70 Jahre) keinen Sinn mehr macht, da sie ab diesem Alter in den allermeisten Fällen nicht mehr für den Arbeitsmarkt zur Verfügung stehen.

entsprechend eingesetzt zu sein. Dieser Teilbestand der HRSTR stellt eine entscheidende Größe dar, wenn Defizite im Angebot an qualifiziertem Personal festgestellt werden und zu entscheiden ist, vorhandene Resourcen adäquat einzusetzen beziehungsweise zu reaktivieren oder neues Personal zu qualifizieren. Denkt man hierbei vor allem an die langen Vorlaufzeiten der Ausbildung, kann es wesentlich einfacher und folglich auch billiger sein, bereits qualifiziertes Personal entsprechend einzusetzen.

2.3 Basismodell

Der oben definierte HRST-Gesamtbestand – und analog die HRST-Teilbestände – bilden den Kern des HRST-Basismodells, das in Abbildung 1 für ein Land vereinfacht dargestellt ist. Dieses Basismodell besteht aus einer Bestandsmasse und den sie verändernden Bewegungsmassen. Wie Abbildung 1 zu entnehmen ist, sind grundsätzlich jeweils drei Zugangs- und Abgangsmassen zu unterscheiden.

Der im allgemeinen mit Abstand wichtigste Zugang resultiert aus den entsprechenden erfolgreichen Abgängen aus dem jeweiligen Bildungssystem. Alle Personen, die im betrachteten Zeitraum erstmals eine Ausbildung auf dem ISCED-Niveau 5, 6 oder 7 erfolgreich abschließen, stellen Zugänge zum HRST-Bestand dar. Entscheidend ist dabei der Zusatz „erstmals", da Personen, die bereits früher eine Ausbildung auf der dritten Stufe erfolgreich abgeschlossen haben, bereits zum HRST-Bestand gehören. So stellen beispielsweise nach dem deutschen Bildungssystem Personen, die erfolgreich ihre Promotion abschließen, keine Zugänge zum HRST-Bestand dar, da sie vorher bereits ein Universitätsstudium erfolgreich abgeschlossen haben müssen und dadurch bereits Mitglied des HRST-Bestands geworden sind.

Eine zweite wichtige Zugangsmasse umfaßt jene Personen, die, obwohl nicht entsprechend formal qualifiziert, einen Beruf im Bereich Wissenschaft und Technik während des betrachteten Zeitraums aufnehmen und bis zum Erhebungszeitpunkt ausüben. Diese Zugangsmasse umfaßt die Zugänge zur HRSTO-Teilgesamtheit, die keine formale Qualifikation auf der dritten Stufe aufweisen.

Die letzte und zumindest in einigen OECD-Mitgliedsstaaten bedeutende Zugangsmasse enthält die qualifizierten Einwanderer, d.h. jene Personen, die eine formale Qualifikation auf der dritten Stufe aufweisen und im betrachteten Zeitraum zuwandern. Diese Gruppe von Personen hat in der politischen „Brain-Gain/Brain-Drain" Diskussion große Bedeutung erlangt, insbesondere im Zusammenhang mit der Zuwanderung hochqualifzierter Wissenschaftler aus Mittel- und Osteuropa.

Auch auf der Seite der HRST-Abgänge spielen Wanderbewegungen zumindest in einigen Ländern eine nicht zu unterschätzende Rolle. Es handelt sich dabei um auf der dritten Stufe formal qualifizierte Personen, die das betrachtete Land verlassen. Dieser Effekt ist vor allem in Ländern wie Irland, dem Vereinigten Königreich oder den Vereinigten Staaten von Amerika zu beobachten, wenn auch aus unterschiedlichen Gründen. Insbesondere in kleineren Ländern wie Irland gab und gibt es immer wieder Zeiten, in denen frisch ausgebildete Akademiker keine adäquate Anstellung finden und deshalb das Land verlassen. Demgegenüber bilden Länder wie das Vereinigte Königreich oder die Vereinigten Staaten von Amerika relativ viele Personen aus anderen Staaten auf Universitätsniveau aus, die allerdings einige Zeit nach dem erfolgreichen Abschluß ihrer Studien ihr Studienland in Richtung ihrer Heimatländer verlassen.

Abb. 1: Das HRST - Basismodell

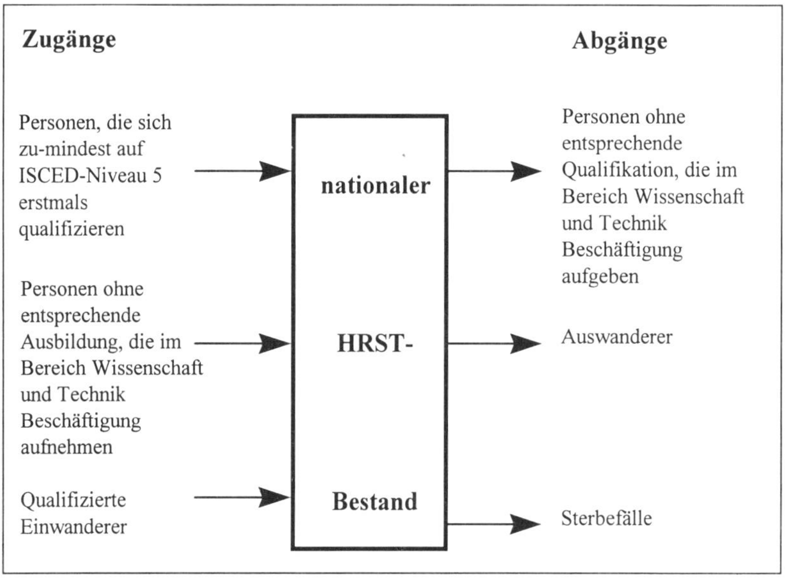

Quelle: Eurostat/OECD (1995), S.30

Die neben den Sterbefällen dritte Gruppe von Abgängen aus dem HRST-Bestand umfaßt jene Personen, die ohne entsprechende formale Qualifikation einen Beruf im Bereich Wissenschaft und Technik ausüben, den sie während des betrachteten Zeitraums aufgeben. In diesem Zusammenhang sei noch einmal darauf hingewiesen, daß Personen mit entsprechender formaler Qualifikation nur aufgrund von Tod oder Auswanderung aus dem Bestand ausscheiden können, nicht jedoch aufgrund der Aufgabe einer Beschäftigung, Erwerbslosigkeit oder sonstigen Gründen.

3 Wissenschaftliches und Technisches Personal als Baustein eines Satellitensystems zur VGR

Die Volkswirtschaftlichen Gesamtrechnungen (VGR) kennen den Begriff des wissenschaftlichen und technischen Personals oder einen verwandten Begriff nicht. Nicht-monetäre Größen wie qualifiziertes Personal werden entsprechend den Grundsätzen der VGR lediglich als Bezugsgrößen verwendet und sind von daher nicht sehr zahlreich. Die in den VGR definierten und verwendeten Variablen, die dem Begriff des wissenschaftlichen und technischen Personals noch am nächsten kommen, sind der durchschnittliche Bevölkerungsbestand, der Arbeitseinsatz, gemessen als durchschnittliche Anzahl von Posten, Gesamtarbeitsleistung , gemessen in Stunden, und der durchschnittliche Umfang der Beschäftigung, gemessen in Vollzeitäquivalenten (VZÄ). Nähere Informationen über diese Begriffe und ihre Verwendung im Rahmen der VGR enthält Kapitel 17 der derzeitig gültigen internationalen Methodik der VGR des Jahres 1993 (vgl. Commission of the European Communities et al., 1993, S. 407 – 413).

Eine direkte Übernahme des Konzepts des wissenschaftlichen und technischen Personals in die VGR ist also nicht möglich, es sei denn durch eine weitere Untergliederung des durchschnittlichen Bevölkerungsbestandes. Allerdings lassen die Grundsätze der VGR eine weitere Möglichkeit zu. Kapitel 21 des derzeit gültigen internationalen Methodenrahmens regelt die Grundsätze für Satellitensysteme zu den VGR und nennt hierbei explizit Satellitensysteme zu F&E und weitere nicht-monetäre Bezugsvariablen: „... it is generally possible to show meaningful data on the number of units produced or used. ...The labour force may be presented in detail: number of people employed in various categories, according to skill and sex..." (Commission of the European Communities et al., 1993, Paragraph 21.111, S. 506 f.). An dieser Stelle ließe sich grundsätzlich ein HRST-Baustein eines F&E-Satellitensystems zu den VGR einsetzen.

Wie dem Beitrag von MAAß (in diesem Band) zu entnehmen ist, kann Eurostat derzeit noch kein ausformuliertes F&E-Satellitensystem zu den VGR präsentieren. Somit ist es auch noch nicht möglich, einen ausgereiften HRST-Baustein zu einem derartigen Satellitensystem vorzustellen. Trotzdem können aber bereits jetzt theoretische und praktische Probleme, die sich aus den zu verwendenden Datenquellen ergeben, angerissen werden, die im Zusammenhang mit der konkreten Entwicklung eines solchen HRST-Bausteins auftreten werden. Zu diesen Problemen gehören insbesondere:[7]

- die Wahl der statistischen Einheiten. Unter einer statistischen Einheit versteht man jene Einheit, auf die sich die erhobenen Informationen beziehen. Sinnvolle statistische Einheiten im Bereich des wissenschaftlichen und technischen Personals sind vor allem die Person und der Posten (Eurostat/OECD, 1995, S. 37). In weiten Bereichen der VGR sind allerdings andere statistische Einheiten gebräuchlich beziehungsweise empfohlen wie die lokale fachliche Einheit („local kind-of-activity unit") und vergleichbare

[7] Im folgenden werden nicht alle Problemkreise näher angesprochen, sondern nur F&E-spezifische Probleme. Zu den Problemen, die sich im Zusammenhang mit der Verwendung von Daten aus demographischen und sozialstatistischen Erhebungen in den VGR ergeben, vgl. die detaillierten Ausführungen von RAINER/AURACHER in diesem Band.

Einheiten. Der Einsatz unterschiedlicher statistischer Einheiten kann und wird in aller Regel zu nicht deckungsgleichen Ergebnissen führen, so daß grundsätzlich identische Tatbestände in den VGR und den angegliederten Satellitensystemen unterschiedliche Werte aufweisen können.

- die Wirtschaftszweigzuordnung. Beschäftigte werden relativ häufig die Einheit, in der sie beschäftigt sind, einem anderen Wirtschaftszweig zuordnen als die Einheit aufgrund ihrer wirtschaftlichen Tätigkeit(en) tatsächlich angehört.
- die räumliche Zuordnung. Beschäftigte werden in den VGR dem Land/Region zugeordnet, in dem die Einheit angesiedelt ist, in der sie beschäftigt sind. Demgegenüber erfolgt die Zuordnung in demographischen und sozialstatistischen Erhebungen nach dem Wohnort. Diese unterschiedlichen Zuordnungen führen insbesondere wegen der Pendler zu Differenzen.
- verwendete Klassifikationen. Die Verwendung identischer Klassifikationen für Untergliederungen oder, falls sich das als nicht realisierbar erweisen sollte, die Erstellung eineindeutiger Umsteigeschlüssel zwischen verschiedenen verwendeten Systematiken sind unabdingbar für eine direkte Vergleichbarkeit der damit erstellten Ergebnisse. Ein Beispiel aus der internationalen F&E-Statistik soll dieses Problem etwas beleuchten. In dem der internationalen F&E-Statistik zugrundeliegenden Methodenhandbuch, dem FRASCATI-Handbuch (OECD, 1994), wird auf der höchsten Ebene der Hochschulsektor aus dem Sektor „Staat" herausgelöst, wodurch die besondere Bedeutung der Hochschulen für den Bereich der Forschung und (experimentellen) Entwicklung herausgestellt werden soll. Würde nun ein HRST-Baustein eines F&E-Satellitensystems zu den VGR auf diesen „FRASCATI -Sektoren" basieren, müßte gleichzeitig ein Umsteigeschlüssel verfügbar sein bzw. entwickelt werden, um Information über diese „FRASCATI -Sektoren" in Informationen für die VGR-Sektoren überführen zu können.

4 Ausblick

Beide Projekte – zum einen vergleichbare Informationen über wissenschaftliches und technisches Personal bereitzustellen und zum anderen Grundlagen eines F&E-Satellitensystems zu den VGR zu entwickeln – stehen im Statistischen Amt der Europäischen Gemeinschaften noch am Anfang, wenngleich die Vorarbeiten im HRST-Projekt schon etwas weiter gediehen sind.

Wie bereits oben erläutert, sind die Arbeiten an den methodischen Grundlagen zur Messung des wissenschaftlichen und technischen Personals auf internationaler Ebene zumindest vorerst abgeschlossen. Aufbauend auf den Empfehlungen des CANBERRA-Handbuchs hat Eurostat 1995 ein Grundlagenpapier über Basisindikatoren zur Messung von HRST-Beständen vorgelegt (Eurostat, 1995). Dieses Papier bildet die Grundlage für die Sammlung erster Bestandsdaten für die EU-Mitgliedsstaaten. Derzeit liegen die ersten Ergebnisnisse vor. Ihre Analyse wird zeigen, in welchem Umfang die einzelnen EU-Mitgliedsstaaten in der Lage sind, die durch die Methodik vorgegebenen Anforderungen zu erfüllen. Vorabinformationen deuten darauf hin, daß Mitgliedsstaaten mit Bevölkerungsregistern, wie vor allem die skandinavischen Staaten, keine grundlegenden Probleme mit der Bereitstellung dieser Informationen haben, während sich andere Staaten wie die Bundesrepublik Deutschland nicht unerheblichen Schwierigkeiten gegenübersehen. Selbstverständlich ist in diesem Stadium kein Mitgliedsstaat verpflichtet, den übermittelten Fragebogen vollständig auszufüllen; die EU-Mitgliedsstaaten sind lediglich gebeten, vorhandenes Datenmaterial zu übermitteln. Es wird dann die Aufgabe von Eurostat sein, die verfügbaren Informationen soweit als möglich zu harmonisieren und bestehende Lücken in Zusammenarbeit mit den Mitgliedsstaaten so weit als möglich zu schließen.

Parallel arbeitet Eurostat bereits an der Entwicklung von Basisindikatoren zur Messung von Bewegungsgrößen. Allerdings erscheint es aufgrund der Vielzahl möglicher Ströme nicht sinnvoll, ein vollständiges System an Basisindikatoren für Bewegungsgrößen jeglicher Art einschließlich interner Ströme zu entwickeln. Stattdessen wird sich Eurostat, den Bedürfnissen der Nutzer folgend, zunächst auf drei Stromgrößen konzentrieren: die Zugänge aus dem Bildungssystem sowie die Zu- und Abgänge aus anderen Ländern. Im Anschluß an die Festlegung sinnvoller Basisindikatoren wird auch in diesem Bereich versucht werden, sie für die EU-Mitgliedsstaaten zu erfassen. Erste Ergebnisse dieser Aktivitäten sind nicht vor Ende 1997 zu erwarten.

Die Situation bei dem anderen Projekt eines F&E-Satellitensystems zu den VGR stellt sich etwas anders dar. Obwohl Eurostat eine der führenden Organisationen bei der Revision 1993 der VGR war, ist die Entwicklung eines F&E-Satellitensystems nicht eine seiner Hauptaufgaben. Nichtsdestotrotz besteht von Seiten Eurostats ein beachtliches, insbesondere auch wissenschaftliches Interesse an einem derartigen Satellitensystem. Derzeit ist beabsichtigt, aufbauend auf diesen ersten Ergebnissen weitere Aktivitäten zu starten. Allerdings ist derzeit noch nicht endgültig entschieden, in welche Richtung sich weitere Aktivitäten orientieren werden.

Literatur

Commission of the European Communities, International Monetary Fund, OECD, United Nations, World Bank (1993)
System of National Accounts. Brussels, Luxembourg, New York, Paris, Washington, D.C..

Eurostat (1995)
Basic Indicators for Describing the Stock of Human Resources in Science and Technology (HRST). Unit D3, Luxembourg.

Eurostat/OECD (1995)
Manual on the Measurement of Human Resources Devoted to S&T – Canberra Manual. Paris.

ILO (1990)
International Standard Classification of Occupations: ISCO-88. Geneva.
OECD (1994) Proposed Standard Practice for Surveys of Research and Experimental Development – Frascati Manual 1993. Paris.

UNESCO (1976)
International Standard Classification of Education (ISCED). Paris.

Vogel, F./Grünewald, W. (1996)
Kleines Lexikon der Bevölkerungs- und Sozialstatistik. München, Wien.

Wirtschaftsstruktur, Berufe und Qualifikationen in Österreich

Norbert Rainer und *Sonja Auracher,* Wien

1 Einleitung

Der Beitrag beschreibt die Erstellung einer mit der Input-Output-Statistik abgestimmten Wirtschaftszweig- mal Berufs- bzw. Qualifikationsmatrix für Österreich sowie einige Analysen, die auf diesem Datenmaterial beruhen. Eine solche Matrix zeigt eine Aufgliederung der Beschäftigten jedes Input-Output-Wirtschaftszweiges nach Berufen bzw. Qualifikationsmerkmalen. Der sehr inhomogene Produktionsfaktor Arbeit wird solcherart nach homogeneren Strukturen dargestellt. Statistisch gesehen kann eine solche Erweiterung als ein Schritt in Richtung einer Social-Accounting-Matrix (SAM) gesehen werden. Damit kann die beschäftigtenbezogene Input-Output-Rechnung um die Dimensionen Berufe und Qualifikationen ausgeweitet werden (siehe beispielsweise: Holub, Tappeiner 1988, 1991). Ex-post-Analysen der Wirkungen des Strukturwandels auf die Nachfrage nach Berufen und Qualifikationen sowie analoge prognostische Analysen sind zwei Beispiele für Anwendungsgebiete derartiger Datenstrukturen bzw. darauf aufbauender Input-Output-Modelle.

Wenngleich im letzten Abschnitt einige Input-Output-analytische Ergebnisse präsentiert werden, liegt der Schwerpunkt dieses Beitrages bei den statistischen Methoden und Konzepten. Aufgrund der für Österreich verfügbaren Informationen bedeutet die Erstellung einer solchen Berufs- bzw. Qualifikationsmatrix die Verknüpfung von sozialstatistischen mit wirtschaftsstatistischen Daten. Dabei sind jedoch grundlegende Konzeptunterschiede zu beachten und numerische Abstimmungsschritte durchzuführen.

Der Beitrag gliedert sich in sechs Abschnitte. Im nachfolgenden Abschnitt 2 wird der Strukturwandel in der Beschäftigung nach Wirtschaftszweigen, Berufen und Qualifikationen kurz dargestellt. Die Volkszählungen 1981 und 1991 bilden hierfür die Datenbasis. Im Abschnitt 3 wird der grundlegende Ansatz einer Wirtschaftszweig- mal Berufs- bzw. Qualifikationsmatrix beschrieben. Im Abschnitt 4 erfolgt eine Darstellung der verwendeten Datenbasis. Abschnitt 5 zeigt im Detail die Erstellungsschritte der mit der Input-Output-Tabelle abgestimmten Wirtschaftszweig- mal Berufs- bzw. Qualifikationsmatrix auf. Der letzte Abschnitt bringt – wie schon erwähnt – einige Input-Output-analytische Ergebnisse.

2 Strukturwandel in den 80er Jahren

Zur Illustration des gewaltigen Strukturwandels der Beschäftigung in Österreich in den 80er Jahren werden hier die Ergebnisse der beiden *Volkszählungen 1981 und 1991* herangezogen. Dies vor allem deswegen, weil die in Abschnitt 5 beschriebene Ableitung der Wirtschaftszweig- mal Berufs- bzw. Qualifikationsmatrizen im wesentlichen auf den Daten der Volkszählungen beruht. Es wird hier auch bewußt auf die Darstellung der Entwicklungen in den 90er Jahren verzichtet, obwohl den Volkszählungen analoge Daten – wenngleich in nicht so detaillierter Form – auch aus den laufenden Mikrozensuserhebungen (Haushaltsstichprobe) vorliegen. Mit der Beschränkung auf die Datenbasis aus den Volkszählungen kann natürlich nur ein bestimmter Ausschnitt des wirtschaftlichen Strukturwandels analysiert werden. Für eine umfassendere – hier keineswegs intendierte – Darstellung des wirtschaftlichen Strukturwandels müßten jedoch vor allem auch wirtschaftsstatistische Daten herangezogen werden.

Das Datenset, das die Volkszählungen bietet, ist jedoch ausreichend, um einen Einblick in den Strukturwandel der Beschäftigung zu erhalten. Von den erhobenen Merkmalen über die Berufstätigen werden hier nur diejenigen des Wirtschaftszweiges, des ausgeübten Berufes und der abgeschlossenen Ausbildung herangezogen. Alle weiteren Merkmale – wie beispielsweise Geschlecht, Alter oder Stellung im Beruf – bleiben hier unberücksichtigt.

Die drei Merkmale Wirtschaftszweig, Beruf und Ausbildung könnten in Form einer dreidimensionalen Matrix dargestellt werden, was hier schon allein aufgrund der klassifikatorischen Detailtiefe nicht möglich ist. Anstelle dessen werden bei Verkreuzungsdarstellung von jeweils zwei dieser Merkmale entsprechende Aggregationen vorgenommen. So werden die rund 80 unterschiedenen Wirtschaftszweige in die drei Sektoren (primärer, sekundärer und tertiärer Sektor) und ebenso die rund 60 unterschiedenen Berufe gemäß einer analogen Zusammenfassung in Land- und Forstwirtschafts-, Produktions- und Dienstleistungsberufe aggregiert. In der hier vorgenommenen Aggregation umfaßt der primäre Sektor nur die Land- und Forstwirtschaft; der Bergbau wurde dem sekundären Sektor zugeteilt.

Wie *Tabelle 1* (im Anhang) zeigt, ist die Anzahl der Berufstätigen (gemäß der Definition der Volkszählung einschließlich der Arbeitslosen und Karenzurlauber) zwischen 1981 und 1991 um 8,0% gestiegen. Dieser Anstieg ist allein auf die Expansion des Dienstleistungssektors zurückzuführen, der einen Zuwachs von 25,2% verzeichnete. Dem stehen Rückgänge im primären (-26,2%) und sekundären Sektor (-6,2%) gegenüber. Mit wenigen Ausnahmen sank die Beschäftigung in allen Wirtschaftszweigen des sekundären Sektors, wie umgekehrt mit wenigen Ausnahmen die Beschäftigung in allen Wirtschaftszweigen des tertiären Sektors zugenommen hat.

Ein analoges Bild zeigt sich auch bei den Berufen (*Tabelle 2* im Anhang), starke Rückgänge bei den Land- und Forstwirtschaftsberufen (-25,8%), sowie ebenfalls ein deutlicher Rückgang bei den Produktionsberufen (-5,0%), aber eine starke Expansion bei den Dienstleistungsberufen.

Die Expansion der Dienstleistungsberufe war etwas geringer (+19,8%) als die Expansion des Dienstleistungssektors (+25,2%). Dies hat seinen Grund darin, daß einerseits die Anzahl der Dienstleistungsberufsträger im primären und sekundären Sektor abnahm und andererseits die Beschäftigtenzunahme im tertiären Sektor nicht nur Dienstleistungsberufe betraf (siehe *Tabelle 3* im Anhang). Auffallend ist die völlig gleichlaufende Entwicklung der drei Berufssektoren in den drei Wirtschaftssektoren: im primären und sekundären Sektor betraf die Beschäftigtenabnahme sowohl die Land- und Forstwirtschaftsberufe als auch die Produktions- und Dienstleistungsberufe, während im tertiären Sektor alle Berufssektoren Zuwächse aufweisen. Dies läßt die Vermutung zu, daß offensichtlich der berufliche Strukturwandel in erster Linie durch den Strukturwandel zwischen den Wirtschaftssektoren verursacht wurde.

Um den Einfluß der Wirtschafts- und Berufsstruktur auf die Entwicklung der Beschäftigten nach Berufen insgesamt herausfiltern zu können, wurden die Berufs- mal Wirtschaftszweigmatrizen der Volkszählungen 1981 und 1991 mit Hilfe einer einfachen Komponentenzerlegung weiter untersucht. Ausgangspunkt ist die Darstellung der Beschäftigten nach Berufen in zwei multiplikativ miteinander verknüpften Teilen und zwar in einer Matrix mit den relativen Berufsstrukturen je Wirtschaftszweig und einem Vektor mit den absoluten Beschäftigtenzahl je Wirtschaftszweig. Das Modell der Komponentenzerlegung setzt die kausale Unabhängigkeit der beiden verknüpften Teile voraus.

Es gilt somit das Modell (siehe auch: Holub, Schnabl 1994, S. 209ff):

$$\mathbf{O}_0 = \mathbf{X}_0 * \mathbf{I}_0 \text{ bzw. } \mathbf{O}_1 = \mathbf{X}_1 * \mathbf{I}_1,$$

wobei

$\mathbf{O}_0$ = Beschäftigte 1981 nach Berufen,

$\mathbf{O}_1$ = Beschäftigte 1991 nach Berufen,

$\mathbf{I}_0$ = Beschäftigte 1981 nach Wirtschaftszweigen,

$\mathbf{I}_1$ = Beschäftigte 1991 nach Wirtschaftszweigen,

$\mathbf{X}_0$ = Berufs- mal Wirtschaftszweigmatrix 1981 mit den relativen Berufsstrukturen je Wirtschaftszweig,

$\mathbf{X}_1$ = Berufs- mal Wirtschaftszweigmatrix 1991 mit den relativen Berufsstrukturen je Wirtschaftszweig

bezeichnet.

$$\Delta\mathbf{O} = \mathbf{O}_1 - \mathbf{O}_0$$
$$\Delta\mathbf{I} = \mathbf{I}_1 - \mathbf{I}_0$$
$$\Delta\mathbf{X} = \mathbf{X}_1 - \mathbf{X}_0$$

dann kann $\Delta\mathbf{O}$, die Veränderung der Beschäftigten nach Berufen zwischen 1991 und 1981, folgendermaßen zerlegt werden:

$$\Delta\mathbf{O} = \mathbf{O}_1 - \mathbf{O}_0 = \mathbf{X}_1 * \mathbf{I}_1 - \mathbf{X}_0 * \mathbf{I}_0 =$$

$$= (\Delta\mathbf{X} + \mathbf{X}_0)(\Delta\mathbf{I} + \mathbf{I}_0) - \mathbf{X}_0 * \mathbf{I}_0 =$$

$$= \Delta\mathbf{X} * \mathbf{I}_0 + \mathbf{X}_0 * \Delta\mathbf{I} + \Delta\mathbf{X} * \Delta\mathbf{I}$$

wobei:

$\Delta\mathbf{X} * \mathbf{I}_0$ = Berufseffekt

$\mathbf{X}_0 * \Delta\mathbf{I}$ = Wirtschaftszweigeffekt

$\Delta\mathbf{X} * \Delta\mathbf{I}$ = gemeinsame Komponente

Das Ergebnis dieser Komponentenzerlegung in *Tabelle 4* im Anhang bestätigt unsere Vermutung: mehr als die Hälfte des Rückgangs der Produktionsberufe ist auf den Wirtschaftsstruktureffekt zurückzuführen und nur etwas mehr als ein Drittel auf den Berufsstruktureffekt. Wesentlich ausgeprägter ist dies bei den Dienstleistungsberufen, deren enorme Expansion in den 80er Jahren zu 93% durch das Wachstum des tertiären Sektors bedingt war. Dies gilt mit umgekehrtem Vorzeichen auch für die Land- und Forstwirtschaftsberufe. Verschiebungen in der Berufsstruktur der einzelnen Wirtschaftszweige hatten also nur einen weitaus geringeren Einfluß auf die Veränderung der Anzahl der Berufstätigen nach Berufen.

Die Qualifikation der Berufstätigen – gemessen an der Ebene der höchsten abgeschlossenen Ausbildung – hat sich in den 80er Jahren ebenfalls enorm verändert (*Tabelle 5* im Anhang). Die Anzahl der Berufstätigen mit bloßem Pflichtschulabschluß ist um 21,7% zurückgegangen. Alle höheren Bildungsebenen weisen sehr hohe Zuwächse auf. 1981 hatten bloß 4,8% der Berufstätigen einen Hochschulabschluß (einschließlich hochschulverwandte Ausbildung), 1991 waren es bereits 7,1%. Die Anzahl der akademisch gebildeten Berufstätigen stieg daher in den 80er Jahren um 62,0%. Dieser Zuwachs wurde zu 92,8% vom Dienstleistungssektor absorbiert. Ein enormer Zuwachs ist auch bei den Berufstätigen mit dem Abschluß einer Berufsbildenden Höheren Schule festzustellen (+65,9%). Der Strukturwandel zu höher qualifizierten Berufstätigen ist bei allen drei Wirtschaftssektoren gegeben.

Tabelle 6 im Anhang zeigt schließlich die Verkreuzung von Ausbildungsebene und Berufssektoren. Bei allen drei Berufssektoren hat die Anzahl der Berufstätigen mit bloßem Pflichtschulabschluß stark abgenommen und die Anzahl der Berufstätigen mit einem höheren Bildungsabschluß sehr stark zugenommen, im wesentlichen also ein bereits aus Tabelle 5 bekanntes Bild in Richtung höherer Ausbildungsebene (Vgl. auch den Beitrag von Grupp in diesem Band).

Hinsichtlich der Ausbildungsstruktur der Berufstätigen in den drei Berufssektoren gibt es jedoch deutliche Unterschiede. Akademisch gebildete Berufstätige übten 1991 zu 97,9% Dienstleistungsberufe aus. Dies ist auch nicht verwunderlich, weil viele Dienstleistungsberufe einen Studienabschluß voraussetzen (z.B. Ärzte, Anwälte, Lehrer). Auch die Absolventen von Berufsbildenden und Allgemeinbildenden Höheren Schulen und von Fachschulen sind bei den Dienstleistungsberufen relativ häufiger vertreten als bei den Produktionsberufen. Umgekehrt ist dies bei den Berufstätigen mit Lehrausbildung bzw. Pflichtschulausbildung.

3 Wirtschaftszweig- mal Berufs- bzw. Qualifikationsmatrix

Wie im vorigen Abschnitt gezeigt, liefern die österreichischen Volkszählungen Daten über die Berufstätigen, die in Form einer Matrix „Wirtschaftszweige mal Berufe" bzw. „Wirtschaftszweige mal Qualifikationen" dargestellt werden können. Dabei können diese Merkmale sowohl untereinander als auch mit weiteren Merkmalen über die Berufstätigen verkreuzt werden. Hier interessieren nur die Merkmale Wirtschaftszweig, Beruf und Qualifikation.

Obwohl die Klassifikation der Wirtschaftszweige, welche die Volkszählungen verwenden, dieselbe ist, die auch in der Wirtschaftsstatistik eingesetzt wird, können die Volkszählungsdaten über die Berufstätigen nach Wirtschaftszweigen und deren ausgeübte Berufe und höchste abgeschlossene Ausbildung nicht direkt mit der Input-Output-Tabelle verknüpft werden. Dies schon deswegen nicht, weil sich die Volkszählungen auf einen Stichtag beziehen, die Beschäftigtenangaben in der Input-Output-Statistik jedoch auf Jahresdurchschnittswerte. Außerdem liegen für Österreich keine Input-Output-Tabellen für jene Jahre vor, in denen Volkszählungen stattgefunden haben. Darüberhinaus sind weitere konzeptive Unterschiede zu bedenken, die eine Gleichsetzung der in der Volkszählung erfaßten Beschäftigten mit der in der Wirtschaftsstatistik erhobenen Beschäftigung nicht gestatten. Überdies dürfen auch klassifikatorische Probleme nicht übersehen werden.

Da jedoch die Merkmale Beruf und Qualifikation nicht Bestandteil des österreichischen wirtschaftsstatistischen Systems sind, sondern nur im Rahmen von Volkszählungen (bzw. Mikrozensuserhebungen) erfragt werden, bedarf es der Analyse der konzeptiven Unterschiede zwischen Wirtschaftsstatistik und Sozial- bzw. Bevölkerungsstatistik in Hinblick auf Definition und Erfassung von Beschäftigung und Erwerbstätigkeit. Die konzeptiven Unterschiede müßten darüber hinaus auch quantifiziert werden können, um solcherart die Volkszählungsergebnisse an die konzeptiven Erfordernisse der Wirtschaftsstatistik (bzw. der darauf aufbauenden Input-Output-Statistik) anpassen zu können. Wie in einem späteren Abschnitt gezeigt wird, ist dies nur eingeschränkt möglich.

Die Erstellung von mit der Input-Output-Statistik kompatiblen Wirtschaftszweig- mal Berufs- bzw. Qualifikationsmatrizen erfordert daher – bei der bis dato in Österreich gegebenen statistischen Basis – die datenmäßige Anpassung von Volkszählungsergebnissen an die wirtschaftsstatistische Konzeption. Dies schließt auch die numerische Abstimmung der Beschäftigtendaten nach Wirtschaftszweigen mit ein. Solche Adaptierungsschritte müssen teilweise auf der Grundlage von Annahmen und Schätzungen erfolgen.

Im konkreten ist es das Ziel, auf Basis der entsprechenden Daten der beiden Volkszählungen 1981 und 1991 Wirtschaftszweig- mal Berufs- bzw. Qualifikationsmatrizen zu erstellen, die konzeptiv und numerisch mit den Input-Output-Tabellen 1983 bzw. 1990 abgestimmt sind. Da die Input-Output-Tabelle für das Jahr 1990 erst im Jahr 1997 fertiggestellt sein wird, beschränkt sich dieser Beitrag auf die Darstellung und Analyse der entsprechenden Matrizen für das Input-Output-Jahr 1983. Die konzeptiven Unterschiede zwischen Wirtschaftsstatistik und Bevölkerungsstatistik in Hinblick auf Definition und Erfassung von Beschäftigung und Erwerbstätigkeit gelten natürlich in gleicher Weise auch für die anderen Jahre.

4 Datenbasis

4.1 Wirtschaftsstatistische Datenbasis

In diesem Beitrag kann keine ausführliche Beschreibung der österreichischen Wirtschaftsstatistik erfolgen. Es werden vielmehr bloß einige Grundkonzepte dargestellt, die in Hinblick auf den Gegenstand dieser Arbeit relevant sind. Durch den Beitritt Österreichs zur Europäischen Union (1. Januar 1995) und die in Gang befindlichen Harmonisierungen im Bereich der Europäischen Statistik sind grundlegende Änderungen gerade auch in der Wirtschaftsstatistik notwendig geworden (siehe die entsprechenden Beiträge in: Rainer, 1997). Wie kaum ein anderer Bereich der amtlichen Statistik befindet sich die Wirtschaftsstatistik in Österreich derzeit in einer tiefgreifenden Umbruchsphase, die auch Änderungen bei den statistischen Einheiten, Klassifikationen und Erhebungsmerkmalen erfordert.

Die folgenden Grundkonzepte der österreichischen Wirtschaftsstatistik werden wegen ihrer Bedeutung für die hier behandelte Fragestellung kurz erläutert: Territorialprinzip, statistische Einheit, Wirtschaftszweigklassifikation, Beschäftigtenbegriff.

a) Territorialprinzip

Die Wirtschaftsstatistik erhebt nur jene Einheiten, die einen Sitz in Österreich haben, einschließlich jener Einheiten, die in einem der Zollausschlußgebiete Österreichs tätig sind. Die Definition der zu erhebenden Gesamtmasse erfolgt daher nach den Gebietsansässigkeitsregeln der Volkswirtschaftlichen Gesamtrechnung (VGR), wobei natürlich nicht immer alle Einheiten laufend erhoben werden. Außerdem beschränkt sich die Wirtschaftsstatistik auf jene Einheiten, die eine auf Gewinnerzielung ausgerichtete wirtschaftliche Tätigkeit ausüben, die also nach den Regeln der VGR zu den Marktproduzenten zu zählen sind.

b) Statistische Einheit

In der österreichischen Wirtschaftsstatistik war die dominierende statistische Einheit der *Betrieb*, definiert als jene Einheit, die eine möglichst homogene Produktionstätigkeit an möglichst nur einem Standort ausübt, und für die aufgrund buchhalterischer oder kostenrechnerischer Aufzeichnungen Daten über die Erlöse, die Aufwendungen, die Investitionen und die Beschäftigten vorliegen müssen. Die Einheit *Betrieb* ist daher die für produktionsstatistische Darstellungen adäquate Einheit. Sie erlaubt auch die vollständige Ableitung von Produktionskonten.

Die statistische Einheit *Betrieb* in Österreich kann gemäß der neuen Einheitenterminologie in ISIC Rev.3 (United Nations, 1990) bzw. Verordnung des Europäischen Rates betreffend die statistischen Einheiten für die Beobachtung und Analyse der Wirtschaft in der Gemeinschaft (Amtsblatt der Europäischen Gemeinschaften, Nr. L 76 von 30. März 1993) der „fachlichen Einheit auf örtlicher Ebene" gleichgesetzt werden.

c) Wirtschaftszweigklassifikation

Die Klassifizierung der statistischen Einheiten erfolgt nach den üblichen Regeln auf Basis des wirtschaftlichen Schwerpunktes der Einheit. Der wirtschaftliche Schwerpunkt einer Einheit ist dabei jene Tätigkeit, durch welche 50% oder mehr der gesamten Wertschöpfung (zu Faktorkosten) entsteht. Weist keine der wirtschaftlichen Tätigkeiten einen Wertschöpfungsanteil von 50% oder mehr Prozent auf, so ist der wirtschaftliche Schwerpunkt durch Anwendung der Top-Down-Methode zu bestimmen. Diese theoretischen Regeln können in der Praxis oftmals nur annäherungsweise umgesetzt werden. Insbesondere müssen fehlende Daten über die Wertschöpfung durch andere Indikatoren (Produktionswerte, Beschäftigung) ersetzt werden.

Eine wirtschaftliche Tätigkeit wurde durch die österreichische Systematik der wirtschaftlichen Tätigkeiten (*Betriebssystematik 1968*, in der Fassung von 1985) definiert (Österreichisches Statistisches Zentralamt, 1985). Es handelt sich dabei um eine hierarchische Klassifikation mit vier Gliederungsebenen. Bis zur Übernahme der neuen Wirtschaftszweigklassifikation der Europäischen Union – NACE Rev.1 – war die Betriebssystematik 1968 die zentrale Tätigkeitensystematik in Österreich, die nicht nur in der Wirtschaftsstatistik angewendet wurde.

d) Beschäftigtenbegriff

Der Beschäftigtenbegriff in der Wirtschaftsstatistik ist ebenfalls auf die Definitionen der VGR abgestimmt. Zu den Beschäftigten zählen die *selbständig* und *unselbständig Beschäftigten*, wobei das Ausmaß ihres Beschäftigungsvolumens keine Rolle spielt. Für die Einordnung der Beschäftigten in Selbständige und Unselbständige (wie auch deren Unterscheidung in Arbeiter und Angestellte) ist die sozialversicherungsrechtliche Stellung maßgeblich.

Zu den *Selbständigen* zählen die tätigen Betriebsinhaber (auch Mitinhaber und Pächter), welche das Unternehmen wirtschaftlich und organisatorisch leiten und nicht als unselbständig Beschäftigte sozialversichert, und die mithelfenden Familienangehörigen. Letztere sind Personen, die zur Familie des Betriebsinhabers (Mitinhabers, Pächters) gehören, regelmäßig im Unternehmen mitarbeiten und nicht als unselbständig Beschäftigte sozialversichert sind.

Zu den *unselbständig Beschäftigten* zählen alle Personen (Arbeiter, Angestellte, Lehrlinge, Heimarbeiter), welche zum Berichtsstichtag in einem rechtmäßigen Arbeits- oder Ausbildungsverhältnis zum Unternehmen stehen und von diesem Lohn oder Gehalt (bzw. Lohn- oder Gehaltsfortzahlung im Krankheitsfall), Lehrlingsentschädigung oder Heimarbeiterentgelt beziehen.

Daher sind auch folgende Personen als unselbständig Beschäftigte anzusehen: Erkrankte, Urlauber, in Mutterschutz befindliche Frauen, Saison- oder Aushilfskräfte, Teilzeitbeschäftigte, vorübergehend im Ausland Tätige, u.a.. Umgekehrt sind daher folgende Personen nicht als unselbständig Beschäftigte zu zählen: in Karenz befindliche Personen (auch wenn sie in einem Dienstverhältnis zum Unternehmen stehen) und Personen mit Werkverträgen.

Genaugenommen werden in der Wirtschaftsstatistik nicht Beschäftigte im Sinne von Personen gezählt, sondern *Beschäftigungsverhältnisse*. Da eine Person mehr als ein Beschäftigungsverhältnis eingehen kann, ist die Zahl der Beschäftigungsverhältnisse größer als die der beschäftigten Personen. Dieser Konzeptunterschied ist gerade bei Vergleichen von wirtschaftsstatistischen Daten mit solchen aus der Bevölkerungs- oder Sozialstatistik relevant, da diese normalerweise die natürliche Person als Basiseinheit verwenden.

4.2 Input-Output-Statistik

Die österreichische Input-Output-Statistik basiert auf den Konzepten von Aufkommens- und Verwendungstabellen (Supply-Use-Tables) gemäß SNA 1968 (United Nations, 1968). Auf der Verwendungsseite wird zwischen heimischen und importierten Gütern unterschieden. Die Bewertung der Güterströme erfolgt zu Produzentenpreisen, netto Mehrwertsteuer und Importabgaben. Angaben über die Beschäftigten (sowohl nach Beschäftigungsverhältnissen als auch nach Vollzeitäquivalenten) ergänzen das Datenset.

Der Klassifikation der Wirtschaftszweige liegt – wie in der Wirtschaftsstatistik – die Betriebssystematik 1968 zugrunde, wobei zum Großteil die Ebene der Gruppen (Dreistellerebene) die Darstellungsebene in den Input-Output-Tabellen ist. Es werden also mehr als 200 Wirtschaftszweige und analoge Gütergruppen nachgewiesen. Die Endnachfrage wird nach 13 Kategorien untergliedert (1 für den Privaten Konsum, 1 für den Eigenkonsum der Privaten Dienste ohne Erwerbscharakter, 2 für den Öffentlichen Konsum, 7 für die Bruttoanlageinvestitionen, 1 für die Lagerveränderungen, 1 für die Exporte). Die Wertschöpfung wird nach 10 Komponenten ausgewiesen (3 für die Bruttoentgelte für unselbständige Arbeit, 3 für die indirekten Steuern, 3 für die Subventionen, sowie 1 für den Betriebsüberschuß einschließlich Abschreibungen).

Die Ableitung von Güter x Güter-Tabellen erfolgt auf Basis der Industrietechnologieannahme, wobei vor Anwendung der Technologieableitung eine Reihe von Aggregierungen und Umbuchungen vorgenommen werden (Österreichisches Statistisches Zentralamt, 1994b). Für einen ausführlicheren Überblick über die österreichische Input-Output-Statistik siehe: Rainer, 1991.

4.3 Volkszählungen

Volkszählungen finden in Österreich alle zehn Jahre statt (zuletzt 1991, davor 1981; Stichtag jeweils im Mai). Im folgenden sollen jene Konzepte der Volkszählung kurz dargestellt werden, die für den Gegenstand dieser Arbeit relevant sind.

a) Wohnortprinzip

Die Volkszählung erfaßt alle Personen, die über einen Wohnort in Österreich verfügen. Die in der Volkszählung erfaßten Berufstätigen können ihre Berufstätigkeit auch bei Einheiten ausüben, die gemäß Gebietsansässigkeitsprinzip nicht zu den inländischen Produzenten zu zählen sind (z.B. beschäftigt bei Internationalen Organisationen).

b) Beschäftigtenbegriff

In der Volkszählung gelten alle über 15jährige Personen als berufstätig, die 12 oder mehr Stunden pro Woche arbeiten. Dazu gehören auch jene Personen, die ihren Beruf als Selbständige oder mithelfende Familienangehörige ausüben. Die Ausübung einer Tätigkeit im Ausmaß von 12 oder mehr Stunden pro Woche ist nicht auf eine bestimmte Berichtswoche beschränkt, sondern versteht sich für den Zeitraum „in den letzten Wochen vor dem Zähltag".

c) Wirtschaftszweig

Die Angaben des Zensiten zum „Wirtschafts-, Geschäftszweig der Firma bzw. Dienststelle" wurden auf Basis der Betriebssystematik 1968 codiert. Die Zensiten waren aufgefordert, eine möglichst genaue Angabe darüber zu geben, welcher Branche der Betrieb angehört, bei dem sie beschäftigt sind. Zusätzlich wurde der Name der Firma und die Adresse der Arbeitsstätte erfragt.

Die Codierung des Wirtschaftszweiges konnte überwiegend nur auf Basis der schriftlichen Angaben des Zensiten erfolgen. Abgesehen von der Frage der statistischen Einheit (Firma, Arbeitgeber, Dienststelle; Angaben zur Arbeitsstätte) ist evident, daß die Beschäftigtendaten nach Wirtschaftszweigen gemäß Volkszählung nicht mit den analogen Ergebnissen der Wirtschaftsstatistik übereinstimmen müssen. Unterschiede gibt es darüberhinaus auch beim Beschäftigtenbegriff durch die Verwendung der Stundenabgrenzung, sowie der generelle Unterschied zwischen Personenzahlen und Beschäftigungsverhältniszahlen.

d) Berufe

Analog zum Wirtschaftszweig wurden die Zensiten auch bezüglich des ausgeübten Berufes um möglichst genaue Angaben ersucht. Diese Angaben wurden in rund 600 verschiedene Berufskategorien eingestuft, die in Anlehnung an die österreichische Berufssystematik in Berufsabteilungen, Berufsklassen und Berufsunterklassen gegliedert sind. Die Ebene der Berufsklassen stellt die Vergleichbarkeitsebene zwischen den Volkszählungen 1981 und 1991 her.

Die Darstellung der Zweistellerebene der internationalen Berufssystematik ISCO 1988 (International Labour Office, 1990) kann näherungsweise unter Zuhilfenahme der Merkmale Beruf, Stellung im Beruf und Ausbildung vorgenommen werden. Durch das späte Erscheinen von ISCO 1988 konnte der Signierschlüssel für die Volkszählung 1991 nicht mehr entsprechend umgestaltet werden.

e) Ausbildung

In der Volkszählung wurden auch die einzelnen Ausbildungsstufen und die jeweilige Fachrichtung erfragt. Die Definition der Ausbildungsstufen und Fachrichtungen erfolgt auf Basis der österreichischen Schul- und Lehrberufssystematik. Eine Einordnung in die international empfohlenen Bildungsebenen ist möglich. Die datenmäßigen Auswertungen erfolgen jeweils auf Basis der höchsten abgeschlossenen Ausbildung.

5 Erstellungsschritte

In diesem Abschnitt sollen die Erstellungsschritte dargestellt werden, die ausgehend von der Datenbasis laut Volkszählung zu einer mit der Input-Output-Tabelle konsistenten Datenbasis führen soll. Da die Input-Output-Tabelle 1990 erst im Jahr 1997 fertiggestellt sein wird, beschränkt sich die Darstellung hier auf die Heranführung der Datenbasis der Volkszählung 1981 an eine mit der Input-Output-Tabelle 1983 konsistente Wirtschaftszweig- mal Berufs- bzw. Wirtschaftszweig- mal Qualifikationsmatrix.

a) Adaptierte Volkszählungsdatenbasis

Hierunter fallen alle jene Adaptierungen, die aufgrund vorhandener Merkmalsstrukturen in den beiden Ausgangsmatrizen gemäß Volkszählung elementweise vorgenommen werden können. Dazu zählen folgende Adaptierungen: Herausnahme der Arbeitslosen und der in Karenz befindlichen Personen, Herausnahme der bei nicht inländischen Produzenten beschäftigten Personen, sowie die Umbuchung der Präsenzdiener.

Der Beschäftigtenbegriff laut Volkszählung umfaßt auch die zum Zählungsstichtag arbeitslosen und in Karenz befindlichen Personen. Ihre elementweise vorgenommenen Wegbuchung verringert die Gesamtanzahl der Berufstätigen um etwa 162.000 Personen.

Die verbleibende Anzahl stellt nun die Anzahl der Beschäftigten dar, die gemäß Territorialprinzip der VGR um die Auspendler und die bei Internationalen Organisationen und bei sonstigen nicht zu den inländischen Produzenten zählenden Einheiten Beschäftigten zu vermindern ist und um die Einpendler zu erhöhen wären. Die Auspendler können in der Volkszählung infolge der Angabe des Arbeitgebers und der Arbeitsstättenadresse identifiziert werden, die nicht bei inländischen Produzenten beschäftigten Personen wurden über den entsprechenden Wirtschaftszweig identifiziert.

Naturgemäß kann die Volkszählung keine Daten über die Einpendler liefern, da diese ja keinen Wohnsitz in Österreich haben. Schätzungen über die Anzahl der Einpendler zeigen, daß es sich zum damaligen Zeitpunkt nur um eine geringfügige Größe gehandelt haben dürfte (etwa 5.000).

Die Ergebnisse dieser Adaptierungsschritte sind im oberen Teil der *Tabelle 7* im Anhang für die Beschäftigten insgesamt dargestellt. Eine weitere elementweise durchgeführte Adaptierung betrifft die Präsenzdiener, die in der Volkszählung 1981 in jenen Wirtschaftszweigen enthalten sind, in denen sie vor Ausübung ihrer Wehrpflicht beschäftigt waren; in der VGR sind sie jedoch – wie auch dann in der Volkszählung 1991 – als Beschäftigte der Landesverteidigung darzustellen.

b) Adaptierungen in Bezug auf Referenzperiode

Die Volkszählungsdaten beziehen sich auf einen Stichtag im Mai 1981 und müssen daher in Jahresdurchschnittswerte umgerechnet werden. Hierfür wurde die monatlich verfügbare Beschäftigtenstatistik des Hauptverbandes der österreichischen Sozialversicherungsträger herangezogen. Auf Basis dieser Daten wurden je Wirtschaftszweig Relationen der Beschäftigten im Mai 1981 in Verhältnis zum Jahresdurchschnitt 1981 berechnet und diese Koeffizienten auf das Datenset der Volkszählung angewendet.

Diese Vorgangsweise hat allerdings zwei Unschärfen: die Beschäftigtendaten des Hauptverbandes beziehen sich nur auf die unselbständig Beschäftigten und sind in manchen Bereichen nicht in jener Detailtiefe nach Wirtschaftszweigen verfügbar, die in der Volkszählung angewendet wurde. Da diese Jahresdurchschnittsanpassung nur eine geringfügige Änderung des Datensets der Volkszählung bedeutet, wurde diese Unschärfe in Kauf genommen und keine Aggregierung von Wirtschaftszweigen vorgenommen.

Die Beschäftigtenstatistik des Hauptverbandes wurde auch für die Fortschreibung der so gewonnenen Jahresdurchschnittswerte 1981 auf Jahresdurchschnittswerte für 1983, dem Referenzjahr der Input-Output-Tabelle, angewendet. Auch hier bezieht sich diese Fortschreibung wieder nur auf die unselbständig Beschäftigten.

Der untere Teil der Tabelle 7 zeigt die Ergebnisse der Anpassungen bezüglich Referenzperiode.

c) Restdifferenzen

Die unter a) und b) geschilderten Adaptierungsschritte ergeben eine Beschäftigtenzahl, die um 131.000 oder 4,0% niedriger liegt als die in der Input-Output-Tabelle ausgewiesene Anzahl. In dieser Restdifferenz schlagen sich daher alle anderen konzeptionellen Unterschiede und datenmäßigen Unschärfen nieder.

Konzeptionelle Unterschiede betreffen vor allem die in der Volkszählungsdatenbasis nicht enthaltenen Einpendler und geringfügig Beschäftigten, und vor allem den Unterschied zwischen beschäftigten Personen gemäß Volkszählung und Beschäftigungsverhältnisse gemäß Wirtschaftsstatistik. Auswertungen der Beschäftigtenstatistik des Hauptverbandes zeigen, daß der Unterschied zwischen Beschäftigungsverhältniszahlen und Personenzahlen bei rund 50.000 liegt. Schätzt man die Anzahl der Einpendler auf 5.000, so liegt die nicht erklärbare Restdifferenz bei 76.000 oder 2,3%.

Diese nicht erklärbare Restdifferenz ist eigentlich recht gering, wenn man bedenkt, daß ja auch die Beschäftigtendaten der Input-Output-Tabelle Schätzelemente enthält (Zuschätzungen für Untererfassung, nicht erhobene Wirtschaftsbereiche, u.dgl. mehr). Hinzu kommt, wie *Tabelle 8* im Anhang zeigt, daß eine relativ große Differenz im Bereich der Land- und Forstwirtschaft besteht, wo die Frage der Selbstzuordnung von Nebenerwerbsbauern und die Deklarierung der mithelfenden Familienangehörigen gemäß Volkszählung nicht ident sein muß mit den Ergebnissen der spezifischen agrarstatistischen Erhebungen, die der Input-Output-Tabelle zugrundeliegen. Würde man die Land- und Forstwirtschaft ausklammern, wäre die gesamte Restdifferenz bloß 1,5%.

Die Unterschiede zwischen den geschätzten Daten auf Basis der Volkszählung und den Input-Output-Daten sind in einzelnen Wirtschaftsbereichen weitaus größer (Tabelle 8). Neben den konzeptiv bedingten Gründen sind diese Unterschiede vorwiegend aufgrund klassifikatorischer Zuordungen gegeben. Es ist nicht verwunderlich, daß die Zuordnung der wirtschaftsstatistischen Einheiten gemäß wirtschaftlichem Schwerpunkt von den Angaben der Zensiten in der Volkszählung abweichen. Solche klassifikatorischen Diskrepanzen (z.B. Erzeugung von Textilien und Textilwaren – Erzeugung von Bekleidung; Holzbearbeitung – Holzverarbeitung; Eisen- und Ne-Metallerzeugung – Metallverarbeitung; Kfz-Reparatur – Kfz-Handel; Großhandel – Einzelhandel; Lastfuhrwerksverkehr – Spedition) sind bei dem gegebenen Erhebungssystem der Volkszählung auch nicht vermeidbar. Eine völlige Harmonisierung wäre jedoch nur mit unvertretbar hohem Aufwand zu erzielen. Im Input-Output-analytischen Teil wurden daher auch einige Aggregationen vorgenommen, wobei nur Wirtschaftszweige mit ähnlicher Berufsstruktur zusammengefaßt wurden.

d) Ausgleich der Restdifferenzen

Für den Ausgleich der Restdifferenzen muß man von der adaptierten Datenbasis der Volkszählung 1981 (Mai) ausgehen, da die Adaptierungen in Hinblick auf die Referenzperiode ja nur für die Beschäftigten je Wirtschaftszweig insgesamt vorgenommen werden können, nicht jedoch für deren Berufe und Qualifikationen. Diese Situation ist in der *Abbildung 1* dargestellt.

Abb. 1: „Ausgleich“ der Restdifferenzen

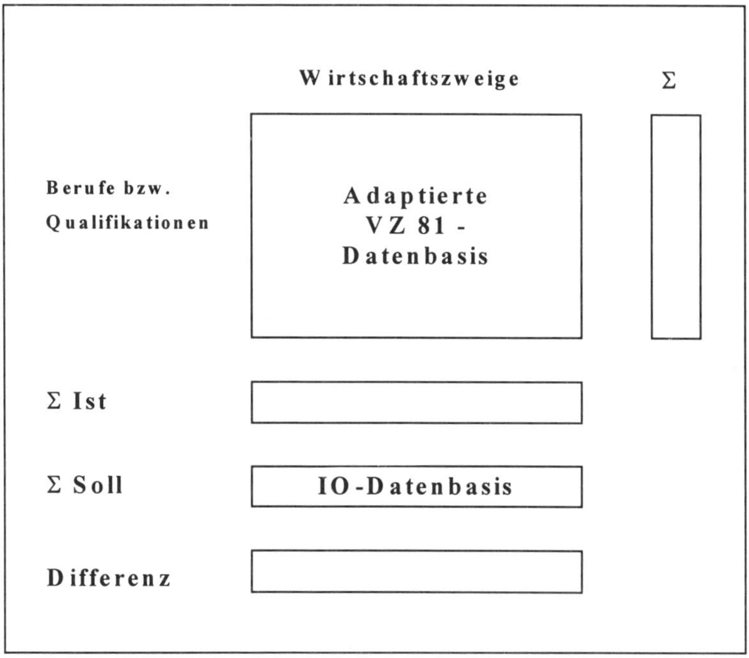

Die adaptierte Wirtschaftszweig- mal Berufsmatrix (bzw. Qualifikationsmatrix) laut Volkszählung 1981 (adaptiert um Arbeitslose, Karenzurlauber, Auspendler, nicht bei inländischen Produzenten Beschäftigten; Umbuchung der Präsenzdiener) weist Beschäftigtendaten nach Wirtschaftszweigen aus, die mit den Soll-Daten laut Input-Output-Tabelle nicht übereinstimmen. Als Ausgleichsmethode konnte mangels anderer Informationen nur eine proportionale Verteilung der Differenzen vorgenommen werden. Dadurch wird natürlich je Wirtschaftszweig die Berufs- und Qualifikationsstruktur laut adaptierter Volkszählungsbasis 1981 auch für 1983 unterstellt.

6 Endnachfragegehalt nach Berufen und Qualifikationen

In diesem letzten Abschnitt werden Input-Output-analytische Ergebnisse der Verknüpfung der Wirtschaftszweig- mal Berufs- bzw. Qualifikationsmatrix mit der Input-Output-Tabelle 1983 präsentiert. Aus Platzgründen werden jedoch nur die Ergebnisse der Zurechnung der Beschäftigten nach Berufen bzw. Qualifikationen zur Endnachfrage dargestellt.

Die Anwendung der offenen statischen Beschäftigungsmodelle basiert neben den üblichen Input-Output-Modellannahmen auf weiteren spezifischen Annahmen (siehe Holub, Schnabl, 1994, S. 158 ff). Die Annahmen müssen hier auch auf die Dimensionen Berufe und Qualifikationen ausgeweitet werden.

Ausgangspunkt der Modellbildung ist die Ableitung der Beschäftigteninverse. Zu deren Berechnung sind Angaben über die Beschäftigtenzahlen je Wirtschaftszweig notwendig, aus denen, durch Division mit dem Bruttoproduktionswert jedes Wirtschaftszweiges, die Arbeitskoeffizienten ermittelt werden können.

Wir bezeichnen den (1 x n) Arbeitskoeffizientenvektor mit

$$\mathbf{ak} = \begin{pmatrix} ak_1 & ak_2 & \dots & ak_n \end{pmatrix}$$

wobei:

$$ak_j = \frac{a_j}{x_j} \qquad \text{für } j = 1, \dots, n$$

und

n = Anzahl der Wirtschaftszweige
a_j = Beschäftigtenzahl des j'ten Wirtschaftszweiges
x_j = Bruttoproduktionswert des j'ten Wirtschaftszweiges
ak_j = Arbeitskoeffizienten des j'ten Wirtschaftszweiges

Die Beschäftigteninverse wird gebildet durch Prämultiplizieren des diagonalisierten Vektors der wirtschaftszweigspezifischen Arbeitskoeffizienten mit der Leontief-Inversen (Holub, Schnabl, 1994, S. 148 ff), wobei der Leontief-Inversen hier die Industrietechnologieannahme in der Dimension Wirtschaftszweige mal Wirtschaftszweige zugrundegelegt wird:

$$(\mathbf{I} - \mathbf{D} \cdot \mathbf{B})_A^{-1} = \; < \mathbf{ak} > \cdot \, (\mathbf{I} - \mathbf{D} \cdot \mathbf{B})^{-1}$$

wobei:

m = Anzahl der Güter
$\mathbf{I}$ = (n x n) Einheitsmatrix
$\mathbf{D}$ = (n x m) Market-share Matrix
$\mathbf{B}$ = heimische (m x n) Vorleistungskoeffizientenmatrix
$\mathbf{D} \cdot \mathbf{B}$ = (n x n) Matrix der heimischen Inputkoeffizienten erstellt auf Basis der Industrietechnologieannahme
$< \mathbf{ak} >$ = diagonalisierter Vektor der wirtschaftszweigspezifischen Arbeitskoeffizienten
$(\mathbf{I} - \mathbf{D} \cdot \mathbf{B})^{-1}$ = (n x n) Leontief-Inverse
$(\mathbf{I} - \mathbf{D} \cdot \mathbf{B})_A^{-1}$ = (n x n) Beschäftigteninverse

Die Multiplikation der Beschäftigteninversen mit der heimischen Endnachfragematrix ergibt somit die Zuordnung der Beschäftigten zu den einzelnen Endnachfragekategorien. Da hier eine Wirtschaftszweige mal Wirtschaftszweige-Matrix zugrundeliegt, muß die Endnachfragematrix, die in der Dimension Güter mal Endnachfragekategorien vorliegt, mit der Market-share Matrix prämultipliziert werden, um sie in die Dimension Wirtschaftszweig mal Endnachfragekategorie überzuführen.

Dieses Modell kann auf Beschäftigtenmodelle mit Berufs- bzw. Qualifikationsstruktur erweitert werden. Zu diesem Zweck wurden die Beschäftigtenzahlen je Wirtschaftszweig weiter aufgespalten nach Qualifikations- bzw. Berufsmerkmalen. Durch Division mit dem Bruttoproduktionswert jedes Wirtschaftzweiges können die Arbeitskoeffizienten gegliedert nach Qualifikationsmerkmal oder Berufsmerkmal ermittelt werden.

Wir bezeichnen die (r x n) Arbeitskoeffizientenmatrix mit

$$\mathbf{AK} = \begin{pmatrix} AK_{11} & \dots & AK_{1n} \\ . & & . \\ . & & . \\ . & & . \\ AK_{r1} & \dots & AK_{rn} \end{pmatrix}$$

wobei:

$$AK_{ij} = \frac{A_{ij}}{x_j} \text{ für i} = 1, \dots, \text{r und j} = 1, \dots, \text{n}$$

und

A_{ij} = Beschäftigtenzahl des j'ten Wirtschaftszweiges und der i'ten Qualifikations- bzw. Berufsausprägung

x_j = Bruttoproduktionswert des j'ten Wirtschaftszweiges

AK_{ij} = Arbeitskoeffizienten des j'ten Wirtschaftszweiges und der i'ten Qualifikations- bzw. Berufsausprägung

r = Anzahl der Qualifikations- bzw. Berufsausprägungen

Multipliziert man wieder die Matrix der Arbeitskoeffizienten mit der Leontief-Inversen und mit der mittels Market-share Matrix in die Dimension Wirtschaftszweige übergeführten Endnachfragematrix, erhält man die Endnachfragegehalte für die einzelnen Berufs- bzw. Qualifikationsmerkmale:

$$\mathbf{Z} = \mathbf{AK} \cdot (\mathbf{I} - \mathbf{D} \cdot \mathbf{B})^{-1} \cdot \mathbf{D} \cdot \mathbf{Y}$$

wobei:

e = Anzahl der Endnachfragekategorien

Y = (m x e) Endnachfragematrix

$\mathbf{D} \cdot \mathbf{Y}$ = (n x e) Endnachfragematrix übergeführt in die Dimension Wirtschaftszweig x Endnachfragekategorien

Z = (r x e) Endnachfragegehaltmatrix: Zurechnung der Beschäftigten je Beruf bzw. Qualifikation zu den Endnachfragekategorien

Die Ergebnisse dieser Zurechnungen sind in den *Tabellen 9* und *10* im Anhang dargestellt.

Die *Tabelle 9* zeigt die Prozentverteilung der Zurechnung der Beschäftigten nach Berufen zu den zusammengefaßten Endnachfragekategorien im Jahr 1983. 72% aller Beschäftigten in Land- und Forstwirtschaftsberufen waren direkt und indirekt für den Privaten Konsum tätig, 20% für die Befriedigung der Exportnachfrage. Die separate Betrachtung der Landwirtschafts- und Forstwirtschaftsberufe ist hier jedoch nicht sehr sinnvoll, weil in der Input-Output-Tabelle nur ein Wirtschaftsbereich Land- und Forstwirtschaft unterschieden wird (in der Tabelle 1990 wird es erstmals eine Aufgliederung dieses input- und verwendungsseitig sehr heterogenen Wirtschaftsbereiches geben).

Die Beschäftigten in den Produktionsberufen verteilen sich zu je einem Drittel auf den Privaten Konsum und den Export und zu einem Viertel auf die Investitionen.

Die in Dienstleistungsberufen Tätigen hingegen waren erwartungsgemäß zu rund der Hälfte für den Privaten Konsum und einem Viertel für den Öffentlichen Konsum beschäftigt.

Für die einzelnen Berufsklassen sind die Abhängigkeitsstrukturen natürlich sehr verschieden. Zu den Berufen, die überwiegend von der Konsumnachfrage abhängen, zählen neben den Land- und Forstwirtschaftsberufen auch die Nahrungs- und Genußmittelherstellungsberufe, die Handelsberufe, alle Formen der Gastgewerbeberufe und die Körperpflegeberufe. Medizinische Fachkräfte, Gesundheits- und Sanitätshilfsberufe, Lehrer und Erzieher, Verwaltungsfachkräfte und die Sicherheitsberufe waren überwiegend zur Befriedigung des Öffentlichen Konsums tätig. Hinsichtlich der Investitionen sind es erwartungsgemäß vor allem die verschiedenen Bauberufe, deren Arbeitsplätze von dieser Endnachfragekategorie bestimmt wurden. Interessant ist, daß auf der Ebene der hier unterschiedenen Berufsklassen doch einige überwiegend von der Exportnachfrage abhängen. Gemäß der österreichischen Exportstruktur waren es 1983 vor allem die Metall-, Holz- und Papierherstellungs- und -bearbeitungsberufe.

Diese Ergebnisse der Input-Output-analytischen Zurechnung zeigen aber auch die Grenzen der Analyse auf. Am Beispiel der Berufsklasse Schaffner kann dies illustriert werden. Schaffner sind vor allem im Eisenbahnverkehr beschäftigt, dessen Output sowohl Personen- als auch Gütertransporte umfaßt. Die Verwendungsstruktur dieser beiden Leistungen ist natürlich sehr verschieden (Personentransporte werden überwiegend von den Haushalten nachgefragt, Gütertransporte überwiegend von den Unternehmen). Die Tätigkeit der Schaffner bezieht sich naturgemäß auf den Personenverkehr; da aber der Eisenbahnverkehr nur ein Wirtschaftszweig in der Input-Output-Tabelle ist (und auch aus Gründen der statistischen Einheit nicht getrennt werden könnte), werden die Schaffner gemäß Algorithmus auch jenen Endnachfragekategorien zugewiesen, für welche sie offensichtlich direkt überhaupt nicht und indirekt nur in minimalem Ausmaß (Dienst- und Geschäftsreisen) tätig sind.

Die Prozentverteilung der Beschäftigten gegliedert nach der höchsten abgeschlossenen Ausbildung auf die einzelnen Endnachfragekategorien ist aus der *Tabelle 10* im Anhang ersichtlich. Auffallend ist hier insbesondere, daß mehr als die Hälfte der Beschäftigten mit Hochschulabschluß direkt oder indirekt für den Öffentlichen Konsum tätig waren. Beschäftigte mit niedrigerem Ausbildungsniveau hingegen waren vorwiegend für die Befriedigung der Nachfrage der Privaten Haushalte eingesetzt.

Die Ergebnisse dieser Input-Output-analytischen Zurechnungen dürfen nicht überinterpretiert werden. Zum einen deswegen, weil die verwendete Datenbasis nur unter Zuhilfenahme gewisser Annahmen und Schätzungen erstellt werden konnte, zum anderen, weil es fraglich ist, ob die stringenten Annahmen der Input-Output-Analyse in gleicher Weise für den nach Berufen und Qualifikationen gegliederten Produktionsfaktor Arbeit zutreffen. Weiters bedarf auch das Verhältnis zwischen der Wirtschaftszweig- und der Berufsklassifikation einer eingehenden Analyse. Aggregationseffekte und Inhomogenitäten sind schließlich weitere Probleme, die bei Input-Output-Analysen berücksichtigt werden sollten.

Literatur

Holub, H. W., Tappeiner, G. (1988)
Arbeitsmarktanalysen, Institut für Wirtschaftsforschung der Handels-, Industrie- Handwerks- und Landwirtschaftskammer. Bozen.

Holub, H. W., Tappeiner, G. (1991)
Die Berücksichtigung unterschiedlicher Qualifikationen in Input-Output Arbeitsmarktmodellen In: Schnabl, H. (Hrsg.): Input-Output-Techniken, Neue Verfahren der Erstellung und Analyse. Stuttgart, Berlin, Köln.

Holub, H. W., Schnabl, H. (1994)
Input-Output-Rechnung: Input-Output-Analyse. München. Wien.

Inernational Labour Office (1990) International Standard Classification of Occupations (ISCO 1988). Genf.

Österreichisches Statistisches Zentralamt (1985)
Grundsystematik der Wirtschaftstätigkeiten (Betriebssystematik 1968), Ergänzende Ausgabe: Stand 1985. Wien.

Österreichisches Statistisches Zentralamt (1994a)
Input-Output-Tabelle 1983, Band 1, Güter- und Produktionskonten, Beiträge zur österreichischen Statistik, Heft 1.138/1. Wien.

Österreichisches Statistisches Zentralamt (1994b)
Input-Output-Tabelle 1983, Band 2, Technologiematrizen, Beiträge zur österreichischen Statistik, Heft 1.138/2. Wien.

Österreichisches Statistisches Zentralamt (1995a)
Volkszählungen 1991 – Berufstätige nach beruflichen und wirtschaftlichen Merkmalen, Beiträge zur österreichischen Statistik, Heft 1.030/22. Wien.

Österreichisches Statistisches Zentralamt (1995b),
Volkszählungen 1991 – Benützerhandbuch. Wien.

Rainer, N. (1991)
Zur Konzeption der österreichischen Input-Output-Statistik. In: Schnabl, H. (Hrsg.): Input-Output-Techniken, Neue Verfahren der Erstellung und Analyse. Stuttgart, Berlin, Köln.

Rainer, N. (Hrsg.) (1997)
Österreichs Statistik in der Europäische Integration, Österreichische Studien zur Amtlichen Statistik, Band 2, Österreichisches Statistisches Zentralamt. Wien (in Druck).

United Nations (1968)
A System of National Accounts. New York.

United Nations (1990)
International Standard Industrial Classifikation of All Economic Activities (ISIC Rev. 3). New York.

Anhang

Tab. 1: Berufstätige nach Wirtschaftszweigen in den Jahren 1981 und 1991

	1991	1981	1981-1991 Veränd. absolut	1981-1991 in % von 1981
Landwirtschaft, Fischerei	201.256	273.935	-72.679	-26,5
Forstwirtschaft, Jagd	13.218	16.555	-3.337	-20,2
Primärer Sektor	*214.474*	*290.490*	*-76.016*	*-26,2*
Energie- und Wasserversorgung	40.167	40.970	-803	-2,0
Kohlenbergbau, Kokerei	1.919	4.665	-2.746	-58,9
Erzbergbau	1.043	2.916	-1.873	-64,2
Erdöl- und Erdgasbergbau	2.630	6.740	-4.110	-61,0
Salzbergbau (einschl. Sudsalzerzeugung)	525	816	-291	-35,7
Magnesitbergbau	1.023	2.437	-1.414	-58,0
Übriger Bergbau; Torfabbau	1.197	1.376	-179	-13,0
Gewinnung von Steinen und Erden	5.388	6.962	-1.574	-22,6
Erzeugung von Nahrungs- u. Genußmitteln	96.716	105.350	-8.634	-8,2
Erzeugung v. Getränken; Tabakverarbeitung	15.063	18.529	-3.466	-18,7
Webereien, Spinnereien	13.673	20.455	-6.782	-33,2
Erzeugung von Wirk- und Strickwaren	8.239	16.064	-7.825	-48,7
Textilveredlung und Textildruck	3.520	3.642	-122	-3,3
Erz. v. Haushalts-, Bettwäsche, Bettwaren	2.095	1.881	214	11,4
Erzeugung von Bekleidung	43.405	59.438	-16.033	-27,0
Erz. v. übr. Textilien u. -waren	13.753	13.451	302	2,2
Erzeugung und Reparatur von Schuhen	11.176	18.229	-7.053	-38,7
Erz. u. Verarb. v. Leder u. –ersatzstoffen	4.126	5.733	-1.607	-28,0
Bearbeitung v. Holz, Holzplattenerzeugung	18.484	20.144	-1.660	-8,2
Verarbeitung von Holz	81.172	81.140	32	0,0
Erz. v. Musikinst., Sportartikel, Spielwaren	8.930	8.649	281	3,2
Erzeugung von Papier und Pappe	14.331	15.787	-1.456	-9,2
Erz. v. Papierwaren, Pappe; Buchbindereien	9.912	10.693	-781	-7,3
Druckerei und Vervielfältigung	31.214	29.308	1.906	6,5
Verlagswesen	16.030	12.257	3.773	30,8
Erz. v. Waren aus Gummi u. Kunststoffen	28.407	28.737	-330	-1,1
Erz. v. Chemikalien u. chem. Produkten	51.168	52.311	-1.143	-2,2
Verarb. v. Erdöl u. Erdgas	4.064	4.461	-397	-8,9
Erz. v. Naturst., Ziegeln, Grobkeramik, Kalk, Gips	9.546	15.525	-5.979	-38,5
(Kunst)steinwarenerz., Feinkeramik, Zement	22.358	19.728	2.630	13,3
Erzeugung und Bearbeitung von Glas	9.754	9.847	-93	-0,9
Erz. v. Eisen u. NE-Metallen; auch Halbzeug	44.414	70.036	-25.622	-36,6
Metallbearbeitung; Stahl-, L-Metallbau	107.500	98.782	8.718	8,8
Erz. v. Maschinen (o. Elektromaschinen)	91.480	82.261	9.219	11,2
Erz. v. elektrotechn. Einrichtungen	93.935	98.225	-4.290	-4,4
Erz. von Transportmitteln	88.519	99.353	-10.834	-10,9
Feinmech., med., opt. Ger.; Uhren, Schmuckwaren	17.508	18.695	-1.187	-6,3
Hoch- und Tiefbau	179.243	183.399	-4.156	-2,3
Ausbau- und Bauhilfsgewerbe	46.739	41.759	4.980	11,9
Zimmerei und Holzkonstruktionsbau	9.742	8.972	770	8,6
Bauspenglereien	2.263	2.656	-393	-14,8
Bauinstallation	60.085	56.169	3.916	7,0
Sekundärer Sektor	*1.312.456*	*1.398.548*	*-86.092*	*-6,2*

Fortsetzung Tab. 1	1991	1981	1981-1991 Veränd. absolut	1981-1991 in % von 1981
Großhandel	168.894	123.145	45.749	37,2
Einzelhandel	352.845	328.374	24.471	7,5
Lagerung und Aufbewahrung	3.849	2.565	1.284	50,1
Beherbergungs- und Gaststättenwesen	226.716	174.450	52.266	30,0
Straßenverkehr	33.229	28.139	5.090	18,1
Lastfuhrwerksverkehr	34.622	27.441	7.181	26,2
Eisenbahn- und Seilbahnverkehr	68.257	71.396	-3.139	-4,4
Schiffahrt	2.253	2.547	-294	-11,5
Luftverkehr	9.194	5.683	3.511	61,8
Transp. in Rohrleitungen, Reisebüros	11.316	6.517	4.799	73,6
Spedition	24.473	18.004	6.469	35,9
Nachrichtenübermittlung	65.375	58.411	6.964	11,9
Geld- und Kreditwesen	85.229	68.378	16.851	24,6
Privatversicherung	39.701	32.371	7.330	22,6
Realitätwesen; Rechts-, Wirtschaftsdienste	94.064	68.315	25.749	37,7
Technische Dienste	30.359	19.514	10.845	55,6
Fotografie	2.685	2.157	528	24,5
Körperpflege	37.783	31.105	6.678	21,5
Reinigung	39.083	24.869	14.214	57,2
Rauchfangkehrer	3.653	3.873	-220	-5,7
Bestattungswesen	2.257	2.122	135	6,4
Kunst, Unterhaltung, Sport	46.842	32.516	14.326	44,1
Gesundheits- und Fürsorgewesen	249.226	175.842	73.384	41,7
Unterrichts- und Forschungswesen	173.013	138.380	34.633	25,0
Einrichtungen d. Gebietskörperschaft. *)	257.664	201.602	56.062	27,8
Ausl. Vertretungen, internat. Organisat.	4.239	3.631	608	16,7
Sozialversicherungsträger	20.641	19.465	1.176	6,0
Öff. -rechtl. Interessenvertr. (Kammern)	9.672	9.194	478	5,2
Nichtöff. Interessenvertretg. (Vereine)	15.162	11.480	3.682	32,1
Religiöse Einrichtungen	13.023	15.524	-2.501	-16,1
Haushaltung	11.433	11.536	-103	-0,9
Hauswartung **)	20.600	3.937	16.663	423,2
Tertiärer Sektor	*2.157.352*	*1.722.483*	*434.869*	*25,2*
Insgesamt	*3.684.282*	*3.411.521*	*272.761*	*8,0*

Quelle: Volkszählungen 1981, 1991

*) 1991 einschließlich rund 30.000 Präsenz- und Zivildiener, die 1981 den Wirtschaftszweig ihrer vorherigen Berufstätigkeit zugeordnet waren.

**) 1981 zu einem großen Teil unter Realitätenwesen klassifiziert.

Tab. 2: Berufstätige nach Berufen in den Jahren 1981 und 1991

	1991	1981	1981-1991 Veränd. absolut	1981-1991 in % von 1981
Landwirtschaftliche Berufe	209.366	282.802	-73.436	-26,0
Forstwirtschaftliche Berufe	12.708	16.422	-3.714	-22,6
Land- und Forstwirtschaftsberufe	*222.074*	*299.224*	*-77.150*	*-25,8*
Kran- und Baumaschinenführer	18.450	20.285	-1.835	-9,0
Maschinisten- und Heizerberufe	14.850	17.164	-2.314	-13,5
Produktionsberufe im Bergbau	6.217	11.994	-5.777	-48,2
Keramik-, Glas-, Steinbearbeitungsberufe	18.170	18.782	-612	-3,3
Metallerzeugungsberufe	9.943	14.210	-4.267	-30,0
Metallbearbeitungsberufe	46.809	56.019	-9.210	-16,4
Metallhilfskräfte o. n. B.	13.589	8.404	5.185	61,7
Holzzurichtungs-, Papierherstellungsberufe	21.350	22.761	-1.411	-6,2
Chemiearbeiter, Ledererzeuger	16.741	15.743	998	6,3
Textilerzeugungs- und -veredlungsberufe	17.141	24.146	-7.005	-29,0
Maurer, Stukkateure und Gerüster	62.792	66.014	-3.222	-4,9
Zimmerer	21.298	23.588	-2.290	-9,7
Maler, Lackierer	29.112	28.880	232	0,8
Sonstige Baunebenberufe	17.405	16.565	840	5,1
Tiefbauberufe	26.230	34.158	-7.928	-23,2
Bauhilfskräfte	35.565	32.658	2.907	8,9
Nahrungs-, Genußmittelherstellungsberufe	54.039	53.724	315	0,6
Textilverarbeitungsberufe	53.785	68.301	-14.516	-21,3
Pelz- und Lederverarbeitungsberufe	11.868	19.789	-7.921	-40,0
Holzverarbeiter und verwandte Berufe	74.392	72.533	1.859	2,6
Gummi-, Kunststoff-, Papierverarb. berufe	17.694	15.817	1.877	11,9
Druckereiberufe	26.610	26.099	511	2,0
Schmuckw.macher, Feinmechaniker u. verw. Berufe	18.229	18.089	140	0,8
Schlosser, Grobmechaniker u. ä. Berufe	160.250	153.970	6.280	4,1
Spengler- und Rohrinstallationsberufe	62.857	68.869	-6.012	-8,7
Elektroberufe	110.346	99.791	10.555	10,6
Hilfskräfte, Berufstätige o.n.B.	54.549	66.114	-11.565	-17,5
Produktionsberufe	*1.020.281*	*1.074.467*	*-54.186*	*-5,0*
Techn. u. naturwissenschaftl. Fachkräfte	163.988	122.014	41.974	34,4
Medizinische Fachkräfte	87.938	65.718	22.220	33,8
Lehrkräfte, Erzieher	158.807	129.625	29.182	22,5
Rechts-, geistes- u. sozialwissensch. Berufe	28.277	20.827	7.450	35,8
Seelsorge- und Sozialberufe	25.822	17.146	8.676	50,6
Kultur-, Publizistik- und Sportberufe	41.961	29.047	12.914	44,5
Führungskräfte i. Verwaltung u. Wirtschaft	81.754	38.435	43.319	112,7
Büro- und Bankfachkräfte	137.365	131.960	5.405	4,1
Verwaltungsfachkräfte	47.181	55.756	-8.575	-15,4
Kaufm. Rechnungsberufe	102.125	104.269	-2.144	-2,1
Sonstige Büro- und Verwaltungskräfte	256.178	189.129	67.049	35,4
EDV-Anlagenbediener, Datatypisten	12.616	15.184	-2.568	-16,9
Handelsführungskräfte, Werbefachleute	96.254	71.323	24.931	35,0
Händler, Verkäufer	286.089	259.287	26.802	10,3
Gastgewerbe- und Hotelführungskräfte	50.317	48.487	1.830	3,8
Kellner, Köche	118.400	89.630	28.770	32,1
Gastgewerbe- und Haushalts(hilfs)berufe	66.615	62.639	3.976	6,3
Reinigungsberufe	150.956	133.752	17.204	12,9
Körperpflegeberufe	38.597	32.869	5.728	17,4

Fortsetzung Tab. 2	1991	1981	1981-1991 Veränd. absolut	1981-1991 in % von 1981
Gesundheits- und Sanitätshilfsberufe	61.476	37.477	23.999	64,0
Sicherheitsberufe, Bundesheer *)	92.905	56.227	36.678	65,2
Übrige Dienstleistungsberufe	7.677	3.764	3.913	104,0
Transport- und Verkehrsfachkräfte	44.401	39.204	5.197	13,3
Postverkehrsfachbedienstete, Boten	45.064	43.268	1.796	4,2
Schaffner	3.989	5.003	-1.014	-20,3
Fahrzeuglenker	114.684	107.533	7.151	6,7
Fahrdiensthilfspersonal	20.219	22.975	-2.756	-12,0
Verpackungs-, Transport-, Lagerarb. kräfte	100.272	105.282	-5.010	-4,8
Dienstleistungsberufe	*2.441.927*	*2.037.830*	*404.097*	*19,8*
Insgesamt	*3.684.282*	*3.411.521*	*272.761*	*8,0*

Quelle: Volkszählungen 1981, 1991

*) 1991 einschließlich rund 30.000 Präsenz- und Zivildiener, die 1981 dem Vorberuf zugerechnet waren.

Tab. 3: Berufstätige nach Wirtschaftssektoren und analogen Berufssektoren in den Jahren 1981 und 1991

	Primärer Sektor	Sekundärer Sektor	Tertiärer Sektor	Insgesamt
1981				
Land- und Forstwirtschaftsberufe	282.086	4.666	12.472	299.224
Produktionsberufe	2.468	938.646	133.353	1.074.467
Dienstleistungsberufe	5.936	455.236	1.576.658	2.037.830
Insgesamt	290.490	1.398.548	1.722.483	3.411.521
1991				
Land- und Forstwirtschaftsberufe	207.903	762	13.409	222.074
Produktionsberufe	1.874	875.149	143.258	1,020.281
Dienstleistungsberufe	4.697	436.545	2,000.685	2,441.927
Insgesamt	214.474	1.312.456	2.157.352	3.684.282
Veränderung in % von 1981				
Land- und Forstwirtschaftsberufe	-26,3	-83,7	7,5	-25,8
Produktionsberufe	-24,1	-6,8	7,4	-5,0
Dienstleistungsberufe	-20,9	-4,1	26,9	19,8
Insgesamt	-26,2	-6,2	25,2	8,0

Quelle: Volkszählungen 1981, 1991

Tab. 4: Komponentenzerlegung der Wirtschaftszweig- mal Berufsmatrix zwischen 1981 und 1991

	Veränd. 1991-1981 =	Berufs-effekt +	Wirtschafts-zweigef-fekt+	gemeins. Kompon.
Landwirtschaftliche Berufe	-73.436	-4.316	-69.282	162
Forstwirtschaftliche Berufe	-3.714	-1.128	-2.593	7
Land- und Forstwirtschaftsberufe	*-77.150*	*-5.443*	*-71.876*	*169*
Kran- und Baumaschinenführer	-1.835	-535	-1.298	-2
Maschinisten- und Heizerberufe	-2.314	-1.370	-581	-363
Produktionsberufe im Bergbau	-5.777	-2.603	-3.247	73
Keramik-, Glas-, Steinbearbeitungsberufe	-612	1.414	-1.096	-930
Metallerzeugungsberufe	-4.267	-73	-3.424	-770
Metallbearbeitungsberufe	-9.210	-8.073	-1.025	-112
Metallhilfskräfte o.n.B.	5.185	6.274	-246	-843
Holzzurichtungs-, Papierherstellungsberufe	-1.411	98	-1.321	-188
Chemiearbeiter, Ledererzeuger	998	1.937	-703	-236
Textilerzeugungs- und -veredlungsberufe	-7.005	-1.008	-6.025	28
Maurer, Stukkateure und Gerüster	-3.222	-2.748	-728	254
Zimmerer	-2.290	-2.600	229	81
Maler, Lackierer	232	-1.599	2.112	-281
Sonstige Baunebenberufe	840	-540	1.639	-259
Tiefbauberufe	-7.928	-9.126	1.821	-623
Bauhilfskräfte	2.907	3.196	-232	-57
Nahrungs-, Genußmittelherstellungsberufe	315	4.056	-3.073	-667

Fortsetzung Tab. 4	Veränd. 1991-1981 =	Berufs-effekt, +	Wirtschafts-zweigef-fekt+	gemeins. Kompon.
Textilverarbeitungsberufe	-14.516	-2.023	-12.049	-443
Pelz- und Lederverarbeitungsberufe	-7.921	-1.924	-5.978	-19
Holzverarbeiter und verwandte Berufe	1.859	938	992	-71
Gummi-, Kunststoff-, Papierverarb. berufe	1.877	2.121	-192	-53
Druckereiberufe	511	-999	1.816	-306
Schmuckw.macher, Feinmechan. u. ä. Berufe	140	-694	1.149	-315
Schlosser, Grobmechaniker u. verw. Berufe	6.280	9.024	-1.706	-1.038
Spengler- und Rohrinstallationsberufe	-6.012	-7.503	1.410	82
Elektroberufe	10.555	9.748	859	-53
Hilfskräfte o.n.B., Berufstätige o.n.B.	-11.565	-14.737	782	2.391
Produktionsberufe	*-54.186*	*-19.351*	*-30.114*	*-4.721*
Techn. u. naturwissenschaftl. Fachkräfte	41.974	27.852	11.305	2.816
Medizinische Fachkräfte	22.220	-2.506	24.847	-121
Lehrkräfte, Erzieher	29.182	-4.788	34.942	-972
Rechts-, geistes- u. sozialwissensch. Berufe	7.450	1.136	5.959	355
Seelsorge- und Sozialberufe	8.676	5.404	1.521	1.751
Kultur-, Publizistik- und Sportberufe	12.914	3.357	8.401	1.156
Führungskräfte i. Verwaltung u. Wirtschaft	43.319	35.405	4.358	3.556
Büro- und Bankfachkräfte	5.405	-15.609	22.445	-1.431
Verwaltungsfachkräfte	-8.575	-17.017	12.027	-3.585
Kaufm. Rechnungsberufe	-2.144	-13.568	13.625	-2.201
Sonstige Büro- und Verwaltungskräfte	67.049	32.141	31.399	3.509
EDV-Anlagenbediener, Datatypisten	-2.568	-3.960	1.940	-548
Handelsführungskräfte, Werbefachleute	24.931	11.636	11.301	1.995
Händler, Verkäufer	26.802	3.175	23.666	-39
Gastgewerbe- und Hotelführungskräfte	1.830	-9.815	14.336	-2.691
Kellner, Köche	28.770	1.760	25.683	1.326
Gastgewerbe- und Haushalts(hilfs)berufe	3.976	-9.040	14.106	-1.089
Reinigungsberufe	17.204	-24.227	47.574	-6.142
Körperpflegeberufe	5.728	-1.363	7.131	-41
Gesundheits- und Sanitätshilfsberufe	23.999	6.112	15.042	2.845
Sicherheitsberufe, Bundesheer	36.678	17.268	14.240	5.170
Übrige Dienstleistungsberufe	3.913	2.065	1.131	717
Transport- und Verkehrsfachkräfte	5.197	-2.060	7.586	-329
Postverkehrsfachbedienstete, Boten	1.796	-3.165	5.631	-670
Schaffner	-1.014	-874	4	-143
Fahrzeuglenker	7.151	-5.503	13.712	-1.059
Fahrdiensthilfspersonal	-2.756	-1.821	-1.020	85
Verpackungs-, Transport-, Lagerarb. kräfte	-5.010	-7.198	1.858	330
Dienstleistungsberufe	*404.097*	*24.795*	*374.751*	*4.551*

Quelle: Volkszählungen 1981, 1991; eigene Berechnungen.

Tab. 5: Berufstätige nach Wirtschaftssektoren und Bildungsebene der höchsten abgeschlossenen Ausbildung in den Jahren 1981 und 1991

	Primärer Sektor	Sekundärer Sektor	Tertiärer Sektor	Insgesamt
1981				
Hochschule	969	20.442	112.925	134.336
Hochschulverwandte Ausbildung	32	397	28.038	28.467
Berufsbildende Höhere Schule	1.532	46.201	76.919	124.652
Allgemeinbildende Höhere Schule	1.421	24.083	100.538	126.042
Fachschule	40.210	105.181	258.440	403.831
Lehre	49.496	603.680	557.082	1,210.258
Allgemeinbildende Pflichtschule	196.830	598.564	588.541	1,383.935
Insgesamt	290.490	1.398.548	1.722.483	3.411.521
1991				
Hochschule	1.185	26.970	170.154	198.309
Hochschulverwandte Ausbildung	166	724	63.950	64.840
Berufsbildende Höhere Schule	3.239	69.846	133.739	206.824
Allgemeinbildende Höhere Schule	1.609	24.112	131.930	157.651
Fachschule	40.329	106.979	332.512	479.820
Lehre	71.266	644.835	776.584	1,492.685
Allgemeinbildende Pflichtschule	96.680	438.990	548.483	1,084.153
Insgesamt	214.474	1.312.456	2.157.352	3.684.282
%-Veränderung von 1981				
Hochschule	22,3	31,9	50,7	47,6
Hochschulverwandte Ausbildung	418,8	82,4	128,1	127,8
Berufsbildende Höhere Schule	111,4	51,2	73,9	65,9
Allgemeinbildende Höhere Schule	13,2	0,1	31,2	25,1
Fachschule	0,3	1,7	28,7	18,8
Lehre	44,0	6,8	39,4	23,3
Allgemeinbildende Pflichtschule	-50,9	-26,7	-6,8	-21,7
Insgesamt	-26,2	-6,2	25,2	8,0

Quelle: Volkszählungen 1981, 1991

Tab. 6: Berufstätige nach Berufssektoren und Bildungsebene der höchsten abgeschlossenen Ausbildung in den Jahren 1981 und 1991

	Landw.-berufe	Produkt.-berufe	Dienstl.-berufe	Insgesamt
1981				
Hochschule	1.337	2.175	130.824	134.336
Hochschulverwandte Ausbildung	43	188	28.236	28.467
Berufsbildende Höhere Schule	1.793	6.555	116.304	124.652
Allgemeinbildende Höhere Schule	1.450	7.086	117.506	126.042
Fachschule	40.665	42.153	321.013	403.831
Lehre	52.256	530.128	627.874	1.210.258
Allgemeinbildende Pflichtschule	201.680	486.182	696.073	1.383.935
Insgesamt	299.224	1.074.467	2.037.830	3.411.521
1991				
Hochschule	1.674	3.443	193.192	198.309
Hochschulverwandte Ausbildung	194	300	64.346	64.840
Berufsbildende Höhere Schule	3.548	10.989	192.287	206.824
Allgemeinbildende Höhere Schule	1.722	8.976	146.953	157.651
Fachschule	40.697	47.529	391.594	479.820
Lehre	74.645	572.820	845.220	1.492.685
Allgemeinbildende Pflichtschule	99.594	376.224	608.335	1.084.153
Insgesamt	222.074	1.020.281	2.441.927	3.684.282
%-Veränderung von 1981				
Hochschule	25,2	58,3	47,7	47,6
Hochschulverwandte Ausbildung	351,2	59,6	127,9	127,8
Berufsbildende Höhere Schule	97,9	67,6	65,3	65,9
Allgemeinbildende Höhere Schule	18,8	26,7	25,1	25,1
Fachschule	0,1	12,8	22,0	18,8
Lehre	42,8	8,1	34,6	23,3
Allgemeinbildende Pflichtschule	-50,6	-22,6	-12,6	-21,7
Insgesamt	-25,8	-5,0	19,8	8,0

Quelle: Volkszählungen 1981, 1991

Tab. 7: Durchführbare Anpassungen der Beschäftigtendaten laut Volkszählung an wirtschaftsstatistische Konzeption

	Berufstätige insgesamt	3.411.521
-	Arbeitslose	99.099
-	Karenzurlauber	63 103
=	Beschäftigte (ohne Karenzurlauber)	3.249.319
-	Auspendler	51.901
-	Beschäftigte bei Internationalen Organisationen	3.106
=	Adaptierte Beschäftigte VZ Mai 1981	3.194.312
+/-	Jahresdurchschnitte 1981 1)	+ 15.316
+/-	Veränderung 1981 → 1983 1)	- 61.573
=	Geschätzte Beschäftigte 1983 auf Basis VZ 1981	3.148.055
	Zum Vergleich: Beschäftigte lt. IO-Tabelle 1983	3.278.681

Quelle: Volkszählung 1981; eigene Berechnungen

1) Nur möglich bei unselbständig Beschäftigten

Tab. 8: Restdifferenzen Gegenüberstellung der geschätzten Beschäftigten 1983 auf Basis Volkszählung (VZ) 1981 und der Beschäftigten laut Input-Output (IO) 1983

Wirtschaftszweige	Selbständig u. Unselbständig Beschäftigte			
	Geschätzte VZ 83	IO 83	VZ – IO	VZ – IO %
Land- und Forstwirtschaft	280.493	367.918	-87.425	-23,8%
Energie- und Wasserversorgung	41.818	37.802	4.016	10,6%
Kohlenbergbau	4.009	3.270	739	22,6%
Erzbergbau	2.492	2.938	-446	-15,2%
Erdöl- und Erdgasbergbau	5.849	3.492	2.357	67,5%
Übriger Bergbau	1.892	1.339	553	41,3%
Gewinnung von Steinen und Erden	5.938	4.323	1.615	37,4%
Erzeugung von Nahrungs- u. Genußm.	97.974	94.750	3.224	3,4%
Erz. v. Getränken; Tabakverarbeitung	16.888	17.173	-285	-1,7%
Webereien, Spinnereien, Textil-veredlung	19.881	20.080	-199	-1,0%
Erzeugung von Wirk- und Strickwaren	12.895	14.099	-1.204	-8,5%
Erz. v. Haushalts-, Bettwäsche, Bettwaren	1.582	2.104	-522	-24,8%
Erzeugung von Bekleidung	47.801	44.503	3.298	7,4%
Erz v. übr. Textilien u. -waren	11.049	12.649	-1.600	-12,7%
Erz. und Reparatur von Schuhen	15.731	15.504	227	1,5%
Erz. u. Verarb. v. Leder u. -ersatzstoffen	4.488	4.785	-297	-6,2%
Bearbeitung v. Holz, Holzplattenerz.	16.997	18.347	-1.350	-7,4%
Verarbeitung von Holz	73.034	72.145	889	1,2%
Erz. v. Musikinstrum., Sportartikeln, Spielwaren	7.924	7.972	-48	-0,6%
Erzeugung von Papier und Pappe	13.885	12.693	1.192	9,4%
Erz. v. Waren a. Papier u. Pappe	9.077	9.379	-302	-3,2%
Druckerei und Verlagwesen	36.023	32.510	3.513	10,8%
Erz. v. Waren aus Gummi u. Kunststoffen	23.371	20.768	2.603	12,5%
Erz. v. Chemikalien u. chem. Produkten	44.924	43.260	1.664	3,8%

Fortsetzung Tab. 8 Wirtschaftszweige	Selbständig u. Unselbständig Beschäftigte			
	Geschätzte VZ 83	IO 83	VZ – IO	VZ – IO %
Verarb. v. Erdöl u. Erdgas	4.056	5.283	-1.227	-23,2%
Erz. v. Steinwaren, Ziegeln, Keramik, Kalk, Gips, Zement	30.474	36.293	-5.819	-16,0%
Erzeugung und Bearbeitung von Glas	8.775	9.592	-817	-8,5%
Erz. v. Eisen u. NE-Metallen; auch Halbzeug	63.441	61.357	2.084	3,4%
Metallbearbeitung; Stahl-, Leicht.-Metallbau	82.615	85.426	-2.811	-3,3%
Erz. v. Maschinen (o. Elektromaschinen)	71.111	67.823	3.288	4,8%
Erzeug. v. elektrotechn. Einrichtungen	83.980	75.150	8.830	11,7%
Erzeugung von Transportmitteln	86.368	74.198	12.170	16,4%
Feinmech., med., opt. Ger.; Uhren, Schmuckwaren	14.231	14.172	59	0,4%
Hoch- und Tiefbau	136.328	131.008	5.320	4,1%
Ausbau- u. Bauhilfsgewerbe	45.750	52.695	-6.945	-13,2%
Bauinstallation	47.282	52.725	-5.443	-10,3%
Großhandel und Lagerung	115.571	172.770	-57.199	-33,1%
Einzelhandel	295.643	259.621	36.022	13,9%
Beherbergungs- und Gaststätten-wesen	161.814	169.051	-7.237	-4,3%
Straßenverkehr u. Lastfuhrwerks-verkehr	53.609	67.595	-13.986	-20,7%
Eisenbahn- und Seilbahnverkehr	70.519	78.410	-7.891	-10,1%
Schiffahrt	1.766	1.728	38	2,2%
Luftverkehr	5.044	4.576	468	10,2%
Transp. in Rohrleitungen, Reisebüros	5.872	4.918	954	19,4%
Spedition	16.510	12.534	3.976	31,7%
Nachrichtenübermittlung	57.732	55.216	2.516	4,6%
Geld- und Kreditwesen	67.631	66.004	1.627	2,5%
Privatversicherung	32.000	30.428	1.572	5,2%
Realitätwesen; Rechts-, Wirtschafts-dienste, Hauswarte	68.889	92.946	-24.057	-25,9%
Technische Dienste	18.280	18.623	-343	-1,8%
Fotografie	1.962	1.965	-3	-0,1%
Körperpflege	28.874	27.991	883	3,2%
Reinigung, Rauchfangkehrer	27.774	37.515	-9.741	-26,0%
Bestattungswesen	2.134	2.685	-551	-20,5%
Kunst, Unterhaltung, Sport	29.718	36.955	-7.237	-19,6%
Gesundheits- und Fürsorgewesen	173.102	170.524	2.578	1,5%
Unterrichts- und Forschungswesen	133.859	156.181	-22.322	-14,3%
Hoheitsverwaltung, Sozial-versicherung	264.180	243.180	21.000	8,6%
Interessenvertretungen	20.358	18.276	2.082	11,4%
Religiöse Einrichtungen	15.623	12.000	3.623	30,2%
Haushaltung	8.741	7.464	1.277	17,1%
Insgesamt	3.148.055	3.278.681	-131.048	-4,0%
Insgesamt ohne Land- und Forstwirtschaft	2.867.432	2.910.763	-43.331	-1,5%

Quelle: Volkszählung 1981, Input-Output-Tabelle 1983, eigene Berechungen

Tab. 9: Zurechnung der Beschäftigten nach Berufen zu zusammengefaßten Endnachfragekategorien, 1983, in v.H.

	Privater Konsum	Öffentlicher Konsum	Investitionen	Exporte	Beschäftigte insgesamt
Landwirtschaftliche Berufe	72	4	5	19	367.277
Forstwirtschaftliche Berufe	63	10	6	21	12.045
Land- u. Forstwirtschaftsberufe	*72*	*4*	*5*	*20*	*379.322*
Kran- und Baumaschinenführer	17	10	46	27	16.774
Maschinisten- und Heizerberufe	43	15	17	25	23.791
Produktionsberufe im Bergbau	34	8	29	29	9.529
Keramik-, Glas-, Steinbearbeitungsberufe	23	8	35	34	17.769
Metallerzeugungsberufe	14	4	15	67	12.631
Metallbearbeitungsberufe	20	6	22	52	48.145
Metallhilfskräfte o.n.B.	17	4	23	56	7.020
Holzzurichtungs-, Papierherstellungsberufe	27	4	16	53	20.602
Chemiearbeiter, Ledererzeuger	26	8	8	59	12.573
Textilerzeugungs- und -veredlungsberufe	30	2	2	65	20.980
Maurer, Stukkateure und Gerüster	12	12	67	8	51.233
Zimmerer	21	10	60	10	19.539
Maler, Lackierer	33	11	39	16	27.221
Sonstige Baunebenberufe	33	8	48	11	16.109
Tiefbauberufe	17	28	43	12	29.067
Bauhilfskräfte	13	10	70	7	23.701
Nahrungs-, Genußmittelherstellungsberufe	81	6	3	10	50.312
Textilverarbeitungsberufe	50	6	7	37	54.967
Pelz- und Lederverarbeitungsberufe	37	4	1	57	16.777
Holzverarbeiter und ä. Berufe	39	9	32	19	67.285
Gummi-, Kunststoff-, Papierverarbeitungsberufe	30	5	13	52	12.428
Druckereiberufe	44	16	11	30	21.675
Schmuckw.macher, Feinmechaniker u. verw. Berufe	34	24	9	33	16.039
Schlosser, Grobmechaniker u. ä.	30	10	19	41	133.219
Spengler- und Rohrinstallationsberufe	31	10	34	26	62.509
Elektroberufe	36	10	23	31	88.705
Hilfskräfte o.n.B., Berufstätige o.n.B.	34	15	16	35	53.219
Produktionsberufe	*33*	*10*	*26*	*31*	*933.819*
Techn. u. naturwissenschaftl. Fachkräfte	26	18	25	31	110.196
Medizinische Fachkräfte	26	72	1	2	63.568
Lehrkräfte, Erzieher	12	86	0	1	136.137
Rechts-, geistes- u. sozialwissenschaftliche Berufe	31	45	9	14	26.596
Seelsorge- und Sozialberufe	56	40	1	3	14.923
Kultur-, Publizistik- und Sportber.	57	20	8	14	19.957

Fortsetzung Tab. 9	Privater Konsum	Öffentlicher Konsum	Investitionen	Exporte	Beschäftigte insgesamt
Führungskräfte i. Verwaltung u. Wirtschaft	36	22	15	27	36.831
Büro- und Bankfachkräfte	47	12	15	26	126.731
Verwaltungsfachkräfte	12	82	2	4	54.762
Kaufm. Rechnungsberufe	47	12	17	24	100.488
Sonstige Büro- und Verwaltungskräfte	35	31	14	20	178.333
EDV-Anlagenbediener, Datatyp.	39	23	13	25	14.523
Handelsführungskräfte, Werbefachleute	56	6	15	24	74.594
Händler, Verkäufer	76	5	9	10	231.531
Gastgewerbe- und Hotelführungskräfte	90	4	2	3	61.426
Kellner, Köche	83	11	2	4	76.767
Gastgewerbe- und Haushalts(hilfs)berufe	74	18	3	5	53.126
Reinigungsberufe	42	34	9	15	141.989
Körperpflegeberufe	94	3	1	2	30.015
Gesundheits- und Sanitätshilfsb.	23	75	1	1	36.238
Sicherheitsberufe, Bundesheer	10	82	3	5	54.334
Übrige Dienstleistungsberufe	64	19	6	11	4.216
Transport- und Verkehrsfachkräfte	47	8	13	32	38.250
Postverkehrsfachbedienst., Boten	56	17	12	15	41.552
Schaffner	49	5	13	33	5.646
Fahrzeuglenker	43	13	19	25	112.419
Fahrdiensthilfspersonal	49	5	12	34	24.709
Verpackungs-, Transport-, Lagerarb. kräfte	43	7	15	36	95.673
Dienstleistungsberufe	*46*	*27*	*10*	*16*	*1.965.530*
Insgesamt	45	20	14	21	3.278.681

Tab. 10: Zurechung der Beschäftigten nach Bildungsebene der höchsten abgeschlossenen Ausbildung zu zusammengefaßten Endnachfragekategorien, 1983 in v.H.

	Privater Konsum	Öffentlicher Konsum	Investitionen	Exporte	Beschäftigte insgesamt
Hochschule, Hochschulverw. Ausbildung	25	59	7	9	165.374
Berufsbildende Höhere Schule	31	34	15	20	122.808
Allgemeinbildende Höhere Schule	36	40	10	15	124.009
Fachschule	46	26	11	18	398.534
Lehre	46	15	17	23	1.133.709
Allgemeibildende Schule	50	14	14	22	1.334.250
Insgesamt	45	20	14	21	3.278.681

Innovation und Beschäftigung: Jahresarbeitszeit, Arbeitsvolumen, Produktivität

Konzepte, Anwendungsmöglichkeiten und Ergebnisse

Hans Kohler, Nürnberg

1 Einleitung

Die kontroverse Diskussion der Beschäftigungswirkungen moderner Technologien erfordert sowohl für die Analyseansätze der in diese Fragestellung involvierten Forschung, wie auch für die zu konkreten Maßnahmen gezwungene Politik eine differenzierte und gleichzeitig verläßliche Datenbasis.

„Beschäftigung" kann dabei unter verschiedenen Zeithorizonten gesehen und gemessen werden, wie Lebens-, Jahres- oder Wochenarbeitszeit, die in gewissem Umfang interdependent sind. Diese Interdependenzen hängen einerseits vom Ausmaß des technischen Fortschritts bzw. der Innovationsrate – insbesondere auf sektoraler Ebene – ab. Zum anderen aber auch von der Veränderung institutioneller Gegebenheiten wie von neuen Tarifverträgen mit Flexibilisierungsmöglichkeiten im Zusammenhang mit der schrittweisen Realisierung der 35-Stundenwoche oder auch von gesetzlichen Regelungen (z. B. Frühverrentungsmöglichkeiten oder Wegfall eines Feiertags anläßlich der Einführung der 1. Pflegestufe). Eine detaillierte Betrachtung der Entwicklung all dieser Arbeitszeitkomponenten ist mithin unverzichtbare Voraussetzung für jedwede Analyse von Beschäftigungsdeterminanten.

Die Beschäftigungsentwicklung seit dem Jahre 1960 wurde durch eine ständig steigende Produktivität begünstigt und beschleunigt. Ohne zunehmende Investitionen in Forschung, Entwicklung und somit in die Sicherung des technischen Fortschritts vor allem im internationalen Wettbewerb wären Beschäftigungssicherung und -mehrung in vielen Wirtschaftsbereichen nicht möglich gewesen. „Arbeitsplätze werden nur noch in Unternehmen geschaffen, die an der Spitze des technischen Fortschritts marschieren, ihre Kosten in Griff haben und auch ins Ausland verkaufen" (Blechinger, 1996, S. 30).

Schon seit Jahrzehnten beschäftigt sich das Institut für Arbeitsmarkt- und Berufsforschung (IAB) mit der Berechnung der Entwicklung der Jahresarbeitszeit und ihrer Komponenten (Bach u.a. 1977). Ihre Bedeutung wurde vor allem in Zeiträumen des knapper werdenden Gutes Arbeit immer mehr erkannt. Daher wurden diese Arbeiten im IAB in den letzen Jahren noch intensiviert (Bach u. a. 1978 und Reyher 1979). Zahlreiche Veröffentlichungen des IAB verfeinerten dieses Konzept noch und erleichterten deshalb die Antworten auf wirtschafts- und arbeitsmarktpolitische Fragestellungen vor allem im Zusammenhang mit der Entwicklung von Jahresarbeitszeit und Beschäftigung. So wurden im Laufe der Jahre die Ergebnisse dieser Arbeitszeit- und Arbeitsvolumenrechnung von Forschung und Politik national und auch international zunehmend geschätzt, anerkannt und angewendet, vor allem in Zeiten zunehmender Arbeitsmarktprobleme. Hier stellt sich heute hauptsächlich die Frage, wie kann das Arbeitsvolumen als Produkt aus Erwerbstätigen und der durchschnittlichen Jahresarbeitszeit auf mehr Beschäftigte umverteilt werden oder vereinfacht: durch Arbeitszeitverkürzung weniger Arbeitslose. Fast unbemerkt von Wissenschaft und Politik vollzog sich in Jahren ständig wachsender Wirtschaft und Beschäftigung von 1960 bis heute in den alten Bundesländern ein kontinuierlicher Substitutionsprozeß beim Arbeitsvolumen – von weniger Jahresarbeitszeit zu mehr Beschäftigungsverhältnissen und zwar in Millionenhöhe.

Soweit entsprechende Arbeitszeiten für die neuen Bundesländer vorliegen, werden sie teilweise in den Übersichten nachrichtlich ausgewiesen, hier jedoch nicht näher analysiert.

2 Problemlage, Zielsetzung, statistische Erfassung

Dem vielfältigen Komplex Jahresarbeitszeit und seinen Komponenten ist die Arbeitsmarktforschung bis zur ersten Nachkriegsrezession 1967 in den alten Bundesländern nur wenig nachgegangen, obwohl ihre Bedeutung in der empirischen Arbeitsmarkt- und Wirtschaftsforschung als

- Element individueller und flexibler Erwerbslebensverläufe,
- Bestandteil betrieblicher Arbeitsorganisation und Betriebszeit,gesellschafts- wie tarifpolitische Ziel-, Handlungs- und Ordnungsgröße,
- zentrales wirtschaftspolitisches Aggregat und somit Steuerungselement von Arbeitsmarkt- und Beschäftigungspolitik sowie als
- unverzichtbare Größe für verläßliche Arbeitsmarktanalysen

erkannt wurde.

Die Vernachlässigung der Arbeitszeit- und Arbeitsvolumenforschung fand dann auch ihren entsprechenden Niederschlag in der statistischen Erfassung der tatsächlichen Jahresarbeitszeit und ihrer Komponenten in der amtlichen Statistik. Außer im Industrie- und Baubereich wurden bisher dort regelmäßig keine tatsächlichen Jahresarbeitszeiten erfaßt.

Aufgabe der Forschung im IAB mußte es sein, aus den wenigen vorhandenen statistischen Bruchstücken über die Komponenten konsistente Ergebnisse übers Jahr hin gesehen zu liefern. Nur der „Mut zur Lückenschließung“ konnte letztlich zu einem plausiblen Zahlenwerk der gesamtwirtschaftlichen Jahresarbeitszeit und des Arbeitsvolumens führen (vgl. Tabellen 1 und 2).

Tab.1-1: Bruttoinlandsprodukt, Arbeitsvolumen, Erwerbstätige, Arbeitszeit, Produktivität und Einkommen in Westdeutschland

	Bruttoinlands-produkt 1)		Arbeitsvolumen		Erwerbstätige		Arbeitszeit je Erwerbstätigen 2)		Produktivität je Erwerbstät.stunde		Produktivität je Erwerbstätigen		Arbeitstage-Effekt	
	Mrd DM	Veränd. gegen Vorjahr in %	Mio Std	Veränd. gegen Vorjahr in %	1000	Veränd. gegen Vorjahr in %	Std	Veränd. gegen Vorjahr in %	DM je Stunde	Veränd. gegen Vorjahr in %-Pkt.	DM je Erwerbs-tätigen	Veränd. gegen Vorjahr in %	Tage	Veränd. gegen Vorjahr in %
1960	1.000,0		56.084		26.063		2.151,9		17,83		38.369		277,7	
1961	1.046,3	+ 4,6	56.208	+ 0,2	26.426	+ 1,4	2.127,0	- 1,2	18,61	+ 4,4	39.594	+ 3,2	273,9	- 1,4
1962	1.095,1	+ 4,7	55.626	- 1,0	26.518	+ 0,3	2.097,7	- 1,4	19,69	+ 5,8	41.297	+ 4,3	270,3	- 1,3
1963	1.125,9	+ 2,8	54.655	- 1,7	26.581	+ 0,2	2.056,2	- 2,0	20,60	+ 4,6	42.358	+ 2,6	266,7	- 1,3
1964	1.200,9	+ 6,7	55.285	+ 1,2	26.604	+ 0,1	2.078,1	+ 1,1	21,72	+ 5,4	45.141	+ 6,6	266,5	- 0,1
1965	1.265,2	+ 5,4	55.105	- 0,3	26.755	+ 0,6	2.059,6	- 0,9	22,96	+ 5,7	47.288	+ 4,8	264,6	- 0,7
1966	1.300,5	+ 2,8	54.394	- 1,3	26.673	- 0,3	2.039,3	- 1,0	23,91	+ 4,1	48.758	+ 3,1	261,6	- 1,1
1967	1.296,5	- 0,3	51.533	- 5,3	25.804	- 3,3	1.997,1	- 2,1	25,16	+ 5,2	50.245	+ 3,0	257,9	- 1,4
1968	1.367,2	+ 5,5	51.301	- 0,5	25.826	+ 0,1	1.986,4	- 0,5	26,65	+ 5,9	52.939	+ 5,4	254,7	- 1,2
1969	1.469,2	+ 7,5	51.572	+ 0,5	26.228	+ 1,6	1.966,3	- 1,0	28,49	+ 6,9	56.016	+ 5,8	251,6	- 1,2
1970	1.543,2	+ 5,0	51.768	+ 0,4	26.560	+ 1,3	1.949,1	- 0,9	29,81	+ 4,6	58.102	+ 3,7	250,1	- 0,6
1971	1.590,4	+ 3,1	51.363	- 0,8	26.668	+ 0,4	1.926,0	- 1,2	30,96	+ 3,9	59.637	+ 2,6	251,3	+ 0,5
1972	1.658,0	+ 4,3	50.881	- 0,9	26.774	+ 0,4	1.900,4	- 1,3	32,59	+ 5,2	61.926	+ 3,8	250,2	- 0,4
1973	1.737,0	+ 4,8	50.538	- 0,7	27.066	+ 1,1	1.867,2	- 1,7	34,37	+ 5,5	64.176	+ 3,6	249,5	- 0,3
1974	1.740,4	+ 0,2	49.016	- 3,0	26.738	- 1,2	1.833,2	- 1,8	35,51	+ 3,3	65.091	+ 1,4	248,5	- 0,4
1975	1.718,6	- 1,3	46.802	- 4,5	26.020	- 2,7	1.798,7	- 1,9	36,72	+ 3,4	66.049	+ 1,5	248,8	+ 0,1
1976	1.810,1	+ 5,3	47.400	+ 1,3	25.882	- 0,5	1.831,4	+ 1,8	38,19	+ 4,0	69.937	+ 5,9	253,1	+ 1,7
1977	1.861,6	+ 2,8	46.597	- 1,7	25.919	+ 0,1	1.797,8	- 1,8	39,95	+ 4,6	71.824	+ 2,7	251,2	- 0,8
1978	1.917,4	+ 3,0	46.556	- 0,1	26.130	+ 0,8	1.781,7	- 0,9	41,18	+ 3,1	73.379	+ 2,2	250,2	- 0,4
1979	1.998,4	+ 4,2	46.784	+ 0,5	26.568	+ 1,7	1.760,9	- 1,2	42,72	+ 3,7	75.218	+ 2,5	249,5	- 0,3
1980	2.018,0	+ 1,0	47.102	+ 0,7	26.980	+ 1,6	1.745,8	- 0,9	42,84	+ 0,3	74.796	- 0,6	250,3	+ 0,3
1981	2.020,0	+ 0,1	46.598	- 1,1	26.951	- 0,1	1.729,0	- 1,0	43,35	+ 1,2	74.951	+ 0,2	249,9	- 0,2
1982	2.001,0	- 0,9	46.187	- 0,9	26.630	- 1,2	1.734,4	+ 0,3	43,32	- 0,1	75.141	+ 0,3	251,1	+ 0,5
1983	2.036,2	+ 1,8	45.343	- 1,8	26.251	- 1,4	1.727,3	- 0,4	44,91	+ 3,7	77.567	+ 3,2	251,0	- 0,0
1984	2.093,5	+ 2,8	45.221	- 0,3	26.293	+ 0,2	1.719,9	- 0,4	46,29	+ 3,1	79.622	+ 2,6	250,0	- 0,4
1985	2.136,0	+ 2,0	44.928	- 0,6	26.489	+ 0,7	1.696,1	- 1,4	47,54	+ 2,7	80.637	+ 1,3	248,3	- 0,7
1986	2.186,1	+ 2,3	45.258	+ 0,7	26.856	+ 1,4	1.685,2	- 0,6	48,30	+ 1,6	81.401	+ 0,9	248,8	+ 0,2
1987	2.218,4	+ 1,5	45.265	+ 0,0	27.050	+ 0,7	1.673,4	- 0,7	49,01	+ 1,5	82.011	+ 0,7	249,9	+ 0,4
1988	2.301,0	+ 3,7	45.700	+ 1,0	27.261	+ 0,8	1.676,4	+ 0,2	50,35	+ 2,7	84.406	+ 2,9	251,0	+ 0,4
1989	2.384,4	+ 3,6	45.802	+ 0,2	27.658	+ 1,5	1.656,0	- 1,2	52,06	+ 3,4	86.210	+ 2,1	250,0	- 0,4
1990	2.520,4	+ 5,7	46.022	+ 0,5	28.479	+ 3,0	1.616,0	- 2,4	54,77	+ 5,2	88.500	+ 2,7	248,3	- 0,7
1991	2.647,6	+ 5,0	46.644	+ 1,4	29.189	+ 2,5	1.598,0	- 1,1	56,76	+ 3,6	90.705	+ 2,5	248,3	0,0
1992	2.694,3	+ 1,8	47.411	+ 1,6	29.455	+ 0,9	1.609,6	+ 0,7	56,83	+ 0,1	91.472	+ 0,8	251,9	+ 1,4
1993	2.641,8	- 1,9	45.895	- 3,2	29.007	- 1,5	1.582,2	- 1,7	57,56	+ 1,3	91.075	- 0,4	252,1	+ 0,1
1994	2.700,5	+ 2,2	45.136	- 1,7	28.665	- 1,2	1.574,6	- 0,5	59,83	+ 3,9	94.209	+ 3,4	251,0	- 0,4
1995	2.743,5	+ 1,6	44.324	- 1,8	28.482	- 0,6	1.556,2	- 1,2	61,90	+ 3,5	96.324	+ 2,2	250,0	- 0,4

1) Real, in Preisen von 1991 2) Entwicklung der Arbeitstage voll enthalten

Quelle: Statistisches Bundesamt; Berechnungen des IAB

Tab. 1-2: Bruttoinlandsprodukt, Arbeitsvolumen, Erwerbstätige, Arbeitszeit, Produktivität und Einkommen in Ostdeutschland

	Bruttoinlands-produkt 1)		Arbeitsvolumen		Erwerbstätige		Arbeitszeit je Erwerbstätigen 2)		Produktivität je Erwerbstätigen-stunde		Produktivität je Erwerbstätigen		Arbeitstage-Effekt	
	Mrd DM	Veränd. gegen Vorjahr in %	Mio Std	Veränd. gegen Vorjahr in %	1000	Veränd. gegen Vorjahr in %	Std	Veränd. gegen Vorjahr in %	DM je Stunde	Veränd. gegen Vorjahr in %-Pkt.	DM	Veränd. gegen Vorjahr in %	Tage	Veränd. gegen Vorjahr in %
1989	302,1				9.747						30.994			
1990	255,1	- 15,6			8.820	- 9,5					28.925	- 6,7		
1991	206,0	- 19,2	11.091		7.321	- 17,0	1.514,9		18,57		28.138	- 2,7	249,0	
1992	222,1	+ 7,8	10.832	- 2,3	6.387	- 12,8	1.696,0	+ 12,0	20,50	+ 10,4	34.774	+ 23,6	252,3	+ 1,3
1993	241,8	+ 8,9	10.638	- 1,8	6.210	- 2,8	1.713,0	+ 1,0	22,73	+ 10,9	38.937	+ 12,0	252,8	+ 0,2
1994	265,7	+ 9,9	10.746	+ 1,0	6.314	+ 1,7	1.701,9	- 0,6	24,73	+ 8,8	42.081	+ 8,1	251,7	- 0,4
1995	279,9	+ 5,3	10.666	- 0,7	6.386	+ 1,1	1.670,2	- 1,9	26,24	+ 6,1	43.830	+ 4,2	250,7	- 0,4

1) Real, in Preisen von 1991 2) Entwicklung der Arbeitstage voll enthalten

Quelle: Statistisches Bundesamt; Berechnungen des IAB

Am Schluß der Berechnungen standen dann stark disaggregierte Jahresarbeitszeiten für Erwerbstätige nach Geschlecht, Stellung im Beruf und nach Wirtschaftsabteilungen im Rahmen der Volkswirtschaftlichen Gesamtrechnung zur Verfügung. Mit Hilfe dieser Komponentenrechnungen und ihrer Ergebnisse war eine verläßliche Basis für die Beantwortung zahlreicher und vielschichtiger Arbeitszeitfragen gegeben. Dadurch konnten beispielsweise Forschungsergebnisse über Global- und Strukturanalysen der Produktivität, der Arbeitsmarktbilanz, der Sozial- und Tarifpolitik, des Einkommens, der Entlastung des Arbeitsmarktes durch Arbeitszeitverkürzung pro Woche, pro Jahr und im Lebensablauf differenzierter und gleichzeitig genauer dargestellt und beurteilt werden.

3 Konzept und Methode des IAB-Ansatzes zur Berechnung der tatsächlichen Jahresarbeitszeit

Aufgrund der schon erwähnten zunächst unzureichenden Datenlage mußten aus den bruchstückhaft vorhandenen amtlichen Arbeitszeitstatistiken über die Komponenten der Jahresarbeitszeit unter Einschätzung vorhandener statistischer Lücken die effektiven Jahresarbeitszeiten für alle Arbeitnehmer ermittelt werden.

Diese Rechnung wurde zunächst für die Arbeiter im Verarbeitenden Gewerbe durchgeführt, da nur hier Vergleichswerte aus der amtlichen Statistik zur Verfügung standen. Da diese „Testrechnung“ befriedigende Ergebnisse zeigte, wurde dieser methodische Ansatz auch für die restlichen Sektoren für die alten und seit 1990 auch für die neuen Bundesländer angewendet (vgl. Rechenschema der Tabelle 2).

Im einzelnen mußten folgende Rechenschritte vollzogen werden:

Die kalendermäßigen Vorgaben zeigen unter Berücksichtigung des Übergangs von der 6- zur 5-Tage-Woche und der gesetzlichen Feiertage die potentiellen Arbeitstage pro Jahr auf.

Hauptbestimmungsgröße der Jahresarbeitszeit sind jedoch die tariflichen Vorgaben: einmal die vereinbarten Wochenarbeitszeiten und zum anderen der Jahresurlaub. Aus den kalendermäßigen und tariflichen Komponenten kann somit eine tarifliche Jahresarbeitszeit für Vollzeitkräfte errechnet werden (Kohler, Reyher u.a. 1988). Diese Solljahresarbeitszeit für die Arbeitnehmer wird aber dadurch vermindert, daß

- einmal Krankheitstage eine unausweichliche Größe sind,
- zum anderen auch noch Kurzarbeit und Schlechtwetterperioden zu Arbeitszeitausfällen führen.

Tab.2: Durchschnittliche Arbeitszeit und ihre Komponenten für alle Arbeitnehmer

Nr.			Westdeutschland									Ostdeutschland				
			1960	1970	1980	1990	1991	1992	1993	1994	1995	1991	1992	1993	1994	1995
	Kalendervorgaben															
1	Tage	Tage	366	365	366	365	365	366	365	365	365	365	366	365	365	365
2	Sonntage	"	52	52	52	52	52	52	52	52	53	52	52	52	52	53
3	Samstage	"	53	52	52	52	52	52	52	53	52	52	52	52	53	52
4	Feiertage	"	9,8	10,9	11,7	12,7	12,7	10,1	8,9	9,0	10,0	12,0	9,7	8,2	8,3	9,3
5	Potentielle Arbeitstage	Tage	251,2	250,1	250,3	248,3	248,3	251,9	252,1	251,0	250,0	249,0	252,3	252,8	251,7	250,7
	Tarifliche Arbeitszeit 1)															
6	Wochenarbeitszeit	Stunden	44,56	41,46	40,13	38,50	38,30	38,24	37,94	37,70	37,60	41,15	40,17	39,88	39,85	39,75
7	Tägliche Arbeitszeit 2)	"	8,10	8,29	8,03	7,70	7,66	7,65	7,59	7,54	7,52	8,23	8,03	7,98	7,97	7,95
8	Tariflicher Urlaub	Tage	15,5	21,2	27,3	30,7	30,7	30,8	31,0	31,0	31,1	25,7	26,8	28,0	28,7	29,4
9	Urlaubsbereinigte Arbeitstage (5-8)	"	262,2	228,9	223,0	217,6	217,6	221,1	221,1	220,0	218,9	223,3	225,5	224,8	223,0	221,3
10	Tarifliche Arbeitszeit (7x9)	Stunden	2124,3	1898,0	1789,8	1675,5	1666,8	1691,0	1677,7	1658,8	1646,1	1837,8	1811,7	1793,0	1777,3	1759,3
	Krankenstand															
11	der Personen	in %	5,30	5,73	6,11	5,50	5,51	5,40	5,15	5,13	5,55	4,10	4,30	4,55	4,80	5,30
12	in Arbeitstagen (11x9)	Tage	13,9	13,1	13,6	12,0	12,0	11,9	11,4	11,3	12,1	9,2	9,7	10,2	10,7	11,7
13	in Arbeitsstunden (12x7)	Stunden	112,6	108,8	109,4	92,2	91,8	91,3	86,4	85,1	91,4	75,3	77,9	81,6	85,3	93,2
14	Krankenstandsber. Arbeitszeit (10-13)	Stunden	2011,7	1789,3	1680,4	1583,4	1575,0	1599,7	1591,3	1573,7	1554,8	1762,4	1733,8	1711,4	1692,0	1666,1
15	Effektive Arbeitstage (9-12)	Tage	248,3	215,8	209,4	205,6	205,6	209,2	209,7	208,7	206,8	214,1	215,8	214,6	212,3	209,6
	Mehrarbeitsstunden															
16	pro Woche	Stunden	2,10	3,65	1,92	1,73	1,70	1,55	1,39	1,50	1,58	0,55	0,93	1,15	1,20	1,15
17	pro Tag	"	0,38	0,73	0,38	0,35	0,34	0,31	0,28	0,30	0,32	0,11	0,19	0,23	0,24	0,23
18	pro Zeitraum (17x15)	"	94,8	157,5	80,4	71,1	69,9	64,8	58,3	62,6	65,3	23,6	40,1	49,4	51,0	48,2
19	Arbeitszeit einschl. Mehrarb.stund.	Stunden	2106,5	1946,8	1760,8	1654,5	1644,9	1664,5	1649,6	1636,3	1620,1	1786,0	1773,9	1760,8	1743,0	1714,3
20	Kurzarbeitereffekt	Stunden	0,1	0,2	3,2	1,4	2,8	5,8	15,0	6,0	3,2	251,5	59,4	26,6	14,3	11,9
21	Schlechtwettereffekt	"	5,2	15,7	9,8	2,7	3,9	2,9	3,8	2,2	3,1	0,7	2,1	5,7	3,0	4,5
22	Arbeitskampfeffekt	"	0,0	0,0	0,0	0,1	0,0	0,4	0,0	0,1	0,1	0,0	0,0	0,0	0,0	0,0
23	Effekt der freiwilligen Teilzeit	"	20,1	45,8	58,9	77,4	80,0	83,7	87,8	93,3	98,4	48,5	39,6	45,5	60,4	70,0
24	Effekt der akzeptierten Teilzeit	"	0,0	0,0	0,0	0,0	0,0	0,0	0,0	2,6	1,6	0,0	0,0	0,0	0,0	0,0
25	Erziehungsurlaubseffekt	"	0,0	0,0	0,0	9,3	11,2	14,3	14,7	14,7	15,0	3,3	11,1	9,3	6,2	6,1
26	**Summe (20 bis 25)**	Stunden	25,4	61,7	71,9	90,9	97,9	107,1	121,3	118,9	121,4	304,0	112,2	87,1	83,9	92,5
27	**Tatsächliche Arbeitszeit (19-26)**	**Stunden**	**2081,1**	**1885,1**	**1688,9**	**1563,6**	**1547,0**	**1557,4**	**1528,3**	**1517,4**	**1498,7**	**1482,0**	**1661,7**	**1673,7**	**1659,1**	**1621,8**
28	Veränderung gegenüber Vorjahr	%	.	.	.	- 1,9	- 1,1	+ 0,7	- 1,9	- 0,7	- 1,2	.	+ 12,1	+ 0,7	- 0,9	- 2,2
29	dav. Arbeitstage-Effekt	"	.	.	.	- 0,7	± 0,0	+ 1,4	+ 0,1	- 0,4	- 0,4	.	+ 1,3	+ 0,2	- 0,4	- 0,4
30	Tägliche Arbeitszeit	"	.	.	.	- 1,2	- 1,1	- 0,8	- 1,9	- 0,3	- 0,8	.	+ 10,8	+ 0,5	- 0,4	- 1,8

1) bzw. betrieblich vereinbarte Arbeitszeit; flexible tarifliche Arbeitszeitregelungen nach oben oder unten berücksichtigt (soweit erfaßt).
2) 1960 5,5-Tage-Woche, 1970 und später 5-Tage-Woche.

Quelle: Berechnungen des IAB

Hinzu kommen hingegen die Überstunden, die im Laufe des Jahres aus konjunkturellen, saisonalen und terminlichen Gründen von den Arbeitskräften geleistet werden und somit teilweise im Rahmen einer flexiblen und betrieblichen Produktionsstrategie sinnvoll und notwendig sind.

Da die Teilzeitbeschäftigung in den letzten 30 Jahren eine zunehmende Bedeutung bei der Ermittlung der Jahresarbeitszeit für alle Arbeitnehmer (Vollzeit- und Teilzeitbeschäftigte) gefunden hat, wird diese Entwicklung durch die gewichtete Größe des „Teilzeiteffektes" in dieser Rechnung berücksichtigt (vgl. Tabellen 2 und 4).

Um jedoch die gesamtwirtschaftliche Größe der tatsächlichen Jahresarbeitszeit aller Erwerbstätigen in die Entstehung der Volkswirtschaftlichen Gesamtrechnung einbeziehen zu können, sind ferner noch Schätzgrößen der Jahresarbeitszeit der Selbständigen und mithelfenden Familienangehörigen zu berücksichtigen. Diese noch fehlenden Jahreswerte werden auf der Grundlage der effektiven Wochenarbeitszeiten des laufenden Mikrozensus ermittelt.

Die Berechnung der tatsächlichen Jahresarbeitszeit aller Erwerbstätigen in der Volkswirtschaftlichen Gesamtrechnung ermöglicht über das gesamtwirtschaftliche Arbeitsvolumen dann auch die Ermittlung der Stundenproduktivität als zuverlässige Meßgröße (vgl. Tabelle 1 und Abbildung 1).

Abb. 1: Entwicklung der Produktivität je Erwerbstätigem (ET), Produktivität je Erwerbstätigenstunde (ET/Std.), Bruttoinlandsprodukt (BIP) (1960 = 100)

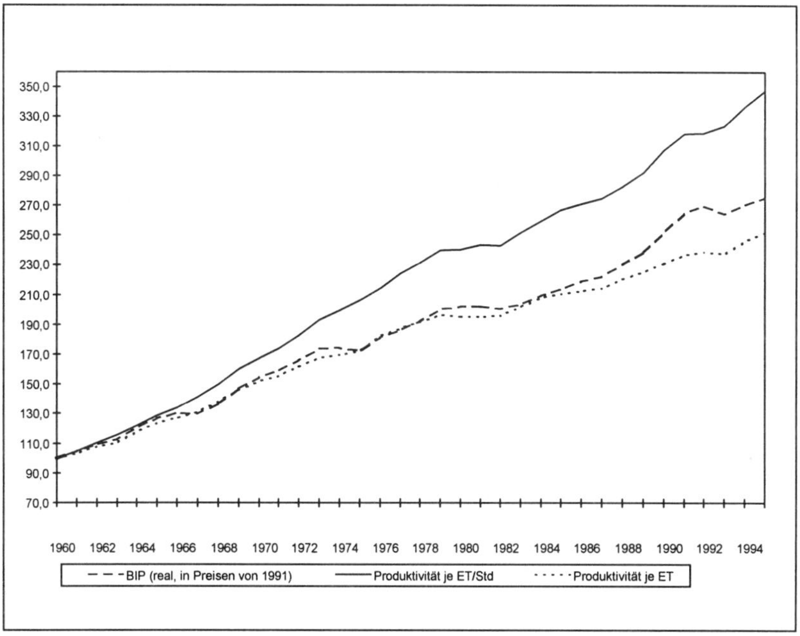

4 Die IAB-Jahresarbeitszeitrechnung und ihre Komponenten: Anwendungsmöglichkeiten und Ergebnisse

Im folgenden Abschnitt sollen nur einige Forschungsansätze und -ergebnisse aufgezeigt werden, die durch die Jahresarbeitszeit und -volumenrechnung erst ermöglicht wurden.

4.1 Die Bedeutung der Jahresarbeitszeit und ihrer Komponenten in der Arbeitsmarktbeobachtung und -vorausschätzung

Durch diese Rechnung können Arbeitszeit- und Arbeitsvolumenentwicklung in der Bundesrepublik Deutschland ausführlicher und differenzierter dargestellt und bewertet werden. Die Berechnung der Stundenproduktivität gibt ein weitaus besseres und zuverlässigeres Bild der Leistung eines Erwerbstätigen als die Personenproduktivität, die die Schwankungen in der Arbeitsleistung (in Arbeitsstunden) von Jahr zu Jahr insbesondere durch Tarifverkürzungen, Überstunden, Kurzarbeit und Schlechtwetterausfälle nicht berücksichtigt (vgl. Tabelle 1 und Abb. 1). Die bedeutendste Komponente der Gesamtentwicklung im Zeitraum 1960 bis 1995 war jedoch eindeutig (zu rund 80 %) die vereinbarte tarifliche Jahresarbeitszeit. So verringerte sich die tatsächliche Jahresarbeitszeit aller Arbeitnehmer im Zeitraum 1960 bis 1995 um rund 28 %, wobei die Entwicklung der tariflichen Wochenarbeitszeit und des Urlaubs mit 23 %-Punkten in den alten Bundesländern den Hauptanteil hatte (vgl. Tabelle 2). Die restliche Trendkomponente ist auf eine starke Zunahme der Teilzeitquote (teilzeitbeschäftigt aufgrund der Selbsteinstufung in den Mikrozensusbefragungen) zurückzuführen (1960: rund 4 %; 1995: gut 18 %) (vgl. Tabelle 4).

4.2 Die Bedeutung der tariflichen Jahresarbeitszeitverkürzung für die Entlastung des Arbeitsmarktes

Aus der gesamtwirtschaftlichen Arbeitsvolumenrechnung ist erkennbar, welchen Anteil die Faktoren Erwerbstätige und Jahresarbeitszeit jeweils in den einzelnen Jahren dazu beigetragen haben. Zwischen den Jahren 1960 und 1995 ist das gesamtwirtschaftliche Arbeitsvolumen um 11,7 Milliarden Stunden oder 21 % zurückgegangen, während dagegen gleichzeitig die Personenzahl der Erwerbstätigen um ca. 2,4 Millionen oder gut 9 % anstieg. Schon aus dieser Gegenüberstellung wird deutlich, welche positive Rolle die Arbeitszeitverkürzung rein rechnerisch für die Erwerbstätigenentwicklung gespielt hat (vgl. Tabelle 1 und Abbildung 2, s.a. den Beitrag von Bleses/Stahmer in diesem Band).

Abb. 2: Bruttoinlandsprodukt (BIP), Arbeitsvolumen (AV), Erwerbstätige (ET), Arbeitszeit je Erwerbstätigem (1960 = 100)

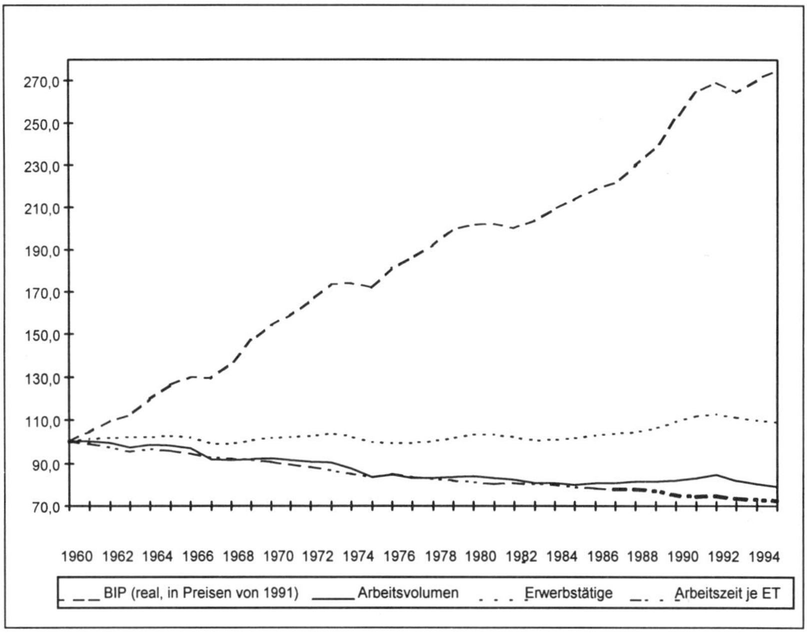

4.3 Ermittlung der Entlastungswirkungen von Arbeitszeitverkürzungen

Während in den 50-iger und 60-iger Jahren Arbeitszeitverkürzungen mehr aus sozial-, familien- oder teilzeitpolitischen Gründen angestrebt und durchgesetzt werden konnten, verschob sich das Gewicht der Argumentation in der Mitte der 70-iger und heute, insbesondere angesichts einer registrierten Arbeitslosenzahl von gut 4 Millionen dazu, daß *Arbeitszeitverkürzungen zur Entlastung von Arbeitsmarkt und Beschäftigung* bisher schon mehr oder weniger bewußt beigetragen haben und heute allgemein als ein Element der Beschäftigungspolitik anerkannt werden (Kohler u. a. 1995 und 1996).

Heftig gestritten wurde über diese These vor allem in den Jahren 1984 und 1985 als die Gewerkschaften (IG-Metall, IG-Druck und Papier) mit dieser Zielsetzung massive Wochenarbeitszeitverkürzungen als Einstieg in die 35-Stundenwoche forderten. Damals gab es besonders zwischen der Arbeitnehmer- und Arbeitgeberseite über den Wirkungsgrad solcher Wochenarbeitszeitverkürzungen zur Entlastung des Arbeitsmarktes heftige Meinungsverschiedenheiten. Die Einschätzungen lagen bei den Tarifparteien in einer Streubreite von 0 bis zu 70 %. Da aber auch die Forschungsansätze auf diesem Gebiet damals in diesem Forschungsneuland noch ziemlich „unterentwickelt" waren, gingen auch seitens der einzelnen Institute die Schätzgrößen des Wirkungsgrades von Wochenarbeitszeitverkürzungen weit auseinander.

In dieser heiklen Phase der Tarifauseinandersetzungen hatte damals im späten Frühjahr 1984 das IAB den Mut, aufgrund der Erkenntnisse aus seiner Arbeitszeitforschung die Entlastungswirkungen der geplanten und dann auch realisierten Wochenarbeitszeitverkürzungen abzuleiten und zu quantifizieren. Dieser eindeutig wissenschaftliche Standpunkt hatte dann großen Anteil daran, daß die Diskussionen um die Beschäftigungswirkungen von Arbeitszeitverkürzungen zunehmend intensiviert und versachlicht wurden. Das IAB hatte dabei errechnet, daß etwa die Hälfte des reduzierten Arbeitsvolumens zur Vermeidung von Entlassungen bzw. zu Neueinstellungen führt (Reyher u.a. 1988, S. 213). Heute wird dieser Zusammenhang allgemeinen anerkannt. Beim Wirkungsgrad wird nur noch über Prozentpunkte „gestritten“. Legt man diese Annahmen für den Gesamtzeitraum von 1960 bis 1995 zugrunde, so ergibt sich allein für diese drei Jahrzehnte ein Nettobeschäftigungseffekt an vermiedenen Entlassungen und realisierten Neueinstellungen durch Verkürzungen der Jahresarbeitszeiten und ihrer Komponenten von rund 3,6 Millionen Personen. Die daraus resultierende entsprechende Entlastung der registrierten Arbeitslosigkeit betrug insgesamt – kumuliert über diese Jahre – 2,5 Millionen Personen. Diese Erkenntnisse über die Entlastungswirkungen von Arbeitszeitverkürzungen sind nur nachvollziehbar auf der Basis der Arbeitszeit- und Arbeitsvolumenrechnung (vgl. Tabellen 1 und 2).

4.4 Die Jahresarbeitszeit als Hauptkomponente der Lebensarbeitszeit

Die Lebensarbeitszeit ist der umfassendste Ausdruck der individuell geleisteten Arbeitsstunden in einem Erwerbslebensablauf. Sie wird von zwei Hauptkomponenten bestimmt: Einmal von der Anzahl der Erwerbslebensjahre, die zwischen dem Eintritt in eine Erwerbstätigkeit und dem meist altersbedingten Ausscheiden liegen, zum anderen jedoch auch von den parallel dazu geleisteten Jahresarbeitszeiten in den einzelnen Erwerbslebensjahren.

Im Verlauf der Arbeitsjahre hat die in ihnen jeweils zu leistende Jahresarbeitszeit (in Arbeitsstunden) deutlich abgenommen. Beide Entwicklungen haben dazu beigetragen, daß sich die Lebensarbeitszeit (in Arbeitsstunden) in den letzten 80 Jahren halbiert hat. Während ein Berufsanfänger um die Jahrhundertwende noch rund 110 000 Arbeitsstunden (Jahrgang 1895) leisten mußte, wird er voraussichtlich, wenn er heute eine Beschäftigung aufnimmt, nur noch knapp 50 000 Arbeitsstunden hinter dem Schreibtisch oder an der Werkbank verbringen müssen (vgl. Tabelle 3). So mußte der Geburtsjahrgang 1895 knapp 17 % von seiner Lebenserwartung (in Stunden), der Geburtsjahrgang 1942 nur noch 10 % einer Arbeit nachgehen. Der Jahrgang 1970 wird voraussichtlich nur noch knapp 8 % seines Lebens mit erwerbswirtschaftlicher Arbeit verbringen. Hauptbestimmend für den Abbau der Lebensarbeitszeit war aber zu etwa 60 % die Komponente Jahresarbeitszeit und nur zu 40 % die Verringerung der Erwerbslebensjahre durch längere Ausbildung und Frühverrentungen.

Während die Lebensarbeitszeit des Geburtsjahrganges 1942 im Durchschnitt insgesamt mit gut 68 000 Stunden anzusetzen ist, arbeitet dort voraussichtlich der Facharbeiter rd. 71 000, der Arbeitnehmer mit Fachhochschulabschluß rd. 65 000 und der Hochschulabsolvent nur rd. 57 000 Arbeitsstunden.

Besser ausgebildete Erwerbstätige haben aber eine nicht nur geringe Lebensarbeitszeit, sondern gleichzeitig eine größere Lebenserwartung, so daß die mit Erwerbsarbeit verbrachte Zeit relativ gesehen noch mehr sinkt (vgl. Tabelle 3).

Tab.3: Entwicklung der Lebensarbeitszeit (exemplarische Rechnungen)
- Geburtsjahrgänge 1895, 1942, 1970 -

	Geburtsjahrgänge			Geburtsjahrgang 1942		
Lebensabschnitte	1895	1942	1970	Facharbeiter	Ingenieur *)	Akademiker
Beginn der Erwerbstätigkeit im Kalenderjahre	1910	1960	1989	1960	1963	1968
im Durchschnittsalter von ... Jahren	15,5	18,5	19,0	17,8	21,0	25,5
Erwerbslebensdauer in Arbeitsjahren	48,0	40,0	39,0	41,2	39,0	34,5
Durchschnittliche Jahresarbeitszeit im Kalenderjahre	2.303 Std.	1.656 Std.	1.402 Std.	1.711 Std.	1.676 Std.	1.643 Std.
Ende der Erwerbstätigkeit im Kalenderjahre	1959	2000	2027	2001	2002	2002
Lebensarbeitszeit in Arbeiterstunden	110.544	66.240	53.260	70.512	65.364	56.584
Lebenserwartung in Stunden	657.000	665.760	692.040	670.140	700.800	718.320
%-Anteil: Lebensarbeitszeit/Lebenserwartung	16,8 %	9,9 %	7,7 %	10,5 %	9,3 %	7,9 %
*) Absolventen von Fachhochschulen						

Quelle: IAB/2

4.5 Zunehmende Flexibilisierung und vermehrte Teilzeitbeschäftigung

Die Flexibiliserung der Arbeitszeit birgt für Arbeitgeber und Arbeitnehmer eine doppelte Chance. Einmal können durch Erhöhung der Betriebszeiten teure Anlagen besser ausgelastet und somit die Produktivität erhöht werden, zum anderen wachsen auf Arbeitnehmerseite die Möglichkeiten z.B. durch Teilzeitarbeit, Jobsharing, Sabbatical zunehmende Zeitsouveränität zu praktizieren. Abeitszeit und Freizeit können so flexibler aufgeteilt werden, so daß berufliche, familiäre und gesellschaftliche Pflichten individuell optimal aufeinander abgestimmt werden können. Von daher könnte durch vermehrte Arbeitszufriedenheit die Arbeitsleistung gesteigert werden. Vielen Frauen könnte durch ein vermehrtes Angebot an Teilzeitarbeitsplätzen der Wunsch nach Erwerbstätigkeit erfüllt werden. Obwohl wissenschaftliche Erkenntnisse zeigen, daß mehr Teilzeitarbeitsplätze Vorteile für beide Seiten bringen, klafft zwischen Wunschpotential nach Teilzeitarbeit und angebotenen Arbeitsplätzen noch eine große Lücke. Während nach Untersuchungen 18 % der Arbeitnehmer teilzeitbeschäftigt sind, möchten aber weitere 6 % der noch Vollzeitbeschäftigten (ca. 1,2 Mio) ebenfalls diese Beschäftigungsform wählen.

Neben dem arbeitsplatzschaffenden wirtschaftlichen Wachstum hat die Neigung zu mehr Teilzeitbeschäftigung (vor allem bei den Arbeitnehmerinnen) die Beschäftigungsentwicklung 1960 bis 1995 gefördert.

Die Zahl der abhängig Beschäftigten hat in den alten Bundesländern insgesamt im Zeitraum 1960 bis 1995 um rd. 5,3 Mio zugenommen. Davon entfielen fast 4,1 Mio oder drei Viertel auf die Teilzeitbeschäftigung. Im Jahre 1960 waren etwa ½ Mio Personen teilzeitbeschäftigt, 1995 waren es bereits 4,6 Mio. Die gesamtwirtschaftliche Teilzeitquote stieg dadurch von knapp 3 % im Jahre 1960 auf gut 18 % im Jahr 1995 (Tabelle 4).

Die Zunahme der Zahl der teilzeitbeschäftigten Frauen um 3,7 Mio in diesem Zeitraum bestimmte die Beschäftigungsentwicklung von 1960 bis 1995 (vgl. Tabelle 4). Dies waren 85 % der Beschäftigungszunahme bei Frauen und 70 % bei Männern und Frauen zusammen. Dagegen ergab sich die Teilzeitquote der teilzeitbeschäftigten Männer im selben Zeitraum sowohl im Niveau als auch in der Entwicklung als eher bescheiden (1960: 0,6 %, 1995: 3,2 %).

Tab. 4: Vollzeit- und teilzeitbeschäftigte Arbeitnehmer, Teilzeitquoten *) in Westdeutschland (Jahresdurchschnitte 1960 – 1995)
(in 1000 Personen bzw. in v.H.)

Jahres-durchschnitt	Zusammen	Vollzeit	Teilzeit	Teilzeit-quoten
	1. Abhängig Beschäftigte - insgesamt -			
	- in 1.000 Personen -			- in % -
1960	20.073	19.561	512	2,6
1970	22.138	20.689	1.449	6,5
1980	23.818	21.157	2.661	11,2
1990	25.453	21.607	3.846	15,1
1991	26.136	22.059	4.077	15,6
1992	26.385	22.111	4.274	16,2
1993	25.930	21.548	4.382	16,9
1994	25.579	21.084	4.495	17,6
1995 1)	25.383	20.793	4.590	18,1
Entwicklung 1) 1960 – 1995	+-5.310	+-1.232	+-4.078	+ 15,5 %-P
	100 %	23.2 %	76.8 %	
	2. Abhängig Beschäftigte - Männer -			
1960	13.317	13.237	80	0,6
1970	14.618	14.530	88	0,6
1980	14.703	14.556	147	1,0
1990	15.055	14.724	331	2,2
1991	15.278	14.953	351	2,3
1992	15.265	14.911	381	2,5
1993	14.830	14.466	386	2,6
1994	14.452	14.032	420	2,9
1995 1)	14.293	13.838	455	3,2
Entwicklung 1) 1960 – 1994	+-976	+-601	+-375	+ 2,6 %-P
	100 %	61,6 %	38,4 %	
	3. Abhängig Beschäftigte - Frauen -			
1960	6.756	6.324	432	6,4
1970	7.520	6.159	1.361	18,1
1980	9.115	6.599	2.516	27,6
1990	10.398	6.883	3.515	33,8
1991	10.858	7.132	3.726	34,3
1992	11.120	7.227	3.893	35,1
1993	11.100	7.104	3.996	36,1
1994	11.127	7.052	4.075	36,6
1995 1)	11.090	6.955	4.135	37,3
Entwicklung 1) 1960 – 1994	+-4.334	+-631	+-3.703	+ 30,9 %-P
	100 %	14,6 %	85,4 %	

*) Teilzeitbeschäftigte Arbeitnehmer nach Selbsteinschätzung bei den lfd. Mikrozensuserhebungen

1) Vorläufig

5 Nationale und internationale Bedeutung des IAB-Ansatzes

Die führenden Wirtschaftsforschungsinstitute, Verbände, Ministerien arbeiten seit Jahren mit den Ergebnissen der Arbeitszeitrechnung des IAB im In- und Ausland. Nun sollen in Absprache mit dem Statistischen Bundesamt Jahresarbeitszeit und Arbeitszeitvolumen regelmäßig in die amtliche Volkswirtschaftliche Gesamtrechnung eingehen, vor allem zur Messung und Einschätzung der Stundenproduktivitäten global und nach Sektoren.

Der IAB-Ansatz bleibt auch bei der Europäischen Gemeinschaft (EU) in der Diskussion. Dort kam man zur Erkenntnis, daß eine Jahresarbeitszeitrechnung mit einheitlichen Kriterien auf Dauer, insbesondere für exakte Produktivitätsvergleiche auf Stundenbasis, unumgänglich ist. Im Kurzbericht des Statistischen Bundesamtes über die Sitzung der Untergruppe „Arbeitszeit“ der Arbeitsgruppe „Beschäftigungsstatistik“ beim Statistischen Amt der Europäischen Gemeinschaften am 1. und 2. März 1988 in Luxemburg ist zu lesen: „Die Arbeitsgruppe hält eine Schätzung der effektiv geleisteten jährlichen Arbeitszeit unter Verwendung aller verfügbaren Statistiken ... für einen sehr erfolgversprechenden Weg. Der für die Bundesrepublik Deutschland vom Institut für Arbeitsmarkt- und Berufsforschung entwickelte Weg der Berechnung, der, aufbauend auf jahresdurchschnittlichen Erwerbstätigenzahlen, die effektive Arbeitszeit über einzelne Komponenten, wie tarifliche Arbeitszeit, Überstunden verschiedene Arbeitszeitausfälle ermittelt, wurde als wegweisend angesehen ... Es ist beabsichtigt, das Vorhaben der Berechnung der tatsächlich geleisteten jährlichen Arbeitszeit nach Arbeitszeitkomponenten in das in Kürze zu verabschiedende Gemeinschaftsprogramm der nächsten fünf Jahre einzubringen.“ (OECD 1995, S. 208).

Als Folge dieser Überlegungen bekam das IAB den Auftrag, ein praktikables Konzept zur einheitlichen Ermittlung der effektiven Jahresarbeitszeit und ihrer Komponenten und somit auch des tatsächlichen jeweiligen Arbeitsvolumens in den EG-Staaten zu erstellen. Nach Sichtung des statistischen Materials der einzelnen Mitgliedsländer wird nun dem Statistischen Amt der Europäischen Gemeinschaft (SAEG) eine Methode vorgeschlagen, die im wesentlichen die IAB-Komponentenrechnung als Grundlage hat. Aufgrund der bereits vorhandenen Statistiken über die arbeitszeitdominierende Komponente Wochenarbeitszeit wird aber hier im Gegensatz zur IAB-Rechnung vorläufig empfohlen, als Grundlage die normalerweise geleisteten Wochenarbeitszeiten der jährlichen Arbeitskräfteerhebungen (Mikrozensus) in der EU zu nutzen. Die Aufzeichnungen über (tariflich) vereinbarte Wochenarbeitszeiten sind nämlich im Gegensatz zu der statistischen Lage in der Bundesrepublik Deutschland, nur lückenhaft oder überhaupt nicht vorhanden. Testrechnungen für das Verarbeitende Gewerbe für das Vereinigte Königreich und für die Bundesrepublik brachten dabei durchaus brauchbare und befriedigende Ergebnisse (News-Bureau of Labor Statistics 1995).

Damit ist auch auf internationaler Ebene das Potential des IAB-Ansatzes bestätigt. Die notwendigen Daten zur Erforschung des Zusammenhangs zwischen Innovation, Wachstum der Produktion, der Produktivität und der Beschäftigung können auf der Basis diese Ansatzes demnach auch für die EU erhoben und bereitgestellt werden.

Literatur

Blechinger, D., Licht, G., Pfeiffer, F. (1996)
Innovationen für mehr Beschäftigung. In: EU-Magazin, Heft 7/8, S. 30 – 32

Bach, H.-U., Kohler, H., Reyher, L., Teriet, B. (1978)
Arbeitszeit und Arbeitsvolumen in der Bundesrepublik Deutschland
1960 1975. In: BeitrAB 23, Nürnberg

Reyher, L., Bach, H.-U., Kohler, H., Teriet, B. (1979)
Arbeitszeit und Arbeitsmarkt, Volumenrechnung, Auslastungsgrad und Entlastungswirkung. In: MittAB Heft 3, S. 381 – 402.

Kohler, H., Reyher, L. (1988)
Arbeitszeit und Arbeitsvolumen in der Bundesrepublik Deutschland
1960 – 1986. In: BeitrAB 123, Nürnberg

Reyher, L., Kohler, H. (1986)
Arbeitszeit und Arbeitsvolumen: Die empirische Basis der Arbeitszeit-Politik.
In: BeitrAB 75/2. Auflage, S. 29 – 55

Reyher, L., Kohler, H. (1988)
Arbeitszeit und Arbeitsvolumen. In: BeitrAB 70/3. Auflage, S. 245 – 259

Reyher, L., Bach, H.-U., Kohler, H., Teriet, B. (1983)
Arbeitszeit und Arbeitsmarkt. Volumenrechnung, Auslastungsgrad und Entlastungswirkung. In: Kutsch Th./Vilmar F.: Arbeitszeitverkürzung. Ein Weg zur Vollbeschäftigung?, S. 87 – 127

Kohler, H. (1993)
Jahresarbeitszeit in den östlichen Bundesländern nähert sich dem Westen an, in: IAB kurzbericht, Nr. 9/4.8.

Kohler, H., Spitznagel, E. (1995)
Teilzeitarbeit in der Gesamtwirtschaft und aus der Sicht von Arbeitnehmern und Betrieben in der Bundesrepublik Deutschland.
In: MittAB Heft 3,, S. 339 – 364

Autorengemeinschaft (1996)
Der Arbeitsmarkt 1995 und 1996 in der Bundesrepublik Deutschland.
In: MittAB, Heft 1

Kohler, H., Spitznagel, E. (1996)
Überstunden in Deutschland. In: IAB Werkstattbericht Nr. 4/23.8.

OECD (1995)
Employment Outlook, S. 208.

EUROSTAT (1995)
Die Arbeitszeit in der Europäischen Union – Schätzung der tatsächlichen Jahresarbeitszeit (1983 – 1993). In: Statistik kurz gefaßt, Heft 4, S. 9, 11

News-Bureau of Labor Statistics (1995)
International comparisons of manufacturing productivity and unit labor cost trends United States Department of Labor, Heft 9

Strukturwandel des Arbeitsmarktes in der Bundesrepublik Deutschland[1]

Peter Bleses und *Carsten Stahmer,* Wiesbaden

1 Einführung

Betrachten wir die ökonomische Situation der Bundesrepublik Deutschland am Anfang der 60er Jahre, so erscheint sie aus Sicht der 90er Jahre fast paradiesisch: Bei niedriger Inflationsrate war die Arbeitslosenquote minimal, der Staat hatte nicht nur keine Schulden, sondern sogar noch Guthaben. Die Maastricht-Kriterien hätte Deutschland damals spielend erfüllt. Diese traumhaften Ergebnisse wurden allerdings bei einem Wirtschaftsniveau erzielt, das nur etwa ein Drittel desjenigen von 1990 ausmachte. Zwar lag die Zahl der Erwerbstätigen um ungefähr ein Zehntel unter dem Niveau Anfang der 90er Jahre; entscheidend für die Vollbeschäftigung war aber die sehr viel niedrigere Arbeitsproduktivität. Die im Durchschnitt um fast ein Drittel höhere Zahl von Arbeitsstunden je Erwerbstätigem wurde durch die im Verhältnis zu 1990 arbeitsintensiveren Produktionsbedingungen wieder ausgeglichen. Es stellt sich daher die Frage, ob der technische Fortschritt mit seinen Prozeßinnovationen und den daraus folgenden Produktivitätssteigerungen nicht eine erhebliche „Mitschuld" an der durch hohe Arbeitslosenzahlen geprägten Arbeitsmarktlage der 90er Jahre hat.

Der vorliegende Beitrag soll zu einer Versachlichung der gegenwärtigen Diskussion beitragen. Mit seiner differenzierten Betrachtung der Entwicklung der einzelnen Produktionsbereiche ermöglicht er, statt pauschaler Beurteilungen der gesamtwirtschaftlichen Entwicklung, den langfristigen Strukturwandel des Arbeitsmarktes im einzelnen nachzuvollziehen.

Statistische Grundlage für die Analyse der Entwicklung des Inputfaktors Arbeit sind die Input-Output-Tabellen 1960 und 1990 vom Statistischen Bundesamt (StBA) für das frühere Bundesgebiet. Diese Tabellen beschreiben die produktions- und gütermäßige Verflechtung der deutschen Volkswirtschaft und ermöglichen einen Strukturvergleich über einen Zeitraum von dreißig Jahren. 1960 war das erste Jahr, in dem das Bundesgebiet einschließlich Saarland und Berlin-West den statistischen Angaben zugrundegelegt wurde; 1990 war das letzte Berichtsjahr, für das vollständige ökonomische Informationen über das frühere Bundesgebiet vorliegen. Im Oktober 1990 vergrößerte sich die Bundesrepublik durch den Anschluß der neuen Bundesländer und Berlin-Ost. Eine getrennte Berichterstattung für alte und neue Bundesländer war damit für viele

---

[1] Der Beitrag gibt die persönliche Sicht der Autoren wieder, die nicht unbedingt mit der des Statistischen Bundesamtes übereinstimmen muß. Die Autoren danken Inge Herrchen für ihre Mithilfe bei der Erstellung der Input-Output-Daten für 1960 und 1990.

Tatbestände nicht mehr möglich. Für die Auswahl der Jahre 1960 und 1990 spricht auch die bessere Vergleichbarkeit der ökonomischen Situation: Das Berichtsjahr 1960 beschreibt eine Wirtschaftssituation, die nicht mehr durch die Folgen des Zweiten Weltkriegs beeinflußt wurde. Andererseits haben sich nach 1990 die wirtschaftlichen Verhältnisse im früheren Bundesgebiet im Zuge der Wiedervereinigung erheblich geändert.

Die Input-Output-Tabellen 1990 wurden vom StBA in Fachserie 18 Volkswirtschaftliche Gesamtrechnungen, Reihe 2 Input-Output-Tabellen 1986, 1988, 1990 im August 1994 veröffentlicht (StBA 1994). Die Input-Output-Tabellen für das Berichtsjahr 1960 beruhen auf den im Oktober 1964 vom Statistischen Amt der Europäischen Gemeinschaften (SAEG) publizierten Angaben (SAEG 1964). Sie wurden für Zwecke dieses Beitrags auf die Konzepte der Input-Output-Rechnung (IOR) 1990 umgerechnet. Ferner werden die Angaben für 1960 auch in Preisen von 1990 verwendet, um einen Vergleich mit den Wirtschaftsstrukturen von 1990 zu erleichtern. Da den Input-Output-Daten 1960 und 1990 unterschiedliche Bereichsgliederungen zugrunde lagen, war es außerdem nötig, eine gemeinsame Gliederung für 1960 und 1990 nach 31 Bereichen zu entwickeln.

Die Angaben zu den Erwerbstätigen wurden aus den Volkswirtschaftlichen Gesamtrechnungen (VGR) entnommen (StBA 1985 und StBA 1993). Allerdings war es erforderlich, sie von der institutionell abgegrenzten Wirtschaftsbereichsgliederung der Inlandsproduktsberechnung auf die rein gütermäßig abgegrenzte Gliederung nach Produktionsbereichen in den Input-Output-Tabellen umzurechnen. Dies gilt auch für die Daten zu den geleisteten Arbeitsstunden, die vom Institut für Arbeitsmarkt- und Berufsforschung für Wirtschaftsbereiche geschätzt wurden (Kohler, Reyher 1988). Die Überleitung auf Produktionsbereiche erfolgte mit Hilfe spezieller Überleitungstabellen für Erwerbstätige der Jahre 1970 (für Berichtsjahr 1960) und 1990 (für Berichtsjahr 1990).

Die Input-Output-Tabellen 1960 und 1990 wurden in aggregierter Form nach 12 Produktionsbereichen erstmals im „Aufsatz Input-Output-Tabellen 1990“ (Bleses, Stahmer 1994) gegenübergestellt. Auf eine Umrechnung der Input-Output-Tabellen 1960 auf die Konzepte der IOR 1990 wurde jedoch damals verzichtet.

Im folgenden wird zunächst kurz auf die Umrechnung der Input-Output-Tabellen 1960 auf die mit dem Berichtsjahr 1990 vergleichbaren Konzepte, Preise und Bereichsgliederung eingegangen. Dann werden die Ergebnisse der Analyse des Strukturwandels des Arbeitsmarktes vorgestellt. Dabei wird nicht nur der direkte Arbeitseinsatz der Produktionsbereiche von 1960 und 1990 verglichen, sondern auch die indirekt in den Gütern enthaltenen Arbeitsinputs (in Arbeitsstunden) für 1960 denen für 1990 gegenübergestellt. Außerdem werden für 1990 Arbeitsmarkt-Szenarien mit unterschiedlichen Annahmen über Arbeitsproduktivität und Arbeitsstunden je Erwerbstätigem beschrieben.

2 Berechnung der Input-Output-Tabellen 1960

2.1 Konzepte

Das SAEG hat Anfang der 60er Jahre erste Versuche unternommen, Input-Output-Tabellen für die Mitgliedstaaten der Europäischen Gemeinschaften nach einheitlichen Gesichtspunkten aufstellen zu lassen. Die methodologischen Arbeiten wurden von nationalen Sachverständigengruppen in Zusammenarbeit mit den amtlichen statistischen Stellen durchgeführt. Die Wahl der Berechnungsmethoden blieb damals den einzelnen Gruppen überlassen (Bartels, Hanisch, Lauckner 1965).

Resultat dieser Überlegungen für Deutschland waren für die Berichtsjahre 1959 und 1960 die ersten Input-Output-Tabellen des Statistischen Bundesamtes. Diese Produktionsverflechtungstabellen waren bereits mit den Daten der übrigen amtlichen VGR – nach dem Stand der Revision vom Herbst 1963 – abgestimmt.

Die nach 35 Produktionsbereichen gegliederte deutsche Input-Output-Tabelle (IOT) 1960 wurde im Oktober 1964 vom SAEG (heute Eurostat) zusammen mit Tabellen anderer Mitgliedstaaten veröffentlicht (SAEG 1964). Für die vorliegenden Untersuchungen wurde aber eine Tabelle benötigt, die mit derjenigen für 1990 sowohl in den zugrundegelegten Konzepten, als auch in den Bereichsabgrenzungen möglichst vergleichbar sein mußte. Durch mehrere große Revisionen der VGR (siehe Lützel 1985) waren diese Grundlagen seither weiterentwickelt und neugestaltet worden, wodurch die Ergebnisse zurück bis 1960 beeinflußt und der Vergleich erschwert wurde. Daher waren umfangreiche Umrechnungen notwendig geworden, um die Ergebnisse der IOT 1960 an diejenigen für 1990 in etwa anzupassen. Einige der heutigen Verbuchungsregeln, die für die IOT 1960 (s. *Tabelle 5*, im Anhang) nachvollzogen worden sind, werden im folgenden kurz skizziert:

Einführung des Konzepts der nichtabziehbaren Umsatzsteuer:
Im Rahmen der 1982 abgeschlossenen Revision der VGR wurde beim Nachweis der Umsatzsteuer vom Bruttosystem auf das Nettosystem übergegangen. Im Nettosystem werden im ersten und zweiten Quadranten der Input-Output-Tabellen die nach Gütergruppen gegliederten Angaben sowie im dritten Quadranten die Produktionssteuern, Wertschöpfung, Produktionswerte und die Einfuhr gleichartiger Güter grundsätzlich ohne jede Umsatzsteuer dargestellt. Die auf den Gütern letztlich lastende nicht abziehbare Umsatzsteuer wird in einer Korrekturzeile unterhalb des ersten und zweiten Quadranten nachgewiesen und zwar bei den Käufern (Verwendern) der Güter, die keine Berechtigung zum Vorsteuerabzug haben. 1960 war noch das Konzept der kumulierten Umsatzsteuer angewendet worden (Hamer 1968 und Engelmann 1982).

Annäherung an die Konzepte des revidierten Systems Volkswirtschaftlicher Gesamtrechnungen der Vereinten Nationen 1968 (SNA 1968) und das ESVG 1970:

- Die unterstellte Nettomiete auf Gebäude des Staates blieb nach Anwendung des ESVG 1970 unberücksichtigt.
- Die Eigenleistungen privater Haushalte bei der Erstellung von Wohnbauten wurden in die Bauinvestitionen einbezogen.
- Die Abgrenzung zwischen Ausrüstungs- und Bauinvestitionen wurde neu geregelt: Die technischen Einrichtungen und Ausstattungen, die mit Bauten fest verbunden sind, gehörten fortan zu den Bauinvestitionen.
- Die Einkommen aus unselbständiger Arbeit umfassen nun auch zusätzliche Aufwendungen der Arbeitgeber im Krankheitsfall und für die Altersversorgung (Hamer 1970).

Änderung des Konzepts der Verbuchung von unterstellten Entgelten für Bankdienstleistungen.

Der Produktionswert der Kreditinstitute schließt neben den tatsächlichen Einnahmen aus Gebühren u.ä. unterstellte Entgelte für Bankdienstleistungen in Höhe der Differenz zwischen Ertragszinsen, Kreditprovisionen und anderen Vermögenseinkommen der Kreditinstitute einerseits und Aufwandszinsen dieser Institutionen andererseits ein. Die gegen unterstellte Entgelte erbrachten Bankdienstleistungen werden in den VGR nicht den tatsächlichen Verbrauchern zugeordnet, sondern global einer fiktiven Einheit als Vorleistungen zugerechnet. Diese Einheit wird als Teil des Bereichs „Leistungen der Kreditinstitute und Versicherungen“ der hier vorliegenden Input-Output-Tabellen ausgewiesen. Die Vorleistungen dieses Produktionsbereichs sind um die Bankdienstleistungen gegen unterstelltes Entgelt überhöht und die Bruttowertschöpfung und die Einkommen aus Unternehmertätigkeit und Vermögen entsprechend vermindert. Seit 1977 (Hamer 1977) werden laut Regel des ESVG 1970 (SAEG 1970) die Bankdienstleistungen gegen unterstelltes Entgelt global als Bereinigungsposten der Vorleistungen und der Bruttowertschöpfung nachgewiesen. Gegenüber der früheren Verbuchung ergibt sich damit bei den einzelnen Produktionsbereichen eine Verminderung der Vorleistungen und eine Erhöhung der Bruttowertschöpfung. Es verringerte sich auch der letzte Verbrauch. Speziell über die Behandlung der unterstellten Bankgebühr in den VGR informieren zwei Aufsätze aus Wirtschaft und Statistik (Dorow 1972, Kopsch 1987).

Abstimmung auf Eckwerte der Inlandsproduktsberechnung:

Die Ergebnisse der IOT 1960 mußten schließlich auf vorliegende revidierte Eckwerte der Inlandsproduktsberechnung für das Berichtsjahr 1960 abgestimmt werden.

2.2 Umrechnung in Preise von 1990

Um Aussagen über die reale Entwicklung der Wirtschaft von 1960 bis 1990 treffen zu können, werden die Input-Output-Tabellen 1960 in Preisen von 1990 (konstanten Preisen) dargestellt.

Grundlage für die Schätzung der Ergebnisse in konstanten Preisen ist eine Anwendung des Preismodells der Input-Output-Analyse auf die IOT 1960 in jeweiligen Preisen. Mit dem *Preismodell* können direkte und indirekte Auswirkungen von Änderungen der Einfuhrpreise, der Produktionssteuern und der Subventionen sowie von Lohnsatzänderungen auf die Güterpreise untersucht werden (Erläuterungen hierzu siehe zum Beispiel StBA 1994). Im vorliegenden Fall wurde die *Bruttowertschöpfung in Preisen von 1990* der einzelnen Produktionsbereiche als exogene Größe vorgegeben.

Dazu wurde zunächst die in tiefer Gliederung vorliegende Bruttowertschöpfung 1960 mit Preisindizes der Inlandsproduktsberechnung inflationiert. Diese Änderung der exogenen Variablen hat zunächst Auswirkungen auf die Güterpreise der einzelnen Produkte. In weiteren Iterationsstufen änderten sich die Preise für Vorleistungsgüter und die Preise der Güter der letzten Verwendung, bis schließlich eine erste vorläufige abgestimmte IOT 1960 in Preisen von 1990 vorlag. Diese IOT 1960 wurde dann in weiteren Arbeitsschritten auf vorliegende Größen der Inlandsproduktsberechnung in Preisen von 1990 – soweit vorhanden – abgestimmt.

2.3 Änderung der Gliederung der Produktionsbereiche

Mit dem SAEG war für die IOT 1960 die Aggregation zu 35 Produktionsbereichen der ursprünglich verlangten 68 Bereiche vereinbart worden. Ihre Abgrenzung war damals durch die Zugrundelegung des „Internationalen Warenverzeichnisses für den Außenhandel (CST)“ bzw. der „Internationalen Systematik der Wirtschaftszweige (ISIC)“ vorgegeben. Da die zugehörigen Daten sowohl aus den VGR als auch aus den deutschen Basisstatistiken trotz der Zusammenfassung nicht immer direkt gewonnen werden konnten, mußte mit Umschlüsselungen gearbeitet werden.

Die IOT 1990 weist – wie ihre Vorgänger seit 1978 – 58 Gütergruppen und Produktionsbereiche in Anlehnung an die Gliederung der Ergebnisse der Inlandsproduktsberechnung nach 58 Wirtschaftsbereichen (definiert durch die Systematik der Wirtschaftszweige 1979) aus. Im Gegensatz zum Vorgehen bei der Bereichsabgrenzung in der IOT 1960 sind die Produktionsbereiche der aktuellen Input-Output-Tabellen enger mit den Wirtschaftsbereichen der Inlandsproduktsberechnung verknüpft. Es ist möglich, mit Hilfe eines speziellen Überleitungsverfahrens die Daten nach Wirtschaftsbereichen zu Ergebnissen für homogene Produktionsbereiche umzuformen (Stahmer 1979). Für den vorliegenden Vergleich der Tabellen 1960 und 1990 wurden 31 Gütergruppen bzw. Produktionsbereiche als „kleinster gemeinsamer Nenner“ gebildet. Es darf angenommen werden, daß sich durch die starke Zusammenfassung eine Reihe störender Abweichungen in den Gruppierungen der beiden Tabellen aufgehoben haben. Erkennbar notwendige Umsetzungen wertmäßig bedeutender Einzelpositionen wurden vorgenommen (z.B. das Verlagsgewerbe, die Herstellung von Schienenfahrzeugen, das Rückgewinnungsgewerbe).

Die neue Bereichsgliederung umfaßt die Land- und Forstwirtschaft, Fischerei als einen Bereich, 24 Bereiche des Produzierenden Gewerbes und 6 Dienstleistungsbereiche.

3 Ergebnisse

Die Analyse des Strukturwandels des Arbeitsmarktes von 1960 bis 1990 betrifft sowohl den *direkten* Arbeitseinsatz in den Produktionsbereichen als auch die *indirekt* in den produzierten Gütern enthaltenen Arbeitsinputs.

Zunächst wird die Entwicklung der *Erwerbstätigen* in Niveau und Struktur gezeigt. Daran anschließend wird die Veränderung der *Arbeitszeit je Erwerbstätigem* beschrieben. Ein Niveau- und Strukturvergleich des *Arbeitsvolumens* 1960 und 1990 rundet den Ergebnisnachweis für die direkten Arbeitsinputs ab.

Ein weiterer Komplex beschäftigt sich mit der Entwicklung der *Arbeitsproduktivität*, gemessen an der Relation Bruttowertschöpfung (BWS) je Arbeitsvolumen (AV) sowie der Veränderung der Bruttowertschöpfung in Niveau und Struktur.

Anschließend wird im Rahmen eines Input-Output-Modells das direkt und indirekt bei der Produktion der Güter der letzten Verwendung 1960 und 1990 eingesetzte Arbeitsvolumen berechnet und gegenübergestellt.

Abgerundet wird der Beitrag mit der Darstellung von Arbeitsmarktszenarien mit alternativen Annahmen für 1990.

3.1 Direkte Arbeitsinputs

3.1.1 Erwerbstätige: Niveau und Struktur

Die Anzahl der Erwerbstätigen in der Bundesrepublik Deutschland lag mit 28,5 Millionen (Mill.) 1990 nur um rund ein Zehntel höher als 1960. Die Struktur hat sich jedoch teilweise erheblich geändert.

Mit 3,6 Mill. waren 1960 noch die meisten Erwerbstätigen in der Gliederung nach 31 Produktionsbereichen in der Land- und Forstwirtschaft, Fischerei tätig. Diese Zahl hat sich bis 1990 um fast drei Viertel verringert. Im Produzierenden Gewerbe sind insbesondere die Rückgänge der Zahl der Erwerbstätigen im Bereich der Montanindustrie prägnant. Im Kohlenbergbau waren zum Beispiel 1990 nur noch etwa ein Drittel der Erwerbstätigen von 1960 beschäftigt.

Auffallend ist die starke Zunahme der Zahl der Erwerbstätigen im Bereich der Dienstleistungen. Die Erwerbstätigen von Kreditinstituten und Versicherungen haben sich dabei sogar mehr als verdoppelt. Ähnlich hohe Steigerungen gelten für die übrigen marktbestimmten Dienstleistungen.

Mit fast einem Fünftel war der größte Anteil aller Erwerbstätigen 1990 beim Staat und den privaten Organisationen ohne Erwerbszweck tätig.

Für zusammengefaßte Produktionsbereiche läßt sich der Strukturwandel in folgender Tabelle ablesen:

Tab. 1: Strukturwandel für zusammengefaßte Produktionsbereiche

Gegenstand der Nachweisung	Anteile der Erwerbstätigen in %	
	1960	1990
Land- und Forstwirtschaft, Fischerei	13,7	3,5
Produzierendes Gewerbe	47,6	38,8
Dienstleistungen	38,7	57,7
Gesamtwirtschaft	100	100

Abbildung 1 zeigt ausführlich die Veränderung der Zahl der Erwerbstätigen von 1960 bis 1990 in tiefer Gliederung nach 31 Produktionsbereichen der IOT (Die Kurzbezeichnungen der Produktionsbereiche sind im Anhang, *Tabelle 3*, erläutert). Die entsprechenden Zahlenangaben sind in *Tabelle 4* im Anhang, Spalten 1 bis 5, wiedergegeben.

Abb. 1: Erwerbstätige 1960 und 1990
in 1000 Personen

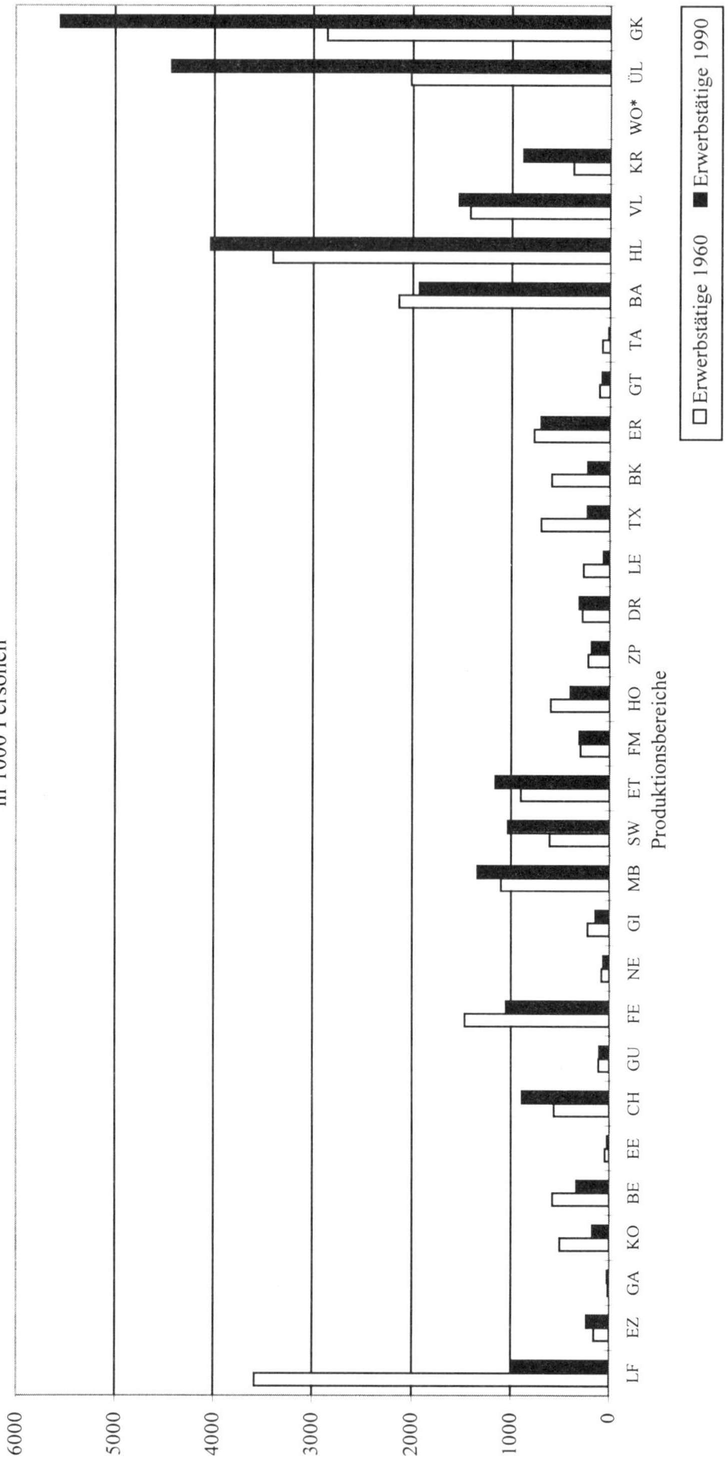

* Die Erwerbstätigen des Produktionsbereichs WO sind im Produktionsbereich ÜL enthalten.

3.1.2 Arbeitsvolumen je Erwerbstätigem

Das Arbeitsvolumen je Erwerbstätigem -gemessen in Arbeitsstunden (Std.) je Erwerbstätigem- nahm 1990 im Vergleich zu 1960 in der Bundesrepublik Deutschland um fast ein Viertel ab. Während 1960 noch durchschnittlich 2 150 Std. je Erwerbstätigem im Jahr „gearbeitet" wurde, waren es 1990 nur noch 1 630 Std. Der Rückgang der Arbeitszeit je Erwerbstätigem konnte in allen Produktionsbereichen festgestellt werden. Besonders betroffen waren die Bereiche Erzeugung und Verteilung von Gas; Kohlenbergbau; Erdöl, Erdgas und Herstellung von Mineralölerzeugnissen sowie die Herstellung von Getränken.

Am längsten waren die Erwerbstätigen 1960 in der Land- und Forstwirtschaft, Fischerei (2 393 Std. je Erwerbstätigem), bei der Erzeugung und Verteilung von Gas (2 571) sowie bei der Getränkeherstellung (2 591) tätig, am kürzesten in den Produktionsbereichen Bekleidung (1932), Tabakwaren (1911) und Kohlenbergbau (1904).

Die geringste Arbeitszeit je Erwerbstätigem entfiel 1990 auf den Kohlenbergbau (1 328) sowie Erdöl, Erdgas, Herstellung von Mineralölerzeugnissen (1 250), während in den Bereichen Land- und Forstwirtschaft, Fischerei (2 062) und Elektrizität, Dampf, Wasser (1 893) am längsten gearbeitet wurde.

Die Graphik in Abbildung 2 verdeutlicht für 31 Produktionsbereiche den Rückgang der Arbeitszeit je Erwerbstätigem (siehe auch *Tabelle 4*, Spalten 6 bis 8).

3.1.3 Arbeitsvolumen: Niveau und Struktur

Das Arbeitsvolumen 1960 betrug in der deutschen Volkswirtschaft 56 Mrd. Std., 30 Jahre später waren dies 46 Mrd. Std., etwa ein Sechstel weniger. Dieser Rückgang ist durch die erhebliche Senkung der durchschnittlichen Arbeitszeit (um etwa ein Viertel) zu erklären, die auch nicht durch die Zunahme der Erwerbstätigen um rund ein Zehntel ausgeglichen wurde.

Abbildung 3 zeigt für 1960 und 1990 getrennt die Verteilung der Arbeitszeit auf die 31 Produktionsbereiche.

Besonders auffällig ist 1960 die hohe Zahl des Arbeitsvolumens für die Land- und Forstwirtschaft, Fischerei und der starke Rückgang in diesem Bereich bis 1990 um mehr als drei Viertel. 1990 fällt die hohe Arbeitszeit in den Dienstleistungsbereichen auf. „Spitzenreiter" ist 1990 der Produktionsbereich „Leistungen der Gebietskörperschaften, der Sozialversicherung und der privaten Organisationen ohne Erwerbszweck" mit 8,7 Mrd. Std. Das Arbeitsvolumen dieses Bereichs hat gegenüber 1960 um knapp die Hälfte zugenommen.

Sowohl 1960 als auch 1990 war der Handel mit 7,4 bzw. 6,4 Mrd. Arbeitsstunden sehr arbeitsintensiv.

Abb. 2: Arbeitsvolumen je Erwerbstätigem 1960 und 1990
in Stunden

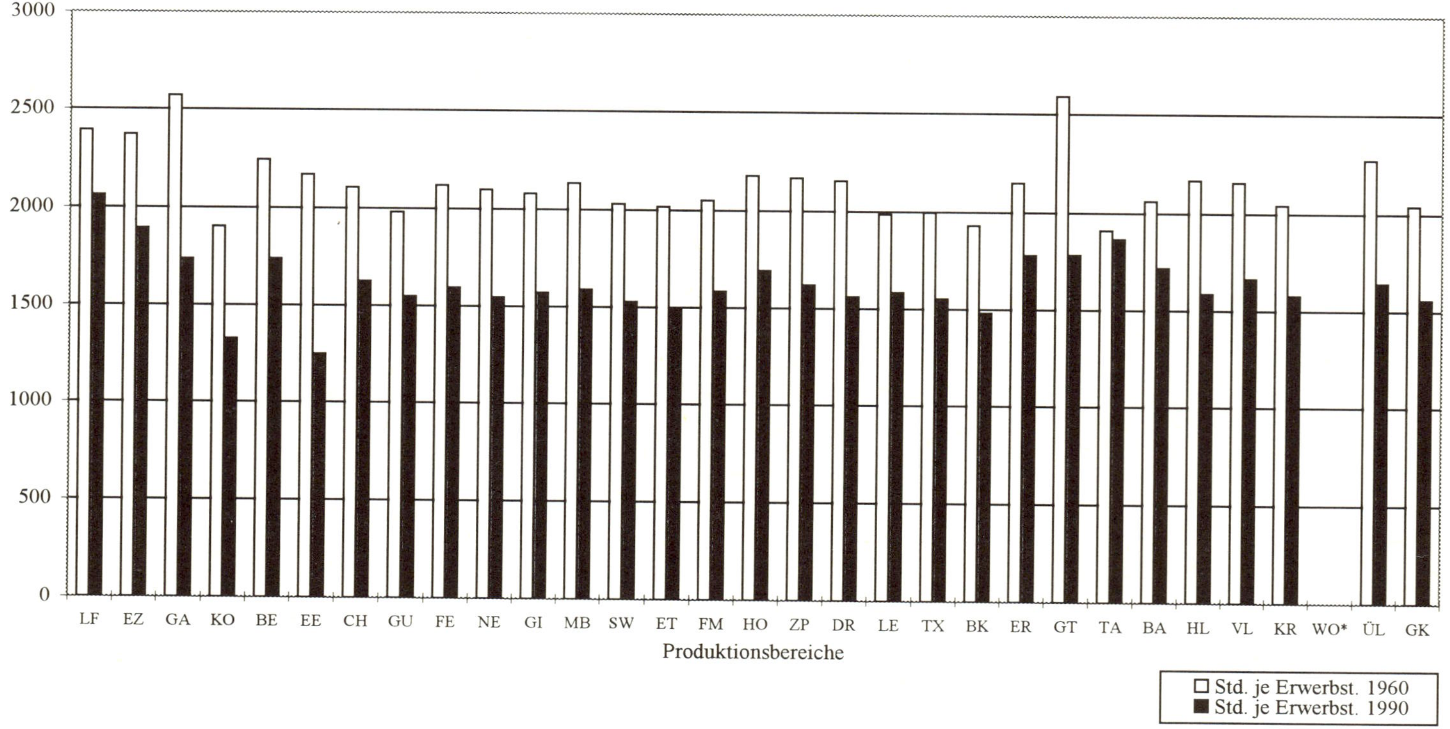

* Das Arbeitsvolumen je Erwerbstätigem des Produktionsbereichs WO ist im Produktionsbereich ÜL enthalten.

Abb. 3: Arbeitsvolumen 1960 und 1990
Mill.Std.

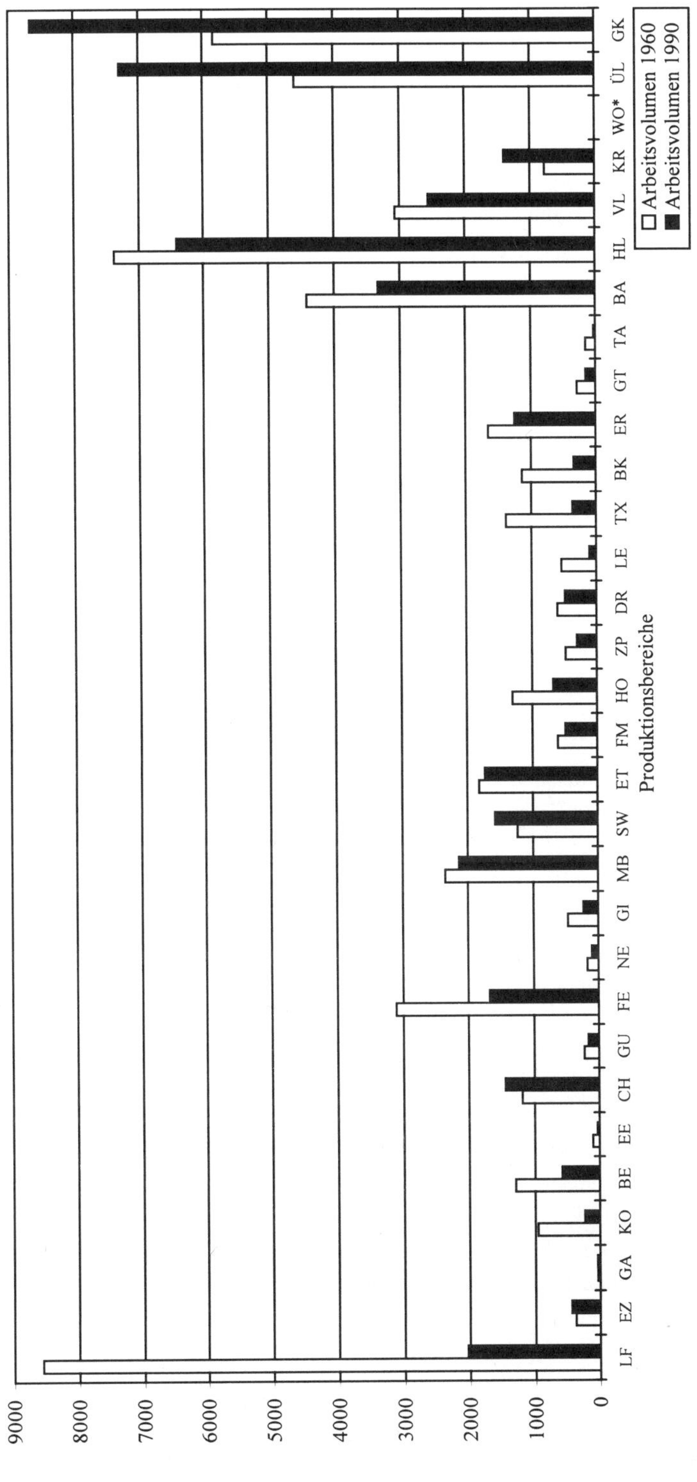

* Das Arbeitsvolumen des Produktionsbereichs WO ist im Produktionsbereich ÜL enthalten.

In den Bereichen des Produzierenden Gewerbes waren die Arbeitszeiten in beiden Berichtsjahren vergleichsweise gering. Im Durchschnitt nahm hier das Arbeitsvolumen 1990 gegenüber 1960 noch ab (siehe auch *Tabelle* 4, Spalten 9 bis 13, im Anhang).

3.1.4 Arbeitsproduktivität: Bruttowertschöpfung pro Arbeitsvolumen

Abbildung 4 zeigt die Arbeitsproduktivität 1960 und 1990 nach 31 Produktionsbereichen im Überblick. Gemessen wird die Arbeitsproduktivität in diesem Beitrag mit der Relation von Bruttowertschöpfung zu Arbeitsvolumen. Um die Veränderungen möglichst unabhängig von der Preisentwicklung zu zeigen, wurde für 1960 die Bruttowertschöpfung in Preisen von 1990 herangezogen.

Für die Volkswirtschaft insgesamt hat sich die Arbeitsproduktivität von 1960 bis 1990 auf etwa das Dreifache vergrößert. 1960 betrug die Arbeitsproduktivität in der Bundesrepublik Deutschland 16 DM Bruttowertschöpfung je Arbeitsstunde, 30 Jahre später waren dies 49 DM/Std. Auch in der tiefen Gliederung sind für alle 31 Produktionsbereiche Zuwachsraten festzustellen.

Weit überdurchschnittlich ist die Arbeitsproduktivität in folgenden Produktionsbereichen gestiegen:

– H.v. Tabakwaren auf mehr als das Achtfache
– Land- und Forstwirtschaft, Fischerei und Gew. von Erdöl, Erdgas, H. v. Mineralölerzeugnissen auf mehr als das Siebenfache
– H. v. chemischen Erzeugnissen u. Kunststofferzeugnissen und H. v. elektrotechnischen Erzeugnissen auf mehr als das Fünffache.

Wie die Graphik in Abbildung 4 zeigt, wurden 1990 die höchsten Werte für die Bereiche Erdöl, Erdgas, Mineralölerzeugnisse mit rund 900 DM Bruttowertschöpfung je Arbeitsstunde sowie im Bereich Tabakwaren mit rund 650 DM/Std. erreicht. Der Bereich Erdöl, Erdgas, Mineralölerzeugnisse erzielte bereits 1960 mit etwas mehr als 120 DM/Std. die höchste Arbeitsproduktivität. In beiden Vergleichsjahren war dagegen die Arbeitsproduktivität in der Land- und Forstwirtschaft, Fischerei sehr gering. Sie betrug 1960 nur 2,50 DM/Std.

Die relativ geringen Werte für den Bereich Kreditinstitute und Versicherungen resultieren aus der Verbuchung der unterstellten Entgelte für Bankdienstleistungen, auf deren Konzept in Abschnitt 2.1 dieses Beitrages eingegangen wurde.

Die kompletten Zahlenangaben zur Arbeitsproduktivität stehen in *Tabelle 4*, Spalten 14 bis 17, im Anhang.

Abb. 4: Bruttowertschöpfung (in Preisen von 1990) je Arbeitsvolumen 1960 und 1990 in DM/Std.

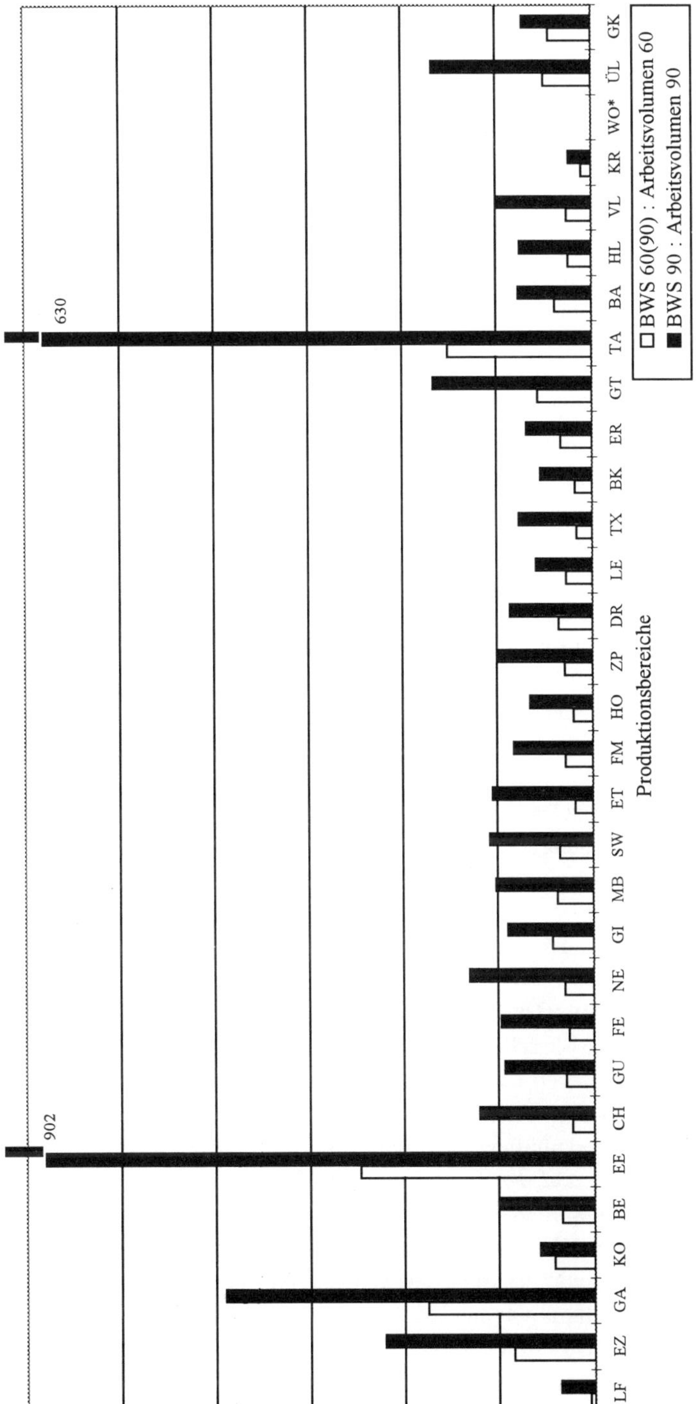

* Die Bruttowertschöpfung je Arbeitsvolumen des Produktionsbereichs WO ist im Produktionsbereich ÜL enthalten.

3.1.5 Bruttowertschöpfung: Niveau und Struktur

Die Produktionsleistung einer Volkswirtschaft kann durch die Bruttowertschöpfung zu Marktpreisen gemessen werden. Diese betrug für die Bundesrepublik Deutschland 1960 in Preisen von 1990 896 Mrd. DM und 1990 2 245 Mrd. DM, was eine Steigerung auf etwa das Zweieinhalbfache bedeutet. Diese Zunahme liegt unter derjenigen der Arbeitsproduktivität (Steigerung auf das Dreifache), weil gleichzeitig das eingesetzte Arbeitsvolumen um etwa ein Sechstel zurückgegangen ist.

Abbildung 5 stellt die Ergebnisse für 1960 und 1990 nach 31 Produktionsbereichen der IOT gegenüber. Für 1960 und insbesondere für 1990 fällt die hohe Bruttowertschöpfung in den Dienstleistungsbereichen auf. 1990 wurde mit knapp 372 Mrd. DM der höchste Wert bei den übrigen marktbestimmten Dienstleistungen und 1960 mit 130 Mrd. DM bei den Leistungen der Gebietskörperschaften, der Sozialversicherung und der privaten Organisationen ohne Erwerbszweck erreicht. In allen Dienstleistungsbereichen ist die Bruttowertschöpfung 1990 gegenüber 1960 gestiegen. Die verhältnismäßig geringen Werte bei den Kreditinstituten und Versicherungen sind auf die Verbuchung der unterstellten Entgelte für Bankdienstleistungen (vgl. 2.1) zurückzuführen.

Die höchsten Zuwachsraten wurden im Verarbeitenden Gewerbe in den Produktionsbereichen Herstellung von chemischen Erzeugnissen und Kunststofferzeugnissen sowie bei der Herstellung von elektrotechnischen Erzeugnissen erreicht. In beiden Bereichen stieg die Bruttowertschöpfung von 1960 bis 1990 auf fast das 5 1/2 fache.

Gesunken ist die Bruttowertschöpfung dagegen in den Produktionsbereichen Gewinnung von Kohle, Herstellung von Erzeugnissen des Kohlenbergbaus (um mehr als zwei Drittel) Herstellung von Leder, Lederwaren, Schuhen (um knapp zwei Drittel) und Herstellung von Bekleidung (um ein Zehntel). Siehe hierzu auch *Tabelle 4*, Spalten 18 bis 23, im Anhang.

3.2 Indirekte Arbeitsinputs: Ergebnisse eines Input-Output-Modells

Input-Output-Modelle werden auf der Basis von Input-Output-Tabellen erstellt und zeigen neben den direkten auch indirekte wirtschaftliche Verflechtungen im Bereich der Güterproduktion und -verwendung. Im vorliegenden Modell wird eine Verknüpfung *zwischen dem direkten und indirekten Einsatz von Arbeitsstunden und der Produktion von Gütern der letzten Verwendung hergestellt*. Dazu werden inverse Input-Koeffizienten, Arbeitszeitkoeffizienten und die absoluten Werte der Güter der letzten Verwendung, benötigt:

- Ausgangspunkt der Berechnungen sind die nach 31 Produktionsbereichen gegliederten Input-Output-Tabellen 1960 (in Preisen von 1990), *Tabelle 5* im Anhang und 1990 zu Ab-Werk-Preisen der inländischen Produktion sowie die ebenfalls nach 31 Produktionsbereichen vorliegenden Arbeitsstunden der beiden Berichtsjahre (*Tabelle 4*, Spalten 9 und 11 im Anhang).

Abb. 5: Bruttowertschöpfung (in Preisen von 1990) 1960 und 1990
Mrd.DM

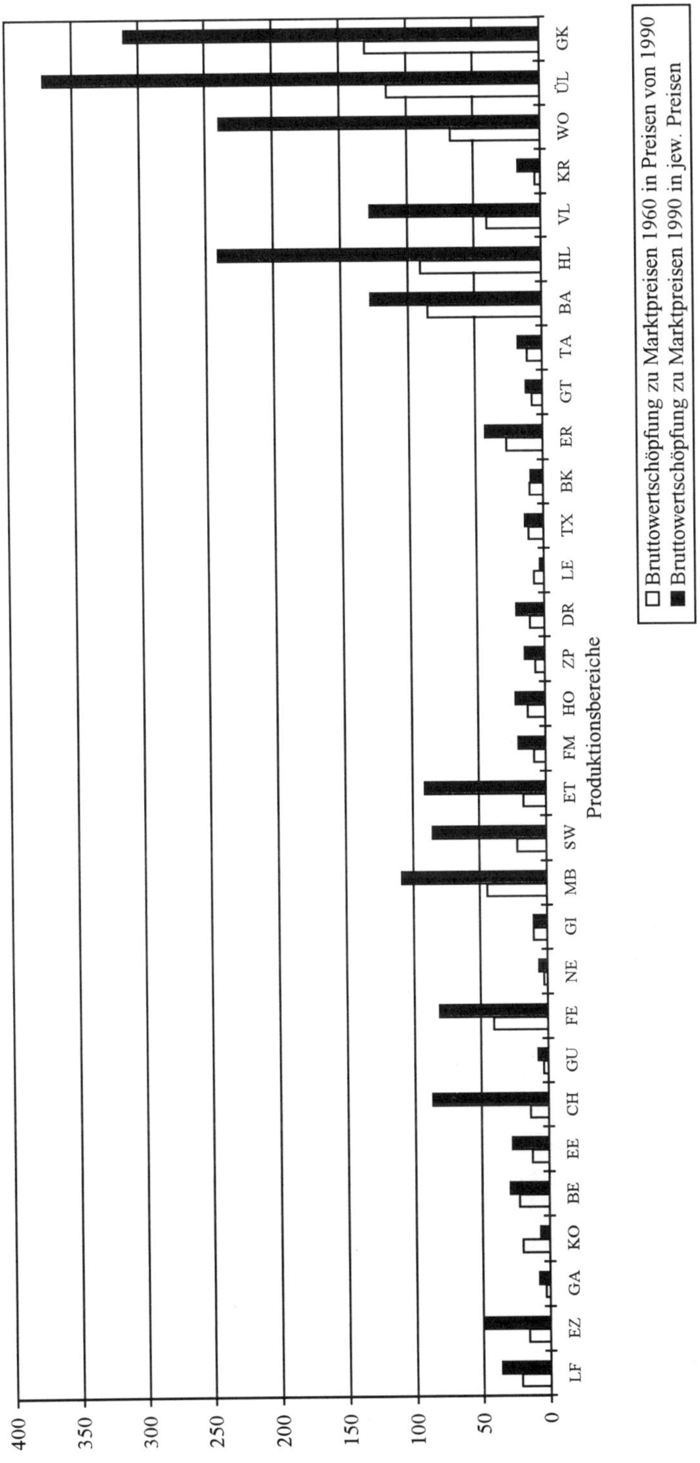

In einem ersten Schritt werden für die Vergleichsjahre die Matrizen der inversen Koeffizienten gebildet:

$$\mathbf{C} = (\mathbf{I} - \mathbf{A})^{-1} \qquad (1)$$

Dabei bezeichnet C die Matrix der inversen Koeffizienten, I die Einheitsmatrix und A die Matrix der Input-Koeffizienten der Vorleistungen. Für die Berechnung der Input-Koeffizienten der Vorleistungen werden die Angaben aus den ersten Quadranten der beiden Input-Output-Tabellen 1960 und 1990 herangezogen (siehe StBA 1994, S. 75 – 90).

Im zweiten Schritt werden die „Arbeitszeitkoeffizienten" berechnet. Diese ergeben sich durch Division der Arbeitszeit je Produktionsbereich durch die entsprechenden Produktionswerte. Sie geben an, wieviel Arbeitszeit je 1 DM Produktionswert eines Produktionsbereichs eingesetzt wird. Um diese Rechnung in tiefer Gliederung durchführen zu können, war es notwendig, auch die Arbeitszeiten für den Produktionsbereich Vermietung von Gebäuden und Wohnungen grob zu schätzen.

Die Angaben über den Wert der Güter der letzten Verwendung nach 31 Gütergruppen wurden den zweiten Quadranten der Input-Output-Tabellen 1960 und 1990 entnommen.

Durch Matrizenmultiplikation der drei Komponenten „Arbeitszeitkoeffizienten", inverse Koeffizienten und Güterwerte der letzten Verwendung nach Gleichung (2) ergibt sich im letzten Schritt der direkte und indirekte Einsatz von Arbeitsstunden zur Produktion der Werte der Güter der letzten Verwendung:

$$\mathbf{A}_y = \langle \mathbf{a} \rangle (\mathbf{I} - \mathbf{A})^{-1} \langle \mathbf{y} \rangle \qquad (2)$$

Dabei bezeichnet A_y die Matrix des direkten und indirekten Einsatzes von Arbeitsstunden zur Produktion der Werte der Güter der letzten Verwendung, $\langle \mathbf{a} \rangle$ die Diagonalmatrix der Arbeitszeitkoeffizienten und $\langle \mathbf{y} \rangle$ die Diagonalmatrix der Güterwerte der letzten Verwendung.

Die Ergebnisse – normiert auf je 1 000 DM Güter der letzten Verwendung ($1\,000 \cdot \langle \mathbf{a} \rangle \mathbf{C}$) – sind in Abbildung 6 für 1960 und 1990 gegenübergestellt. Es fällt auf, daß in allen 31 Produktionsbereichen 1960 direkt und indirekt länger als 1990 gearbeitet wurde, um entsprechende Güterwerte für die letzte Verwendung zu produzieren. Am arbeitsintensivsten war 1960 die Bereitstellung von Produkten der Land- und Forstwirtschaft, sowie Fischerei im Wert von 1 000 DM mit 237 Arbeitsstunden. Die geringste Arbeitszeit beanspruchte die Vermietung von Gebäuden und Wohnungen mit 14 Arbeitsstunden.

Abb. 6: Direkter und indirekter Einsatz des Arbeitsvolumens zur Produktion von je 1000 DM Gütern der letzten Verwendung (in Preisen von 1990) 1960 und 1990
in Stunden/1000DM letzte Verwendung

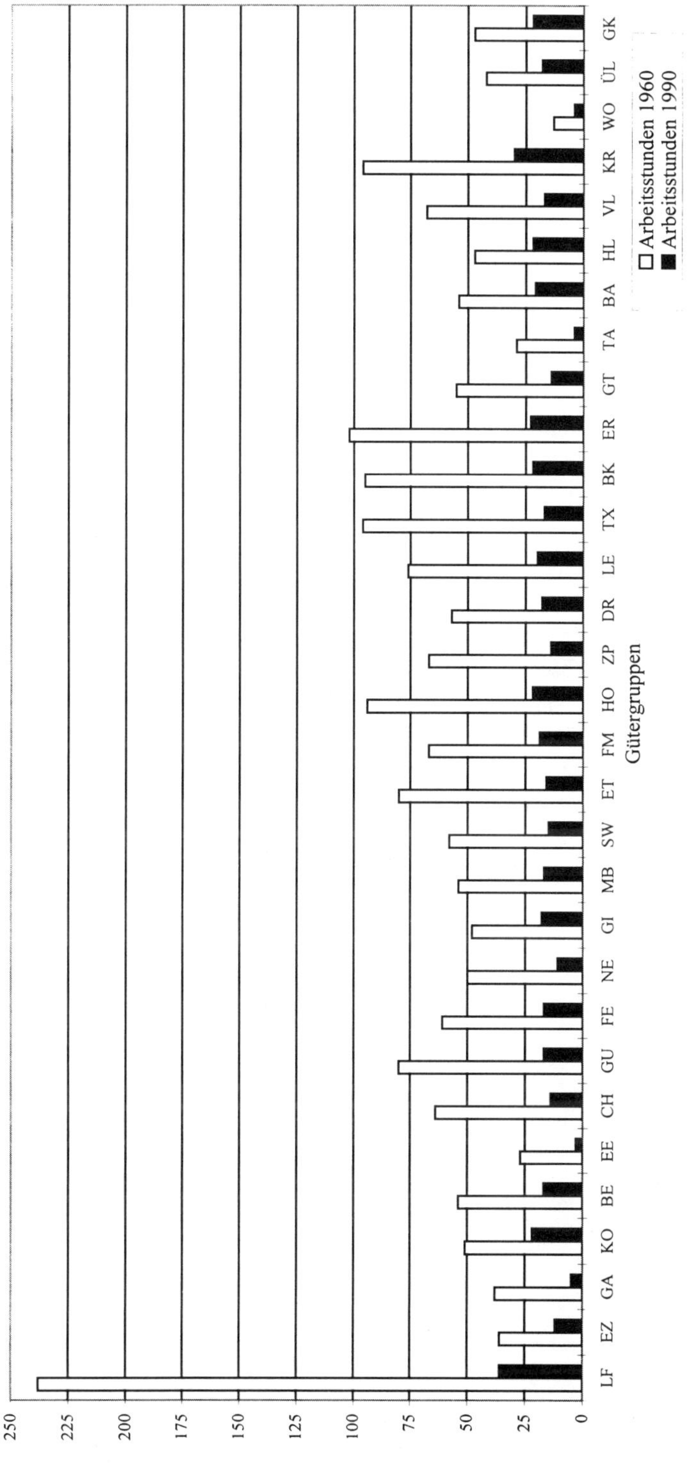

Trotz einer Abnahme von 85 % gegenüber 1960 war auch 1990 die Erzeugung von je 1 000 DM Produkten der Land- und Forstwirtschaft, Fischerei für die letzte Verwendung Spitzenreiter beim direkten und indirekten Einsatz von Arbeitsstunden. Die geringste Arbeitsintensität wurde 1990 mit je 3 Arbeitsstunden für die Gewinnung von Erdöl, Erdgas, Herstellung von Mineralölerzeugnissen sowie die Herstellung von Tabakwaren beansprucht. Mit rund 90 % war der Rückgang des direkten und indirekten Arbeitseinsatzes bei der Produktion dieser beiden Gütergruppen am größten. Neben den auf je 1 000 DM Güter der letzten Verwendung normierten Ergebnissen zeigt *Tabelle 6* im Anhang auch die absoluten Werte des direkten und indirekten Einsatzes von Arbeitsstunden zur Produktion von Gütern der letzten Verwendung.

3.3 Arbeitsmarkt-Szenarien 1990

In *Tabelle 2* werden Szenarien für den Arbeitsmarkt 1990 dargestellt, die von unterschiedlichen Annahmen über Arbeitsproduktivität und von durchschnittlichen Jahresarbeitsstunden ausgehen.

Die Spalten 1 bis 3 zeigen die tatsächliche Entwicklung von 1960 bis 1990. Die Bruttowertschöpfung hat sich auf das Zweieinhalbfache erhöht (Zeile 7, Spalte 3). Durch die Steigerung der Arbeitsproduktivität auf das Dreifache reduzierte sich das benötigte Arbeitsvolumen nur um ein Sechstel. Da aber die durchschnittliche Arbeitszeit je Erwerbstätigem um ein Viertel sank, stieg trotz abnehmendem Arbeitsvolumen die Zahl der benötigten Erwerbstätigen um ein Zehntel. Dieser Zunahme stand eine Erhöhung der Zahl der Erwerbspersonen um ein Sechstel gegenüber. Die Zahl der Arbeitslosen erhöhte sich von dem niedrigen Stand von 1960 (rund 0,2 Mill.) auf mehr als das Achtfache (1,9 Millionen).

Abb. 7: Arbeitsmarkt-Szenarien 1990*

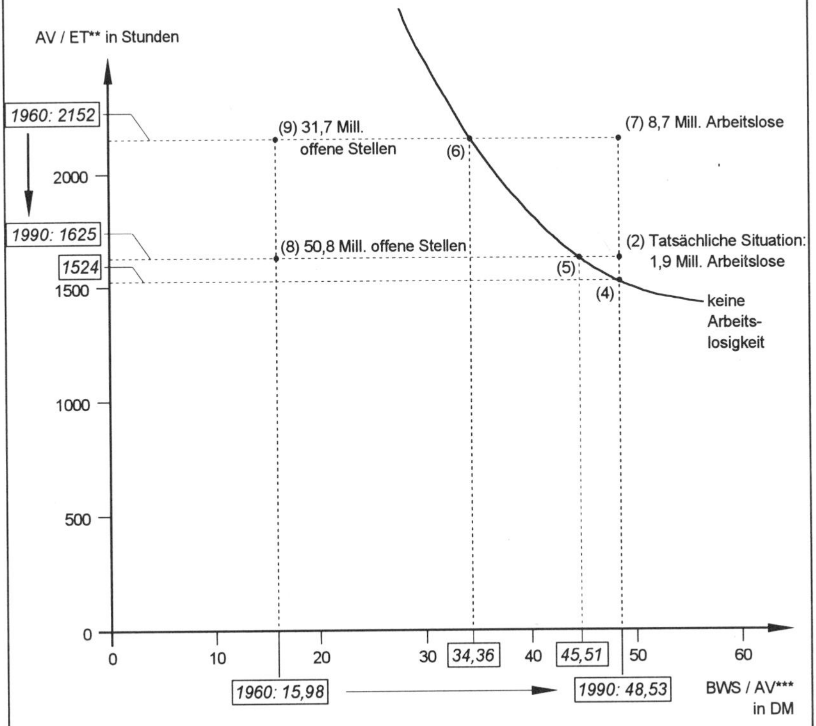

* Vorgegeben sind Bruttowertschöpfung (2 245 Mrd. DM) und Zahl der Erwerbspersonen (30,4 Mill.). Die Ziffern (2), (4) - (9) bezeichnen die Varianten in den betreffenden Spalten von Tabelle 2.
** Jährliches Arbeitsvolumen je Erwerbstätigkeit.
*** Bruttowertschöpfung in Preisen von 1990 je Arbeitsstunde.

Nehmen wir das Niveau der Wirtschaftsleistung, d.h. die Bruttowertschöpfung, und die Zahl der Erwerbspersonen für 1990 als gegeben an, so läßt sich berechnen, unter welchen Annahmen Arbeitslosigkeit hätte vermieden werden können (*Tabelle 2,* Spalten 4 – 6). Geht man von der tatsächlichen Arbeitsproduktivität von 1990 aus (Spalte 4, Zeile 5), so hätten sich die durchschnittlichen Jahresarbeitsstunden (d.h. die Relation von Arbeitsvolumen zu Erwerbstätigen) nicht um ein Viertel, sondern um knapp ein Drittel verringern müssen (auf 1 524 Stunden, siehe Spalte 4). Alternativ hätte sich – bei durchschnittlichen Arbeitsstunden von 1990 (Spalte 4, Zeile 4)– die Arbeitsproduktivität nicht auf mehr als das Dreifache, sondern auf weniger als das Dreifache erhöhen müssen (auf 45,51 DM/Std., siehe Spalte 5).

Tab. 2: *Arbeitsmarkt-Szenarien 1990 mit unterschiedlichen Annahmen für Arbeitsproduktivität (BWS/AV) und durchschnittlichen Jahresarbeitsstunden (AV/ET)*
- Ergebnisse der Input-Output-Rechnung -

Lfd. Nr.	Gegenstand der Nachweisung	Tatsächliche Größen			Szenarien für 1990					
					keine Arbeitslosigkeit					
		1960	1990	1960 =100	BWS 90 : AV 90	AV 90 : ET 90	AV 60 : ET 60	BWS 90 : AV 90 AV 60 : ET 60	BWS 60(90) : AV 60 - AV 90 : ET 90	BWS 60(90) : AV 60 - AV 60 : ET 60
		(1)	(2)	(3)	(4)	(5)	(6)	(7)	(8)	(9)
1	EP in 1000	26301	30362	115,4	30362	30362	30362	30362	30362	30362
2	AL in 1000	231	1883	815,2	-	-	-	8683	-50790	-31738
3	ET in 1000	26070	28479	109,2	30362	30362	30362	21679	81152	62100
4	AV/ET in Std./ET	2152	1625	75,5	1524	1625	2152	2134	1644	2148
5	AV in Mill.Std.	56091	46268	82,5	46265	49338	65339	46268	133405	133405
6	BWS/AV in DM/Std.	15,98	48,53	303,7	48,53	45,51	34,36	48,53	16,83	16,83
7	BWS in Mill.DM	896450	2245250	250,5	2245250	2245250	2245250	2245250	2245250	2245250

EP = Erwerbspersonen
AL = Arbeitslose
ET = Erwerbstätige

AV = Arbeitsvolumen
BWS = Bruttowertschöpfung

60 = 1960
90 = 1990
60(90) = 1960 in Preisen von 1990

Wird die durchschnittliche Zahl der Arbeitsstunden auf das Niveau von 1960 gehoben (2 152 Stunden), so müßte die Arbeitsproduktivität 1990 um knapp ein Drittel gesenkt werden (auf 34,36 DM je Arbeitsstunde, siehe Spalte 6). In Abbildung 7 ist die Kurve der Vollbeschäftigung für 1990 bei vorgegebener Anzahl der Erwerbspersonen (30,4 Mill.) und vorgegebenem Wirtschaftsniveau (2 245 Mrd. DM) dargestellt.

In *Tabelle 2* werden in den Spalten 7 bis 9 Szenarien für 1990 dargestellt, denen Relationen von 1960 zugrunde gelegt wurden. Diese Szenarien gehen nicht von einer vorgegebenen Erwerbstätigenzahl (z.B. Erwerbspersonen bei Vollbeschäftigung) aus, sondern ermitteln die Anzahl der Erwerbstätigen mit Hilfe der Vorgabe von anderen Parametern. Spalte 7 zeigt die Zahl der Arbeitslosen (Zeile 2), die 1990 zu verzeichnen gewesen wären, wenn sich zwar die Arbeitsproduktivität, wie tatsächlich passiert, auf das Dreifache erhöht hätte, die durchschnittlichen Jahresarbeitsstunden aber auf dem Stand von 1960 geblieben wären. In diesem Fall wäre die Zahl der Arbeitslosen nicht auf knapp 2, sondern auf 8,7 Millionen gestiegen. Völlig anders ist das Bild, wenn das Niveau der Arbeitsproduktivität auf dem Stand von 1960 geblieben wäre (Spalten 8 und 9). Hätten die Erwerbstätigen 1990 ebenfalls ihre durchschnittliche Arbeitszeit von 1960 beibehalten, so hätten 1990 mehr als das Doppelte an Erwerbstätigen beschäftigt werden können als es tatsächlich geschah (Spalte 9). Bei durchschnittlichen Arbeitsstunden von 1990 wäre sogar fast die dreifache Anzahl von Erwerbstätigen nötig gewesen, um das Niveau der Wirtschaftsleistung aufrecht zu erhalten (Spalte 8). Arbeitslosigkeit wäre natürlich unter diesen Bedingungen nicht aufgetreten, im Gegenteil wären Dutzende von Millionen offene Stellen zu verzeichnen gewesen. In Abbildung 7 sind die vier Varianten (tatsächliche Situation, Szenarien der Spalten 7 bis 9) eingetragen. Das Schaubild zeigt deutlich, daß die Kurve der Vollbeschäftigung zumindest im Verhältnis zu den Varianten mit den Parametern von 1960 der tatsächlichen Kombination von 1990 recht nahe kommt.

4 Zusammenfassung

Im vorliegenden Bericht wird mit amtlichen Ergebnissen der Input-Output-Rechnung 1960 und 1990 der Strukturwandel des Arbeitsmarktes in der Bundesrepublik Deutschland beschrieben.

Die Bruttowertschöpfung hat sich von 1960 bis 1990 auf das Zweieinhalbfache erhöht. Die durch Innovationen bedingte Steigerung der Arbeitsproduktivität auf das Dreifache führte zu einer Abnahme des benötigten Arbeitsvolumens um nur ein Sechstel. Der technische Fortschritt führte insbesondere in den Produktionsbereichen Gewinnung von Erdöl, Erdgas, Herstellung von Mineralölerzeugnissen sowie Herstellung von Tabakwaren zu weit überdurchschnittlichen Zuwachsraten der Arbeitsproduktivität. Die durchschnittliche Arbeitszeit je Erwerbstätigem sank um ein Viertel, wodurch trotz abnehmendem Arbeitsvolumen die Zahl der benötigten Erwerbstätigen um ein Zehntel stieg.

Die Zahl der Erwerbspersonen erhöhte sich im selben Zeitraum um ein Sechstel, während die Zahl der Arbeitslosen von dem relativ geringen Niveau von rund 230.000 im Jahr 1960 auf 1,9 Mio im Jahr 1990 stieg. Diesen aufgrund von Durchschnitten ermittelten Verhältnissen stehen auf sektoraler Ebene noch wesentlich größere Variationen gegenüber, die insbesondere die Sektoren Land und Forstwirtschaft, Energie und staatliche Dienstleistungen betreffen. Diese sektorspezifische Variationsbreite läßt vermuten, daß sowohl die Charakteristik als auch die Veränderung der sektorspezifischen Technologie bedeutende Rückwirkungen auf die Beschäftigung und Produktivität in den einzelnen Sektoren haben.

Literatur

Bartels, H./Hanisch, G./Lauckner, W. (1965)
Möglichkeiten und Grenzen der Berechnung von Input-Output-Tabellen für die Bundesrepublik Deutschland, in: Wirtschaft und Statistik, Heft 2, S. 69 – 81.

Bleses, P./Stahmer, C. (1994)
Input-Output-Tabellen 1990, in: Wirtschaft und Statistik, Heft 5, S. 329 – 342.

Dorow, F. (1972)
Zur Behandlung der unterstellten Bankgebühr in den Volkswirtschaftlichen Gesamtrechnungen, in: Wirtschaft und Statistik, Heft 7, S. 377 – 382.

Engelmann, M. und Mitarbeiter (1982)
Revision der Volkswirtschaftlichen Gesamtrechnungen 1960 bis 1981. In: Wirtschaft und Statistik, Heft 8, S. 551 – 572.

Hamer, G. (1968)
Die Behandlung der Umsatz-(Mehrwert-)steuer in den Volkswirtschaftlichen Gesamtrechnungen, in: Wirtschaft und Statistik, Heft 9, S. 433 – 443.

Hamer, G. und Mitarbeiter (1970)
Revision der Volkswirtschaftlichen Gesamtrechnungen,
in: Wirtschaft und Statistik, Heft 2, S. 57 – 65.

Hamer, G. und Mitarbeiter (1977)
Revision der Volkswirtschaftlichen Gesamtrechnungen 1960 bis 1976,
in: Wirtschaft und Statistik, Heft 4, S. 215 – 239.

Kohler, H./Reyher, L. (1988)
Arbeitszeit und Arbeitsvolumen in der Bundesrepublik Deutschland 1960 – 1986. Datenlage-Struktur-Entwicklung (Aktualisierung),
in: Beiträge zur Arbeitsmarkt- und Berufsforschung (BeitrAB 123).

Kopsch, G. (1987)
Kreditinstitute in den Volkswirtschaftlichen Gesamtrechnungen,
in: Wirtschaft und Statistik, Heft 1, S. 37 – 45.

Lützel, H. und Mitarbeiter (1985)
Revision der Volkswirtschaftlichen Gesamtrechnungen 1960 bis 1984,
in: Wirtschaft und Statistik, Heft 8, S. 603 – 617.

Stahmer, C. (1979)
Verbindung von Ergebnissen der herkömmlichen Sozialproduktberechnung und der Input-Output-Rechnung: Überleitungsmodell des Statistischen Bundesamtes, in: Allgemeines Statistisches Archiv, 63. Band, S. 340 – 385.

Statistisches Amt der Europäischen Gemeinschaften (1964)
Input-Output-Tabellen für die Länder der Europäischen Wirtschaftsgemeinschaft.

Statistisches Amt der Europäischen Gemeinschaften (1970)
Europäisches System Volkswirtschaftlicher Gesamtrechnungen.
(1984 in zweiter, etwas erweiterter Auflage in deutscher Sprache erschienen.)

Statistisches Bundesamt (1985)
Fachserie 18 Volkswirtschaftliche Gesamtrechnungen, Reihe S.8
Revidierte Ergebnisse 1960 bis 1984.

Statistisches Bundesamt (1993)
Fachserie 18 Volkswirtschaftliche Gesamtrechnungen, Reihe 1.3
Konten und Standardtabellen 1992 Hauptbericht.

Statistisches Bundesamt (1994)
Fachserie 18 Volkswirtschaftliche Gesamtrechnungen, Reihe 2
Input-Output-Tabellen 1986, 1988, 1990.

United Nations (1968)
A System of National Accounts, Studies in Methods, Series F, No. 2, Rev. 3.

Anhang

Tab. 3: Abkürzungsverzeichnis für die Bezeichnung der Produktionsbereiche bzw. Gütergruppen in den Abbildungen 1 bis 6

Lfd. Nr.	Kurz-bezeich-nung	Bezeichnung
1	LF	Erzeugung von Produkten der Land- und Forstwirtschaft, Fischerei
2	EZ	Erzeugung und Verteilung von Elektrizität, Dampf, Wasser
3	GA	Erzeugung und Verteilung von Gas
4	KO	Gewinnung von Kohle, Herstellung von Erzeugnissen des Kohlenbergbaus
5	BE	Gewinnung von Bergbauerzeugnissen (ohne Kohle, Erdöl, Erdgas), Gewinnung von Steinen und Erden, Herstellung von fein-keramischen Erzeugnissen, Glas und Glaswaren
6	EE	Gewinnung von Erdöl, Erdgas, Herstellung von Mineralöl-erzeugnissen
7	CH	Herstellung von chemischen Erzeugnissen, Spalt- und Brutstoffen, Herstellung von Kunststofferzeugnissen
8	GU	Herstellung von Gummierzeugnissen
9	FE	Herstellung von Eisen und Stahl, Erzeugnissen der Ziehereien und Kaltwalzwerke usw., Stahl- und Leichtmetallbauerzeugnissen, Schienenfahrzeugen, EBM-Waren
10	NE	Herstellung von NE-Metallen, NE-Metallhalbzeug
11	GI	Herstellung von Gießereierzeugnissen
12	MB	Herstellung von Maschinenbauerzeugnissen, Luft- und Raum-fahrzeugen, Büromaschinen, ADV-Geräten und -Einrichtungen
13	SW	Herstellung von Straßen- und Wasserfahrzeugen
14	ET	Herstellung von elektrotechnischen Erzeugnissen
15	FM	Herstellung von feinmechanischen und optischen Erzeugnissen, Uhren, Musikinstrumenten, Spielwaren, sonstigen Waren
16	HO	Bearbeitung von Holz, Herstellung von Holzwaren
17	ZP	Herstellung von Zellstoff, Holzschliff, Papier, Pappe, Papier- und Pappewaren
18	DR	Herstellung von Erzeugnissen der Druckerei und Vervielfältigung
19	LE	Herstellung von Leder, Lederwaren, Schuhen
20	TX	Herstellung von Textilien
21	BK	Herstellung von Bekleidung
22	ER	Herstellung von Nahrungsmitteln
23	GT	Herstellung von Getränken
24	TA	Herstellung von Tabakwaren
25	BA	Hoch- und Tiefbau u.ä., Ausbau
26	HL	Leistungen des Handels
27	VL	Leistungen des Verkehrs und der Nachrichtenübermittlung
28	KR	Leistungen der Kreditinstitute und Versicherungen
29	WO	Vermietung von Gebäuden und Wohnungen
30	ÜL	Übrige marktbestimmte Dienstleistungen
31	GK	Leistungen der Gebietskörperschaften, der Sozialversicherung und der privaten Organisationen ohne Erwerbszweck, Häusliche Dienste

Tab.4: Strukturwandel des Arbeitsmarktes
Ergebnisse der Input-Output-Rechnung 1960 und 1990

Lfd. Nr.	Produktionsbereich	Erwerbstätige 1960		Erwerbstätige 19	
		1000 Pers.	Prozent	1000 Pers.	Proze
		1	2	3	4
1	Erz. von Produkten der Land- und Forstwirtschaft, Fischerei	3579	13,7	987	3,5
2	Erzg. und Verteilung von Elektrizität, Dampf, Wasser	159	0,6	233	0,8
3	Erzg. und Verteilung von Gas	14	0,1	23	0,1
4	Gewinnung von Kohle, H.v. Erz. d. Kohlenbergbaus	501	1,9	174	0,6
5	Gew. v. Bergbauerz. (oh. Kohle, Erdöl, Erdgas), Gew. von Steinen u. Erden, H.v. feinkeram. Erz., Glas u. Glaswaren	576	2,2	333	1,2
6	Gew. von Erdöl, Erdgas, H.v. Mineralölerzeugnissen	47	0,2	24	0,1
7	H.v. chemischen Erzeugnissen und Kunststofferzeugnissen	562	2,2	887	3,1
8	H.v. Gummierzeugnissen	113	0,4	104	0,4
9	H.v. Eisen u. Stahl, Erz. der Ziehereien und Kaltwalzwerke, Stahl- und Leichtmetallbauerzeugnisse, EBM-Waren	1467	5,6	1049	3,7
10	H.v. NE-Metallen, NE-Metallhalbzeug	82	0,3	64	0,2
11	H.v. Gießereierzeugnissen	225	0,9	145	0,5
12	H.v. Maschinenbauerzeugn., Luft- und Raumfahrzeugen	1100	4,2	1341	4,7
13	H.v. Straßen- und Wasserfahrzeugen	607	2,3	1033	3,6
14	H.v. elektrotechnischen Erzeugnissen	901	3,5	1159	4,1
15	H.v. feinmech. u. optischen Erzgn., Uhren, sonstigen Waren	297	1,1	311	1,1
16	Bearbeitung von Holz, H.v. Holzwaren	597	2,3	399	1,4
17	H.v. Zellst., Holzschl., Papier, Pappe, Papier- u. Pappewaren	222	0,9	188	0,7
18	H.v. Erzeugnissen der Druckerei und Vervielfältigung	281	1,1	313	1,1
19	H.v. Leder, Lederwaren, Schuhen	271	1,0	65	0,2
20	H.v. Textilien	695	2,7	233	0,8
21	H.v. Bekleidung	589	2,3	230	0,8
22	H.v. Nahrungsmitteln	769	2,9	702	2,5
23	H.v. Getränken	110	0,4	84	0,3
24	H.v. Tabakwaren	79	0,3	15	0,1
25	Bau	2140	8,2	1937	6,8
26	Leistungen des Handels	3406	13,1	4037	14,2
27	Leistungen des Verkehrs und der Nachrichtenübermittlung	1423	5,5	1536	5,4
28	Leistungen der Kreditinstitute und Versicherungen	378	1,4	884	3,1
29	Vermietung von Gebäuden und Wohnungen	-	-	-	-
30	Übrige marktbestimmte Dienstleistungen	2020	7,7	4433	15,6
31	Leistungen der Gebietskörperschaften, der Sozialversicherung und priv. Organisationen ohne Erwerbszweck	2860	11,0	5556	19,5
32	Insgesamt	26070	100,0	28479	100,0

Erwerbs- tätige 1990	Arbeitsvol. : Erwerbstät. 1960	Arbeitsvol. : Erwerbstät. 1990	Arbeits- volumen : Erwerbstät.	Arbeitsvol. 1960		Arbeitsvol. 1990		Arbeits- volumen 1990	Lfd. Nr.
960 =100	Std. pro Erwerbst.		1960 = 100	Mill.Std.	Prozent	Mill.Std.	Prozent	1960 = 100	
5	6	7	8	9	10	11	12	13	
27,6	2393	2062	86,2	8563	15,3	2035	4,4	23,8	1
146,5	2371	1893	79,8	377	0,7	441	1,0	117,0	2
164,3	2571	1739	67,6	36	0,1	40	0,1	111,1	3
34,7	1904	1328	69,7	954	1,7	231	0,5	24,2	4
									5
57,8	2245	1742	77,6	1293	2,3	580	1,3	44,9	
51,1	2170	1250	57,6	102	0,2	30	0,1	29,4	6
157,8	2105	1627	77,3	1183	2,1	1443	3,1	122,0	7
92,0	1982	1548	78,1	224	0,4	161	0,3	71,9	8
									9
71,5	2119	1596	75,3	3108	5,5	1674	3,6	53,9	
78,0	2098	1547	73,7	172	0,3	99	0,2	57,6	10
64,4	2080	1572	75,6	468	0,8	228	0,5	48,7	11
121,9	2134	1591	74,6	2347	4,2	2134	4,6	90,9	12
170,2	2031	1528	75,2	1233	2,2	1578	3,4	128,0	13
128,6	2018	1491	73,9	1818	3,2	1728	3,7	95,0	14
104,7	2051	1585	77,3	609	1,1	493	1,1	81,0	15
66,8	2178	1694	77,8	1300	2,3	676	1,5	52,0	16
84,7	2167	1622	74,9	481	0,9	305	0,7	63,4	17
111,4	2153	1562	72,6	605	1,1	489	1,1	80,8	18
24,0	1985	1585	79,8	538	1,0	103	0,2	19,1	19
33,5	1996	1554	77,9	1387	2,5	362	0,8	26,1	20
39,0	1932	1483	76,7	1138	2,0	341	0,7	30,0	21
91,3	2148	1782	83,0	1652	2,9	1251	2,7	75,7	22
76,4	2591	1786	68,9	285	0,5	150	0,3	52,6	23
19,0	1911	1867	97,7	151	0,3	28	0,1	18,5	24
90,5	2062	1721	83,4	4413	7,9	3333	7,2	75,5	25
118,5	2168	1588	73,3	7383	13,2	6412	13,9	86,8	26
107,9	2157	1667	77,3	3070	5,5	2560	5,5	83,4	27
233,9	2042	1581	77,4	772	1,4	1398	3,0	181,1	28
-	-	-	-	-	-	-	-	-	29
219,5	2274	1646	72,4	4594	8,2	7297	15,8	158,8	30
									31
194,3	2040	1560	76,5	5835	10,4	8668	18,7	148,6	
109,2	2152	1625	75,5	56091	100,0	46268	100,0	82,5	32

Fortsetzung Tab. 4

Lfd. Nr.	Produktionsbereich	BWS 60 : Arbeits- volumen 60	BWS 60(90) : Arbeits- volumen 60	BWS 90 Arbeits- volumen 9
		DM/Std.		
		14	15	16
1	Erz. von Produkten der Land- und Forstwirtschaft, Fischerei	2,01	2,51	17,81
2	Erzg. und Verteilung von Elektrizität, Dampf, Wasser................	17,46	42,05	110,28
3	Erzg. und Verteilung von Gas	54,03	87,47	195,00
4	Gewinnung von Kohle, H.v. Erz. d. Kohlenbergbaus	5,42	21,11	28,59
5	Gew. v. Bergbauerz. (oh. Kohle, Erdöl, Erdgas), Gew. von Steinen u. Erden, H.v. feinkeram. Erz., Glas u. Glaswaren	6,41	17,12	50,16
6	Gew. von Erdöl, Erdgas, H.v. Mineralölerzeugnissen	33,90	123,48	901,40
7	H.v. chemischen Erzeugnissen und Kunststofferzeugnissen	8,46	11,48	60,07
8	H.v. Gummierzeugnissen	5,59	14,54	46,68
9	H.v. Eisen u. Stahl, Erz. der Ziehereien und Kaltwalzwerke, Stahl- und Leichtmetallbauerzeugnisse, EBM-Waren	5,42	13,00	48,42
10	H.v. NE-Metallen, NE-Metallhalbzeug	8,50	15,27	65,13
11	H.v. Gießereierzeugnissen	5,57	21,66	44,82
12	H.v. Maschinenbauerzeugn., Luft- und Raumfahrzeugen	4,55	18,92	50,84
13	H.v. Straßen- und Wasserfahrzeugen	6,33	17,65	54,02
14	H.v. elektrotechnischen Erzeugnissen	4,60	9,24	52,56
15	H.v. feinmech. u. optischen Erzgn., Uhren, sonstigen Waren	4,20	14,46	41,21
16	Bearbeitung von Holz, H.v. Holzwaren	2,64	10,17	32,66
17	H.v. Zellst., Holzschl., Papier, Pappe, Papier- u. Pappewaren	5,40	14,75	49,38
18	H.v. Erzeugnissen der Druckerei und Vervielfältigung	5,10	17,87	43,21
19	H.v. Leder, Lederwaren, Schuhen	3,96	13,98	29,47
20	H.v. Textilien	4,51	8,22	38,30
21	H.v. Bekleidung...	2,80	9,06	27,17
22	H.v. Nahrungsmitteln	5,31	16,40	34,31
23	H.v. Getränken	15,45	28,40	83,41
24	H.v. Tabakwaren	27,59	75,64	648,14
25	Bau	4,97	19,34	38,31
26	Leistungen des Handels...	4,94	12,26	37,55
27	Leistungen des Verkehrs und der Nachrichtenübermittlung	6,01	13,13	49,99
28	Leistungen der Kreditinstitute und Versicherungen	2,25	5,41	12,02
29	Vermietung von Gebäuden und Wohnungen	-	-	-
30	Übrige marktbestimmte Dienstleistungen	7,53	24,96	83,75
31	Leistungen der Gebietskörperschaften, der Sozialversicherung und priv. Organisationen ohne Erwerbszweck	4,56	22,34	35,84
32	Insgesamt	5,03	15,98	48,53

WS 90 : Arbeits- umen 90	Bruttowertschöpfung zu Markpreisen 1960	Bruttowertschöpfung zu Marktpreisen 1960 in Preisen von 1990		Bruttowertschöpfung zu Marktpreisen 1990		Bruttowertschöpfung 1990
960=100	Mill.DM	Mill.DM	Prozent	Mill.DM	Prozent	1960=100
17	18	19	20	21	22	23
710,3	17249	21470	2,4	36241	1,6	168,8
262,3	6582	15852	1,8	48632	2,2	306,8
222,9	1945	3149	0,4	7800	0,3	247,7
135,4	5172	20138	2,2	6604	0,3	32,8
293,1	8286	22131	2,5	29095	1,3	131,5
730,0	3458	12595	1,4	27042	1,2	214,7
523,3	10013	13579	1,5	86679	3,9	546,8
321,1	1253	3256	0,4	7515	0,3	230,8
372,5	16846	40404	4,5	81055	3,6	200,6
426,4	1462	2627	0,3	6448	0,3	245,5
206,9	2605	10139	1,1	10218	0,5	100,8
268,8	10687	44395	5,0	108488	4,8	244,4
306,0	7805	21765	2,4	85249	3,8	391,7
568,6	8357	16806	1,9	90816	4,0	540,4
285,0	2559	8807	1,0	20316	0,9	230,7
321,0	3434	13225	1,5	22078	1,0	166,9
334,7	2595	7096	0,8	15062	0,7	212,3
241,9	3087	10809	1,2	21129	0,9	195,5
210,9	2130	7519	0,8	3035	0,1	40,4
465,7	6250	11406	1,3	13863	0,6	121,5
299,8	3182	10315	1,2	9265	0,4	89,8
209,2	8780	27093	3,0	42917	1,9	158,4
293,7	4403	8095	0,9	12511	0,6	154,6
856,9	4166	11421	1,3	18148	0,8	158,9
198,1	21946	85350	9,5	127680	5,7	149,6
306,2	36499	90531	10,1	240759	10,7	265,9
380,6	18458	40323	4,5	127971	5,7	317,4
222,3	1736	4174	0,5	16799	0,7	402,5
-	13724	66987	7,5	239266	10,7	357,2
335,5	20879	114663	12,8	371879	16,6	324,3
160,5	26622	130330	14,5	310690	13,8	238,4
303,6	282170	896450	100,0	2245250	100,0	250,5

Tab. 5: Input-Output-Tabelle 1960 – Inländische Produktion in Preisen von 1990

Mill. DM

Lfd. Nr.	Aufkommen \ Verwendung	Erzg. von Produkten der Land- und Forstwirtschaft, Fischerei	Erzg. u. Vertlg. v. Elektrizität, Dampf, Wasser	Erzg. u. Vertlg. v. Gas	Gew. v. Kohle, H.v. Erzeugnissen des Kohlenbergbau
		1	2	3	4
1	Erzg. von Produkten der Land- und Forstwirtschaft, Fischerei	943	34	19	450
2	Erzg. und Verteilung von Elektrizität, Dampf, Wasser	882	8616	85	1826
3	Erzg. und Verteilung von Gas	49	4109	3	286
4	Gewinnung von Kohle, H.v. Erzeugn. des Kohlenbergbaus	280	3243	8750	415
5	Gew. v. Bergbauerzeugn. (oh. Kohle, Erdöl, Erdgas), Gew. von Steinen u. Erden, H.v. feinkeram. Erzeugn., Glas u. Glaswaren	199	82	40	73
6	Gew. von Erdöl, Erdgas, H.v. Mineralölerzeugnissen	1172	254	192	284
7	H.v. chemischen Erzeugnissen und Kunststofferzeugnissen	2127	694	115	425
8	H.v. Gummierzeugnissen	51	31	15	29
9a	H.v. Eisen u. Stahl, Erzeugn. der Ziehereien und Kaltwalzwerke, Stahl- und Leichtmetallbauerzeugnisse, EBM-Waren	1093	545	318	888
10	H.v. NE-Metallen, NE-Metallhalbzeug	-	21	4	2
11	H.v. Gießereierzeugnissen	-	1028	31	57
12b	H.v. Maschinenbauerzeugn., Luft- und Raumfahrzeugen	2306	312	133	560
13	H.v. Straßen- und Wasserfahrzeugen	159	54	24	52
14	H.v. elektrotechnischen Erzeugnissen	39	640	36	95
15	H.v. feinmech. u. optischen Erzgn., Uhren, sonstigen Waren	3	-	-	-
16	Bearbeitung von Holz, H.v. Holzwaren	144	272	5	68
17	H.v. Zellst., Holzschl., Papier, Pappe, Papier- u. Pappewaren	18	3	10	5
18	H.v. Erzeugnissen der Druckerei und Vervielfältigung	294	197	93	186
19	H.v. Leder, Lederwaren, Schuhen	-	-	-	25
20	H.v. Textilien	30	26	8	17
21	H.v. Bekleidung	71	14	5	26
22	H.v. Nahrungsmitteln	5408	92	53	101
23	H.v. Getränken	22	69	31	77
24	H.v. Tabakwaren	-	46	23	49
25	Bau	330	33	18	438
26	Leistungen des Handels	1748	572	255	460
27	Leistungen des Verkehrs und der Nachrichtenübermittlung	677	597	349	322
28	Leistungen der Kreditinstitute und Versicherungen	346	126	38	117
29	Vermietung von Gebäuden und Wohnungen	-	-	-	-
30	Ubrige marktbestimmte Dienstleistungen	230	210	93	236
31	Leistungen der Gebietskörperschaften, der Sozialversicherung und priv. Organisationen ohne Erwerbszweck	447	389	179	437
32	Vorlstg. d. Prod.bereiche (Sp.1 bis 32) bzw. letzte Verwendung v. Gütern (Sp. 33 bis 38) aus inländ. Produktion oh. Umsatzst.	19068	22309	10925	8006
33	Vorlstg. d. Prod.bereiche (Sp. 1 bis 32) bzw. letzte Verwendung von Gütern (Sp. 33 bis 38) aus Einfuhr ohne Umsatzsteuer	1880	1208	1812	645
34	Nichtabziehbare Umsatzsteuer	-	-	-	-
35	Vorlstg. d.Prod.bereiche (Sp. 1 bis 32) bzw. letzte Verwendung von Gütern (Sp. 33 bis 38) einschl. nichtabziehb. Umsatzsteuer.	20948	23517	12737	8651
36	Abschreibungen	.	.	.	.
37	Produktionssteuern abzügl. Subventionen	.	.	.	.
38	Einkommen aus unselbständiger Arbeit	.	.	.	.
39	Einkommen aus Unternehmertätigkeit und Vermögen	.	.	.	.
40	Bruttowertschöpfung zu Marktpreisen	21470	15852	3149	20138
41	Produktionswert	42418	39369	15886	28789

a) Einschl. H.v. Schienenfahrzeugen.
b) Ohne H.v. Schienenfahrzeugen.
. = Zahlenwert unbekannt oder geheimzuhalten.

ew. v. rgb.erz. ew. v. einen u. len, H.v nk.Erz., Glas u. aswaren	Gew. v. Erdöl Erdgas, H. v. Mineral-ölerzeug-nissen	H.v. chemi-schen Erzeug-nissen u. Kunst-stoff-erzeugn.	H.v. Gummi-erzeug-nissen	H.v. Eisen u. Stahl, Erzeugn. d Zieher. Kaltwalzw Stahlbau, EBM-W.	H.v. NE-Metallen, NE-Metall-halbzeug	H.v. Gießerei-erzeug-nissen	H.v. Maschi-nenbau-erzeugn., Luft- und Raum-fahr-zeugen	H.v. Straßen- und Wasser-fahr-zeugen	H.v. elektro-tech-nischen Erzeug-nissen
5	6	7	8	9	10	11	12	13	14
69	59	500	605	111	12	18	90	43	91
1571	990	3825	105	4289	875	509	595	549	431
626	8	495	3	5343	51	499	88	16	30
1685	360	1463	46	1010	112	51	109	116	66
2674	108	2319	53	6165	693	1037	104	199	371
1147	11025	1404	73	978	116	68	557	741	139
565	1852	9268	510	1602	270	293	906	970	1272
63	54	201	65	123	11	18	191	1577	123
659	512	1670	24	27791	289	1516	9270	7402	3384
26	-	484	8	1727	1366	556	838	409	1587
3	-	-	-	1561	78	244	5404	2869	1440
120	178	364	15	819	143	272	3620	1137	262
78	79	191	31	449	137	171	402	4638	144
52	52	130	6	213	409	83	1271	1434	4678
-	-	61	5	813	183	239	220	302	143
257	38	162	39	429	31	21	592	450	286
974	30	1067	82	329	31	3	213	95	584
332	374	859	34	755	84	154	526	287	395
-	-	12	-	92	3	-	50	153	4
127	30	442	665	91	11	17	141	664	352
25	25	94	3	55	8	11	38	22	27
118	166	1527	23	319	32	48	260	148	202
85	131	318	17	229	25	37	191	96	136
55	88	191	13	145	14	25	118	55	88
53	66	162	6	143	14	26	90	47	66
1314	2267	3007	250	5260	365	536	3040	2024	2246
1128	1134	1979	101	4710	375	536	964	739	717
108	83	252	17	294	33	84	196	116	156
-	-	-	-	-	-	-	-	-	-
378	332	1347	52	942	100	243	684	413	564
620	538	1957	61	1346	122	478	641	303	735
14912	20579	35751	2912	68133	5993	7793	31409	28014	20719
2061	3735	3735	491	6381	1545	1003	2193	1872	2180
-	-	-	-	-	-	-	-	-	-
16973	24314	39486	3403	74514	7538	8796	33602	29886	22899
.	.	.	.	.	.	.	.	.	.
.	.	.	.	.	.	.	.	.	.
.	.	.	.	.	.	.	.	.	.
.	.	.	.	.	.	.	.	.	.
22131	12595	13579	3256	40404	2627	10139	44395	21765	16806
39104	36909	53065	6659	114918	10165	18935	77997	51651	39705

Fortsetzung Tab. 5

Lfd. Nr.	Verwendung / Aufkommen	H.v. feinme-chan. u. optischen Erzeugn., Uhren, sonstigen Waren	Bear-beitung von Holz, H.v. Holzwaren	H.v. Zellstoff, Holzschl., Papier u. Pappe, Papier- u. Pappe-waren	H.v. Erzeug nissen der Drucker und Vervie fältigun
		15	16	17	18
1	Erzg. von Produkten der Land- und Forstwirtschaft, Fischerei	194	1455	573	31
2	Erzg. und Verteilung von Elektrizität, Dampf, Wasser	101	188	544	146
3	Erzg. und Verteilung von Gas	11	11	12	13
4	Gewinnung von Kohle, H.v. Erzeugn. des Kohlenbergbaus	9	63	407	7
5	Gew. v. Bergbauerz. (oh. Kohle, Erdöl, Erdgas), Gew. von Steinen u. Erden, H.v. feinkeram. Erzeugn., Glas u. Glaswaren	214	443	105	4
6	Gew. von Erdöl, Erdgas, H.v. Mineralölerzeugnissen	49	153	280	56
7	H.v. chemischen Erzeugnissen und Kunststofferzeugnissen	315	338	401	386
8	H.v. Gummierzeugnissen	42	21	39	48
9	H.v. Eisen u. Stahl, Erzeugn. der Ziehereien und Kaltwalzwerke, Stahl- und Leichtmetallbauerzeugnisse, EBM-Waren	415	704	135	191
10	H.v. NE-Metallen, NE-Metallhalbzeug	237	4	7	76
11	H.v. Gießereierzeugnissen	408	-	-	-
12	H.v. Maschinenbauerzeugn., Luft- und Raumfahrzeugen	52	44	54	151
13	H.v. Straßen- und Wasserfahrzeugen	35	37	28	38
14	H.v. elektrotechnischen Erzeugnissen	116	76	15	25
15	H.v. feinmech. u. optischen Erzgn., Uhren, sonstigen Waren	486	6	-	3
16	Bearbeitung von Holz, H.v. Holzwaren	146	2421	134	51
17	H.v. Zellst., Holzschl., Papier, Pappe, Papier- u. Pappewaren	199	184	3888	3496
18	H.v. Erzeugnissen der Druckerei und Vervielfältigung	102	114	101	1002
19	H.v. Leder, Lederwaren, Schuhen	42	31	138	34
20	H.v. Textilien	262	948	285	98
21	H.v. Bekleidung	23	25	36	14
22	H.v. Nahrungsmitteln	59	128	50	84
23	H.v. Getränken	40	39	34	64
24	H.v. Tabakwaren	22	24	21	42
25	Bau	18	20	16	33
26	Leistungen des Handels	1040	1252	994	597
27	Leistungen des Verkehrs und der Nachrichtenübermittlung	182	330	322	312
28	Leistungen der Kreditinstitute und Versicherungen	34	44	33	43
29	Vermietung von Gebäuden und Wohnungen	-	-	-	-
30	Übrige marktbestimmte Dienstleistungen	168	87	88	195
31	Leistungen der Gebietskörperschaften, der Sozialversicherung und priv. Organisationen ohne Erwerbszweck	170	148	142	372
32	Vorlstg. d. Prod.bereiche (Sp.1 bis 32) bzw. letzte Verwendung v. Gütern (Sp. 33 bis 38) aus inländ. Produktion oh. Umsatzst.	5191	9338	8882	7612
33	Vorlstg. d. Prod.bereiche (Sp. 1 bis 32) bzw. letzte Verwendung von Gütern (Sp. 33 bis 38) aus Einfuhr ohne Umsatzsteuer	668	1279	1250	818
34	Nichtabziehbare Umsatzsteuer	-	-	-	-
35	Vorlstg. d.Prod.bereiche (Sp. 1 bis 32) bzw. letzte Verwendung von Gütern (Sp. 33 bis 38) einschl. nichtabziehb. Umsatzsteuer	5859	10617	10132	8430
36	Abschreibungen	.	.	.	.
37	Produktionssteuern abzügl. Subventionen	.	.	.	.
38	Einkommen aus unselbständiger Arbeit	.	.	.	.
39	Einkommen aus Unternehmertätigkeit und Vermögen	.	.	.	.
40	Bruttowertschöpfung zu Marktpreisen	8807	13225	7096	10809
41	Produktionswert	14666	23842	17228	19239

H.v. Leder, Leder-waren, …chuhen	H.v. Textilien	H.v. Beklei-dung	H.v. Nahrungs-mitteln	H.v. Getränken	H.v. Tabak-waren	Bau	Lei-stungen des Handels	Lei-stungen des Verkehrs und der Nachrich-tenüber-mittlung	Lei-stungen der Kredit-institute und Versiche-rungen	Lfd. Nr.
19	20	21	22	23	24	25	26	27	28	
379	1948	7	21223	432	662	441	521	108	80	1
64	518	35	617	175	14	779	638	638	83	2
4	22	9	55	21	2	-	126	32	12	3
44	369	9	505	150	2	95	302	1421	47	4
6	87	-	394	186	-	16619	-	36	-	5
32	267	42	911	355	8	956	1958	2418	125	6
66	2423	101	615	436	21	1843	375	156	58	7
26	30	10	66	25	7	283	865	616	78	8
261	311	322	987	195	138	3219	1819	1526	279	9
7	46	2	2	-	-	179	-	-	-	10
-	-	-	-	-	-	1492	-	-	-	11
5	119	26	120	70	58	1996	1264	279	195	12
11	54	20	101	45	19	234	1614	1596	118	13
9	24	9	62	23	6	590	448	271	65	14
2	3	155	8	-	-	4	-	-	-	15
102	362	48	177	107	48	4450	100	69	18	16
151	457	63	931	68	236	305	59	27	5	17
18	265	81	318	179	145	699	3208	525	479	18
3063	270	294	-	-	-	-	-	-	-	19
691	9318	5602	94	85	5	118	269	81	40	20
7	32	445	190	16	2	50	225	33	35	21
1020	83	23	10416	1822	29	339	1405	394	223	22
14	55	17	635	1800	15	232	1091	200	167	23
9	33	12	98	37	52	156	700	133	110	24
3	31	12	80	31	7	2389	544	116	80	25
510	2307	1084	5352	1514	249	4482	3061	1026	349	26
66	411	99	1380	370	93	3691	3070	5482	520	27
27	120	49	125	87	48	290	1147	386	17495	28
-	-	-	-	-	-	-	-	-	-	29
30	203	77	366	296	86	563	4411	601	658	30
18	262	131	658	535	170	1091	6358	1134	1285	31
6645	20430	8784	46486	9060	2122	47585	35578	19304	22604	32
755	2824	1011	11491	721	463	5469	2160	1986	777	33
-	-	-	-	-	-	-	-	359	1173	34
7400	23254	9795	57977	9781	2585	53054	37738	21649	24554	35
.	.	.	.	.	.	.	.	.	.	36
.	.	.	.	.	.	.	.	.	.	37
.	.	.	.	.	.	.	.	.	.	38
.	.	.	.	.	.	.	.	.	.	39
7519	11406	10315	27093	8095	11421	85350	90531	40323	4174	40
4919	34660	20110	85070	17876	14006	138404	128269	61972	28728	41

Fortsetzung Tab. 5

Lfd. Nr.	Verwendung / Aufkommen	Vermietung von Gebäuden und Wohnungen (29)	Ubrige marktbestimmte Dienstleistungen (30)	Leistungen d. Gebiertskörpersch., d. Sozialv. u. POoE Erwerbszweck (31)	Input der Produktionsbereiche zusammen (32)
1	Erzg. von Produkten der Land- und Forstwirtschaft, Fischerei	32	386	864	32380
2	Erzg. und Verteilung von Elektrizität, Dampf, Wasser................	1934	676	1822	34120
3	Erzg. und Verteilung von Gas	6	99	227	12268
4	Gewinnung von Kohle, H.v. Erzeugn. des Kohlenbergbaus	14	245	380	21775
5	Gew. v. Bergbauerz. (oh. Kohle, Erdöl, Erdgas), Gew. von Steinen u. Erden, H.v. feinkeram. Erzeugn., Glas u. Glaswaren ..	-	66	938	33215
6	Gew. von Erdöl, Erdgas, H.v. Mineralölerzeugnissen	48	753	2683	29244
7	H.v. chemischen Erzeugnissen und Kunststofferzeugnissen	34	1024	3450	32911
8	H.v. Gummierzeugnissen	46	219	73	5046
9a	H.v. Eisen u. Stahl, Erzeugn. der Ziehereien und Kaltwalzwerke, Stahl- und Leichtmetallbauerzeugnisse, EBM-Waren	225	709	2318	69115
10	H.v. NE-Metallen, NE-Metallhalbzeug	-	25	40	7653
11	H.v. Gießereierzeugnissen	-	-	-	14615
12b	H.v. Maschinenbauerzeugn., Luft- und Raumfahrzeugen	122	580	6217	21593
13	H.v. Straßen- und Wasserfahrzeugen	115	273	2751	13698
14	H.v. elektrotechnischen Erzeugnissen	34	173	1469	12553
15	H.v. feinmech. u. optischen Erzgn., Uhren, sonstigen Waren	-	160	505	3301
16	Bearbeitung von Holz, H.v. Holzwaren	8	72	387	11494
17	H.v. Zellst., Holzschl., Papier, Pappe, Papier- u. Pappewaren	4	67	474	14058
18	H.v. Erzeugnissen der Druckerei und Vervielfältigung	276	1893	3963	17938
19	H.v. Leder, Lederwaren, Schuhen	-	6	435	4652
20	H.v. Textilien	23	139	116	20795
21	H.v. Bekleidung..	20	149	1260	2986
22	H.v. Nahrungsmitteln	84	1187	2713	28556
23	H.v. Getränken	58	387	17	6329
24	H.v. Tabakwaren	39	252	-	2650
25	Bau	6441	887	7730	19930
26	Leistungen des Handels..	152	1951	7626	56890
27	Leistungen des Verkehrs und der Nachrichtenübermittlung	358	1517	4707	37238
28	Leistungen der Kreditinstitute und Versicherungen	2082	441	1894	26311
29	Vermietung von Gebäuden und Wohnungen	-	1377	-	1377
30	Ubrige marktbestimmte Dienstleistungen	5117	3964	38146	60880
31	Leistungen der Gebietskörperschaften, der Sozialversicherung und priv. Organisationen ohne Erwerbszweck	4662	2699	2454	30542
32	Vorlstg. d. Prod.bereiche (Sp.1 bis 32) bzw. letzte Verwendung v. Gütern (Sp. 33 bis 38) aus inländ. Produktion oh. Umsatzst. ..	21934	22376	95659	686113
33	Vorlstg. d. Prod.bereiche (Sp. 1 bis 32) bzw. letzte Verwendung von Gütern (Sp. 33 bis 38) aus Einfuhr ohne Umsatzsteuer........	422	1239	3833	67907
34	Nichtabziehbare Umsatzsteuer..	1477	704	7467	11180
35	Vorlstg. d.Prod.bereiche (Sp. 1 bis 32) bzw. letzte Verwendung von Gütern (Sp. 33 bis 38) einschl. nichtabziehb. Umsatzsteuer	23833	24319	106959	765200
36	Abschreibungen..	.	.	.	.
37	Produktionssteuern abzügl. Subventionen	.	.	.	.
38	Einkommen aus unselbständiger Arbeit	.	.	.	.
39	Einkommen aus Unternehmertätigkeit und Vermögen	.	.	.	.
40	Bruttowertschöpfung zu Marktpreisen	66987	114663	130330	896450
41	Produktionswert	90820	138982	237289	1661650

Privater erbrauch m Inland	Staats-verbrauch	Anlage-investitionen	Vorrats-veränderung	Ausfuhr von Waren und Dienst-leistungen	zu-sammen	Gesamte Verwendung von Gütern	Lfd. Nr.
33	34	35	36	37	38	39	
7038	-	479	1694	827	10038	42418	1
4043	-	665	-	541	5249	39369	2
835	-	44	157	2582	3618	15886	3
2203	-	-	1218	3593	7014	28789	4
2138	-	6	695	3050	5889	39104	5
5313	-	-	882	1470	7665	36909	6
7580	-	416	1587	10571	20154	53065	7
479	-	-	272	862	1613	6659	8
2786	-	22168	3965	16884	45803	114918	9
	-	62	447	2003	2512	10165	10
	-	2925	1249	146	4320	18935	11
348	-	34212	2115	19729	56404	77997	12
7694	-	14791	1726	13742	37953	51651	13
6004	-	13311	1653	6184	27152	39705	14
4733	-	1779	354	4499	11365	14666	15
7804	-	3011	814	719	12348	23842	16
1793	-	-	487	890	3170	17228	17
115	-	-	215	971	1301	19239	18
8871	-	-	370	1026	10267	14919	19
9310	-	244	1202	3109	13865	34660	20
16081	-	-	431	612	17124	20110	21
53329	-	-	1364	1821	56514	85070	22
10919	-	-	394	234	11547	17876	23
10712	-	-	574	70	11356	14006	24
1231	-	116406	-	837	118474	138404	25
57676	-	4007	974	8722	71379	128269	26
11478	-	62	437	12757	24734	61972	27
2105	-	-	-	312	2417	28728	28
89443	-	-	-	-	89443	90820	29
61622	-	15773	-	707	78102	138982	30
25797	180950	-	-	-	206747	237289	31
19480	180950	230361	25276	119470	975537	1661650	32
19330	-	6829	-86	-	26073	93980	33
34240	-	16190	-	580	51010	62190	34
73050	180950	253380	25190	120050	1052620	1817820	35
							36
							37
							38
							39
							40
							41

Tab. 6: Direkt und indirekt bei der Produktion der Güter der letzten Verwendung 1960 und 1990 eingesetzte Arbeitsstunden
-Modellmäßige Berechnung auf der Grundlage der Input-Output-Tabellen zu Ab-Werk-Preisen – Inländische Produktion-

Lfd. Nr.	Gütergruppen	Insgesamt			je TDM v. Gütern d. letzten Verwendung		
		1960 Mill.Std.	1990 Mill.Std.	Entwicklung 60/90 in %	1960 Std.	1990 Std.	Entwicklung 60/90 in %
		1	2	3	4	5	6
1	Produkte der Land- und Forstwirtschaft, Fischerei	2384	657	-72	237	36	-85
2	Elektrizität, Dampf, Wasser	188	320	70	36	12	-66
3	Gas	139	41	-70	38	5	-88
4	Kohle, Erzeugn. des Kohlenbergbaus	355	29	-92	51	22	-56
5	Bergbauerz. (oh. Kohle, Erdöl, Erdgas), Steine u. Erden, Feinkeram. Erzeugn., Glas u. Glaswaren	320	267	-17	54	17	-69
6	Erdöl, Erdgas, Mineralölerzeugnisse	208	100	-52	27	3	-89
7	Chemische Erz. und Kunststofferzeugnisse	1284	1505	17	64	13	-79
8	Gummierzeugnisse	129	118	-9	80	17	-78
9	Eisen u. Stahl, Erz. der Ziehereien und Kaltwalzwerke, Stahl- und Leichtmetallbauerzeugnisse, EBM-Waren	2810	1476	-47	61	17	-73
10	NE-Metalle, NE-Metallhalbzeug	125	142	13	50	11	-78
11	Gießereierzeugnisse	208	50	-76	48	18	-62
12	Maschinenbauerzeugn., Luft- und Raumfahrzeuge	3062	3095	1	54	17	-69
13	Straßen- und Wasserfahrzeuge	2186	3129	43	58	15	-73
14	Elektrotechnische Erzeugnisse	2178	1949	-11	80	16	-8[illegible]
15	Feinmech. u. optische Erzgn., Uhren, sonstige Waren	760	461	-39	67	19	-7[illegible]
16	Holz, Holzwaren	1167	802	-31	94	22	-7[illegible]
17	Zellst., Holzschl., Papier, Pappe, Papier- u. Pappewaren	212	238	13	67	14	-79
18	Erz. der Druckerei und Vervielfältigung	74	65	-13	57	18	-69
19	Leder, Lederwaren, Schuhe	778	123	-84	76	20	-7[illegible]
20	Textilien	1334	356	-73	96	17	-8[illegible]
21	Bekleidung	1623	535	-67	95	22	-7[illegible]
22	Nahrungsmittel	5773	2800	-51	102	22	-78
23	Getränke	631	294	-53	55	14	-7[illegible]
24	Tabakwaren	324	70	-78	29	3	-8[illegible]
25	Bau	6360	4370	-31	54	21	-6[illegible]
26	Leist. des Handels	5303	5127	-3	74	22	-7[illegible]
27	Leist. des Verkehrs und der Nachrichtenübermittlung	1683	1810	8	68	17	-7[illegible]
28	Leist. der Kreditinstitute und Versicherungen	231	1407	508	96	30	-6[illegible]
29	Vermietung von Gebäuden und Wohnungen	1279	1014	-21	14	5	-7[illegible]
30	Übrige marktbestimmte Dienstleistungen	3235	2715	-16	41	17	-58
31	Leistungen der Gebietskörperschaften, der Sozialvers. und priv. Organisationen ohne Erwerbszweck	9749	11201	15	47	22	-5[illegible]
32	Insgesamt	56091	46268	-18			

Von Innovationen in der UGR zur Beschäftigungspolitik

Günter Strassert, Karlsruhe

1 Einleitung

Der Begriff Innovation umfaßt im weitesten Sinne die Veränderung der Funktionsweise eines Systems, wobei die Veränderung entweder die Systemkonstruktion (d.h. die Systemkomponenten und deren Interaktionen) oder die Art und Weise der Steuerungspolitik betrifft. Innovationen in der Steuerungspolitik sind abhängig von Innovationen in den theoretisch-konzeptionellen und empirischen Grundlagen, d.h. von der verbesserten Beschreibung des zu beeinflussenden Systems.

So waren die Bemühungen um eine „Umweltökonomische Gesamtrechnung" (UGR) begleitet von weiterführenden theoretischen und konzeptionellen Arbeiten, die wiederum die Konzeptionen der amtlichen Statistik, insbesondere der Volkswirtschaftlichen Gesamtrechnung (VGR) und ihrer sog. Satellitensysteme beeinflußt haben (Stahmer, 1992, S. 577; United Nations, 1993; United Nations et al., 1993). Eine in diesem Sinne innovative Grundlage ist eine Input-Output-Tabelle in *physischen Einheiten*, eine sog. physische Input-Output-Tabelle (PIOT, siehe hierzu den folgenden Abschnitt 2). Eine PIOT beruht im Vergleich zum monetären Konzept auf einer modifizierten Konzeption: einerseits wird im Hinblick auf die Erfordernisse einer Stoffbilanz eine Erweiterung vorgenommen, indem sowohl auf der Input- als auch auf der Outputseite die Stoffströme vollständig erfaßt werden, andererseits wird der sog. Primärinputbereich, der die Leistungsabgaben der Agenzien („Produktionsfaktoren") erfassen soll, weggelassen, weil es sich nicht um Stoffströme handelt. Auf der Grundlage einer PIOT ergeben sich neue Ansatzmöglichkeiten für die Steuerungspolitik, so z. B. für die Umweltpolitik, wie im folgenden zu zeigen sein wird.

In diesem Beitrag wird zunächst ein Input-Output-Beschäftigungsmodell dargestellt, mit dem Zweck, zwei Situationen der Unterbeschäftigung zu verdeutlichen, die sich nach der beschäftigungspolitischen Bedeutung der Endnachfrage unterscheiden.

In einer Situation der sog. strukturellen Arbeitslosigkeit kommt der Endnachfrage eine besondere Bedeutung zu, da in den Bedingungskatalog für Vollbeschäftigung neben der Erhöhung des Niveaus auch die Veränderung der relativen Zusammensetzung der Endnachfrage (sog. Endnachfragestruktur) aufgenommen werden muß.

Wird der Bereich der Endnachfrage im Rahmen einer PIOT im physischen Sinne umfassend definiert, so ergeben sich grundsätzlich neue Ansatzpunkte für eine Verbindung von beschäftigungs- und umweltpolitischen Maßnahmen.

Die konzeptionelle Erweiterung des herkömmlichen Schemas für (monetäre) Input-Output-Tabellen besteht bei einer PIOT darin, auf der Inputseite einen Aufnahme-Bereich für stoffliche und energetische Inputs und auf der Outputseite einen Rückgabe-Bereich für stoffliche und energetische Outputs anzugliedern. Andernfalls ist nicht zu erreichen, daß die Bilanzgleichungen den Bedingungen von Stoff- und Energiebilanzen genügen.

Der Rückgabe-Bereich der PIOT enthält alle produktionsbedingten Abgaben fester, flüssiger und gasförmiger Art und ist somit der systematische Ort für den Bezug zu umweltpolitischen Maßnahmen, die sich auf die Outputseite beziehen (Reststoff- und Emissionspolitik). Von daher liegt es nahe, vorerst im Modell, entsprechende umweltpolitische Maßnahmen in einen Zusammenhang mit Veränderungen der relativen Zusammensetzung der (erweiterten) Endnachfrage zu bringen, um zu zusätzlichen Ansatzpunkten für die Verbindung von umweltpolitischen und beschäftigungspolitischen Zielsetzungen und Maßnahmen zu gelangen.

2 Das Input-Output-Beschäftigungsmodell

2.1 Ansatz

Input-Output-Beschäftigungsmodelle gehören mittlerweile zum Standardrepertoire der Input-Output-Analyse. Dabei wird im allgemeinen das statische offene Mengenmodell zugrunde gelegt, allerdings weit häufiger in der Nachfrageform [$\mathbf{x} = (\mathbf{I} - \mathbf{A})^{-1}\, \mathbf{y}$] als in der Angebotsform [$\mathbf{y} = (\mathbf{I} - \mathbf{A})\, \mathbf{x}$]. Während man bei der Nachfrageform die Produktion ($\mathbf{x}$) bei gegebener Koeffizientenmatrix bzw. Leontief-Inversen in Abhängigkeit von einer vorgegebenen Endnachfrage ($\mathbf{y}$) bestimmt, kann man bei der Angebotsform bei gegebenem Outputvektor ($\mathbf{x}$) und gegebener Koeffizientenmatrix auf die dazu passende Endnachfrage ($\mathbf{y}$) schließen. (Zur „Umkehrung der Fragestellung“: Holub, Tappeiner, 1991; Holub, Schnabl, 1994, S. 94 u. 540).

Sei $\mathbf{L}$ eine Diagonalmatrix von sektoralen Arbeitsinputkoeffizienten (z.B. Anzahl der Beschäftigten je Einheit Output: $l_j = B_j / X_j$, $j = 1, \ldots , n$) und $\mathbf{b}$ ein Spaltenvektor der sektoralen Beschäfigtenzahlen (B_j), so lautet ein erster Ansatz für die beiden Versionen des statischen offenen Beschäftigungsmodells wie folgt:

$$\mathbf{b} = \mathbf{L}\, (\mathbf{I} - \mathbf{A})^{-1}\, \mathbf{y} \quad \text{bzw. vereinfacht:} \quad \mathbf{b} = \mathbf{V}\, \mathbf{y} \quad \text{(Nachfrageform)} \qquad (1)$$

$$\mathbf{y} = \mathbf{L}^{-1}\, (\mathbf{I} - \mathbf{A})\, \mathbf{b} \quad \text{bzw. vereinfacht:} \quad \mathbf{y} = \mathbf{V}^{-1}\, \mathbf{b} \quad \text{(Angebotsform).} \qquad (2)$$

Im ersten Fall sind sogenannte Beschäftigungsmultiplikatoren von Interesse, d.h. man fragt nach den direkten und indirekten Beschäftigungswirkungen eines vorgegebenen Vektors der Endnachfrage. Im zweiten Fall ist derjenige

Vektor der Endnachfrage gesucht, welcher einen vorgegebenen Vektor der Beschäftigung ermöglicht.

Dem ersten Ansatz folgt unmittelbar ein zweiter, da die Annahme der Homogenität des Arbeitsinputs unbestritten unrealistisch ist. Die Beschäftigungsmodelle werden daher nach Qualifikationen der Beschäftigten bzw. nach Berufen differenziert (vgl. z.B. Miernyk et al., 1970; Thoss, 1970; Hermann, 1979; Hermann, Plogmann, Schalk, 1979; Thoss, Kleinschneider, 1982; Holub, Tappeiner, 1982; 1989; 1991; Schalk, 1985; Strassert, 1983; 1988; Holub, Schnabl, 1994, vgl. auch den Beitrag von Rainer und Auracher in diesem Band).

Werden r Berufe unterschieden, kann für n Sektoren eine r x n Matrix **Z** der Berufskoeffizienten ($z_{rj} = B_{rj} / B_j$) erstellt werden, deren Spalten die relative Gliederung der Anzahl der Beschäftigten eines Sektors nach Berufen angeben. Mit Hilfe der Matrix **Z** kann der Spaltenvektor **b** der Beschäftigen je Sektor (n Zeilen) in einen Spaltenvektor **q** der Beschäftigten je Qualifikation bzw. Beruf (r Zeilen) überführt werden:

$$\mathbf{q} = \mathbf{Z}\,\mathbf{b} \qquad \text{mit } q = [\mathbf{Q_{rj}}]. \tag{3}$$

Die beiden Versionen des statischen offenen Beschäftigungsmodells lauten somit jetzt:

$$\mathbf{q} = \mathbf{ZV}\,\mathbf{y} \quad \text{bzw. vereinfacht:} \quad \mathbf{q} = \mathbf{T}\,\mathbf{y} \quad \text{(Nachfrageform)} \tag{4}$$
$$\mathbf{y} = \mathbf{V}^{-1}\mathbf{Z}^{-1}\,\mathbf{q} \quad \text{bzw. vereinfacht:} \quad \mathbf{y} = \mathbf{T}^{-1}\,\mathbf{q} \quad \text{(Angebotsform).} \tag{5}$$

Formal gesehen sind die Vektoren auf der linken Seite (**q**, **y**) die abhängigen und die Vektoren auf der rechten Seite (**y**, **b**) die unabhängigen Variablen. „Unabhängig“ ist jedoch nicht gleichbedeutend mit der Möglichkeit beliebiger Vorgaben von Vektoren, ebensowenig wie „abhängig“ bedeutet, daß jedwede Konsequenzen möglich wären. Tatsächlich gibt es sowohl für die abhängigen als auch für die unabhängigen Variablen Beschränkungen (Restriktionen), die einen Möglichkeits- oder Zulässigkeitsbereich für die Menge der Vektoren definieren. Diese Möglichkeitsbereiche beschränken sich zudem gegenseitig. So ist in (1) nicht jede **y**-Vorgabe erfüllbar, weil es Beschränkungen der beruflichen Mobilität gibt. Andererseits können zulässige **q**-Vektoren negative Werte für Elemente des **y**-Vektors implizieren, was aber ausgeschlossen ist. Die Gleichungssysteme (4) und (5) sind also im Grunde rekursiv verbunden. Durch die Einführung von Restriktionen auf beiden Seiten erfolgt eine Verbindung der Input-Output-Analyse zur Linearen Programmierung mit der Konsequenz, das sogenannte Vektor-Maximum-Problem behandeln zu müssen.

2.2 Restriktionen und Vektormaximumproblem

Ausgangspunkt der folgenden Erläuterungen ist die Angebotsform (5). Welches ist die Menge M der zulässigen Vektoren **q**? Jeder Vektor **q** muß also einer ersten allgemeinen Bedingung

$$\mathbf{q} \in M \tag{6}$$

genügen, wobei die zulässigen Vektoren im übrigen nur positive Elemente enthalten dürfen, d.h. es gilt: $\mathbf{q} \geq \mathbf{0}$.

In einer Situation der Unterbeschäftigung ist es naheliegend, zur Anzahl der bislang Beschäftigten die Anzahl der Arbeitslosen zu addieren, um das angestrebte Beschäftigungsniveau (Vollbeschäftigung) zu bestimmen.[1] Dieses Beschäftigungsniveau sei durch den Skalar ν gekennzeichnet, der aus der Multiplikation des Summationsvektors **e** (ein Zeilenvektor, der r Einsen enthält) mit dem Spaltenvektor **q** resultiert.

Demnach ist die Menge der zulässigen Vektoren **q** auch durch eine zweite Bedingung bestimmt:

$$\mathbf{e}\,\mathbf{q} \leq \nu \tag{7}$$

Um zu einer dritten Bedingung (bzw. zu einem Bedingungsset) zu gelangen, ist weiter auszuholen.

Es sind zwei Extremfälle zu unterscheiden: der Fall der vollkommenen beruflichen Immobilität und der Fall der vollkommenen beruflichen Mobilität.

Im Fall der vollkommenen beruflichen Immobilität wären die Elemente von **q** in ihren Relationen festgeschrieben. Dies wäre gleichbedeutend mit der Annahme linear-limitationaler Verhältnisse der beruflichen Qualifikationen und dem Ausschluß jeglichen Berufswechsels. Praktisch könnte Vollbeschäftigung nur hergestellt werden, wenn alle Arbeitslosen ausschließlich in „ihrem“ Beruf beschäftigt werden könnten. Kann solches nicht erreicht werden, ist Unterbeschäftigung im Sinne sogenannter struktureller Arbeitslosigkeit gegeben, d.h. es gibt gleichzeitig Arbeitskräftemangel in den einen Berufen und Arbeitskräfteüberschuß in anderen Berufen, ohne daß ein Ausgleich stattfinden könnte.

Im Fall der vollkommenen beruflichen Mobilität wären die Elemente von **q** in ihren Relationen vollkommen unbestimmt. Dies wäre gleichbedeutend mit der Annahme vollständiger Substituierbarkeit der beruflichen Qualifikationen und der Möglichkeit beliebigen Berufswechsels. Praktisch könnte Vollbeschäftigung dadurch hergestellt werden, daß die Arbeitslosen sich ausschließlich auf diejenigen Berufe verteilten, in denen Arbeitskräftemangel herrscht und die Erwerbstätigen von Überschußberufen in Unterschußberufe wechseln würden.

---

[1] Von Veränderungen des Wanderungs- und Pendlersaldos wird hier der Einfachheit abgesehen. In einem ersten Ansatz kann man die Anzahl der Arbeitslosen nach Berufen gliedern und den entsprechenden Vektor (qAL) zu dem Vektor der Erwerbstätigen qET addieren: q = qET + qAL . Dies wäre im übrigen für die Arbeitnehmer die bequemste Lösung, da sie einen Berufswechsel nicht ins Auge fassen müßten.

Beide Extremfälle sind unrealistisch. Realistischer ist, anzunehmen, daß es in jedem Beruf einen mehr oder weniger großen „immobilen Sockel" gibt, der diejenige Anzahl der Arbeitskräfte (Erwerbspersonen) bezeichnet, die aus verschiedenen Gründen nicht in der Lage sind, die berufliche Qualifikation zu wechseln. Mit anderen Worten: diese Arbeitskräfte können entweder in „ihrem" Beruf (besser: Berufsgruppe oder Berufsfeld) arbeiten, oder sie sind arbeitslos.

Formal kann diese Annahme durch Restriktionen in der Form von Mindestbedingungen dargestellt werden. Sei S_r der immobile Sockel für Beruf r, so muß für die Anzahl der Beschäftigten mit Beruf r (Q_r) gelten:

$$\mathbf{Qr} \geq \mathbf{Sr} \tag{8}$$

und für alle Mindestbedingungen im gesamten Gleichungssystem gilt:

$$\mathbf{q} \geq \mathbf{s} \qquad \text{mit } \mathbf{s} = [S_r]\,. \tag{9}$$

[2]

Schließlich ist auch für die abhängige Variablen, die Menge aller Endnachfrage-Vektoren **y**, zu fordern, daß alle Elemente positiv sind:

$$\mathbf{y} \geq \mathbf{0}\,. \tag{10}$$

Die beschriebene Problemlage kann formal als ein sog. Vektormaximumproblem (Siehe hierzu z.B. Zimmermann, Gutsche, 1991, S. 96ff.), bei dem es um die Maximierung/Minimierung eines, mehrere Ziele umfasssenden, Zielfunktionsvektors **z** unter Nebenbedingungen geht, dargestellt werden.

Entweder werden dabei die abhängigen Variablen **q** der Nachfrageform (4) zu den Zielvariablen

$$\mathbf{z(q)}\text{: „max" } \{\mathbf{z}\,(\mathbf{q}) \mid \mathbf{q} \in \mathbf{M}\}$$

so daß

$$\mathbf{T}^{-1}\,\mathbf{q} = \mathbf{y}$$
$$\mathbf{q} \geq \mathbf{0}$$

oder die abhängigen Variablen **y** der Angebotsform (5) werden zu den Zielvariablen

$$\mathbf{z(y)}\text{: „max" } \{\mathbf{z(y)} \mid \mathbf{y} \in \mathbf{Y}\}$$

---

[2] Um einen Eindruck von der möglichen quantitativen Bedeutung solcher immobiler Sockel zu geben, sei angemerkt, daß er Anfang der achtziger Jahre (alte Bundesrepublik) für 33 Berufsgruppen im Durchschnitt bei 70% aller Arbeitsplatzwechsler lag (eigene Berechnungen auf der Grundlage von Arbeitsmaterial des Instituts für Arbeitsmarkt und Berufsforschung (IAB), Nürnberg; unveröffentlicht).

so daß

$$\mathbf{T\,y = q}$$
$$\mathbf{y \geq 0.}$$

2.3 Lösungsraum für Beschäftigung und Endnachfrage

Entsprechend können die Lösungen des Vektormaximumsproblems im zweidimensionalen Fall graphisch auf zweierlei Weise dargestellt werden, einmal als Entscheidungsraum der Zielvariablen **z**(**q**), hier als Q_1/Q_2-Quadrant dargestellt (Abbildung 1), und einmal als (dualer) Entscheidungsraum der Zielvariblen / Entscheidungsvariablen **z**(**y**), hier als Y_1/Y_2-Quadrant dargestellt (Abbildung 2).

Abb. 1: Lösungsraum für die Beschäftigten in zwei Berufen

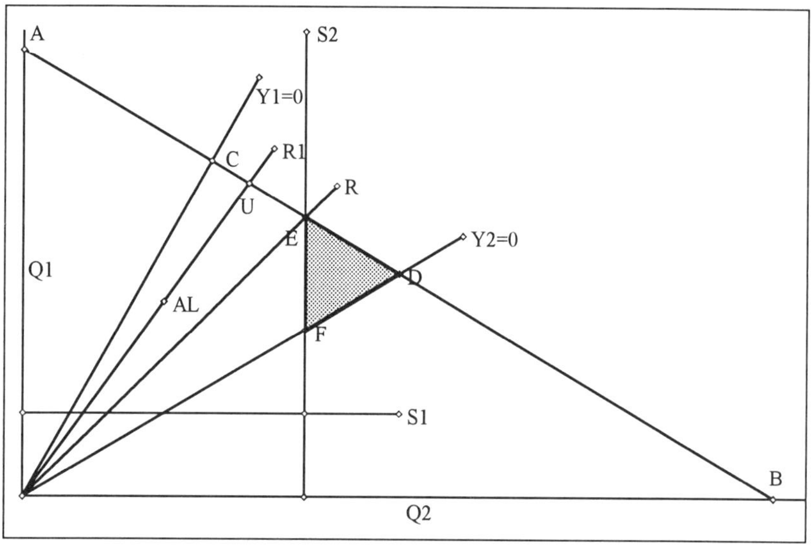

In Abbildung 1 ist im vereinfachten 2-Sektoren-Modell theoretisch Vollbeschäftigung gemäß (7) auf der Geraden AB gegeben, d.h. alle Q1/Q2-Kombinationen auf dieser Geraden könnten Vollbeschäftigungskombinationen sein, wenn die Nebenbedingungen es zuließen. Von vornherein ist jedoch nur der Abschnitt CD relevant, da nur in diesem Bereich die Endnachfrage positive Komponenten aufweist; die begrenzenden Fahrstrahlen Y1 = 0 und Y2 = 0 können mit Helmstädter (1981, S.127) als Effizienzschranken bezeichnet werden.

Die senkrechte Gerade S_2 repräsentiert den sog. immobilen Sockel im Beruf 2, d.h. die Beschäftigung in diesem Beruf muß größer sein als dieser Sockel, da es andererseits bei einer Unterbeschäftigung in diesem Beruf bleibt: wenn die Beschäftigungsmöglichkeiten nicht ausreichen, die beruflich immobilen Erwerbspersonen allesamt zu beschäftigen, kann Vollbeschäftigung daher nicht erreicht werden. Vollbeschäftigung kann also nur *rechts* von dieser Geraden, d.h. nur auf dem Abschnitt ED der Vollbeschäftigungsgeraden verwirklicht werden. Die andere Restriktion, d.h. der immobile Sockel S_1 für den Beruf 1, ist in diesem Beispiel nicht wirksam und bleibt im folgenden außer Betracht.

Der Möglichkeitsbereich oder der Bereich der zulässigen Q_1/Q_2-Kombinationen ist durch das Dreieck FED repräsentiert, wobei der Punkt F Unterbeschäftigung bedeutet.

Die Ausgangslage bei Unterbeschäftigung sei durch den Punkt AL gekennzeichnet. Dieser Punkt liegt auf dem sog. Strukturstrahl R_1, der durch ein konstantes Verhältnis von Q_1 und Q_2 definiert ist. Eine Bewegung auf diesem Strahl von AL Richtung Vollbeschäftigungsgerade bzw. Punkt U (entsprechende Endnachfrage vorausgesetzt) kann nicht zu Vollbeschäftigung führen, da der relevante (zulässige) Abschnitt ED verfehlt wird. Der erste in Frage kommende Strukturstrahl, der Vollbeschäftigung gewährleistet, ist R_2. Ausgehend von AL kann Vollbeschäftigung also nur erreicht werden, wenn sich die Beschäftigung in den Berufen in einem bestimmten Verhältnis ändert. Dies setzt jedoch aufgrund von (5) eine entsprechende Veränderung in der relativen Zusammensetzung der Endnachfrage, d.h. hier eine andere Y_1/Y_2-Kombination voraus.

Dieser Zusammenhang wird in Abb. 2 verdeutlicht. Die beiden Effizienzschranken werden hier durch die beiden Achsen verkörpert, so daß im Abbildung 2 im Vergleich zu Abbildung 1 die Punkte A und B entfallen.

Abb. 2: Lösungsraum für die Endnachfrage

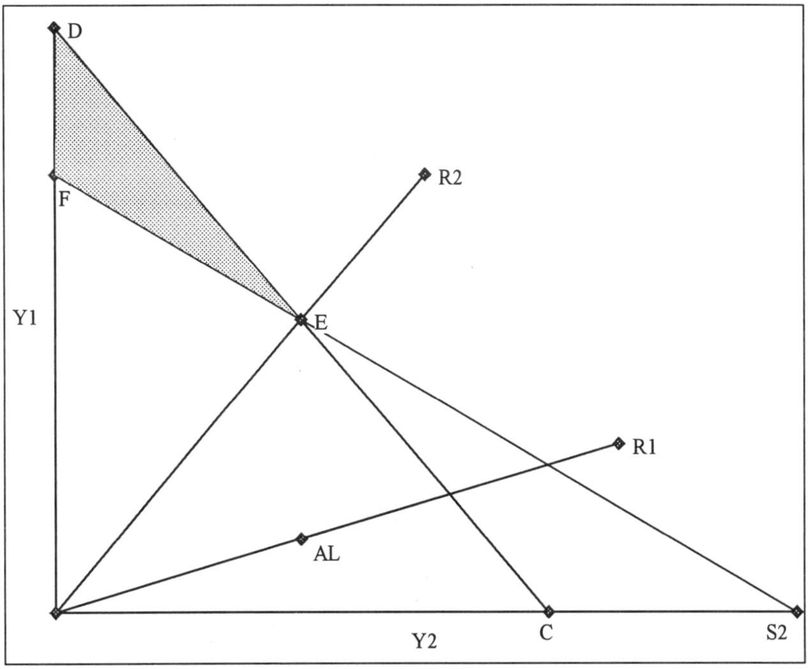

Nur eine Drehung des Strukturstrahls R_1 nach R_2 könnte Vollbeschäftigung ermöglichen. Der Bereich der zulässigen Lösungen (Q_1/Q_2-Kombinationen) ist wiederum durch das Dreieck FED gekennzeichnet, Vollbeschäftigung ist jedoch nur im Abschnitt DE möglich.

2.4 Nachfragebedingte und strukturelle Arbeitslosigkeit

Anhand von Abbildung 2 können zwei grundlegend verschiedene Situationen der Unterbeschäftigung unterschieden werden. Dabei ist der Strukturstrahl R_2 die Trennlinie. Oberhalb von R_2 ist eine Situation gegeben, die in den Lehrbüchern gerne als eine allgemeine Situation angesehen wird: vordringlich ist die Erhöhung der Endnachfrage als Voraussetzung für die Erhöhung der Beschäftigung, wobei die Veränderung der relativen Zusammensetzung der Endnachfrage vernachlässigt werden kann und die berufliche Mobiliät ausreichend groß ist (und Umschulungsprogramme wirkungsvoll genug sind), um die notwendigen Anpassungsleistungen auf der Angebotsseite (Arbeitskräfteangebot) erbringen zu können.

Unterhalb von R_2 ist eine Situation gegeben, in der die Rigidität der Einsatzverhältnisse der Erwerbspersonen, die sich insbesondere in beruflicher Immobilität bzw. immobilen Sockeln (verbunden mit kaum noch wirksamen Umschulungsprogrammen) äußert, dominiert. Daher ist in diesem Fall zumindest theoretisch eine besondere Anpassungsfähigkeit auf der Nachfrageseite, d.h. der Endnachfrage, und zwar nicht nur im Hinblick auf das Niveau, sondern insbesondere auch im Hinblick auf die relative Zusammensetzung, erforderlich.

Eine Unterbeschäftigungssituation kann als „strukturelle Arbeitslosigkeit" bezeichnet werden, wenn an der Kapazitätsgrenze der Produktion Vollbeschäftigung nicht erreicht ist und gleichzeitig ein Überschuß und ein Mangel an Arbeitskräften besteht: in den einen Berufen besteht ein Überschuß (und damit Arbeitslosigkeit) und gewissen Berufen besteht ein Mangel, ohne daß es möglich wäre, die überschüssigen Arbeitskräfte in die Mangelberufe zu lenken.

Wenn auch per Saldo der Überschuß überwiegt, was sich in der Arbeitslosenquote niederschlägt, so ist – bei gegebener Endnachfrage – der wirkliche Grund nicht die Menge, sondern die berufliche Zusammensetzung der Erwerbspersonen und die damit verbundene berufliche Immobilität eines großen Teils der Arbeitskräfte.

3 Die Endnachfrage in einer Physischen Input- Output- Tabelle (PIOT)

3.1 Allgemeines Schema

Der Aufbau einer konventionellen Input-Output-Tabelle beruht – ebenso wie die Volkswirtschaftliche Gesamtrechnung, in die sie eingebettet ist – auf dem Kreislaufaxiom. Dementsprechend wird der volkswirtschaftliche Produktionsprozeß aufgefaßt als ein sich selbsterhaltender zirkulärer Strom von Gütern zwischen den beiden Hauptpolen „Produktion“ und „Konsum“, dem ein entsprechender monetärer Strom entgegenläuft. Diese Sichtweise einer isolierten volkswirtschaftlichen Kreislaufwirtschaft belegt die völlige Vernachlässigung einer systemaren Beziehung zu dem terrestrischen physischen System (die Erde als ein Gesamtsystem), in welches das anthropogene Produktionssystem eingebettet ist.[3] Wissenschaftstheoretisch ist diese Sichtweise unhaltbar, da es stoffliche und energetische Austauschbeziehungen mit dem terrestrischen physischen System (Gesamtsystem), bzw. jeweils eines Ausschnitts davon, tatsächlich gibt und geben muß, weil das anthropogene volkswirtschaftliche Produktionssystem sonst nicht funktionsfähig wäre. Systemanalytisch ausgedrückt: Das terrestrische physische System als Gesamtsystem ist thermodynamisch ein geschlossenes System[4], das nicht in geschlossene Subsysteme zerlegbar ist, d.h. alle Teilsysteme sind in Bezug auf ihre Systemumgebung offene Systeme. Daher kann das anthropogene volkswirtschaftliche Subsystem, und keiner seiner Produktionsprozesse, als unabhängig vom Gesamtsystem angesehen werden, was bedeutet, daß es energetische und stoffliche Austauschbeziehungen mit dem Gesamtsystem geben muß.[5]

Die – in Standardlehrbüchern angebotenen – volkswirtschaftliche Kreislauftheorie steht hierzu in krassem Gegensatz. Sie beschreibt ein Produktionssystem, das nicht funktionsfähig ist, weil es weder auf der Inputseite noch auf der Outputseite mit der Sub-System-Umgebung, d.h. mit dem Gesamtsystem, verbunden ist. Ein volkswirtschaftliches Produktionssystem ist als eine anthropogene/gesellschaftliche Teilwelt ein Subsystem des terrestrischen Gesamtsystems, welches selbst ein Produktionssystem ist. Insofern ist das volkswirtschaftliche Produktionssystem ein offenes System, das „von außen“, d.h. von dem terrestrischen Produktionssystem mit energetischen und stofflichen Inputs – und von „ganz außen“ , d.h. exterrestrisch, mit Solarenergie gespeist wird – Inputs, die im volkswirtschaftlichen Subsystem (nur) transformiert werden und schließlich als Reststoffe wieder „nach außen“ abgegeben werden, d.h. in das Gesamtsystem zurückgegeben werden. Die Erkenntnis, „nichts kann aus nichts produziert werden“ und „jeder Input kommt irgendwoher und geht irgendwo-

---

[3] Georgescu-Roegen beschränkt sich auf die Feststellung: „Standard economists have completely disregarded the unique role of natural resources in the economic process“ (Georgescu-Roegen, 1981, S. 45). Daly spricht höflicherweise von einer „pre-analytic vision“ (Daly, 1995, S. 151). Allerdings muß man genauer unterscheiden zwischen nicht können und nicht wollen. So hat insbesondere Koopmans schon früh in seinem grundlegenden produktionstheoretischen Beitrag (Koopmans, 1951) weder die primären Inputs aus der Natur noch die Reststoffe (waste products) übersehen und entsprechende allgemeine Restriktionen formuliert (ebda, S. 37, 40), jedoch hat er diese Restriktionen dann so weit gefaßt, daß beide Güterarten zu freien Gütern wurden, die keine besondere Behandlung verdienten.

[4] Ein geschlossenes System ist ein System, das zwar Energie (Strahlung), aber keine Stoffe mit der Umgebung austauscht. In einem offenen System geschieht beides, in einem isoliertem System geschieht beides nicht.

[5] Perrings stellt hierzu fest: „ .. any subsystem operating within an indecomposable physical system will be limited by the effects of its actions on its environment. In a general sense, no one process can be thought to be independent of the rest“ (Perrings, 1987, S.45).

hin", ist zwar allgemein verbreitet, die analytischen Konsequenzen lassen allerdings zu wünschen übrig. So sind im statischen offenen Input-Output-Modell [$\mathbf{x} = (\mathbf{I}-\mathbf{A})^{-1} \mathbf{y}$] alle Produktionsmengen für die Endnachfrage nur mit Hilfe von im volkswirtschaftlichen Subsystem selbstproduzierten Inputs entstanden, obwohl dieses Subsystem lediglich in der Lage ist, Stoff- und Energiemengen in verschiedene Güter umzuwandeln, nicht aber zu erzeugen oder zu vernichten.[6] Importe und Exporte gibt es zwar, jedoch kommen diese aus gleichkonstruierten Produktionssystemen, die ebenfalls keinen Austausch mit der Systemumgebung, d.h. mit dem natürlichen Produktionssystem kennen.

Die Sektoren Bergbau, Land-, Forstwirtschaft und Fischerei, Energiewirtschaft, Chemieindustrie sind zwar die hauptsächlichen Sektoren, die die originären Inputs aufnehmen und weiterverarbeiten, aber wie gelangen sie zu diesen Inputs? Alle materiellen und energetischen Inputs sind im Input-Output-Modell intermediärer Art, d.h. sind Outputs anderer anthropogener Produktionssektoren. Die Transaktionsmatrix enthält keine Produktionssektoren aus dem Bereich „Natur" oder „Ökosystem". Ebensowenig gibt es diese natürlichen Produktionssektoren im exogenen Teil einer (monetären) Input-Output-Tabelle (als Quasi-Importe im Primärinputbereich bzw. als Quasi-Exporte im Endnachfragebereich.[7]

In den herkömmlichen (monetären) Input-Output-Tabellen wird dieser konzeptionelle Mangel durch fehlerhafte und undurchsichtige Aggregationen verdeckt. Bei genauerem Hinsehen (siehe insbesondere Ayres, 1995) aus der Perspektive von Stoff- und Energiebilanzen, Produktketten und -kaskaden offenbart sich eine Gemengelage von primären und intermediären Inputs- und Outputs sowie von Hauptprodukten und Reststoffen (siehe ebd. S. 209ff), die zu Konsequenzen zwingt. Ayres schlägt eine Verbindung einer monetären Input-Output-Tabelle mit einem physischen Subsystem (Material Process Subsystem) vor. Konsequenter scheint jedoch eine grundlegende Erweiterung des üblichen Input-Output-Schemas im Hinblick auf die Erfordernisse einer vollständigen, d.h. den Bedingungen einer Stoff- und Energiebilanz genügenden sog. physischen Input-Output-Tabelle (PIOT).

Das folgende Schema (Tabelle 1) umfaßt zunächst von den üblichen drei Quadranten einer Input-Output-Tabelle nur zwei: die Transaktionsmatrix **T** und den Endnachfragebereich **E** . Der sonst für die Einkommen-Entstehungs-Rechnung wichtige Primärinputbereich entfällt, nicht, weil sich seine Leistungen

---

[6] Bioökonomisch und physisch betrachtet, bedeutet Produktion nichts anderes als Transformation, d.h. die Umwandlung von energetischen und stofflichen Inputs in energetische und stoffliche Outputs mit Hilfe eines bestimmten Produktionsverfahrens (Aktivität), wobei – bei ausgeglichener Energie- und Stoffbilanz – eine qualitative Veränderung im Sinne einer Entropiezunahme erfolgt.

[7] In Abwandlung des berühmt gewordenen Spruchs von Walter Isard, dem Begründer der Regional Science, der das Theoriegebäude der Ökonomie ein „Wunderland ohne räumliche Dimensionen" („...a wonderland of no spatial dimensions..."; Isard, W., 1956, S. 25f) genannt hat, könnte man hier im Hinblick auf den fehlenden Bezug zu den Stoff- und Energieströmen des Naturhaushalts von einem „Wunderland ohne Naturproduktion/Ökologie" sprechen.

nicht in physischen Einheiten messen ließen, sondern weil diese immaterieller Art, also keine Stoffströme sind.

Tab. 1: Schema einer Physischen Input-Ouput-Tabelle (PIOT)

Output / Input	A_1	. .	A_j	V	F^H	F^U	S	W	D^e
A_1	x_{11}	. .	x_{1j}	v_1	f_1^H	f_1^U	s_1	w_1	d_1^e
.	.		.	.			.		.
.	.	**T**	.	.	**E**		.	**R**	.
.	.		.	.			.		.
A_i	x_{i1}	. .	x_{ij}	v_j	f_i^U	f_i^U	s_j	w_j	d_j^e
EF	$\grave{e}_1$	. .	$\grave{e}_j$						
EB	e_1		e_j						
R^g	r_1^g	**P**	r_j^g						
R^f	r_1^f		r_j^f						
R^s	r_1^s	. .	r_j^s						

Die Transaktionsmatrix **T** beschreibt den Bereich der intermediären Input-Output-Beziehungen, in welchem die Umformung und Umwandlung von energetischen und stofflichen Inputs in qualitativ veränderte energetische und stoffliche Outputs erfolgt.

Es bedeuten:

x_{ij} : Inputmenge von Outputs der Aktivitäten A_i bei Aktivität A_j .

- Die Haushaltsproduktion ist hier als Spalte bzw. Zeile in der Transaktionsmatrix **T** enthalten.[8]

[8] Dies ist – abweichend von dem üblichen Tabellenschema bzw. der Definition des Endbereichs im Sinne der Verwendungsrechnung der Volkswirtschaftlichen Gesamtrechnung – eine Konsequenz des hier zugrundegelegten umfassenden Produktionsbegriffs im Sinne energetischer und stofflicher Transformationsvorgänge (ein solch umfassender Produktionsbegriff liegt im übrigen auch den physischen Satellitenrechnungen zu den traditionellen Volkswirtschaftlichen Gesamtrechnungen im Rahmen der Umweltgesamtrechnungen (UGR) zugrunde. Siehe hierzu Stahmer, 1995). In einer Input-Output-Tabelle sind die Haushaltsaktivitäten somit konsequenterweise nicht mehr wie üblich als Spalte „Konsum“ im Endnachfragebereich zu verbuchen, sondern sie sind in den Zwischennachfragebereich, d.h. in die Transaktionsmatrix aufzunehmen und müssen dort als Spalten und Zeilen erscheinen. Dies hat weitreichende Konsequenzen: Zum einen werden die von anderen Sektoren hergestellten Konsumgüter nun zu Zwischenprodukten bzw. zu intermediären Inputs (in der Spalte) für die Haushaltsaktivitäten,

- Der Endnachfragebereich **E** beschreibt diejenigen physischen Outputs, die eine Periode überdauern oder die Systemgrenzen überschreiten.

Es bedeuten:

v_i : Veränderungen der Outputmengen von Halb- und Fertigerzeugnissen für den Materialspeicher V („Vorräte") durch Zugänge und Entnahmen.[9]

f_i^H : Menge der für Haushalte produzierten dauerhaften Gebrauchsgüter (Investitionen in das Sachkapital für Haushalte)

f_i^U : Menge der für Unternehmen produzierten Produktionsmittel (Investitionen in das Sachkapital für Unternehmen)

s_i : Saldo exportierter und importierter Mengen.

Hinzugefügt werden nun zwei weitere Bereiche: ein „Provisionsbereich" P und rechts im Anschluß an den Endnachfragebereich ein „Restitutionsbereich" R.

Der „Provisionsbereich"[10] umfaßt die energetischen und stofflichen Inputs, die die Umgebung für die anthropogenen Produktionsaktivitäten bereitstellt; ohne diese „Provisionierung" wäre das durch das übliche Input-Ouput-Modell abgebildete Produktionssystem nicht funktionsfähig, weil es ebendiese Inputs nicht selbst herstellen kann. Da diese Inputs die Systemgrenze überqueren, kann man auch von Quasi-Importen sprechen.

---

was sofort die Frage aufwirft, was denn der Output (in der Zeile) der Haushaltsaktivitäten sei. Zum anderen erscheinen die Haushalte zwar weiterhin als Agens im Primärinputbereich, allerdings mit zusätzlichen Zellen in der Spalte der Haushaltsaktivitäten, was bedeutet, daß ihnen, wie allen anderen Produktionsaktivitäten auch, alle Primärinputs zugerechnet werden müssen, einschließlich der fiktiven Entlohnung ihrer im Haushalt erbrachten Arbeitsleistungen. (Siehe hierzu: Strassert, 1995; zur prinzipiellen Einordnung der Haushalte in den System-Metabolismus siehe Strassert, 1996).

[9] Diese Art der Verbuchung geschieht im Hinblick auf das analytische Erfordernis, die Diagonalzellen in der Transaktionsmatrix leer zu lassen. Der Hauptgrund dafür ist, daß in der Transaktionsmatrix nur Ströme erfaßt sind, nicht aber Bestände oder Agenzien und es sich bei den als „Eigenverbrauch" deklarierten Halbfabrikaten verschiedener Art nicht um eine Stromkategorie handelt, sondern um eine Agenskategorie (process fund; Georgescu-Roegen, 1971, S. 239 u. 261). Genau genommen müßten daher die Entnahmen aus dem Materialspeicher (process fund) im Primärinputbereich und die Zugänge im Endnachfragebereich verbucht werden.

[10] Der Begriff Provision bezeichnet die Bereitstellung von Energie und Stoffen des Gesamtsystems als materielle Voraussetzung für Aktivitäten des volkswirtschaftlichen Subsystems. Würde man den im ökonomischen Sprachgebrauch üblichen Begriff Quelle verwenden, dann müßte man auch alle an das Gesamtsystem zurückgeführten Reststoffe als Quelle für das Gesamtsystem bezeichnen. Der Begriff Provision sowie der im folgenden eingeführte Begriff Restitution tragen der Tatsache Rechnung, daß sowohl das anthropogene volkswirtschaftliche System als auch das Gesamtsystem (die Natur als ökologisches System) funktionell als Geber, Transformator und Nehmer auftreten. Von daher scheint es angebracht, die Begriffsbildung nicht nach anthropozentrischen Gesichtpunkten vorzunehmen, sondern möglichst neutral bzw. funktionell auszurichten.

Es bedeuten:

$\grave{e}_j$: Inputmengen von Energie aus Energieflüssen (EF): Solarenergie und die durch sie bewirkten Strömungen von Wind und Wasser sowie Erdwärme

e_j : Inputmengen von Energie aus Energiebeständen (Beständen an Energieträgern (EB): Fossile Energie und Uran

r_i^g : Inputmengen von gasförmigen Rohstoffen: Substanzen aus dem „Gasspeicher" Atmosphäre

r_i^f : Inputmengen von flüssigen Rohstoffen: Substanzen aus dem „Wasserspeicher" Hydrosphäre

r_i^s : Inputmengen von festen (soliden) Rohstoffen: Substanzen aus dem „Rohstoffspeicher" Pedo- und Lithosphäre („Boden").

Der „Restitutionsbereich"[11] umfaßt die in die Umgebung zurückgeführte Energie (Abwärme) sowie die stofflichen Reststoffe als materielle Zwischen- und Endergebnisse der anthropogenen Aktivitäten. Da die restituierten Outputs die Systemgrenze überqueren, kann man auch von Quasi-Exporten sprechen.

Es bedeuten:

w_i : Outputmenge an Reststoffen: fest, flüssig oder gasförmig

d_i^e : Outputmenge dissipierter Energie (Abwärme).

Dieses erweiterte Input-Ouput-Schema ist insofern kein Kreislaufschema, als die Inputs nicht bzw. nur zu einem Teil aus dem Output stammen und die Outputs nicht bzw. nur zu einem Teil zu Inputs werden, es liegt also kein (vollständiges) Recycling vor. Unabhängig davon sind die Stoff- und Energiebilanzen ausgeglichen.

Zur Erläuterung und für die weiteren Überlegungen ist es zweckmäßig, dieses Schema idealtypisch zu konsolidieren.

3.2 Ein konsolidiertes Schema

3.2.1 Basis-Aktivitäten

Das gesamtwirtschaftliche/regionalwirtschaftliche Produktionssystem bestehe aus den folgenden sieben, funktional abgegrenzten Aktivitäten:

M : Gewinnung materieller Rohstoffe (natürliche Rohstoffe in situ) für die Weiterverarbeitung (Bergbau, Salinen, Land- und Forstwirtschaft)

[11] Der Begriff Restitution bezeichnet die Rückführung von Energie und Stoffen in das Gesamtsystem als materielle Ergebnisse von Aktivitäten. Würde man den im ökonomischen Sprachgebrauch üblichen Begriff Senke verwenden, dann müßte man auch alle von dem Gesamtsystem für das volkswirtschaftliche Subsystem zur Verfügung gestellten energetischen und stofflichen Inputs als Senke bezeichnen. Im übrigen siehe die obige Anmerkung.(Siehe auch Strassert, 1991, S. 509).

E : Gewinnung von Energie-Rohstoffen/Energieträgern (Bergbau, Steinbrüche, Land- und Forstwirtschaft)

K : Herstellung von produzierten Produktionsmitteln (Sachkapital) und Instandhaltung des Sachkapitals (Pflege und Reparatur)

C : Herstellung von Consumgütern (Ge- und Verbrauchsgüter in Haushalten)

F : Finale immaterielle Haushaltsproduktion im Sinne von Eigen-Investitionen in das Humankapital

D : Sammlung und Bereitstellung (Deponierung) von Reststoffen (gleich welchen toxischen Gehalts)

R : Wiedergewinnung von Rohstoffen aus Reststoffen zwecks Recycling.

Tab. 2: Auf sieben Basisaktivitäten konsolidierte Input-Output-Tabelle, s. Tab. 1

Output / Input	M	E	K	C	F	D	R	V	H	F U	FS	W	D^e
M			x_{13}	x_{14}		x_{16}		v_1			s_1	w_1	d_1^e
E	e_{21}		e_{23}	e_{24}	e_{25}	x^e_{26}	e_{27}	v^e_2			s^e_2	w_2	d_2^e
K	x_{31}	x_{32}		x_{34}	x_{35}	x_{36}	x_{37}	v_3	f_3^H	f_3^U	s_3	w_3	d_3^e
C					x_{45}	x_{46}		v_4	f_4^H	f_4^U	s_4	w_4	d_4^e
F						x_{56}						w_5	d_5^e
D							x_{67}	v_6				w_6	d_6^e
R	x_{71}							v_7				w_7	d_7^e
EF		2	è										
EB		$_2^e$	r										
R^g	r_1^g												
R^f	r_1^f												
R^s	r_1^s												

Diese sieben Aktivitäten können als Basisaktivitäten angesehen werden, die in jeder kleineren oder größeren Volkswirtschaft in der einen oder anderen institutionellen Form vorkommen und vorkommen müssen.

Mit Hilfe der auf diese Aktivitäten bezogenen Notation wird aus Tabelle 1 nun Tabelle 2:

3.2.2 Stoff- und Energiebilanz

Tabelle 2 liefert die Grundlage für die Erstellung einer Stoff- und einer Energiebilanz, jeweils für die sieben Aktivitäten und für das gesamte Produktionssystem:

Stoffbilanz:
Aus den Einzelbilanzen

(M) $r_1^s + r_1^f + r_1^g + x_{31} = x_{13} + x_{14} + x_{16} + v_1 + s_1 + w_1$
(E) $r_2 + x_{32} = x_{26}^e + w_2$
(K) $x_{13} = x_{31} + x_{32} + x_{34} + x_{35} + x_{36} + x_{37} + v_3 + f_3^H + f_3^U + s_3 + w_3$
(C) $x_{34} + x_{14} = x_{45} + x_{46} + v_4 + f_4^H + f_4^U + s_4 + w_4$
(F) $x_{45} + x_{35} = x_{56} + w_5$
(D) $x_{56} + x_{46} + x_{36} + x_{26} + x_{16} = x_{67} + v_6 + w_6$
(R) $x_{67} + x_{37} = x_{71} + v_7 + w_7$

ergibt sich nach Substitution und Zusammenfassung die Stoffbilanz für das Produktionssystem:

$$r_1^s + r_1^f + r_1^g + r_2 = v + f^H + f^U + s + w$$

mit $s = \sum s_i$ und $w = \sum w_i$.

Durch weitere Zusammenfassungen:

$r_1^s + r_1^f + r_1^g + r_2 = r$ (gesamter Einsatz natürlicher Rohstoffe)

$v + f^H + f^U + s = y$ (physische Endnachfrage, allerdings ohne Konsumgüter)

ergibt sich als Stoffbilanz: $r = y + w$.

Die gesamte Menge r an natürlichen Rohstoffen wird also transformiert in Endnachfragegüter (y) und Reststoffe (w). Da letztendlich auch y zu Reststoffen wird, kann man auch sagen, daß sich die rechte Seite der Stoffgleichung zusammensetzt aus „Reststoffen heute (w)" und „Reststoffen morgen (y)".

Importierte Güter werden innerhalb und exportierte Güter werden außerhalb der Region zu Reststoffen.

Auf analoge Weise gelangt man zur **Energiebilanz:**

Zu einer Energiebilanz gelangt man, indem, erstens, die Stoffbilanz in Energieeinheiten (z.B. Joule) umgerechnet wird und, zweitens, die übrigen – nicht stofflichen – energetischen Inputs und Outputs berücksichtigt werden.

Die Energiebilanz lautet somit:

$$e + r^e = y^e + w^e + d^e$$

mit

$\grave{e}_2 + r_2^e = e$:	(gesamte Inputmenge an natürlichen Energieflüssen und Energiebeständen)
r^e :	Energiegehalt des gesamten Einsatzes natürlicher Rohstoffe
y^e :	Energiegehalt der Bestandsveränderung der Vorräte, Investitionsgüter und des Exportüberschusses
$w^e = \sum w_2^e$:	Energiegehalt der Outputmenge an Reststoffen: fest, flüssig oder gasförmig
$d^e = \sum d_2^e$:	Gesamtmenge dissipierter Energie, d.h. Abwärme.

Letztendlich wird aller Energieinput in Abwärme transformiert und dissipiert, d^e kann verstanden werden als „Dissipation heute" und (y^e + w^e) als „Dissipation morgen".

3.3 Der Restitutionsbereich als Steuerungsbereich

In der PIOT umfaßt die Endnachfrage nunmehr die Bereiche E und R. Im Bereich E sind im Prinzip, mit Ausnahme des Konsums, der in die Transaktionsmatrix eingegliedert wurde, alle Komponenten der Verwendungsrechnung der Volkswirtschaftlichen Gesamtrechnung enthalten. Hinzu kommt nun mit dem Bereich R eine bislang fehlende Komponente einer Stoff- bzw. Energiebilanz. Betrachtet man nur den Teilbereich W, d.h. alle Reststoff-Outputs fester, flüssiger und gasförmiger Art, so kennzeichnet diesen Bereich zweierlei:

Zum einen ist er von erheblicher quantitativer Bedeutung, wie die (erste) PIOT des Statistischen Bundesamtes belegt:[12] Dort macht die Gesamtheit der in Tonnen erfaßten Reststoffe fast 80% des Gesamtoutputs bzw. Gesamtinputs aus.

---

[12] Eine erste physische Input-Output-Tabelle wurde vom Statistischen Bundesamt 1996 für die Bundesrepublik für das Jahr 1990 erstellt. Siehe hierzu Stahmer, Kuhn, Braun, 1996. Physische Input-Output-Tabellen stellen nicht nur die Produktströme bzw. das Mengengerüst der traditionellen Input-Output-Tabellen dar, sondern auch die Stoffströme zwischen der natürlichen Umgebung (Ökosystem). Dies ist eine Konsequenz des Konzepts der Stoff- und Energiebilanzen. Ein erster Versuch der Erstellung einer physischen Input-Output-Tabelle wurde von Katterl/Kratena für Österreich mit Daten für 1983 unternommen (Katterl, Kratena, 1990). Konzepte physischer Input-Output-Tabellen sind enthalten in dem „System for Integrated Environment and Economic Accounting (SEEA)" der Vereinten Nationen (United Nations, 1993).

Zum anderen ist dieser Bereich eines der Hauptzielbereiche einer Umweltschutzpolitik. So schlägt der Rat von Sachverständigen für Umweltfragen 5 Gruppen von Qualitätsstandards vor (kritische Ressourcenvorräte, kritische Konzentrationen, kritische Eintragsraten, kritische strukturelle Veränderungen, tragbare Gesundheitsrisiken), wovon sich zwei (kritische Konzentrationen und kritische Eintragsraten) auf die Restitutionsseite beziehen (Der Rat von Sachverständigen für Umweltfragen: Umweltgutachten 1994 für eine dauerhafte-umweltgerechte Entwicklung, S. 101).

Es liegt daher nahe, den zuvor dargestellten sachlichen Zusammenhang von beschäftigungs- und umweltpolitischen Zielsetzungen und Maßnahmen wieder aufzugreifen und zu fragen, welche Zusammensetzung der gesamten Endnachfrage den größten Beschäftigungseffekt hätte. Dabei wird der Bereich E als gegeben angenommen und nur der Bereich R bzw. der Teilbereich W als Kontroll- oder Steuerungsbereich angesehen.

Der Endnachfragebereich E umfaßt entsprechend den Konventionen der Volkswirtschaftlichen Gesamtrechnung den privaten und öffentlichen Konsum, die privaten und öffentlichen Bruttoinvestitionen sowie den Export-bzw. Importüberschuß. Es sei daran erinnert, daß dem hier vorgestellten Konzept einer PIOT ein umfassender Produktionsbegriff zugrundeliegt und dementsprechend die Haushalte und damit die Konsumspalte des Endnachfragebereiches in die Transaktionsmatrix eingegliedert wurden (s.o. 3.1).

Die verbleibenden Komponenten des Endnachfragebereiches E werden als konstant angenommen, weil ja der Einflußbereich W isoliert werden soll und außerdem die Zwischenbeziehungen zwischen den verschiedenen Endnachfragekomponenten (insbesondere der Einfluß umweltpolitischer Maßnahmen auf die Prozeßinnovationen im Bereich der privaten Bruttoinvestition) im Rahmen des Beschäftigungsmodells nicht erfaßt werden können.

Die formale Beschreibung des Beschäftigungsmodells wird nun durch eine entsprechende Zerlegung des Vektors **y** fortgesetzt:

$$\mathbf{y} = \mathbf{c} + \mathbf{w} \qquad \text{mit } \mathbf{c} = \text{const.} \tag{11}$$

Damit sind für den Endnachfragevektor **y** (i = n) Untergrenzen (U_i)

$$U_i \leq Y_i \qquad \text{mit } U_i = C_i \tag{12}$$

definiert. Zur graphischen Veranschaulichung im 2-Sektoren.Modell wird in Abbildung 2 nur eine Untergrenze, d.h. U_2, eingeführt: in Abbildung 3 stellt diese Restriktion eine Parallele zur Ordinate dar.

Der Einfachheit halber (aber zugegebenermaßen völlig unpraktikabel) wird der Vektor **w** als homogen unterstellt, d.h. es wird so getan, als ob es nur eine Restitutionsart bzw. nur eine spezielle Emission (z.B. CO_2) gäbe. Die notwendige Differenzierung kann jedoch in das Beschäftigungsmodell eingeführt werden.

Führt man (11) in (5) ein und formt auf **w** um, folgt

$$\mathbf{w} = (\mathbf{T}^{-1}\,\mathbf{q}) - \mathbf{c}\,. \tag{13}$$

Die Elemente der Lösungsvektoren von **w** stellen die Emissionsmengen dar, die im beschäftigungspolitischen Interesse in Kauf genommen werden müßten (Siehe hierzu auch Lehbert, 1972, S. 298 – 318. Zu einem empirischen Beispiel für Österreich siehe Böhm, Luptacik, 1993).

Wenn es für die Emissionsmengen bereits politisch bestimmte Grenzwerte gibt, ergeben sich in Abbildung 3 zusätzliche Restriktionen, diesmal im Sinne von (i = n) Obergrenzen (O_i)

$$Y_i \leq O_i \qquad \text{mit } O_i = C_i + W_i \tag{14}$$

Abb. 3: Verkleinerter Lösungsraum für die Endnachfrage.

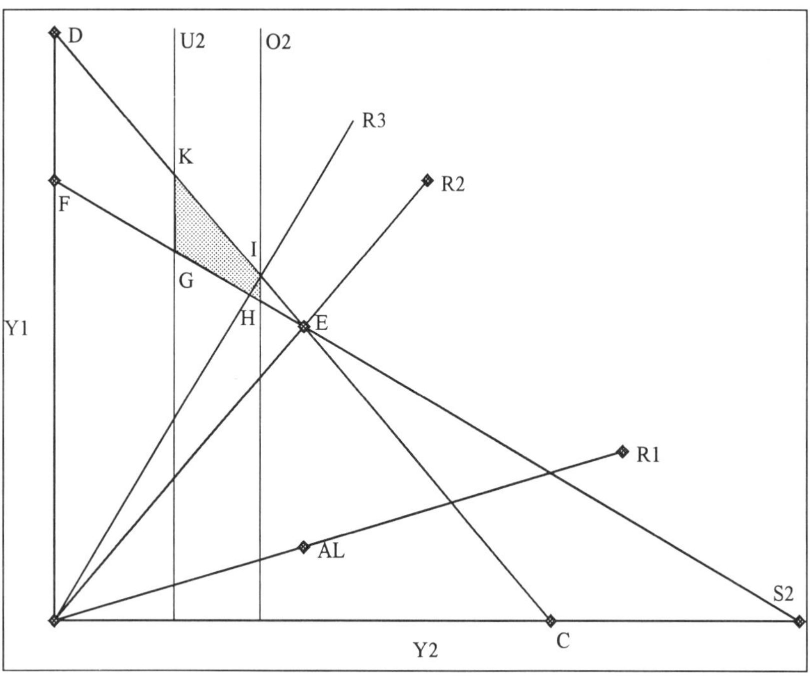

Zur graphischen Veranschaulichung wird in Abbildung 3 wiederum nur eine Obergrenze, d.h. O_2, eingeführt: in Abbildung 3 stellt auch diese Restriktion eine (weiter rechts gelegene) Parallele zur Ordinate dar.

Wie Abbildung 3 zeigt, kann es sein, daß durch diese zusätzlichen Restriktionen der Lösungsraum Y weiter verkleinert wird. Im Beispiel verkleinert sich der Lösungsraum von FED nun auf GHIK. Vollbeschäftigung ist nur im Bereich IK möglich, d.h. der Strukturstrahl R_2 müßte sich mindestens nach R_3

drehen. Die Anforderungen an die Veränderung der Zusammensetzung der Endnachfrage wären also noch größer.

Im übrigen stellt sich, entsprechend dem Vektormaximumproblem, nunmehr ein multikriterielles Entscheidungsproblem, in dem Beschäftigungsniveaus und Emissionsniveaus gegeneinander abzuwägen sind. Ein methodischer Lösungsweg für das Abwägungsproblem wird an anderer Stelle aufgezeigt (Strassert, 1995).

4 Zusammenfassung

Ausgehend von Innovationen in der umweltökonomischen Gesamtrechnung, insbesondere der Erstellung einer ersten Input-Output-Tabelle in Mengeneinheiten (sog. Physische Input-Output-Tabelle – PIOT) für die Bundesrepublik im Jahre 1990 wird die Brücke geschlagen zu möglichen Innovationen in der Beschäftigungspolitik, indem der Zusammenhang von emissionspolitischen Maßnahmen und struktureller Arbeitslosigkeit aufgezeigt wird.

Eine PIOT beruht im Vergleich zur monetären Konzeption auf einer erweiterten Konzeption, die den Erfordernissen einer Stoffbilanz Rechnung trägt und insofern sowohl auf der Input- als auch auf der Outputseite die Stoffströme vollständig erfaßt. Auf dieser Grundlage ergeben sich neue Ansatzmöglichkeiten für die Steuerungspolitik, so z. B. für die Umweltpolitik.

Strukturelle Arbeitslosigkeit kann mit Hilfe von Input-Output-Beschäftigungsmodellen dargestellt werden, wenn zum einen die Umrechnung von Produktion auf Beschäftigung so erfolgt, daß die Beschäftigten nach Qualifikationen bzw. nach Berufsgruppen gegliedert werden und zum anderen die beschränkte berufliche Mobilität durch sogenannte immobile Sockel je Berufsgruppe spezifiziert wird. Die immobilen Sockel verhindern, daß Arbeitskräfte in erforderlichem Umfang aus Überschußberufen in Mangelberufe wechseln. In einer Situation der strukturellen Arbeitslosigkeit kommt der Endnachfrage eine besondere Bedeutung zu, da in den Bedingungskatalog für Vollbeschäftigung neben der Erhöhung des Niveaus auch die Veränderung der relative Zusammensetzung der Endnachfrage aufgenommen werden muß.

In Input-Output-Modellen, denen die herkömmliche, mit der (monetären) Verwendungsrechnung der Volkswirtschaftlichen Gesamtrechnung abgestimmte Abgrenzung der Endnachfrage zugrunde liegt, können deren Komponenten aus verschiedenen Gründen nicht über das bereits erreichte Maß hinaus als politische Steuerungsgrößen angesehen werden. Allerdings beruht diese Abgrenzung auf einer unzulässigen Verkürzung des Mengengerüstes einer Volkswirtschaft, da es sowohl auf der Inputseite als auch auf der Outputseite unvollständig ist und nicht den Bedingungen einer Stoff- oder Energiebilanz genügt. Wird diesem konzeptionellen Mangel durch eine entsprechende Erweiterung im Rahmen einer PIOT begegnet, umfaßt der Bereich der Endnachfrage einen sog. Restitutionsbereich, in dem alle Reststoffe fester, flüssiger und gasförmiger Art erfaßt sind. Damit eröffnet sich eine Möglichkeit, einen für die innovative Umweltpolitik sehr wichtigen Steuerungsbereich mit der Beschäftigungspolitik zu verknüpfen, da die heute gesetzten bzw. zu revidierenden umweltpolitischen Standards auch nach ihrer beschäftigungspolitischen Relevanz beurteilt werden können. So kann etwa im Rahmen des in der Umweltpolitik bestimmten Möglichkeitsbereichs für die umweltpolitischen Standards nach den beschäftigungspolitisch günstigsten Kombinationen für diese Standards gefragt werden. Andererseits können sich auch aus der Beschäftigungspolitik Restriktionen für die Umweltpolitik ergeben.

Mathematisch liegt hier ein Vektormaximumproblem vor, welches mit Hilfe der interaktiven multikriteriellen Entscheidungstechnik behandelt werden kann.

Literatur

Ayres, R. U. (1995)
Thermodynamics and Process Analysis for Future Economic Scenarios. In: Environmental and Resource Economics 6, S. 207-230.

Böhm, B., Luptacik, M. (1993)
Ein Input-Output Modell für das Umweltmanagement. Eine Mehrfachziel-Analyse anhand eines empirischen Beispiels. In: Ökointegrative Gesamtrechnung. Ansätze, Probleme, Prognosen, hrsg. v. H. Schnabl, Berlin (Gruyter), S. 255-271.

Daly, H. E. (1995)
On Nicholas Georgescu-Roegen's contribution to Economics: an obituary essay. In: Ecological Economics, 13, S.149-154 .

Georgescu-Roegen, N. (1971)
The Entropy Law and the Economic Process. Cambridge, Mass.(Harvard).

Georgescu-Roegen, N. (1981)
Energy, Matter, and Economic Valuation: Where Do We Stand? In: Daly, H. E., Umaña, A. F.,eds: Energy, Economics, and the Environment. Boulder (Westview): S. 43-79.

Helmstädter, E. (1981)
Wirtschaftstheorie II, Makroökonomische Theorie. München (Vahlen).

Hermann, A. (1979)
Der Arbeitsmarkt in regionaler, beruflicher und sektoraler Gliederung. Beiträge zum Siedlungs- und Wohnungswesen und zur Raumplanung, Bd. 69, Münster (ISW-SV).

Hermann, A., Plogmann, F., Schalk, H.J. (1979)
Möglichkeiten zur Verminderung der Arbeitslosigkeit bei limitationalen Berufsqualifikationen – ein lineares Beschäftigungsmodell. In: Strategien der Beschäftigungspolitik, Materialien zum Siedlungs- und Wohnungswesen, Bd. 22, Münster (ISW-SV): S. 9-45.

Holub, H. W., Tappeiner, G. (1982)
Input-Output- Arbeitsmarktanalysen. Handels-, Industrie-, Handwerks- Und Landwirtschaftskammer, Institut für Wirtschaftsforschung, Bozen (SV).

Holub, H.W., Tappeiner, G. (1989)
An Extension of Input-Output-Employment Models. In: Economic Systems Research 1. S. 297 -309.

Holub, H.W., Tappeiner, G. (1991)
Die Berücksichtigung unterschiedlicher Qualifikationen in Input-Output Arbeitsmarktmodellen. In: Input-Output-Techniken. Neuere Verfahren der Erstellung und Analyse, Stuttgart u.a. (Kohlhammer), S. 119-136.

Holub, H. W., Schnabl, H. (1994)
Input-Output-Rechnung: Input-Output-Analyse. München/Wien (Oldenbourg).

Isard, W., (1956)
Location and Space-Economy. A General Theory Relating to Industrial Location, Market Areas, Land Use, Trade, and Urban Structure, Cambridge, Mass.(M.I.T).

Katterl, A., Kratena, K. (1990)
Reale Input-Output Tabelle und ökologischer Kreislauf, Heidelberg (Physica).

Koopmans, T.C. (1951)
Analysis of Production as an Efficient Combination of Activities. In: Activity Analysis of Production an Allocation, T.C. Koopmans, ed., New York (Wiley), S. 33-97.

Lehbert, B. (1972)
Die volkswirtschaftlichen Kosten des Umweltschutzes. Ein erweitertes Input-Output-System. In: Weltwirtschaftliches Archiv, Band 108, S. 298 -318.

Miernyk, W. H. et al. (1970)
Simulating Regional Economic Development. Lexington, Mass. (Heath).

Perrings, Ch. (1987)
Economy and Environment. A theoretical Essay an the Interdependence of Economic and Environmental Systems. Cambridge (CUP).

Schalk, H. J. (1985)
Differenzierte Globalsteuerung. Eine empirische Analyse mit einem disaggregierten ökonometrischen Modell. Studies in Contemporary Economics, Vol.19, Berlin u.a. (Springer).

Stahmer, C. (1992)
Integrierte Volkswirtschaftliche und Umweltgesamtrechnung. Überblick über die Konzepte der Vereinten Nationen. In: Wirtschaft und Statistik, 9, S. 577-593.

Stahmer, C. (1995)
Satellitensystem für Aktivitäten der privaten Haushalte und Umwelt. In: Haushaltsproduktion und Umweltbelastung. Ansätze eine Ökobilanzierung für den privaten Haushalt, hrsg. von Seel, B., Stahmer, C., Frankfurt/M. (Campus), S. 60-111.

Stahmer, C., Kuhn, M., Braun, N., (1996)
Physische Input-Output-Tabellen. Endbericht zum Projekt Nr. 2950 Green National Accounts. Wiesbaden (Statistisches Bundesamt, IIIC).

Strassert, G. (1983)
Die Bedeutung der regionalen Branchenstruktur für die Raumordnungspolitik. Interdependenzen zwischen Variablen und Entscheidungsproblemen. In: Gleichwertige Lebensbedingungen durch eine Raumordnungspolitik des mittleren Weges. Akademie für Raumforschung und Landesplanung, Forschungs- und Sitzungsberichte, Bd. 140, Hannover (Vincentz), S 195-208.

Strassert, G. (1988)
Zur beschäftigungspolitischen Relevanz der Endnachfrage – Theorie und Modell. In: Analyse regionaler Arbeitsmarktprobleme, Akademie für Raumforschung und Landesplanung, Forschungs- und Sitzungsberichte, Bd. 174, Hannover (Vincentz), S. 285-301.

Strassert, G. (1991)
Towards an Ecological Accounting of the Provision-Transformation-Restitution Cycle. In: Entropy and Bioeconomics, Dragan, J. C./Seifert, E. K./Demetrescu, M. C., eds, Milano (Nagard), S. 507- 515.

Strassert, G. (1995)
Bilanzierung der physischen Inputs und Outputs der Haushaltsproduktion für gesamtwirtschaftliche/regionalwirtschaftliche Produktionssysteme: Überlegungen aus der Sicht der Bioökonomie. Zweiter Hohenheimer Workshop „Haushaltsproduktion und Umweltbelastung – Ansätze einer Ökobilanzierung für den privaten Haushalt", 6./7. April 1995, Universität Hohenheim.

Strassert, G. (1996)
Haushalte als Teil des System-Metabolismus. Theoretische Grundlagen. Kolloquium „Bioökonomik und Haushaltsmetabolismus", Universität Bonn, 2.Juli 1996.

Strassert, G. (1996)
Das Abwägungsproblem bei multikriteriellen Entscheidungen. Grundlagen und Lösungsansatz – unter besonderer Berücksichtigung der Regionalplanung. Frankfurt/M u.a. (Lang).

Thoss, R. (1970)
Angebot und Nachfrage in einem System fachlicher und räumlicher Arbeitsmärkte. In: Mitteilungen aus der Arbeitsmarkt- und Berufsforschung, 3. Jg., Anhang: Beiträge zur Arbeitsmarktforschung, S.17*-29*.

Thoss, R., Kleinschneider, H. (1982)
Alternative Vollbeschäftigungsstrategien im Kreis Borken/Westfalen. In: Jahrbuch für Regionalwissenschaft, 3, S.129-149.

Umweltgutachten 1994 für eine dauerhafte-umweltgerechte Entwicklung, Der Rat von Sachverständigen für Umweltfragen, Stuttgart (Metzler-Poeschel).

United Nations (1993)
Integrated Environmental and Economic Accounting, Handbook of National Accounting. New York.

United Nations et al.(1993)
System of National Accounts. New York et al.

Zimmermann, H. J., Gutsche, L. (1991)
Multi-Criteria Analyse. Einführung in die Theorie der Entscheidungen bei Mehrfachzielsetzungen, Berlin u.a. (Springer).

Auswirkungen von F&E-Aktivitäten auf den baden-württembergischen Arbeitsmarkt

Ein neuer Ansatz der Input-Output-Rechnung

Monika Kaiser und *Werner Münzenmaier,* Stuttgart

1 Einleitung

Innovation und *Arbeit* sind in Baden-Württemberg schon seit vielen Jahrzehnten eng miteinander „verzahnt". Bereits vor der Industrialisierung im letzten Jahrhundert war der rohstoffarme Südwesten Deutschlands geradezu gezwungen, durch Entwicklung technischer Ideen und deren Umsetzung in neue Produkte bzw. Fertigungsweisen neue Industrien aufzubauen, um so einer steigenden Zahl von Einwohnern Arbeitsmöglichkeiten zu verschaffen. Während der Industrialisierung und – verschärft – nach dem Zweiten Weltkrieg haben sich die überdurchschnittlichen Innovationsaktivitäten des Landes fortgesetzt. 1995 verzeichnete Baden-Württemberg 82 Patentanmeldungen je 100 000 Einwohner, im Durchschnitt aller Bundesländer waren es rund 47 Patentanmeldungen auf 100 000 Einwohner. Auch beim Anteil der Forschungsausgaben am Bruttoinlandsprodukt liegt Baden-Württemberg seit Jahren deutlich über dem Bundesdurchschnitt – nach den bislang aktuellsten Daten für 1993 erreichte Baden-Württemberg hierbei 3,8% gegenüber 2,5% im Bundesdurchschnitt.

Im Zuge einer zunehmenden Globalisierung der Märkte hat sich der Zwang, neue Technologien zu entwickeln und umzusetzen, für Baden-Württemberg weiter verstärkt. Denn Länder und Regionen mit hohen Lohnkosten können sich bei wachsender internationaler Konkurrenz auf den Weltmärkten nur dann behaupten, wenn sie auf die Qualifikation der Beschäftigten, auf Innovationen und auf die Herstellung technologisch hochwertiger Produkte setzen. In der Tendenz heißt dies: Innovationen schaffen neue Arbeitsplätze im Verarbeitenden Gewerbe und bei unternehmensbezogenen Dienstleistungen als Ausgleich dafür, daß die Beschäftigungsmöglichkeiten in weniger forschungs- und technologieintensiven Bereichen tendenziell eher abnehmen. (Vgl. die Beiträge von Schnabl, bzw. Yoshinaga in diesem Band.)

2 Probleme bei der statistischen Abgrenzung innovationsrelevanter Branchen

Die Auswirkungen von Innovationsaktivitäten auf den Arbeitsmarkt lassen sich allerdings nur schwer ermitteln oder gar quantifizieren. Die Schwierigkeiten bestehen schon darin, daß die Innovationen, die im wesentlichen aus dem Aufwand für Forschung und experimentelle Entwicklung (F&E) resultieren, für das

Unternehmen bzw. für die Wirtschaft zunächst einen Input darstellen. Produktion bzw. Umsatz sind dagegen Outputgrößen, die sich mit dem verfügbaren statistischen Instrumentarium auf Unternehmens- bzw. Branchenebene nicht so einfach in „alte" oder „neue" Produkte bzw. Produktionsprozesse unterscheiden lassen. Deshalb läßt sich das Ausmaß des Zusammenhangs zwischen F&E-Aufwand und Produktionsergebnis in Form marktfähiger neuer Produkte in der Regel nur vermuten.

Tab. 1: Liste*) der F&E-intensiven Wirtschaftszweige

SYPRO-Nr.	Bezeichnung der Wirtschaftszweige bzw. -gruppen
	Spitzentechnik
24	Herstellung und Verarbeitung von Spalt- und Brutstoffen
35	Luft- und Raumfahrzeugbau
3660	Herstellung von Zählern, Fernmelde-, Meß- und Regelgeräten usw.
3711	Optik (ohne Augenoptik, Foto- und Kinotechnik)
3760	Herstellung von medizin- und orthopädiemechanischen Erzeugnissen
4035	Herstellung von pharmazeutischen Erzeugnissen
5080	Herstellung von ADV-Geräten und -Einrichtungen
	Höherwertige Technik
3220	Herstellung von Metallbearbeitungsmaschinen
3240	Herstellung von Maschinen für die Nahrungs- und Genußmittelindustrie, Chemische Industrie usw.
3256	Herstellung von Hütten- und Walzwerkeinrichtungen
3257	Herstellung von Bau-, Baustoff- und ähnlichen Maschinen
3260	Herstellung von Zahnrädern, Getrieben, Lagern, Antriebselementen u.ä.
3270	Herstellung von Maschinen für weitere bestimmte Wirtschaftszweige[1]
3280	Sonstiger Maschinenbau[2]
3311	Herstellung von Kraftwagen und Kraftwagenmotoren
3610	Herstellung von Batterien, Akkumulatoren
3620	Herstellung von Geräten und Einrichtungen der Elektrizitätserzeugung, -verteilung und ähnlichem
3640	Herstellung von elektrischen Leuchten und Lampen
3650	Herstellung von Elektrohaushaltsgeräten
3670	Herstellung von Rundfunk-, Fernseh- und phonotechnischen Geräten und Einrichtungen
3715	Augenoptik
3721	Herstellung von Foto-, Projektions- und Kinogeräten
3751	Feinmechanik
3821	Herstellung von Werkzeugen sowie Geräten für die Landwirtschaft
4031	Herstellung von chemischen Grundstoffen
4034	Herstellung von chemischen Erzeugnissen für Gewerbe, Landwirtschaft
4037	Herstellung von fotochemischen Erzeugnissen
4090	Herstellung von Chemiefasern
5060	Herstellung von Büromaschinen

*) Abgrenzung des Fraunhofer-Instituts für Systemtechnik und Innovationsforschung (ISI), Stand: 1991. – 1) Maschinen für die Holzbearbeitung und -verarbeitung, Papier- und Druckereimaschinen; Maschinen für die Schuh- und Lederindustrie sowie für Wäschereien. – 2) Armaturen; Prüf-, Schweiß- und Kraftmaschinen; Pumpen und Druckluftgeräte; Kälte-, Trocknungs- und Waschanlagen; Waren- und Spielautomaten usw.

Vor diesem Hintergrund ist der hier gewählte Ansatz zur Untersuchung der Wirkungskette *Forschung – Innovation – Produktion – Arbeitsplätze* relativ einfach, aber nicht ohne Problematik. Er basiert nämlich darauf, daß zunächst – im Anschluß an vergleichbare Untersuchungen – bestimmte Branchen bzw. Produktgruppen als F&E-intensiv klassifiziert werden und dann die Produktion, der Beschäftigtenstand und die Verflechtungen dieser forschungsintensiven Branchen mit den übrigen Wirtschaftszweigen näher untersucht werden.

Die Klassifizierung F&E-intensiver Wirtschaftszweige des Verarbeitenden Gewerbes orientiert sich an einer Definition des Fraunhofer-Instituts für Systemtechnik und Innovationsforschung (ISI) (Grupp, Legler 1991). Danach zählen solche Wirtschaftszweige zur *Spitzentechnik*, bei denen die internen und externen F&E-Aufwendungen mehr als 8,5% des Produktionswerts betragen, und solche Wirtschaftszweige zur *höherwertigen Technik*, bei denen diese innovationsorientierten Aufwendungen zwischen 3,5 und 8,5% liegen. Die Auflistung der so definierten forschungsintensiven Wirtschaftszweige geht aus Tabelle 1 hervor. Die Klassifizierung dieser Wirtschaftszweige erfolgt auf der Basis der Verhältnisse in der Bundesrepublik Deutschland für das Jahr 1991.

Es ist klar, daß die Festlegung dieser Schwellenwerte mit einer gewissen Willkür behaftet ist, zumal es sich dabei um Durchschnittswerte handelt. Dies kann für einzelne Regionen weitere Konsequenzen haben, weil dort die Zusammensetzung der Produktion innerhalb dieser Wirtschaftszweige erheblich vom Bundesdurchschnitt abweichen kann.

3 Input-Output-Tabelle mit separierten F&E-intensiven Sektoren

Die hier zugrundegelegte Definition forschungsintensiver Produktionsbereiche orientiert sich, wie ausgeführt, an den externen und internen F&E-Aufwendungen, die für die betreffende Branche im Durchschnitt Westdeutschlands gemessen wurden. In einer eng verflochtenen, arbeitsteiligen Wirtschaft können darüber hinaus viele Branchen, die selbst nicht als F&E-intensiv angesehen werden, über Zulieferungen unterschiedlicher Art von der Produktion forschungsintensiver Produkte abhängen. Beispiele hierfür sind Gießereien oder Hersteller von NE-Metallprodukten als Zulieferer an F&E-intensive Branchen wie beispielsweise die Fertigung von Metallbearbeitungsmaschinen. Produktionssteigerungen forschungsintensiver Branchen bedeuten entsprechend mehr Aufträge an diese und andere Zulieferer. Umgekehrt werden Produktionseinbrüche oder gar Produktionsverlagerungen F&E-intensiver Wirtschaftszweige ins Ausland deren Zulieferbranchen ebenfalls in Mitleidenschaft ziehen.

Um diese und andere Zusammenhänge näher zu untersuchen, ist es erforderlich, die Verflechtungen zwischen F&E-intensiven und weniger F&E-intensiven Produktionsbereichen systematisch aufzuzeichnen. Für Baden-Württemberg ist dies über eine Input-Output-Tabelle möglich, in der die forschungsintensiven Produktionsbereiche separiert dargestellt sind. Basis für die Erstellung einer solchen erweiterten Verflechtungstabelle war die Input-

Output-Tabelle 1990 des Statistischen Landesamts, die intern nach 58 Produktionsbereichen vorliegt; deren Gliederungstiefe entspricht der Veröffentlichungstiefe der Input-Output-Tabellen des Statistischen Bundesamts bzw. – für das Verarbeitende Gewerbe – der Darstellung nach SYPRO-Zwei-Stellern in der bis 1994 gültigen Systematik. Auf dieser Basis konnten sich entsprechend der obigen Definition acht forschungsintensive Produktionsbereiche separieren lassen. Aus unterschiedlichen Gründen werden die Input-Output-Tabellen Baden-Württembergs jedoch nur nach 27 Produktionsbereichen veröffentlicht; auf dieser Gliederungstiefe ergeben sich fünf F&E-intensive Produktionsbereiche. Im einzelnen handelt es sich um folgende Bereiche:

- Chemie, Mineralöl:
  Herstellung von chemischen Erzeugnissen, Mineralölerzeugnissen, Herstellung und Verarbeitung von Spalt- und Brutstoffen,
- Stahl-, Maschinenbau, ADV:
  Herstellung von Stahl- und Leichtmetallbauerzeugnissen, Schienenfahrzeugen, Maschinenbauerzeugnissen, Büromaschinen, ADV-Geräten und -Einrichtungen,
- Fahrzeuge:
  Herstellung von Straßen-, Wasser-, Luft- und Raumfahrzeugen,
- Elektrotechnik:
  Herstellung von elektrotechnischen, feinmechanischen und optischen Erzeugnissen sowie Uhren,
- EBM-Waren:
  Herstellung von EBM-Waren, Musikinstrumenten, Spielwaren, Sportgeräten und Schmuck.

Eine Input-Output-Tabelle mit separierten F&E-intensiven Produktionsbereichen ist zumindest für Deutschland ein Novum. Die Erstellung einer solchen Tabelle für ein Bundesland ist gleichzeitig mit erheblichen konzeptionellen und methodischen Schwierigkeiten verbunden.

3.1 Grundsätzliche Methodenprobleme

In Ergänzung zu der bereits genannten Problematik ist zunächst darauf hinzuweisen, daß die Aufwendungen für Forschung und Entwicklung in erster Linie bei Unternehmen anfallen. Die konkrete Innovationstätigkeit einerseits und die Produktion dieser forschungsintensiven Güter andererseits kann deshalb durchaus in Betriebsstätten stattfinden, die sich an anderen Orten als dem Unternehmenssitz oder der Forschungsabteilung befinden. Dieses Phänomen gilt bereits international, wenn man beispielsweise an Produktionsstätten außerhalb Deutschlands denkt, die in deutschen Labors entwickelte Forschungsergebnisse im Ausland umsetzen, bzw. umgekehrt wenn in Deutschland auf Forschungsergebnisse von Abteilungen internationaler Konzerne zurückgegriffen wird, die ihren Sitz im Ausland haben. Innerhalb einer nationalen Volkswirtschaft verschärft sich diese regionale Abgrenzungsproblematik entsprechend, weil dort der Verflechtungsgrad noch größer ist. Beispielsweise kann es sein, daß der tatsächliche Aufwand an Forschung und Entwicklung, wie er in Baden-Württemberg in einer bestimmten Branche geleistet wurde, sich gar nicht in der baden-württembergischen Produktion forschungsintensiver Güter niederschlägt. Umgekehrt können die F&E-Aufwendungen für Produkte, die in Baden-Württemberg hergestellt wurden, tatsächlich in anderen Bundesländern angefallen sein.

Darüber hinaus sind bei der Erstellung einer Input-Output-Tabelle mit innovationsrelevanten Strömen für Baden-Württemberg alle methodischen und konzeptionellen Schwierigkeiten zu beachten, die bereits bei der Erstellung traditioneller Input-Output-Tabellen für Regionen auftauchen. Sie betreffen insbesondere die Lieferungen und Bezüge von Waren und Dienstleistungen im Austausch mit anderen Bundesländern, aber auch allgemein die Regionalisierung von unternehmensbezogenen Inputs und Outputs (Münzenmaier 1997).

3.2 Vorgehensweise

3.2.1 Überblick

Die Input-Output-Tabelle 1990 mit separierten forschungsintensiven Produktionsbereichen für Baden-Württemberg wird in den Jahrbüchern für Statistik und Landeskunde von Baden-Württemberg 1997 veröffentlicht. Um die nachfolgend zu untersuchenden Auswirkungen forschungsintensiver Produkte auf die Wirtschaft und auf den Arbeitsmarkt Baden-Württembergs angemessen beurteilen zu können, ist es erforderlich, die Erstellung dieser, um forschungsintensive Verflechtungsströme erweiterten Input-Output-Tabelle kurz zu beschreiben.

Im wesentlichen ging es bei der Berechnung dieser innovationsorientierten Verflechtungstabelle darum, die Tabellenwerte der Input-Output-Tabelle Baden-Württembergs 1990 in F&E-intensive und weniger F&E-intensive Teile aufzuspalten. Dies geschah grundsätzlich auf der Basis der Input-Output-Tabelle nach 58 Produktionsbereichen. Für die Aufspaltung der einzelnen Tabellenfelder wurden Informationen in erheblich tieferer Sektorengliederung herangezogen. Bei allen Rechenschritten mußten die Besonderheiten berücksichtigt werden, die sich aus der Anwendung des Funktionalkonzepts ergeben und dabei auch die Erfassung bestimmter firmeninterner Lieferungen und Leistungen betreffen.

3.2.2 Einzelne Aggregate und Felderwerte

Die Aufteilung der Bruttoproduktionswerte konnte mit Hilfe von Umsätzen und Produktionsdaten der Statistiken des Verarbeitenden Gewerbes relativ problemlos vorgenommen werden.

Die Untergliederung der Beiträge zur Bruttowertschöpfung und deren Zuordnung auf F&E-intensive und weniger F&E-intensive Teilbereiche konnte mit differenzierten Auswertungen der Kostenstrukturerhebung bewerkstelligt werden; es wurde also die Inputmethode verwendet.

Die Tabellenwerte des zweiten Quadranten mußten sozusagen zeilenweise verteilt und den forschungsintensiven und weniger forschungsintensiven Lieferbereichen zugeordnet werden. Hierfür gaben die Daten der Statistiken über den Inlandsumsatz und Auslandsumsatz des Verarbeitenden Gewerbes wichtige Hinweise. Die Zuordnung der inländischen Umsätze auf die Hauptaggregate des Verbrauchs, also im wesentlichen Zwischennachfrage, privater Verbrauch und Anlageinvestitionen, gelang über eine differenzierte Auswertung der Vierteljährlichen Produktionsstatistik im Sinne einer Commodity-Flow-Methode, es kam hier also die Outputmethode zur Anwendung.

Besonders aufwendig war die Bestimmung der F&E-relevanten Verflechtungsbeziehungen innerhalb der Vorleistungsmatrix. Hierzu mußten einzelne Tabellenfelder des ersten Quadranten in bis zu vier Teilfelder aufgeteilt werden. Bei dieser Aufspaltung von Felderwerten kam sowohl die Inputmethode als auch die Outputmethode zum Tragen. Wesentliche Datenquelle für die Inputmethode waren Informationen der Material- und Wareneingangserhebung sowie der Kostenstrukturerhebung, speziell für einzelne Dienstleistungsinputs; damit ließen sich die Güterbezugsstrukturen der beiden F&E-relevanten Teilbereiche bestimmen. Für die Differenzierung der Inputs nach forschungsintensiven und weniger forschungsintensiven Lieferbereichen wurden wieder die Ergebnisse der Vierteljährlichen Produktionsstatistiken entsprechend der Commodity-Flow-Methode und damit der Outputmethode ausgewertet.

Ziel der gesamten Tabellenerstellung war der Ausweis von Input-Output-Daten entsprechend einer regionalen Verflechtungstabelle, in der im ersten und zweiten Quadranten nur Ströme innerhalb der Wirtschaft Baden-Württembergs abgebildet werden (intraregionale Verflechtung). Da vor allem die bei der Inputmethode angewandten Rechenschritte nur eine Aufteilung von Felderwerten einer technologischen Verflechtungstabelle erlauben, bei der im ersten und zweiten Quadranten die Einfuhren aus dem Ausland und die Bezüge aus anderen Bundesländern mitenthalten sind, mußten die Ergebnisse mit Hilfe plausibler Annahmen über die Bezüge aus anderen Wirtschaftsgebieten umgearbeitet werden. Hierzu konnten interne Informationen und Daten der Input-Output-Rechnung verwendet werden.

Die Zahlen, deren Ermittlung hier nur in geraffter Form beschrieben werden konnte, mußten im Zuge einer abschließenden Konsistenzprüfung in einigen Fällen noch angepaßt werden. Allerdings war der Korrekturbedarf relativ gering, so daß die um innovationsrelevante Ströme erweiterte Input-Output-Tabelle Baden-Württemberg 1990 als eine gute Basis für Analysen angesehen werden kann.

4 Beschäftigungseffekte der Produktion forschungsintensiver Güter in Baden-Württemberg

Mit der Entwicklung von Input-Output-Tabellen, die spezifische Informationen über die Verflechtungsbeziehungen der forschungsintensiven Güterproduktion beinhalten, wurde eine ganz wesentliche Voraussetzung geschaffen, um die vielschichtigen Zusammenhänge zwischen der F&E-intensiven Güterherstellung und deren Zulieferebenen transparent zu machen und die daraus resultierenden Beschäftigungseffekte zu quantifizieren. Die Arbeitsplatzeffekte, die von der Güterherstellung in forschungsintensiven Branchen ausgehen, umfassen nämlich nicht nur die unmittelbar in diesen Branchen erwerbstätigen Personen, sondern auch die Arbeitsplätze bei den verschiedenen Zulieferern. In welchem Umfang die weniger forschungsintensiven Wirtschaftsbereiche von der Herstellung F&E-intensiver Güter profitieren, hängt davon ab, welche Güter und Dienstleistungen zu deren Herstellung benötigt werden.

4.1 Erwerbstätige in den forschungsintensiven Produktionsbereichen

Im Jahr 1990 waren in Baden-Württemberg 825 100 Erwerbstätige unmittelbar mit der Herstellung F&E-intensiver Güter beschäftigt[1] (vgl. Tabelle 2). Dies sind 47% und damit fast die Hälfte aller Erwerbstätigen des Verarbeitenden Gewerbes insgesamt.

Innerhalb der F&E-intensiven Branchen gingen die größten direkten Beschäftigungswirkungen vom Maschinenbau (35%), der Elektrotechnik (31%) und dem Straßenfahrzeugbau (15%) aus, in denen zusammen mehr als 80% dieser Erwerbstätigen arbeiteten. Wie ein Vergleich mit der Zahl der Erwerbstätigen in der Güterherstellung der sechs teilweise F&E-intensiven Produktionsbereiche (Tabelle 2) zeigt, wurde die Zahl der Arbeitsplätze in den einzelnen Produktionsbereichen – mit Ausnahme des Bereichs der EBM-Waren – eindeutig durch die forschungsintensiven Teilbereiche geprägt.

[1] Für die Aufteilung der Erwerbstätigen entsprechend dem Konzept der Input-Output-Rechnung auf F&E-intensive und weniger F&E-intensive Teilbereiche wurden Beschäftigtenzahlen nach fachlichen Betriebsteilen aus der Statistik des Verarbeitenden Gewerbes herangezogen. In einer früheren Untersuchung wurden - im Unterschied zu dem hier verwendeten Konzept - die Arbeitsplätze über die Beschäftigten der Fachstatistik gemessen (Kaiser, Münzenmaier 1995).

Tab. 2: Erwerbstätige in F&E-intensiven und weniger F&E-intensiven Produktionsbereichen des Verarbeitenden Gewerbes in Baden-Württemberg 1990

Produktionsbereich	F&E-intensive Produktionsbereiche	weniger F&E-intensive Produktionsbereiche	insgesamt
	Anzahl		
vollständig F&E-intensiv			
Herstellung von...			
Büromaschinen, ADV-Geräten und -Einrichtungen	26 900	---	26 900
Luft- und Raumfahrzeugen	10 800	---	10 800
teilweise F&E-intensiv Herstellung von...			
chemischen Erzeugnissen, Spalt- und Brutstoffen	54 400	12 100	66 500
Maschinenbauerzeugnissen	289 300	31 800	321 100
Straßenfahrzeugen	127 300	114 400	241 700
elektrotechnischen Erzeugnissen	254 300	13 100	267 400
feinmechanischen und optischen Erzeugnissen, Uhren	53 000	10 100	63 100
EBM-Waren	9 100	68 200	77 300
weniger F&E-intensiv			
übrige Produktionsbereiche des Verarbeitenden Gewerbes	---	686 300	686 300
Insgesamt	825 100	936 000	1 761 100

Quelle: Statistisches Landesamt Baden-Württemberg

4.2 Zulieferbedingte Beschäftigungseffekte der forschungsintensiven Güterproduktion

Um die Auswirkungen F&E-intensiver Güterproduktion auf den Arbeitsmarkt in Baden-Württemberg vollständig abschätzen zu können, sind die Bezugsstrukturen der forschungsintensiven Produktionsbereiche maßgeblich[2]. Auf der Grundlage der neu entwickelten, hier erstmals vorgestellten Input-Output-Tabelle mit zusätzlichen F&E-Informationen können außerdem differenzierte

[2] In der bereits genannten früheren Untersuchung zur forschungsintensiven Güterproduktion in Baden-Württemberg konnten wichtige Erkenntnisse über die Verflechtungsbeziehungen F&E-intensiver Güter gewonnen werden. Den Schwerpunkt bildeten dabei Analysen zur Absatzstruktur dieser Güter im Vergleich zu den weniger F&E-intensiven Gütern. Diesen Untersuchungen zufolge haben F&E-intensive Güter tendenziell einen ausgeprägteren Vorleistungscharakter und weisen beim Auslandsumsatz einen höheren Anteil auf.

Aussagen über Unterschiede und Gemeinsamkeiten der Bezugsstrukturen F&E-intensiver und weniger F&E-intensiver Produktionsbereiche getroffen werden.

4.2.1 Vorleistungsquoten

Bei den F&E-intensiven Gütern der Gesamtwirtschaft entfallen rund 60% des Bruttoproduktionswertes auf Vorleistungsbezüge aus dem In- und Ausland und 40% auf die Bruttowertschöpfung, also im wesentlichen auf die Entlohnung der Faktoren Arbeit und Kapital. Bei den weniger F&E-intensiven Gütern und Dienstleistungen beträgt dieses Verhältnis dagegen 50:50 (Abbildung 1). Der geringere Wertschöpfungsanteil bzw. höhere Vorleistungsanteil bei der F&E-intensiven Güterherstellung ist in erster Linie auf die höhere Wertschöpfungsintensität bei den Dienstleistungen zurückzuführen. Beschränkt man diesen Vergleich nämlich nur auf das Verarbeitende Gewerbe, so sind keine gravierenden Unterschiede im Verhältnis von Vorleistungsbezügen und Bruttowertschöpfung erkennbar.

Abb. 1: Bezugsstrukuren F&E-intensiver und weniger F&E-intensiver Produktionsbereiche in Baden-Württemberg 1990

- Anteile am Bruttoproduktionswert in v.H. -

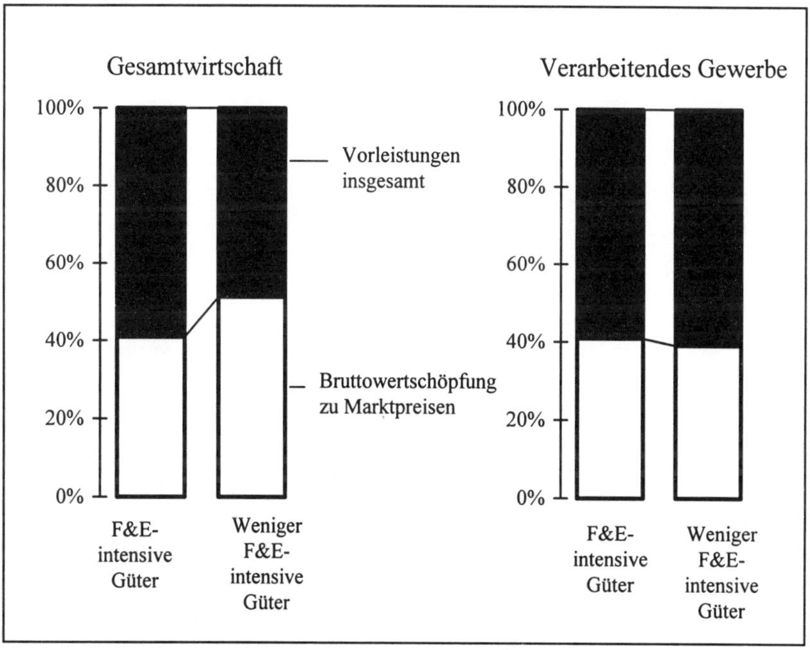

Quelle: Statistisches Landesamt Baden-Württemberg

Innerhalb der einzelnen Produktionsbereiche weichen jedoch die Vorleistungsquoten für F&E-intensive und weniger F&E-intensive Teilbereiche teilweise deutlich voneinander ab. So ist beispielsweise die F&E-intensive Güterproduktion in den Bereichen *Straßenfahrzeugbau* und *Elektrotechnik* vorleistungsintensiver als die restliche Produktion dieser Bereiche, während dies innerhalb des *Maschinenbaus* für die weniger F&E-intensive Güterherstellung gilt.

4.2.2 Grobstruktur der Vorleistungsbezüge

Bei näherer Betrachtung der Vorleistungsbezüge nach bezogenen Gütern und Diensten weisen auch die Bezugsstrukturen innerhalb der beiden Technologiegruppen des Verarbeitenden Gewerbes – also den F&E-intensiven und weniger F&E-intensiven Branchen – erhebliche Unterschiede auf (Abbildung 2). Von den Vorleistungsbezügen aus baden-württembergischer Produktion entfällt bei den F&E-intensiven Gütern rund ein Drittel auf F&E-intensive Vorleistungen (34%), bei den übrigen Gütern des Verarbeitenden Gewerbes dagegen nur 8%. Dies deutet darauf hin, daß im Verarbeitenden Gewerbe die Verflechtungsbeziehungen innerhalb der jeweiligen Gütergruppen eines Technologiegrades – die sogenannten intrasektoralen Verflechtungen der Technologiegruppen – ein starkes Gewicht haben (vgl. hierzu auch den Beitrag von Schnabl in diesem Band).

Abb. 2: Bezugsstrukturen F&E-intensiver und weniger F&E-intensiver Produktionsbereiche des Verarbeitenden Gewerbes in Baden-Württemberg 1990
- Anteile an den gesamten Vorleistungsbezügen aus baden-württembergischer Produktion in v.H. -

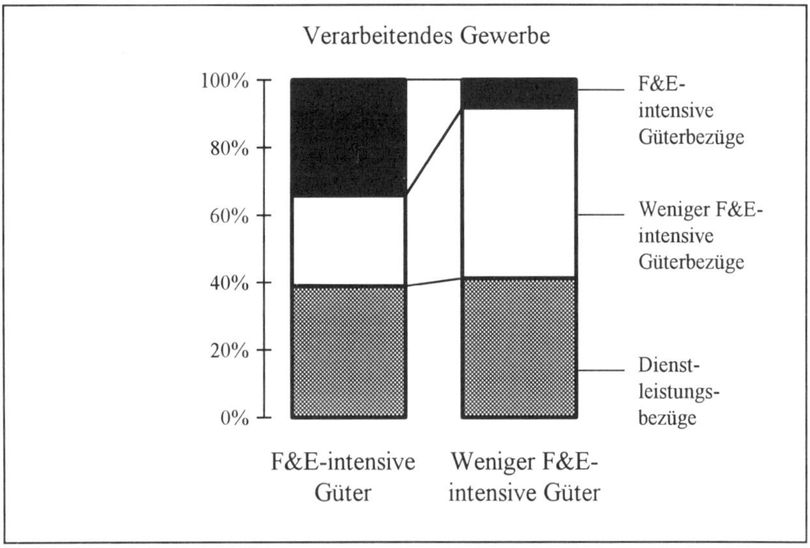

Quelle: Statistisches Landesamt Baden-Württemberg

4.2.3 Feinstruktur der Vorleistungsbezüge

Allerdings handelt es sich hierbei nur um eine Durchschnittsbetrachtung, die nicht ohne weiteres auf einzelne Produktgruppen übertragen werden kann. Dies zeigt die Untersuchung der Bezugsstrukturen einzelner Produktionsbereiche, die sowohl F&E-intensiv als auch weniger F&E-intensiv sind (Abbildung 3). Nur in der Hälfte der betrachteten sechs Produktionsbereiche – nämlich dem Straßenfahrzeugbau, der Chemie und der Herstellung von EBM-Waren – war der Anteil F&E-intensiver Vorleistungsbezüge aus baden-württembergischer Produktion im forschungsintensiven Teilbereich der gesamten Produktgruppe deutlich höher als im weniger F&E-intensiven Teilbereich. Aus den Bezugsstrukturen der betrachteten Produktionsbereiche läßt sich somit kein einheitliches Bild ableiten. Dies gilt im übrigen auch für die Anteile der Dienstleistungsbezüge, die sowohl innerhalb eines Produktionsbereichs als auch im Vergleich zu anderen Gütergruppen erhebliche Unterschiede aufweisen. Letzteres verdient insoweit besondere Erwähnung, als bei den in Abbildung 2 nachgewiesenen Strukturen für das gesamte Verarbeitende Gewerbe der Anteil der Dienstleistungsbezüge in beiden Teilbereichen etwa gleich hoch war.

Diese Ergebnisse unterstreichen die Bedeutung einer detaillierten Untersuchung der Bezugsstrukturen, wie sie jetzt mit der um F&E-Informationen erweiterten Input-Output-Tabelle möglich ist. Bereits bei einer groben Aufteilung der Vorleistungsbezüge in F&E-intensive und weniger F&E-intensive Güterbezüge sowie in Dienstleistungsbezüge sind Unterschiede in den Bezugsstrukturen zwischen den forschungsintensiven und weniger forschungsintensiven Produktionsbereichen des Verarbeitenden Gewerbes erkennbar. Dies wirkt sich auf die Beschäftigung in den Zulieferbranchen aus.

Abb. 3: Bezugsstrukturen teilweise F&E-intensiver Produktionsbereiche in Baden-Württemberg 1990

- Anteile an den gesamten Vorleistungsbezügen aus baden-württembergischer Produktion in v.H. -

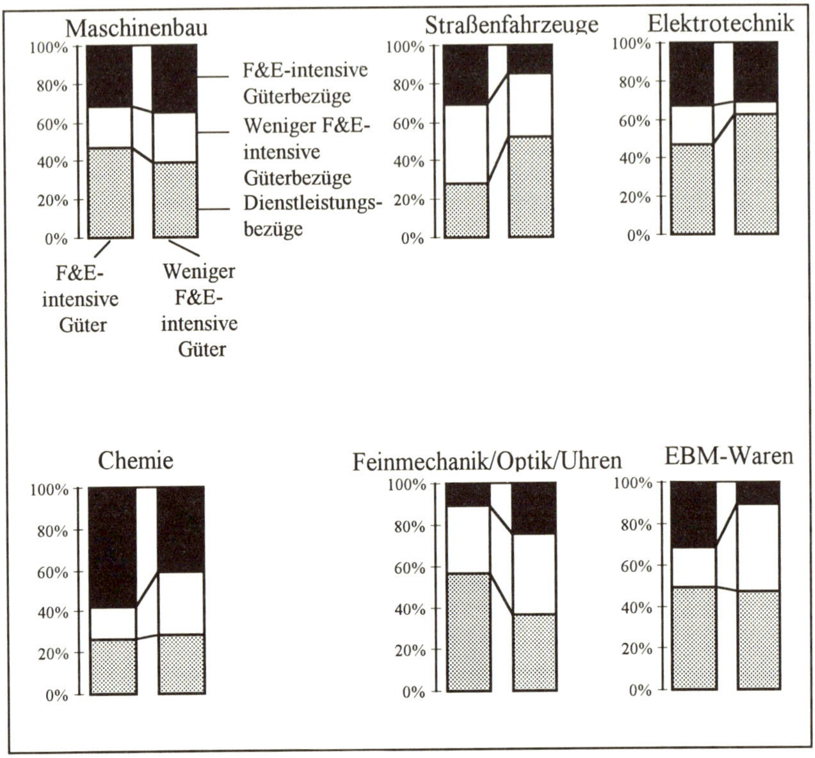

Quelle: Statistisches Landesamt Baden-Württemberg

4.2.4 Beschäftigungseffekte außerhalb der forschungsintensiven Produktionsbereiche

Eine umfassende Berechnung der Beschäftigungseffekte der F&E-intensiven Güterproduktion ermöglicht die Input-Output-Modellanalyse[3]. Die Modellrechnungen beruhen auf dem offenen statischen Leontief-Mengenmodell, mit dessen Hilfe man zunächst die Auswirkungen einer exogenen Nachfrageänderung auf die Produktion aller vorgelagerten Produktionsstufen quantifizieren und anschließend mittels Produktivitätsgrößen in Beschäftigungseffekte umrechnen kann. Konkret wurde als exogene Nachfrageänderung der gesamte

[3] Im Vergleich zu der bereits erwähnten früheren Untersuchung konnten die Berechnungsmethoden erheblich verbessert werden, weil nun auf eine vollständige Input-Output-Tabelle mit F&E-relevanten Verflechtungsbeziehungen zurückgegriffen werden konnte. Es ist geplant, in einer methodischen Untersuchung hierauf näher einzugehen.

Vektor der Endnachfrage nach F&E-intensiven Gütern verwendet. Dieser Vektor der Endnachfrage wurde der um F&E-intensive Produktionsbereiche erweiterten Input-Output-Tabelle für Baden-Württemberg entnommen.

Von den so berechneten indirekten Beschäftigungseffekten mußten diejenigen Erwerbstätigen abgezogen werden, die zwar Zulieferleistungen erbringen, aber in den F&E-intensiven Branchen selbst beschäftigt sind. Die nachfolgend ausgewiesenen indirekten Erwerbstätigen umfassen also nur die Personen, die außerhalb der F&E-intensiven Produktionsbereiche für die Herstellung forschungsintensiver Produkte tätig sind. Dieses differenzierte Vorgehen war nötig, um Doppelzählungen zu vermeiden, wenn die indirekten Beschäftigungseffekte zu den direkten Erwerbstätigen addiert werden. Die in Tabelle 2 ausgewiesenen direkten Erwerbstätigenzahlen umfassen nämlich alle Erwerbstätigen, die forschungsintensive Güter herstellen, unabhängig davon, ob diese in die Endnachfrage gehen oder als Vorleistungsgüter nachgefragt werden. Eine entsprechende Untergliederung dieser primärstatistisch abgesicherten Daten der Tabelle 2 in endnachfrage- und vorleistungsbedingte Erwerbstätige ist nicht möglich.

Wie die in Tabelle 3 dargestellten Ergebnisse zeigen, waren 1990 in Baden-Württemberg rund 291 300 Erwerbstätige damit beschäftigt, weniger F&E-intensive Zulieferleistungen für die Herstellung F&E-intensiver Güter zu erbringen. Diese *indirekt* für die Herstellung F&E-intensiver Güter Erwerbstätigen können zu den unmittelbar Erwerbstätigen (825 100; vgl. Tabelle 2) addiert werden, weil der Ansatz wie gesagt garantiert, daß Doppelzählungen ausgeschlossen sind. Damit hingen von der F&E-intensiven Güterproduktion in Baden-Württemberg insgesamt 1 116 400 Arbeitsplätze ab. Mit 291 300 entfiel davon mehr als ein Viertel (26%) auf weniger F&E-intensive Zulieferbereiche.

Wie aus Tabelle 3 hervorgeht, profitierte das Verarbeitende Gewerbe zu rd. 29% von diesen zulieferbedingten Beschäftigungseffekten. Noch höher waren die Arbeitsplatzeffekte im Bereich der vorgelagerten sonstigen Dienstleistungen mit rd. 40% aller zulieferbedingten Arbeitsplätze, von denen allein 33% auf sonstige marktbestimmte Dienstleistungen wie Vermietung, Gastgewerbe, Wissenschaft, Gesundheitswesen sowie externe Ingenieur- und Beratungsleistungen entfielen.

Tab. 3: Durch die Endnachfrage nach baden-württembergischen F&E-intensiven Gütern bzw. weniger F&E-intensiven Gütern des Verarbeitenden Gewerbes in Baden-Württemberg ausgelöste Beschäftigungseffekte außerhalb der betreffenden Bereiche 1990

Produktionsbereich	Indirekt abhängige Erwerbstätige durch die Endnachfrage nach ...			
	... F&E-intensiven Gütern		... weniger F&E-intensiven Gütern des Verarbeitenden Gewerbes	
	Anzahl	%	Anzahl	%
Verarbeitendes Gewerbe	83 500	*28,7*	23 700	*8,8*
davon:				
F&E-intensiv	---	---	23 700	*8,8*
weniger F&E-intensiv	83 500	*28,7*	---	---
Landwirtschaft	3 100	*1,0*	66 200	*24,7*
Energie, Bergbau	4 000	*1,4*	6 000	*2,3*
Bau	5 900	*2,0*	6 400	*2,4*
Handel	57 600	*19,8*	48 500	*18,1*
Verkehrsleistungen einschließlich Postdienstleistungen	21 300	*7,3*	26 000	*9,7*
Sonstige Dienstleistungen	115 800	*39,8*	91 100	*34,0*
Insgesamt	291 300	*100*	267 800	*100*
Differenzen in den Summen durch Runden der Zahlen.				

Quelle: Statistisches Landesamt Baden-Württemberg

5 Vergleichsuntersuchungen zur weniger forschungsintensiven Güterproduktion des Verarbeitenden Gewerbes

Die Größenordnung dieser Beschäftigungseffekte aufgrund der Produktion F&E-intensiver Güter läßt sich mit Hilfe einer Vergleichsuntersuchung noch besser einordnen. Gerade im Hinblick auf das Thema „Innovation und Arbeit“ dürfte es nämlich interessant sein, diese Ergebnisse mit den Beschäftigungseffekten zu vergleichen, die von der Produktion weniger F&E-intensiver Güter des Verarbeitenden Gewerbes ausgehen. Damit kann auch untersucht werden, ob von der forschungsintensiven Produktion in Baden-Württemberg stärkere

Mitzieheffekte auf die Beschäftigung in anderen Produktionsbereichen ausgehen oder umgekehrt.

Zunächst wurde eine Vergleichsuntersuchung methodisch analog zur obigen Modellrechnung durchgeführt. Mit Hilfe der Input-Output-Modellanalyse wurden also die gesamten Beschäftigungseffekte erfaßt, die von der Produktion weniger F&E-intensiver Güter auf andere Produktionsbereiche ausgehen. Auch diese Beschäftigungseffekte können zu den direkten Erwerbstätigenzahlen entsprechend Tabelle 2 addiert werden.

5.1 Direkte Beschäftigungseffekte

Wie Tabelle 2 zeigt, waren für die Herstellung weniger F&E-intensiver Güter des Verarbeitenden Gewerbes im Jahr 1990 in Baden-Württemberg 936 000 Personen direkt tätig. In den F&E-intensiven Branchen waren die direkten Beschäftigungseffekte mit 825 100 um 12% niedriger.

5.2 Indirekte Beschäftigungseffekte in anderen Produktionsbereichen

Für die Produktion weniger F&E-intensiver Güter des Verarbeitenden Gewerbes arbeiteten 267 800 Erwerbstätige als Zulieferer in anderen Produktionsbereichen, also bei F&E-intensiven Branchen des Verarbeitenden Gewerbes und bei Branchen außerhalb des Verarbeitenden Gewerbes, insbesondere bei Dienstleistungsunternehmen (Tabelle 3). Demgegenüber erforderten die F&E-intensiven Branchen Zulieferleistungen anderer Bereiche in Höhe von 291 300 Erwerbstätigen; diese lagen also um 9% höher.

5.3 Gesamte Beschäftigungseffekte

Insgesamt, d.h. direkt und indirekt, hingen damit im Jahr 1990 in Baden-Württemberg von der Produktion weniger F&E-intensiver Güter des Verarbeitenden Gewerbes 1 203 800 Arbeitsplätze ab (Tabelle 4). Die F&E-intensive Güterherstellung hatte demgegenüber eine Beschäftigungswirkung von insgesamt 1 116 400 Erwerbstätigen, das sind 7% weniger als bei der Produktion weniger F&E-intensiver Güter.

Dies ist ein bemerkenswertes Ergebnis dieser Vergleichsrechnung. Denn in den F&E-intensiven Branchen arbeiteten 1990, wie Tabelle 2 zeigt, weniger Personen (825 100) als in den weniger F&E-intensiven Branchen des Verarbeitenden Gewerbes (936 000), aber von der forschungsintensiven Güterproduktion gingen höhere Mitzieheffekte auf andere Branchen aus: Die Relation beträgt hier – wie erwähnt – 291 300 gegenüber 267 800 Erwerbstätige (vgl. Tabelle 3). Bezieht man diese Mitzieheffekte auf die Zahl der direkten Erwerbstätigen, dann liegen die Verhältniszahlen bei 35% gegenüber 29%.

Tab. 4: Gesamte Beschäftigungseffekte aufgrund der Produktion F&E-intensiver bzw. weniger F&E-intensiver Güter des Verarbeitenden Gewerbes 1990

Produktionsbereich	Direkt und indirekt abhängige Erwerbstätige durch			
	F&E-intensive Bereiche		weniger F&E-intensive Bereiche	
	Anzahl	%	Anzahl	%
Verarbeitendes Gewerbe	908 600	*81,4*	959 700	*79,7*
davon:				
F&E-intensiv	825 100	*73,9*	23 700	*2,0*
weniger F&E-intensiv	83 500	*7,5*	936 000	*77,7*
Landwirtschaft	3 100	*0,3*	66 200	*5,5*
Energie, Bergbau	4 000	*0,4*	6 000	*0,5*
Bau	5 900	*0,5*	6 400	*0,5*
Handel	57 600	*5,2*	48 500	*4,0*
Verkehrsleistungen einschl. Postdienstleistungen	21 300	*1,9*	26 000	*2,2*
Sonstige Dienstleistungen	115 800	*10,4*	91 100	*7,6*
Insgesamt	1 116 400	*100*	1 203 800	*100*

Differenzen in den Summen durch Runden der Zahlen. Werte entnommen aus Tabelle 2 und Tabelle 3.

Quelle: Statistisches Landesamt Baden-Württemberg

5.4 Zusätzliche Berücksichtigung intrasektoraler Beschäftigungswirkungen

Bezüglich der branchenmäßigen Aufteilung der indirekten Beschäftigungseffekte muß daran erinnert werden, daß hier die indirekten Erwerbstätigen-Zahlen aufgrund der Endnachfrage nach F&E-intensiven bzw. weniger F&E-intensiven Gütern nur die Beschäftigungseffekte in den jeweils anderen Bereichen umfassen. Die aus *intrasektoralen* Verflechtungsbeziehungen resultierenden Beschäftigungseffekte sind also nicht enthalten. Wegen der größeren Zahl von Produktionsbereichen dürfte dies insbesondere bei den Beschäftigungseffekten der weniger F&E-intensiven Güterherstellung eine Rolle spielen.

Die Untersuchungen zu den Bezugsstrukturen des F&E-intensiven und weniger F&E-intensiven Verarbeitenden Gewerbes (Abbildung 2) haben ergeben, daß bei der weniger F&E-intensiven Güterproduktion ein weitaus höherer Teil der Zulieferverflechtungen auf weniger F&E-intensive als auf F&E-inten-

sive Produktionsbereiche entfällt. Dies erklärt insofern die geringen Mitzieheffekte, die von der Endnachfrage nach weniger F&E-intensiven Gütern auf das Verarbeitende Gewerbe ausgehen.

Um zu überprüfen, ob die Mitzieheffekte der F&E-intensiven Güterherstellung auf das Verarbeitende Gewerbe und die sonstigen Dienstleistungen auch dann höher sind, wenn man die intrasektoralen Beschäftigungseffekte in die Zuliefereffekte einbezieht, wurde eine weitere Vergleichsuntersuchung auf der Grundlage der traditionellen Input-Output-Analyse durchgeführt. In diesem Fall erhält man *alle* Mitzieheffekte, die von der Endnachfrage nach F&E-intensiven und weniger F&E-intensiven Gütern ausgehen.

Tab. 5: Einfluß der intrasektoralen Verflechtungsbeziehungen auf die Struktur der zulieferbedingten Beschäftigungseffekte in Baden-Württemberg 1990

Produktionsbereich	Struktur der indirekt abhängigen Erwerbstätigen (in v.H.)			
	... ohne intrasektorale Beschäftigungseffekte ... *)		... mit intrasektoralen Beschäftigungseffekten ...	
	... aufgrund der Endnachfrage nach ...			
	F&E-intensiven Gütern	weniger F&E-intensiven Gütern	F&E-intensiven Gütern	weniger F&E-intensiven Gütern
Verarbeitendes Gewerbe	28,7	8,8	45,6	30,6
Landwirtschaft	1,0	24,7	0,8	18,8
Energie, Bergbau	1,4	2,3	1,1	1,7
Bau	2,0	2,4	1,5	1,8
Handel	19,8	18,1	15,1	13,8
Verkehrsleistungen einschließlich Postdienstleistungen	7,3	9,7	5,6	7,4
Sonstige Dienstleistungen	39,8	34,0	30,3	25,9
Insgesamt	100	100	100	100

*) Tabelle 3.

Quelle: Statistisches Landesamt Baden-Württemberg

Auch nach diesen Modellrechnungen liegen die indirekten Beschäftigungseffekte bei der F&E-intensiven Güterproduktion über denen der weniger F&E-

intensiven Güterproduktion des Verarbeitenden Gewerbes, aber nicht mehr um die erwähnten 9%, sondern nur noch um 8%. Wesentlich stärker als in den absoluten Zahlen drückt sich die Ausweitung um intrasektorale Effekte in der Struktur der Beschäftigungswirkungen aus. Dies zeigt ein Vergleich der branchenmäßigen Zusammensetzung der Beschäftigungseffekte in Tabelle 5.

Aus der Gegenüberstellung in Tabelle 5 wird deutlich, daß die intrasektoralen Zulieferverflechtungen aufgrund der weniger F&E-intensiven Güterproduktion des Verarbeitenden Gewerbes einen großen Einfluß auf die Beschäftigung haben. Entfielen ohne diese Verflechtungen nur 8,8% der indirekt Erwerbstätigen auf das Verarbeitende Gewerbe, waren es unter Berücksichtigung der intrasektoralen Zulieferbeziehungen 30,6%.

Ansonsten hat sich bei der Gewichtung der in Tabelle 5 aufgeführten Bereiche keine Verschiebung ergeben. Insbesondere gingen auch bei umfassender Betrachtung der zulieferbedingten Beschäftigungswirkungen von der F&E-intensiven Güterherstellung höhere Mitzieheffekte auf die Bereiche Verarbeitendes Gewerbe, Handel und Dienstleistungen aus als von der weniger F&E-intensiven Güterherstellung des Verarbeitenden Gewerbes.

6 Auswirkungen forschungsintensiver Güterproduktion auf Wirtschaftswachstum, Strukturwandel und Beschäftigung

Die forschungsintensiven Branchen gehörten über weite Strecken der siebziger und achtziger Jahre zu den Wachstumsträgern der baden-württembergischen Wirtschaft. In diesen Dekaden lagen die durchschnittlichen jährlichen Wachstumsraten in den vollständig oder zum weitaus überwiegenden Teil forschungsintensiven Wirtschaftsbereichen – also in den Bereichen Maschinenbau, Straßenfahrzeugbau, Elektrotechnik, Chemie, Feinmechanik/Optik/Uhren, Büromaschinen/ADV sowie Luft- und Raumfahrt – bis auf wenige Ausnahmen über denen des gesamten Verarbeitenden Gewerbes.

Auch die Beschäftigtenentwicklung in den forschungsintensiven Branchen verlief seit 1978 – frühere Jahre sind wegen einer Systematik-Umstellung nicht vergleichbar – mit Ausnahme der neunziger Jahre dynamischer als im gesamten Verarbeitenden Gewerbe (Abbildung 4). Bezogen auf das Verarbeitende Gewerbe stieg der Anteil der Beschäftigten in den F&E-intensiven fachlichen Betriebsteilen von 1978 bis 1991 von knapp 45% auf über 50%. Darüber hinaus wurden auch in den Zulieferbetrieben der F&E-intensiven Branchen wichtige Arbeitsplätze geschaffen oder erhalten. Die Ergebnisse der hier erstmals vorgestellten Modellanalysen, nach denen von der Herstellung forschungsintensiver Güter vergleichsweise hohe Mitzieheffekte sowohl auf die übrigen Branchen des Verarbeitenden Gewerbes als auch auf die Dienstleistungsunternehmen ausgehen, unterstreichen, daß bis dahin die forschungsintensiven Branchen den insgesamt „weichen" Strukturwandel im Südwesten mitgetragen haben, beinhalten also eine Stärkung der unternehmensbezogenen Dienstleistungen ohne allzu starken Rückgang des Verarbeitenden Gewerbes (Eidenmüller 1996).

Abb.4: Beschäftigte in F&E-intensiven Branchen Baden-Württembergs*) 1978 – 1994
1978 = 100

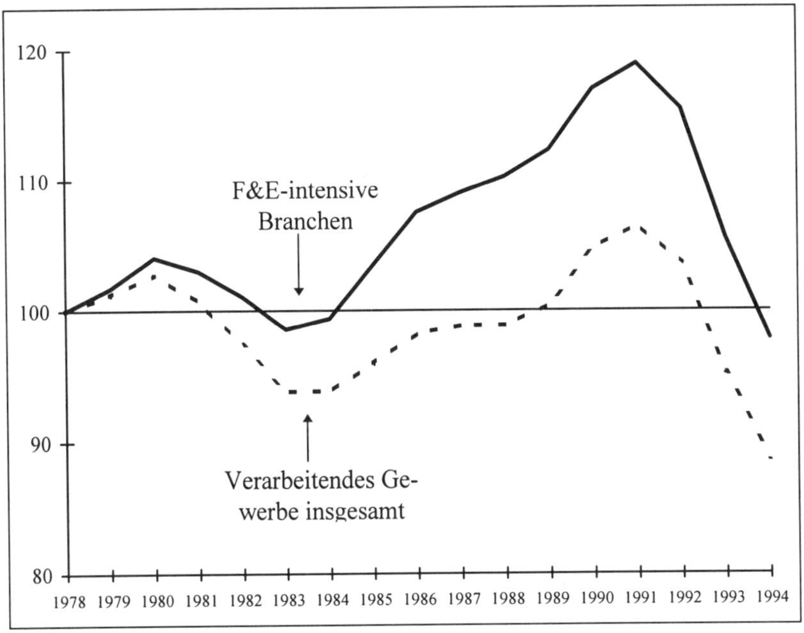

*) Nach fachlichen Betriebsteilen
Quelle: Statistisches Landesamt Baden-Württemberg

Seit Beginn der neunziger Jahre hat sich diese Situation erheblich geändert: In den forschungsintensiven Wirtschaftszweigen ist der seit 1991 zu beobachtende Abbau von Arbeitsplätzen sogar überdurchschnittlich stark ausgeprägt. Dort ist die Zahl der Beschäftigten in den fachlichen Betriebsteilen von 1991 bis 1994 um 18% zurückgegangen, im übrigen Verarbeitenden Gewerbe dagegen nur um 16%.

Die Ursache hierfür ist, daß forschungsintensive Branchen in höherem Maße exportorientiert und damit einem stärkeren Rationalisierungsdruck ausgesetzt waren. Im Zeitraum 1988 bis 1993 hat sich die Weltkonjunktur erheblich abgeschwächt, was besonders die F&E-intensiven Branchen in Mitleidenschaft gezogen hat. Hinzu kamen Anfang der neunziger Jahre hohe Tarifabschlüsse, die durch die gute Auftragslage aufgrund der deutschen Wiedervereinigung realisierbar waren. Neben den hohen Lohnkosten haben die Aufwertungen der DM die Wettbewerbsfähigkeit der forschungsintensiven und gleichzeitig exportorientierten Branchen zusätzlich verschlechtert. Um den Anschluß an die internationale Konkurrenz halten zu können und Spielräume für Preisnachlässe zu erhalten, haben die Unternehmer produktivitätssteigernde Maßnahmen ergriffen, die durch die rezessionsbedingt deutlich nachlassende Inlandsnachfrage noch verstärkt wurden (Landesregierung von Baden-Württemberg 1996).

Die gesamte Beschäftigungssituation wird sich in Baden-Württemberg erst dann nachhaltig verbessern, wenn der Stellenabbau im Verarbeitenden Gewerbe wieder zum Stillstand kommt. Den forschungsintensiven Branchen kommt herbei eine Schlüsselrolle zu, weil diese innerhalb des Verarbeitenden Gewerbes von großer Bedeutung sind und in den vergangenen Jahren überdurchschnittlich stark Personal abgebaut haben.

7 Zusammenfassung

Im vorliegenden Beitrag wurde erstmals eine Input-Output-Tabelle für Baden-Württemberg vorgestellt, die differenzierte Informationen über die Verflechtungsbeziehungen forschungsintensiver Produktionsbereiche enthält. Dabei wurden die F&E-intensiven Teilbereiche der baden-württembergischen Güterproduktion von den übrigen Produktionsbereichen der Input-Output-Tabelle separiert.

Diese um F&E-Informationen erweiterte Input-Output-Tabelle wurde entwickelt, um einerseits die produktionsmäßigen Verflechtungen zwischen forschungsintensiven und weniger forschungsintensiven Produktionsbereichen in Baden-Württemberg transparent zu machen und andererseits zu bestimmen, wie viele Arbeitsplätze von der forschungsintensiven Güterproduktion in Baden-Württemberg insgesamt abhängen.

Die deskriptiven Analysen über die Bezugsstrukturen F&E-intensiver Produktionsbereiche haben gezeigt, daß die Gesamtheit der forschungsintensiven Produktionsbereiche mehr F&E-intensive Güterinputs benötigt als die weniger forschungsintensiven Produktionsbereiche des Verarbeitenden Gewerbes. Bei einzelnen F&E-intensiven Gütergruppen weichen die Bezugsstrukturen allerdings teilweise deutlich von diesem Gesamtbild ab.

Aufbauend auf diesen Erkenntnissen wurden modellmäßige Input-Output-Analysen durchgeführt, um die Beschäftigungseffekte der forschungsintensiven Güterproduktion zu ermitteln. Im Jahr 1990 war die Zahl der Erwerbstätigen in den Branchen mit vergleichsweise hohen Aufwendungen für Forschung und Entwicklung geringer als in den übrigen Branchen des Verarbeitenden Gewerbes. Von der F&E-intensiven Güterproduktion gingen jedoch höhere Mitzieheffekte auf die Beschäftigung in anderen Produktionsbereichen aus. Dies gilt insbesondere für das Verarbeitende Gewerbe und die Dienstleistungen.

Die forschungsintensiven Branchen sichern somit wichtige Arbeitsplätze im Verarbeitenden Gewerbe und tragen über die Zulieferbeziehungen zu den Dienstleistungsunternehmen zum Strukturwandel bei. Anhand des jüngsten massiven Personalabbaus insbesondere in den exportorientierten Wirtschaftszweigen des Verarbeitenden Gewerbes wird deutlich, welch hoher Stellenwert diesen Branchen für die gesamte Beschäftigungssituation des Landes zukommt.

Literatur

Eidenmüller, B. (1996)
Mit Innovationen Arbeitslosigkeit vermeiden. In: VDI-Nachrichten, Nr. 24, 14. Juni 1996, S. 11.

Grupp, H., Legler, H. (1991)
Innovationspotential und Hochtechnologie – Technologische Position Deutschlands im internationalen Wettbewerb 1989/90. Herausgeber: Fraunhofer-Institut für Systemtechnik und Innovationsforschung (ISI), Niedersächsisches Institut für Wirtschaftsforschung (NIW) und Gesellschaft für Wirtschaftsförderung und Marktplanung (GEWIPLAN), Karlsruhe, Hannover.

Kaiser, M., Münzenmaier, W. (1995)
Technologische Verflechtungsstrukturen in Baden-Württemberg – Möglichkeiten und Grenzen eines Einbaus von F&E-Informationen in regionale Input-Output-Tabellen. In: Schnabl, H. (Hrsg.), Technologieverflechtung und Strukturwandel, Tübingen, S. 69-89.

Landesregierung von Baden-Württemberg (1996)
Die Auswirkungen von Währungsschwankungen seit 1990 in der EU, im Dollarraum und im Raum des japanischen Yen auf die baden-württembergische Wirtschaft. In: Statistisch-prognostischer Bericht 1996, vorgelegt vom Statistischen Landesamt Baden-Württemberg, Stuttgart, S. 97-114.

Münzenmaier, W. (1997)
Konzeptionelle und methodische Aspekte bei der Erstellung von Input-Output-Tabellen für Baden-Württemberg 1990. In: Jahrbücher für Statistik und Landeskunde von Baden-Württemberg, Jahresband 1995/96, Stuttgart.

Innovation und Beschäftigung in der BRD 1980-1990

Hermann Schnabl, Stuttgart

1 Einleitung

Der Zusammenhang zwischen Innovation und Beschäftigung ist ein schon lange etablierter Gegenstand ökonomischer Analyse. Ohne an dieser Stelle in die Tiefen der Literatur hinabzusteigen, sei an dieser Stelle lediglich an die Diskussionen zur Janusköpfigkeit des technischen Fortschritts erinnert – einerseits führe er zum „Wegrationalisieren" von Arbeitsplätzen, andererseits durch innovativere Produkte zur Entstehung neuer Arbeitsplätze – die sich durch die ganze Literatur bis heute hinzieht (vgl. hierzu den einführenden Überblick bei Grupp, in diesem Band). Frühere Untersuchungen der *direkten* Innovationsausgaben auf Produktivitätseffekte oder Beschäftigungswirkungen schienen keine systematische Beziehung aufdecken zu können. In den späten siebzigern wurde jedoch klar, daß solche Zusammenhänge – vornehmlich über die *indirekten* Verflechtungen – durchaus existieren können (Griliches 1979, Griliches, & Lichtenberg 1983, Scherer 1982).

Diese neueren Untersuchungen zeigten, daß ein „direktes", d.h. mehr oder weniger lineares, Herangehen an diese Frage wesentliche Zusammenhänge zwischen Innovationen und ihren Wirkungen außer acht ließ. Da einerseits die einzelnen Sektoren in höchst unterschiedlichem Maße F&E-Aktivitäten betreiben, andererseits dies aber nur eine von mehreren möglichen Quellen des technischen Fortschritts darstellt, da dieser auch über *Importe* oder via innovativer *Vorprodukte* inkorporiert werden kann, hängen die Effekte eines verbesserten Technikpotentials auch vom Ausmaß solcher „Innovationsimporte" und von der strukturellen Einbindung eines Sektors in ein bestimmtes technologisches Umfeld, d.h. von der *Innovationsverflechtung* ab.

Analyseansätze der siebziger und frühen achtziger Jahre begegneten diesem Defizit (Griliches, & Lichtenberg 1983, Pavitt 1984, Scherer 1982) indem sie z.B. Patentverflechtungsmatrizen erstellten. Diese Ansätze berücksichtigen jedoch nur die *direkten* Techniknehmer- und -Geber-Beziehungen, lassen aber die indirekten, d.h. sekundären und tertiären Effekte außer acht.

Im Rahmen der vom BMFT in Auftrag gegebenen Studie META II untersuchten sowohl das Ifo-Institut wie auch das DIW die Auswirkungen von Innovationen, die sog. F&E-spillovers, mittels eines Zurechnungsansatzes (Penzkofer, Schmalholz & Scholz, 1989, Meyer-Krahmer 1989, Schettkat & Wagner1989), wobei das DIW vor allem eine F&E-Kapitalstock-Betrachtung durchführte. Dieser Ansatz berücksichtigt auch die „Quasi-Diffusion" der Spillovers, muß sich aber andererseits als Kritik gefallen lassen, daß er vor allem bei absolut *neuen* technologischen Gütern falsche Verknüpfungen produziere (z.B. die andersartige Verwendung von HighTech-Keramik im Verhältnis zum Eßporzellan, vgl. Gerstenberger 1991).

2 Zur Vorgehensweise der vorliegenden Analyse

Die hier vorgelegte Analyse versucht, dem Zusammenhang zwischen Innovationsaktivitäten und ihren Beschäftigungswirkungen nachzugehen, indem für *beide* Phänomene *Indikatoren* ermittelt werden, deren Konstruktion allerdings von bisherigen Untersuchungen teilweise abweicht. Die Innovationsökonomik hat mittlerweile klar gemacht, daß sie es sowohl mit hochkomplexen wie auch stark interdependenten Sachverhalten zu tun hat, an deren Lösung man bestenfalls mittels „Proxivariablen", d.h., den Sachverhalt lediglich *näherungsweise* abbildenden *Indikatoren,* herangehen kann, schon weil „Innovation" kein eindeutig abgrenzbarer bzw. operationalisierbarer Begriff ist. Die üblichen Erwartungen bezüglich der Höhe von Korrelationskoeffizienten bzw. Bestimmtheitsmaßen sind deshalb von vornherein etwas zurückzuschrauben, handelt es sich doch um vielfältige Einflüsse, von denen „Innovation" nur einen, wenn auch einen wichtigen, darstellt.

2.1 Der Indikator der Nettobeschäftigung

Für die Arbeitsmarktwirkungen werden die nach 58 Sektoren gegliederten Statistiken des IAB herangezogen[1]. Da insbesondere das in tatsächlich erbrachten Arbeitsstunden gemessene, sog. *Arbeitsvolumen* die Produktionsverhältnisse am genauesten spiegelt, wurde in den Berechnungen auf diese Datenreihen zurückgegriffen. Damit wurden alle Probleme die bei einer Verwendung alternativer Beschäftigtenstatistiken (wie z.B. Arbeitsplätze) entstehen hätten können (Implikationen von variierenden Überstundenquoten im Zuge unterschiedlicher Auslastungsgrade, institutionelle Faktoren etc.) umgangen.

Die Zielsetzung der Konstruktion eines „validen" Beschäftigungsindikators berücksichtigt dabei die Tatsache, daß einerseits wegen der sektoralen Orientierung eine Querschnittsanalyse vorliegt, andererseits aber der Schwerpunkt der Fragestellung *intertemporal* ist. Gleichzeitig sollte der Beschäftigungsindikator die Tatsache einbeziehen, daß Innovationen einerseits, insbesondere in Form von *Produktinnovationen*, die Nachfrage und damit auch die Beschäftigung steigern, andererseits aber durch Erhöhung der Arbeitsproduktivität, insbesondere im Rahmen von *Prozeßinnovationen*, die Beschäftigung einschränken können. Dies wurde dadurch einbezogen, daß der verwendete Beschäftigungsindikator als *Nettobeschäftigungsmaß* konzipiert wurde, das um die Effekte einer gesteigerten Arbeitsproduktivität korrigiert ist. Dementsprechend wurden sektorweise die Arbeitsvolumina sowie die Stundenproduktivitäten (deflationierter Output X_i je Arbeitsstunde) jedes Sektors für das Jahr 1980 als *Basisjahr* der Analyse gleich 100 gesetzt. Sodann wurden die entsprechenden

[1] An dieser Stelle sei dem IAB für die Zurverfügungstellung der Daten gedankt

Indexwerte für die Jahre 1986 und 1990 (1980 = 100) für die Stundenproduktivität wie auch die Arbeitsvolumina der Sektoren berechnet.
Die dieser Vorgehensweise zugrundeliegenden Überlegungen lassen sich wie folgt skizzieren:

Angenommen, ein Sektor erstelle seinen Gesamtoutput von 100.000 DM mit 10.000 Arbeitsstunden. Die Stundenproduktivität beträgt dann 10 DM/h (= 100). In der darauf folgenden Periode gelingt es, durch eine Prozeßinnovation, denselben Output mit lediglich 8.000 Stunden zu produzieren. Die Stundenproduktivität steigt damit auf 12,5 DM/h, der Index der Arbeitsproduktivität Π auf 125. Der der Prozeßinnovation zuzurechnende Beschäftigungsabbau wird durch ein Sinken des Index des Arbeitsvolumens (AV) dieser Periode auf 80 signalisiert. Den Index der Nettobeschäftigung B^n, erhält man demgemäß durch das Produkt aus dem Index der Arbeitsproduktivität und dem AV-Index, das anschließend mittels Division durch 100 auf die übliche Indexdomäne renormiert wird:

$$\mathbf{B^n = (\Pi \bullet AV)/100} \qquad (1)$$

Ein Nettobeschäftigungsindex größer 100 zeigt mithin einen Steigerung der Nettobeschäftigung an.

2.2 Der Innovations-Indikator

Das zweite Standbein der Analyse, der *Innovations-Indikator*, sollte als eine Meßziffer konstruiert werden, die – über den Ansatz der Ifo-Metastudie (Penzkofer et al. 1989) hinaus einerseits nicht nur eine qualitative Gruppenunterscheidung erlaubte, sondern eine durchgängig analoge Projektion des *Ausmaßes* der Innovationsaktivitäten auf eine skalare Indikatorvariable. Sie sollte andererseits in der Lage sein, einen möglicherweise nichtlinearen Zusammenhang zwischen Innovationseffekten, eigenbezogener Innovationsaktivität und fremdbezogener Innovation (z.B. qua Vorleistungslieferungen) zu reflektieren. Hierzu wurde der auch von Penzkofer et al (1989) gewählte *Subsystemansatz* eines zugerechneten *Innovationsgehalts* der Vorleistungen verwendet, dem Gl. (2) zugrundeliegt:

$$\mathbf{X_{INN} = \langle INN \rangle \langle x \rangle^{-1} (I - A)^{-1} \langle y \rangle} \qquad (2)$$

Darin stellt <y> die Diagonalmatrix zum Endnachfrage-Vektor **y** , **<x>** die Diagonalmatrix zum Vektor der Produktionswerte **x** und <**INN**> zum Vektor der direkten Innovationsausgaben dar. Hierfür wurden die vom Ifo-Institut erhobenen Innovationsaufwendungen (breite Definition) verwendet, für deren Überlassung an dieser Stelle gedankt sei.

Gl. (2) repräsentiert damit ein *Zurechnungssystem* der Innovationsausgaben auf die Produktionsverflechtung, d.h. die (direkten und indirekten) Lieferungen der Sektoren, die benötigt werden, um die gesamte Endnachfrage **y** zu erstellen. Der dieser Zurechnung zugrundeliegende, sog. *Subsystemansatz* liefert dann auch die benötigte (nichtlineare) Information für die Ermittlung des Innovations-Indikators (vgl. Schnabl 1995b).

2.3 Zurechnung auf das Produktionssystem: Subsysteme

Das Konzept des Subsystems geht auf Arbeiten von Sraffa (Sraffa 1976) und Pasinetti (Pasinetti 1973) zurück, wurde aber schon früh innerhalb der Input-Output-Analyse zu einem festen Bestandteil der Analysen. Die Funktionsweise eines Subsystems ergibt sich wie folgt: Verfolgt man den Multiplikationsvorgang der beiden rechten Terme in Gl. (2a) auf der formalen Ebene, also:

$$\mathbf{Z_j} = (\mathbf{I} - \mathbf{A})^{-1}\,\mathbf{y}_j \qquad (2a)$$

und stellt sich gleichzeitig vor, daß der Endnachfrage-Vektor $\mathbf{y}_j$ nur aus Nullen besteht bis auf ein einziges Element $y_j = 1$ so zeigt sich, daß die Ergebnis-Matrix $\mathbf{Z_j}$ gerade die j-te *Spalte* der Leontiefinversen $(\mathbf{I} - \mathbf{A})^{-1}$ „maskiert", da die Multiplikation in jeder Zeile der Leontief-Inversen gerade das j-te Element c_{ij} $(j = 1,..,n)$ existent läßt, während alle anderen Spalten der Matrix durch die Multiplikation mit Null „verschwinden". Da das einzelne Element c_{ij} der Inversen einen sog. *Multisektorenmultiplikator* darstellt, gibt die erhalten gebliebene j-te Spalte der Inversen an, wieviel der jeweilige Zeilen-Sektor *i* insgesamt (d.h. direkt und indirekt) produzieren muß, um *eine* Einheit (entspricht der 1 an der j-ten Stelle des **y**-Vektors) des Endprodukts *j* erstellen zu helfen. Die *j*-te Spalte der Matrix $\mathbf{Z_j}$ gibt mithin die Beiträge *aller* Sektoren zur Produktion dieser Einheit des *j*-ten Endnachfragegutes (z.B. Autos) an.

Würde man nun statt des bisherigen Vektors $\mathbf{y}_j$, mit einem Vektor multiplizieren, der als j-tes Element den *absoluten* Wert dieser Endnachfrage enthält, so erhielte man in der Ergebnismatrix $\mathbf{Z_j}$ auch die *absoluten* sektoralen Produktionserfordernisse aller *n* Sektoren zur Herstellung der Endnachfrage der Kategorie *j* im Werte von y_j. Nach Sraffa wird der so errechnete Spalten-Vektor $\mathbf{z}_j$ der Matrix **Z** ein sog. *Subsystem* genannt, das *alle* zur Produktion der gewünschten Endnachfragekategorie erforderlichen Produktionsaufwendungen zusammenfaßt. Wollen wir diese Betrachtung für alle *n* Endnachfragekategorien *gleichzeitig* vornehmen, so erhalten wir das gewünschte Ergebnis durch Rechtsmultiplikation mit dem aktuellen diagonalisierten Endnachfragevektor $<\mathbf{y}>$. Eine (zeilenweise) Multiplikation der Subsystemmatrix **Z** mit dem reziproken Wert des betreffenden Produktionswerts, formal ausgedrückt durch

$$\mathbf{S} = <\mathbf{x}>^{-1}\,\mathbf{Z} = <\mathbf{x}>^{-1}\,(\mathbf{I} - \mathbf{A})^{-1}\,<\mathbf{y}> \qquad (3)$$

ergibt eine zeilenweise „Normierung" der Elemente z_{ij}, so daß ihre Zeilensumme nun 1 ergibt.

Bei einer *Zeilenbetrachtung* der Matrix **S** erhält man demnach die entsprechenden sektoralen Anteilswerte s_{ij} der einzelnen Subsysteme zur Produktion der Endnachfrage **y**. Multiplizieren wir schließlich den **S**-Operator nun von links mit der Diagonalmatrix <**INN**> der Innovationsausgaben so ergibt sich als Matrix X_{INN} wie in Gl. (2) gezeigt. Die rechnerische Distribution des sektoralen Innovationsaufwandes auf die *n* Subsysteme, beschreibt die „Widmung" der sektoralen Innovationsaktivitäten für die Produktion der *n* Endnachfragekomponenten, d.h. in welcher Weise die von einem Sektor getätigten (d.h. direkten sektoralen) Innovationsaufwendungen der Produktion der *n* Endnachfragegüter zuzurechnen sind. Während also eine *spaltenweise* Betrachtung, d.h. unter der Sichtweise des Subsystems, die Innovationsbeiträge aller Sektoren bezüglich eines bestimmten Endnachfragegutes auflistet und damit zeigt, inwieweit der Produzent dieses Endnachfragegutes Technologie*nehmer* ist, zeigt eine *zeilenweise* Sicht, wie (d.h. in welchen Relationen) ein einzelner Sektor zum Technologiegeber für die Produktion der anderen Endnachfragegüter wird. Die Innovationsgehaltsmatrix X_{INN} zeigt also die „technologische Verflechtung" der Sektoren, d.h. die in den Vorprodukten steckenden Innovationsgehalte, gemessen an den Innovationsaufwendungen.

Darüber hinaus sind jedoch auch die Werte auf der *Hauptdiagonalen* von Interesse, die häufig die höchsten Beträge in der entsprechenden Zeile bzw. Spalte darstellen. Ihr Anteil an der jeweiligen Zeilensumme des Subsystems zeigt, in welchem Ausmaß ein Sektor die der Produktion zuzurechnenden Innovationsaufwendungen für „sich selbst" im Sinne einer „Eigeninnovation" in Anspruch nimmt, während die übrigen Spaltenwerte Innovations-„Importe" von anderen Sektoren, die übrigen Zeilenwerte hingegen die an andere Sektoren implizit abgegebenen Innovations-„Exporte" spiegeln. Durch Subsysteme lassen sich demnach ökonomische Interdependenzen sichtbar machen, die auf den ersten Blick nicht ersichtlich und die i.d.R. in starkem Maße nichtlinear sind.

Hatten die eingangs angesprochenen, klassischen Analysen in bezug auf die Gegenüberstellung der direkten sektoralen F&E-Ausgaben und der hieraus „abzuleitenden" Effekte (erhöhte Produktivität, Produktion etc) keinen Erfolg, so stellt sich nun die Frage, ob die Einbeziehung der indirekten Verteilungseffekte, wie sie etwa mit der gerade dargestellten Innovationsgehalte-Matrix modelliert werden können, mehr Einsichten erbringt. Wie Penzkofer et al (1989) bereits angemerkt hatten, wird durch einen derartigen Ansatz, zumindest stärker als bisher, der Sachverhalt einbezogen, daß manche Sektoren selbst so gut wie gar keine Innovationsanstrengungen aufweisen, aber in ihren Vorprodukten in hohem Maße Hochtechnologie „importieren" und davon in einem Umfang profitieren, daß sie durchaus wettbewerbsfähig bleiben, auch ohne eigene Innovationsbemühungen. Ein Beispiel hierfür ist der Textilsektor, der selbst kaum Ausgaben für F&E tätigt, aber qua Verwendung hochtechnologischer Garne sowie von HighTech-Investionsgütern eine insgesamt beachtliche Umsetzung von Innovationen aufweist.

Die sich in der Innovationsgehalte-Matrix X_{INN} spiegelnde Zurechnung der Innovationsaufwendungen kann auf zweierlei Weise genutzt werden:

- als Datenbasis zur Ermittlung des Innovationsindex oder
- als Basis einer Subsystem-MFA, d.h. der weiterentwickelten Minimal-Flow-Analyse (Schnabl 1995b),

wobei letztere die Darstellung der charakteristischen Verknüpfungstruktur dieser Innovationsverflechtung zum Ziel hat. Die Subsystem-MFA arbeitet dabei analog der herkömmlichen MFA (Schnabl 1994) indem sie die schichtweise Zerlegung der Innovationsgehalte-Matrix X_{INN} im Sinne der Eulerschen Reihenentwicklung der Leontief-Inversen benützt und aus den so ermittelten Schichten dann die Technologie-Verflechtungsstruktur ableitet. Durch Nutzung beider Analysewege können somit ganz verschiedene Analyseperspektiven kombiniert werden und es wäre sicherlich als Bestätigung des hier versuchten Ansatzes zu werten, wenn sich die daraus ergebenden Aussagen gegenseitig bestätigen.

3 Ergebnisse

3.1 Die Gegenüberstellung von Innovations- und Beschäftigungsindikator

Für die Bildung eines aussagekräftigen Innovationsindikators bietet sich grundsätzlich die Spaltensumme (als Indikator des Innovations-Imports), die Zeilensumme (beide jeweils mit/ohne Hauptdiagonalfeld) oder der Hauptdiagonalwert als Repräsentant der *Eigeninnovation* des betreffenden Sektors oder Kombinationen aus diesen Elementen im Sinne der Bildung einer nationalen „Innovationsfunktion" an. Aus Platzgründen können hier nicht alle denkbaren Kombinationen durchgespielt werden, doch ergaben sich für *zwei* „plausible" Ansätze relativ gute Regressionsergebnisse: Dies war einmal die Wahl der sog. *Eigeninnovation* eines Sektors (X_{ii}) auf die hier primär abgestellt wird, zum anderen ein in diesem Zusammenhang zumindest theoretisch naheliegender Cobb-Douglas-Ansatz der die Wurzel des Produkts aus Zeilen- und Spaltensumme (jeweils ohne Hauptdiagonale) heranzog.

Da die Innovationsgehaltematrix X_{INN} in ihren Feldern absolute DM-Beträge aufweist, ist es einfach, durch Normierung dieser Werte an den jeweiligen Produktionswerten der Sektoren einen prozentualen Anteilswert zu erhalten, der als der gewählte Innovationsindikator im Sinne der obigen Überlegungen dient. Entsprechend ergaben sich Indikatorwerte zwischen 0 und maximal ca. 18%. Der diesem gegenüberzustellende Netto-Beschäftigungsindikator variierte zwischen ca. 47 und 240% . Abbildung 1 zeigt die Gegenüberstellung des Innovationsindikators (Abszisse) und des Nettobeschäftigungsindikators und läßt sich folgendermaßen interpretieren: Sektoren die im Jahre 1980 eine vergleichsweise hohe Innovationsaktivität entfalteten, wiesen 1986 und – für die meisten Sektoren in noch stärkerem Maße – auch 1990 höhere reale Nettobeschäftigungeffekte auf, als Sektoren mit vergleichsweise niedrigeren Eigeninnovationen. Die gestrichelten Linien geben die Mittelwerte (bei 3,28%-Punkten des Innovationsindikators und ca. 120%-Punkten des Beschäftigungsindikators) der beiden Indikatoren an (für 1990: kleine Quadrate, die von einem dreibuchstabigen Sektorsymbol bezeichnet sind. Für 1986: die orthogonal darunter liegenden und für einige Sektoren mit einem Verbindungslot gekennzeichneten Rauten, die die entsprechenden Werte der Nettobeschäftigungssteigerung (-verringerung) für den Zeitraum 1986/1980 anzeigen).

Durch die Mittelwertlinien werden 4 Quadranten abgegrenzt, von denen der Nordost-Quadrant diejenigen Sektoren betrifft, bei denen eine hoher Innovationsindikator mit einem hohen Nettobeschäftigungsindikator korreliert.

Abb. 1: Reale Nettobeschäftigung und Eigeninnovation

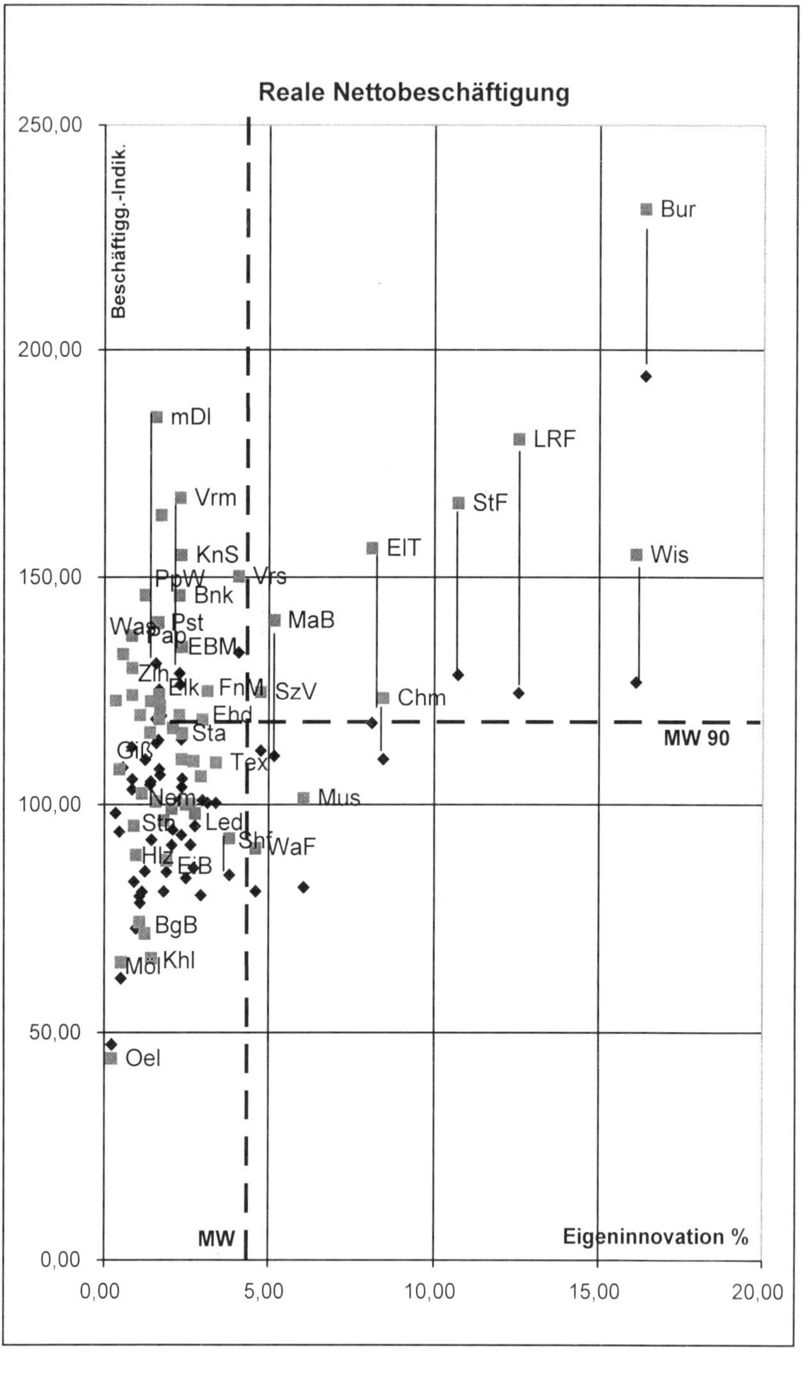

Die dort anzutreffenden Sektoren sind in der Reihenfolge ihrer Beschäftigungseffekte 1990:

- Büromaschinen (Bur),
- Luft- und Raumfahrt (LRF),
- Straßenfahrzeugbau (StF) und
- Elektrotechnik (ElT),
- Maschinenbau (MaB)

während die Sektoren

- Wissenschaft (und Verlage) (Wis) sowie
- Chemie (Chm)

zwar höhere Eigeninnovationsindikatoren aufweisen, als beispielsweise LRF oder ElT, aber mäßigere Beschäftigungseffekte vorweisen. Die genannten Sektoren sind der Innovationsökonomik wohl bekannt. Sie tauchen mehr oder weniger bei jeder Untersuchung im Katalog der „prominenten" Innovations-Sektoren auf. Die vergleichsweise langen Ortho-Lote zwischen den jeweiligen Jahresmarken für 1990 und 1986 zeigen auch bezüglich ihrer Länge, daß das Prognosepotential des Informationstandes aus dem Jahre 1980 relativ groß ist: Ein langes Lot zeigt, daß ein (im Sinne der Eigeninnovation) innovativer Sektor 1990 eine desto höhere Nettobeschäftigungssteigerung aufwies, je innovativer er in 1980 bereits eingestuft wurde.

Zu den im NO-Quadranten angesiedelten, dh. überdurchschnittlichen, aber weniger spektakulären Sektoren zählten Versicherungen (Vrs) und Sozialversicherung (SzV). Der Pulk der Sektoren liegt hinsichtlich des Innovationsindikators *links* der Mittelwertlinie, weist aber trotzdem dasselbe grundlegende Verhalten auf, d.h. eine Beschäftigungssteigerung (Quadratmarkierung (1990) *über* der zugehörigen Sektorraute (1986)), die besonders für den Sektor marktbestimmte Dienstleistungen (mDl) herausragend ist. Wegen der möglichen Überladung der Graphik wurden die Ortho-Lote und die Sektorsymbole nicht für alle Sektoren eingezeichnet. Der Sektor *Marktbestimmte Dienstleistungen* (mDl) zeigt aber besonders deutlich, warum eine Regression zwischen Innovationsindex und Beschäftigungsindex nicht so stringent ausfallen kann, wie dies von anderen Analysen erwartet wird: Die Beschäftigungssteigerung bei den Dienstleistungen mag z.T. auch auf Innovationen zurückgehen, hat aber maßgeblich Ursachen, die in anderen Bezügen liegen, z.B. im grundsätzlichen Wandel hin zur Dienstleistungsgesellschaft. Dies dürfte, wenn auch möglicherweise nicht so deutlich, natürlich auch für andere Sektoren gelten (wie z.B. Vermietung (Verm) oder Versicherungen (Vers)).

Interessant ist auch die „Umkehrung" des obigen, zunächst einmal für die hochinnovativen Sektoren *qualitativ* bestätigten Zusammenhangs: Bei einigen Sektoren gehen nämlich die (weit unterdurchschnittlichen) Innovationsaktivitäten mit einer eklatanten *Verringerung* der Beschäftigung einher so z.B. bei den Sektoren Bergbau (BgB), Kohlenbergbau (Khl) und schließlich Rohöl (Oel). Bemerkenswerterweise liegt in diesen Fällen die Sektor-Raute nun *über* dem Quadrat, während der Sektor Mineralölprodukte (Möl) – in ähnlicher Lage – eine Normalveränderung aufweist, wenn auch weit unter dem Durchschnitt.

Auf einer qualitativen Ebene kann man also hier schon – wenn auch mit Vorbehalt – formulieren, daß eine höhere (Eigen-)Innovation offenkundig auch die Beschäftigung steigern kann. Es ist damit naheliegend, dieser Hypothese gezielt mittels einer Regressionsanalyse nachzugehen, deren Ergebnisse in Abbildung 2 dargestellt sind.

Die (lineare) Regression wurde sowohl für den Nettobeschäftigungsindikator 1986 als auch für 1990 durchgeführt. Während – analog zu den bekannten Ergebnissen klassischer Analysen – der Zusammenhang zwischen den prozentualen sektoralen Gesamtinnovationsausgaben und den Beschäftigungsindikatoren praktisch verschwand ($R^2 = 0{,}004$), zeigte sich für die Regressionen bezüglich der hier gewählten, nichtlinear mit den Innovationsaufwendungen verknüpften *Eigeninnovationen* wesentlich bessere Ergebnisse.

Der Korrelationskoeffizient belief sich bei beiden Regressionen auf $r = 0{,}56$ und war hochsignifikant (0,1%Niveau). Dieses Ergebnis ist, gemessen an sonstigen Erwartungen nicht „berauschend", gemessen an der Problemstellung jedoch schon eher erstaunlich. Darüber ist jedoch nicht zu vergessen, daß es sich nur um „Evidenz" handelt, also grundsätzlich kein Kausalzusammenhang begründet wird. Dieser kann nur durch zusätzliche Argumente eingeführt werden. Ein derartiger Zusammenhang läßt sich innovationsökonomisch etablieren, indem man auf die Bedeutung der „Eigeninnovation" oder einer allenfalls noch ermittelbaren nationalen *Innovationsfunktion* mit produktionstheoretischer Fundierung abstellt. Ein Bestimmtheitsmaß von ca. 32% für beide Regressionen, zeigt daß man mit einem Erklärungsanteil der beobachteten Varianz der Daten immerhin angesichts der Vielfältigkeit der Bestimmungsgrößen doch einem wesentlichen Zusammenhang auf der Spur ist.

Will man nicht den Zusammenhang zwischen beiden Variablen derart umdrehen, daß Sektoren, die wegen des „Glücks" höherer Umsatzsteigerungen (und damit möglicher Beschäftigungschancen) sich höhere Innovationsausgaben leisten konnten, (was grundsätzlich nicht ganz auszuschließen wäre) so bestätigen die ermittelten Zusammenhänge eher die Hypothese „Innovation steigert die reale Nettobeschäftigung".

Abb. 2: Regressionsergebnisse der Nettobeschäftigungseffekte

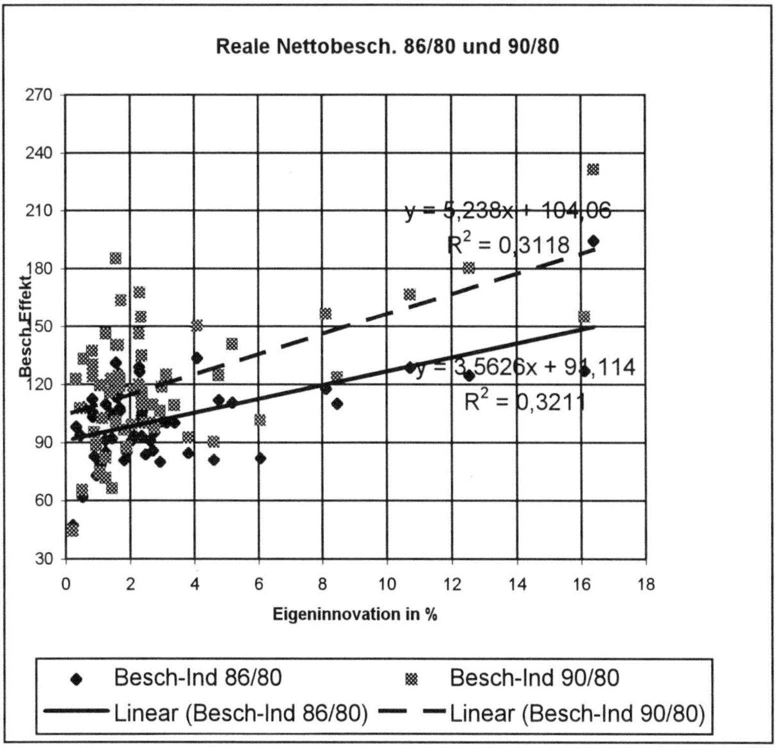

3.2 Strukurelle Verzahnung der Innovationsaktivitäten

Gleichung (2) beschreibt die Innovationsverflechtung mit Hilfe der bekannten Leontief-Inversen $(\mathbf{I} - \mathbf{A})^{-1}$, die sich ihrerseits unter gewissen Nebenbedingungen als Eulersche Reihe schreiben läßt:

$$(\mathbf{I} - \mathbf{A})^{-1} = \mathbf{I} + \mathbf{A} + \mathbf{A}^2 + \mathbf{A}^3 \ldots. \qquad (4)$$

Substituiert man (4) in Gl. (2), so kann man X_{INN} in Gl. (2) in *Schichten* zerlegen, die durch die Eulersche Reihe definiert sind, was wiederum in Fortführung der andernorts bereits eingeführten sog. MFA (Minimal Flow Analyse) in eine *charakteristische Struktur* dieser Verflechtung umgesetzt werden kann (vgl Schnabl 1994, 1995 a). Diese Strukturanalyse, Subsystem-MFA (SMFA) genannt, stellt jedoch keine „Wiederholung" der obigen Analyse dar, sondern ist insofern *komplementär* zu ihr, als sie nur auf die *Verflechtung zwischen den Sektoren* abstellt, d.h. die in obiger Analyse verwendeten, auf der Hauptdiagonale liegenden Eigeninnovationen völlig außer acht läßt, da diese definitionsgemäß nicht Verflechtung darstellen. Die SMFA spiegelt damit primär die charakteristische Struktur der Innovations-Importe und -Exporte.

Wie Abbildung 3b als Repräsentation der 1990 sich darstellenden Landschaft der Innovationsverflechtung (gemessen an den Innovationsaufwendungen) zeigt, dominieren dort im Prinzip dieselben Sektoren, die wir schon aus dem NO-Quadranten von Abbildung 1 kennen. Hieraus können wir vor allem den Schluß ziehen, daß doch eine gewisse Parallelität zwischen Eigeninnovation (= Hauptdiagonalwerte X_{ii}) einerseits und Innovationsverflechtung (Innovationsgehalte X_{ij}, $i \neq j$) andererseits besteht, d.h. möglicherweise ein redundanter Zusammenhang gespiegelt wird.

So fällt bspw. die *bilaterale* Verflechtung (fette Verbindungslinie) zwischen dem Sektor Büromaschinen und Elektrotechnik (Bur ↔ ElT) sowie Elektrotechnik und Maschinenbau (ElT ↔ MaB) auf, die darüberhinaus auch noch quasi zentrale „Relais-Stationen" der Innovationsverflechtung (fett umrandet) darstellen. Bis auf den Sektor Ziehereien (Zih), der sowohl für den Maschinenbau wie auch den Straßenfahrzeugbau (StF) wachsende Bedeutung erlangt, Landwirtschaft (Ldw), Mineralölprodukte (Mol), Großhandel (Ghd), und Nahrungsmittel (Nhm), die zumeist nur durchschnittliche Innovationsraten aufweisen (aber offenkundig für den *Verflechtungsaspekt* von größerer Bedeutung sind als für die Beschäftigung) sind alle übrigen Sektoren zumeist bereits als herausragende Innovatoren von den Analyseergebnissen aus Abschnitt 3.1 bekannt. Die *Überlappung* in den Ergebnissen beider Analysen, die so nicht zu erwarten war, ist durchaus beindruckend. Sie könnte – zumindest teilweise – aus den *rückgekoppelten Spillovereffekten* eines Innovations-Verbundes erklärt werden, die sich durch diese spezifische Verflechtung ergeben, ein Aspekt der in der reinen Regressionsanalyse nicht zum Tragen kommt.

Abbildung 3 spiegelt damit die Entwicklung des nationalen Innovationssystems der Bundesrepublik, das graphisch – einem chemischen Molekül vergleichbar – für 1990 vor allem durch die *bilaterale Achse* oder Kette *Bur – ElT – MaB* gekennzeichnet ist. An dieser Hauptachse ordnen sich die anderen Sektoren entsprechend an, wobei vor allem die Marktbestimmten Dienstleistungen (mDl) eine wachsende Bedeutung erlangten. Das Gesamtbild der relevanten bzw. charakteristischen Technologieflüsse läßt sich damit auch als das für 1990 gültige „technologische Paradigma" interpretieren.

Abb. 3 a,b : Strukturelle Verknüpfung der Innovationsflüsse

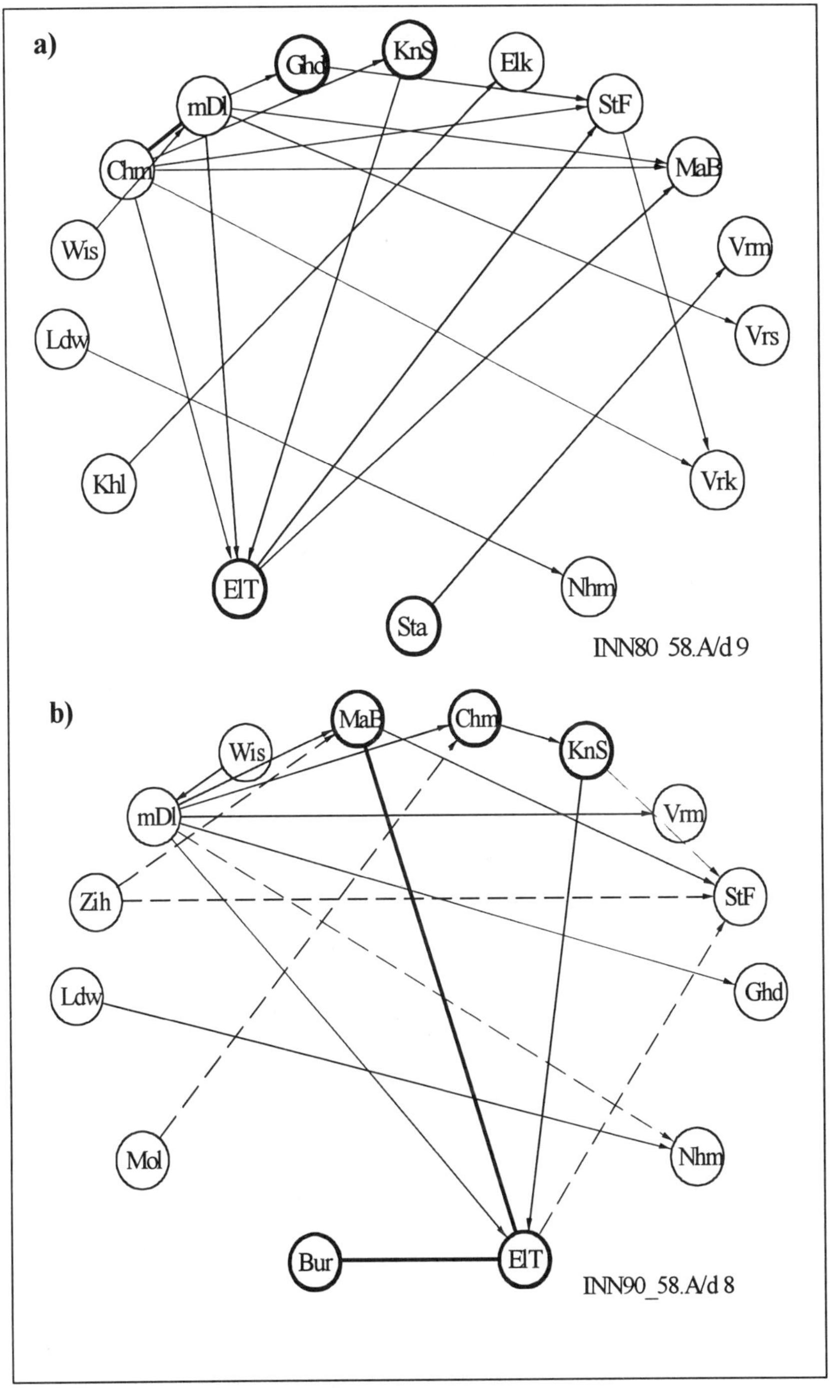

4 Zusammenfassung

Die Beziehungen zwischen Innovationen und ökonomischer Performance einzelner Sektoren sind sehr vielschichtig. Dies betrifft nicht nur den Sachverhalt, daß neben den sicherlich wichtigen Innovationsaktivitäten auch noch andere – vornehmlich institutionelle, aber auch sektortypische – Einflußfaktoren bestehen, die unter der Vielzahl gleichzeitig einwirkender Determinanten nur schwer zu isolieren sind.

Diese Determinanten können einerseits auf einer quasi „semantischen" Ebene liegen, die die eher technischen Spezifika der sektoralen Produktion sowohl positiv wie negativ betreffen: „Alte" bzw. nicht mehr gefragte Produkte, vornehmlich solche, die auch durch Innovationen kaum umzugestalten sind, wie z.B. die Kohle oder der Bergbau können sich kaum dem Imperativ „Innoviere !" stellen. Es wundert deshalb auch nicht, daß diese Sektoren tendenziell Beschäftigungs*abbau* aufweisen. Die am anderen Ende der Skala rangierenden „innovativen" Sektoren, deren Bezeichnung auch meist für eine „moderne" Produktpalette steht, zeigen hingegen dementsprechend die höchsten (positiven) Beschäftigungseffekte (vgl. hierzu auch den Beitrag von Kaiser und Münzenmaier in diesem Band).

Gerade die letzteren, in Abb.1 im NO-Quadranten zu findenden Sektoren, sind aber auch im Sinne einer zweiten Verursachungsschiene herausragend: Sie scheinen bezüglich ihrer Innovationsanstrengungen stärker untereinander *verflochten* als die anderen Sektoren und konzentrieren deshalb die Vorteile des Gebens und Nehmens von Innovationen eher *unter* sich, d.h. sie bilden einen *Innovationscluster* (De Bresson 1996). Sie können bis zu einem gewissen Grade deshalb als die Repräsentanten des *Nationalen Innovationssystems* aufgefaßt werden. Insofern ist es auch nicht erstaunlich, in dieser Gruppe zumeist diejenigen Sektoren zu finden, die auch schon von anderen Analysen, mit teilweise ganz verschiedener Analysebasis, als Träger des Innovationssystems ausgemacht wurden.

Literatur

De Bresson, Ch. (1996)
Economic Interdependence and Innovative Activity. Cheltenham

Gerstenberger, W. (1991)
Zum Stellenwert von Technologieverflechtungsmatrizen. In: Oppenländer K.H. (Hrsg), (1991), S. 99 – 109

Griliches, Z. (1979)
Issues in assessing the contribution of research and development to productivity growth. The Bell Journal of Economics 10, S. 91 – 116

Griliches, Z., Lichtenberg, F. (1983)
Interindustry technology flows and productivity growth: a reexamination. Review of Economics and Statistics 66, S. 324 – 329

Meyer-Krahmer, F. (Hrsg) (1989)
Sektorale und gesamtwirtschaftliche Auswirkungen moderner Technologien. Berlin

Oppenländer, K.H. (Hrsg.) (1991)
Beschäftigungsfolgen moderner Technologien. Berlin, New York, de Gruyter

Pavitt, K., (1984)
Sectoral pattern of technical change: towards a taxonomy and a theory. Research policy 13, S. 343 – 373

Pasinetti, L. (1973)
The notion of vertical integration in economic analysis. Metroeconomica 25, S. 1 – 25

Penzkofer, H., Schmalholz, H., Scholz, L. (1989)
Innovation, Wachstum und Beschäftigung. Berlin, New York, de Gruyter

Scherer, F.M. (1982)
Inter-industry technology flows and productivity growth. Rev. of Economics and Statistics 64, S. 627 – 634

Schettkat, R., Wagner, M. (Hrsg.) (1989)
Technologischer Wandel und Beschäftigung. Fakten, Analysen, Trends. Berlin, NY, de Gruyter

Schnabl, H. (1994)
The Evolution of Production Structures – Analysed by a Multilayer Procedure Journ. of Economic Systems Research 6/1, S. 51 – 68

Schnabl, H. (Hrsg) (1995a)
Technologieverflechtung und Strukturwandel. Tübingen, Mohr-Verlag

Schnabl, H. (1995b)
The Subsystem-MFA: A Qualitative Method for Analysing National Innovation Systems: The Case of Germany. In: Journ. of Economic Systems Research 7/4, S. 383 – 396

Sraffa, P. (1976)
Warenproduktion mittels Waren . Frankfurt a.M., Suhrkamp

Wolff, E.N. , Nadiri, M. (1993)
Spillover Effects, Linkage Structure and R&D Structural Change and Economic Dynamics 4, 2, S. 315 – 331

Zusammenhänge von Innovation und Beschäftigung für Japan 1980-1990

Kohei Yoshinaga, Osaka, Japan

1 Einleitung

In diesem Beitrag wird die Entwicklung der japanischen Wirtschaft von 1980 bis 1990 unter dem Gesichtspunkt von Innovation und Beschäftigung beleuchtet.[1] Dafür wurde die offizielle Input-Output Tabelle (IOT) für Japan so umgestellt, daß die Input-Output Struktur der Erzeugnisse von hochentwickelter Technik („HighTech") bzw. der Aktivitäten für Forschung und Entwicklung (F&E) direkt erfaßt werden kann. Die 122 Sektoren umfassende IOT wird im Rahmen dieses Beitrags verwendet und diskutiert.[2]

Japans wirtschaftliche Entwicklung unterschied sich in der ersten Hälfte des Jahrzehnts deutlich von der in der zweiten Hälfte. Für die erste Hälfte der 80er Jahre ist die schnelle Entwicklung der Ausfuhr charakteristisch. Andererseits wurde der japanische Yen nach der Plaza Sitzung 1985 in New York immer stärker und das Ausfuhrwachstum sank daraufhin erheblich. Statt der Ausfuhren nahmen sodann die Anlageinvestitionen und die Einfuhren stark zu (s. Tabelle 1). Aus dem Wissen über diese Divergenzen wird im folgenden die Analyse auch auf Sektorenebene nach erster und zweiter Dekadenhälfte unterteilt. Die Analyse wird mit den Tabellen zu Preisen von 1990 durchgeführt, um den Einfluß der stark veränderten Einfuhrpreise auf das Mengenmodell zu vermeiden.

Tab. 1: Durchschnittliche Wachstumsraten der Endnachfragekomponenten

	1980-1985	1985-1990
Inländische Produktion	3,29%	4,59%
Privater Verbrauch	3,40%	4,43%
Staatsverbrauch	2,46%	2,78%
Anlageinvestition	2,19%	*8,21%*
Ausfuhr	*6,24%*	1,34%
Einfuhr	1,55%	*9,75%*

[1] Dieser Beitrag entstand während des Aufenthalts des Autors als Gastprofessor an der FH Konstanz im Jahr 1995. Herrn Prof. Dr. Jörg Beutel (FH Konstanz) und der Kansai-Universität in Japan danke ich für die Unterstützung dieses Aufenthalts.

[2] Diese Neukompilation der japanischen IO Tabellen wurde im Rahmen einer Kooperation mit Prof. Dr. Hermann Schnabl, Universität Stuttgart durchgeführt. Siehe auch Yoshinaga (1996). Diese Daten können auf Anforderung zur Verfügung gestellt werden. Telefax Nr. 0081-6-339-7704

2 Produktionswachstum und Beschäftigung

Tabelle 2 zeigt die Zuwachsraten und die Struktur der Produktion und der Erwerbstätigen seit 1980. Die Sektoren wurden nach der Größe des durchschnittlichen Produktionswachstums von 1985 bis 1990 geordnet. Es gibt einige Ausnahmen, jedoch können wir im Prinzip die gleiche Tendenz in beiden Zeiträumen erkennen. Vor allem erfuhr die *Computer-*, *Halbleiter- & IC-* Produktion (IC = integrierte Schaltkreise) sowie die Herstellung von *Elektronikgeräten* eine erstaunliche Entwicklung. Der Anteil dieser Produkte an der Gesamtproduktion nahm erheblich zu, blieb jedoch jeweils unter 1%. Andere Sektoren wie *Kommunikationsgeräte, Büromaschinen,* Leistungen der *F&E* und *Informationsdienste* zeigten ebenfalls eine höhere Wachstumsrate. Es ist besonders erwähnenswert, daß sich bei diesen Sektoren das Verhältnis von Produktion, F&E und Information zur Gesamtproduktion fast 1% näherte. Im allgemeinen waren die Wachstumsraten von Produkten mit hochentwickelter Technik („HighTech") höher als die sonstiger Produkte und zwar vor allem in der ersten Hälfte der 80er Jahre. Andererseits waren die Wachstumsraten sonstiger Produkte, insbesondere im *Bauwesen* bzw. der Gesamtproduktion in der zweiten Hälfte höher. Sektoren, mit negativem Wachstum waren die *Landwirtschaft*, die *Forstwirtschaft*, *Kohlenbergbau*, Transportmaschinen wie *Luftfahrzeuge, Schienenfahrzeuge, Wasserfahrzeuge* und *Krafträder*.

Tab. 2: Das Wachstum der inländischen Produktion
in v.H.

Sektoren nach der Wachstumsrate der Produktion von 1985 bis 1990		Durchschnittliche Wachstumsrate		Anteil der inländischen Produktion		
		80 – 85	85 – 90	1980	1985	1990
58	Computer	36,8	22,9	0,10	0,42	0,95
62	Halbleiter & IC	32,1	19,0	0,07	0,23	0,43
60	Elektronikgeräte	35,9	17,3	0,09	0,34	0,59
56	Dienstleistungsmaschinen	10,6	15,0	0,06	0,08	0,14
59	Kommunikationsgeräte	14,6	13,0	0,46	0,77	1,13
55	Büromaschinen	24,3	12,7	0,09	0,22	0,32
33	Medikamente	13,1	11,8	0,30	0,47	0,65
79	Sonstige Wohnungen	1,7	11,7	1,30	1,21	1,67
115	Vermietung	8,6	10,6	0,61	0,79	1,04
65	Elektr. Beleuchtung, Batterien, etc.	6,1	10,4	0,47	0,53	0,70
81	Sonstige Gebäude(ohne Wohnungen)	0,5	10,2	2,41	2,10	2,72
98	Leistungen der Luftfahrt	5,1	9,3	0,20	0,22	0,27
115	Werbeagenturen	5,7	9,0	0,47	0,53	0,65
114.	Informationsdienstleistungen	21,4	8,8	0,30	0,68	0,82
108	Forschung und Entwicklung (F&E)	12,2	8,8	0,52	0,79	0,96
66	Kraftfahrzeuge	8,0	8,7	2,57	3,22	3,90
91	Kreditinstitute	3,0	8,6	2,07	2,05	2,47
50	Metallerzeugnisse für das Bauwesen	-1,5	8,0	0,85	0,67	0,79
118	Vergnügungsgewerbe	8,0	7,5	1,21	1,51	1,73
68	Kfz-Teile und Zubehör	5,1	7,4	0,45	0,49	0,56
83	Öffentlicher Hochbau	1,6	7,1	2,14	1,98	2,22
64	Industriestarkstromgeräte	3,9	6,9	0,62	0,64	0,71
63	Elektronenröhren, sonstiges Zubehör	15,6	6,8	0,05	0,09	0,09
29	Petrochemische Grunderzeugnisse	1,6	6,8	0,23	0,21	0,23
37	Kunststoffprodukte	7,4	6,7	0,86	1,05	1,16
31	Harzerzeugnisse	6,1	6,4	0,30	0,35	0,38
48	NE-Metalle	2,2	6,4	0,24	0,23	0,25
38	Gummierzeugnisse	3,5	6,4	0,36	0,36	0,39
92	Versicherungen	11,1	6,2	0,68	0,99	1,07
117	Unternehmensbez. Dienstleistungen	6,0	6,1	3,29	3,73	4,01
47	Sonstige Stahlerzeugnisse	3,3	6,1	0,29	0,29	0,31
57	Haushaltselektrogeräte	8,0	6,0	0,75	0,94	1,00
⋮	⋮	⋮	⋮	⋮	⋮	⋮
12	Fisch und Fischerzeugnisse	4,8	-0,9	0,71	0,76	0,58
13	Mühlerzeugnisse	0,7	-1,0	0,75	0,66	0,50
1	Landwirtschaft	1,3	-1,1	1,49	1,36	1,03
20	Textilien	-1,6	-1,2	1,37	1,07	0,81
10	Amtsdienst (zentral)	3,2	-1,2	0,98	0,98	0,74
71	Luftfahrzeuge	18,7	-1,2	0,06	0,12	0,09
10	Erdgas	0,1	-1,8	0,01	0,01	0,00
36	Erzeugnisse des Kohlenbergbaus	0,9	-2,2	0,39	0,35	0,25
27	Chemischer Dünger	-3,6	-2,2	0,11	0,08	0,05
70	Schienenfahrzeuge	-4,3	-2,5	0,20	0,14	0,10
97	Leistungen der Schiffahrt	-0,0	-2,6	0,90	0,76	0,53
19	Tabakwaren	-0,1	-2,9	0,51	0,43	0,30
69	Wasserfahrzeuge	1,2	-4,2	0,44	0,40	0,26
12	a.n.g.	0,0	-4,7	1,23	1,05	0,66
11	Sonstige öffentliche Dienstleistungen	4,2	-5,6	0,72	0,76	0,45
67	Krafträder	-5,5	-5,8	0,16	0,10	0,06
6	Metallerz	0,6	-11,7	0,01	0,01	0,00
8	Kohle und Verkokung	-3,5	-14,3	0,05	0,04	0,01
80	Holzgebäude(ohne Wohnungen)	9,4	-16,2	0,25	0,34	0,11
	Durchschnitt/Summe	3,3	4,6	100,00	100,00	100,00

Tab. 3: Das Wachstum der Erwerbstätigen
in v.H.

Sektoren nach der Wachstumsrate der inländischen Erwerbstätigen von 1985 bis 1990	Durchschnittliche Wachstumsrate		Anteil der inländischen Erwerbstätigen		
	80 – 85	85 – 90	1980	1985	1990
56 Dienstleistungsmaschinen	2,1	10,7	0,04	0,04	0,06
114 Informationsdienstleistungen	13,6	9,7	0,33	0,61	0,89
113 Werbeagenturen	4,9	8,6	0,16	0,20	0,27
55 Büromaschinen	1,2	8,1	0,11	0,11	0,15
79 Sonstige Wohnungen	1,0	8,0	1,16	1,19	1,61
65 Elektr. Beleuchtung, Batterien, etc.	4,5	7,5	0,31	0,38	0,50
36 Kohlenbergbau	-5,7	7,2	0,03	0,02	0,03
151 Vermietung	5,5	6,8	0,16	0,21	0,27
92 Versicherungen	3,5	6,4	0,87	1,00	1,26
94 Hausmiete	-8,0	6,3	0,27	0,18	0,22
117 Unternehmensbez. Dienstleistungen	3,6	6,3	2,86	3,32	4,16
118 Vergnügungsgewerbe	4,7	6,1	0,91	1,12	1,38
81 Sonstige Gebäude(ohne Wohnungen)	1,6	5,8	2,05	2,16	2,64
89 Großhandel	-0,7	5,8	6,72	6,32	7,71
66 Kraftfahrzeuge	1,1	5,4	0,89	0,92	1,10
68 Kfz-Teile und Zubehör	-0,8	5,0	0,21	0,20	0,23
50 Metallerzeugnisse für das Bauwesen	-1,9	4,7	0,60	0,53	0,61
108 Forschung und Entwicklung (F&E)	5,5	4,6	0,55	0,70	0,81
14 Brot, Nudeln, Süßwaren	0,6	4,4	0,66	0,66	0,75
64 Industriestarkstromgeräte	1,8	4,2	0,39	0,41	0,47
111 Sozialversicherung	1,6	4,1	0,67	0,71	0,80
90 Einzelhandel	1,5	3,8	10,97	11,50	12,79
60 Elektronikgeräte	17,2	3,8	0,12	0,25	0,28
17 Getränke	4,1	3,8	0,23	0,28	0,31
34 Chemische Endprodukte	0,9	3,8	0,22	0,22	0,24
107 Forschungsinstitute (Sozialwissenschaft)	-0,1	3,7	0,02	0,02	0,02
72 Sonstige Transportmaschinen	-1,0	3,6	0,07	0,07	0,07
51 Sonstige Metallerzeugnisse	-0,4	3,6	1,21	1,16	1,28
98 Leistungen der Luftfahrt	1,9	3,6	0,07	0,08	0,08
31 Harzerzeugnisse	-0,8	3,6	0,06	0,06	0,07
52 Allgemeiner Maschinenbau	0,3	3,5	0,54	0,53	0,58
33 Medikamente	-6,1	3,4	0,32	0,23	0,25
62 Halbleiter & IC	12,1	3,2	0,12	0,20	0,22
23 Holzmöbel und Holzwaren	-7,6	3,1	0,79	0,52	0,55
12 Fisch und Fischerzeugnisse	5,0	3,0	0,27	0,34	0,36
⋮ ⋮	⋮	⋮	⋮	⋮	⋮
44 Roheisen und Rohstahl	-3,1	-6,2	0,16	0,14	0,09
19 Tabakwaren	-6,9	-6,3	0,08	0,05	0,03
3 Landwirtschaftliche Dienstleistungen	-2,1	-6,5	0,20	0,18	0,12
67 Krafträder	-22,2	-7,1	0,05	0,01	0,00
63 Elektronenroehre, Sonstiges Zubehoer	10,2	-7,3	0,04	0,06	0,04
69 Wasserfahrzeuge	-3,4	-11,0	0,32	0,26	0,13
2 Molkerei	-7,1	-12,2	2,47	1,67	0,80
10 Erdgas	4,6	-12,7	0,00	0,00	0,00
6 Metallerz	-6,2	-16,7	0,02	0,01	0,00
80 Holzgebaeude(ohne Wohnungen)	9,7	-18,4	0,21	0,32	0,11
8 Kohle und Verkokung	-2,0	-19,3	0,04	0,04	0,01
9 Erdöl	-1,0	-21,5	0,00	0,00	0,00
Durchschnitt/Summe	3,3	4,6	100,00	100,00	100,00

Als nächstes betrachten wir die Erwerbstätigenentwicklung (Tabelle 3). Im Gegensatz zur Entwicklung der Produktion ist das Wachstum der Erwerbstätigen in den „HighTech"-Sektoren seit 1985 nicht so bedeutend, obwohl die durchschnittliche Zuwachsrate der Erwerbstätigen in diesen Sektoren bis 1985 deutlich höher war. So fiel zum Beispiel die Zuwachsrate bei *Elektronikgeräten* von 17.2% auf 3.8%, sowie bei *Halbleiter & IC* von 12.1% auf 3.2%, bei *Kommunikationsgeräten* von 5.5% auf 1.3% und bei *Elektronenröhren* von 10.2% sogar auf -7.3%. Andererseits nahmen die Erwerbstätigen im Sektor *F&E* ständig zu. Trotzdem erreichte diese Zuwachsrate nicht die der *Informations-Dienstleistungen* (13,6% bzw. 9,7%).

Tabelle 4 zeigt, wie stark die sogenannten „HighTech"-Sektoren zum gesamten Wachstum der inländischen Produktion und der Erwerbstätigen beitrugen. Tabelle 4 gliedert einerseits nach Sektoren, wobei auch noch Sektoren wie *Medikamente*, *Büromaschinen*, *Kommunikationsgeräte*, als typische „HighTech" Produkte angesehen werden[3] , andererseits nach Produktions- wie auch Beschäftigungswachstum.

Der Beitrag des Verarbeiteten Gewerbes zum Wachstum der Gesamtproduktion betrug in der ersten Hälfte der 80er Jahren 38,2% und stieg in der zweiten Hälfte sogar auf 43,2%, während der der Dienstleistungen fiel. Insbesondere nahm der Beitrag des Sektors *Konstruktion* bedeutend zu. Die „HighTech"-Sektoren insgesamt trugen 14,8% zum Wachstum der Gesamtproduktion in der ersten Dekadenhälfte bei, während ihr Wachstum in der zweiten Hälfte geringfügig abnahm. In diesem Zeitraum waren die Wachstumsraten der *Computer*produktion und *Kommunikationsgeräte* und der sogenannten „HighTech"-Sektoren am höchsten.

Bei den Erwerbstätigen werden unterschiedliche Wachstumstendenzen gegenüber dem Produktionswachstum sichtbar. Der Beitrag des Verarbeitenden Gewerbes zur Gesamtbeschäftigung war in der ersten Hälfte der 80er Jahren negativ. Hier nahm die Zahl der Erwerbstätigen sogar ab, während der Beitrag der „HighTech"-Sektoren insgesamt 22,3% betrug. In der zweiten Hälfte der Dekade wurde der Beitrag des Verarbeitenden Gewerbes zur Gesamtbeschäftigung positiv, hingegen nahm der der „HighTech"-Sektoren ab. Dies gilt insbesondere für *Computer*, *Kommunikationsgeräte* und *Elektronikgeräte*. Im Gegensatz zur ersten Hälfte der Dekade fielen die „HighTech"-Sektoren in bezug auf ihren Beschäftigungsbeitrag stark zurück. Mehr als die Hälfte des Wachstums der gesamten Erwerbstätigen ging auf den *Handel* zurück.

---

[3] Natürlich sind auch andere Definition von 'HighTech'-Sektoren möglich. Sie hängen aber auch von der internen Klassifikation des Sektors ab.

Tab. 4: Beitrag zum Wachstum der Produktion und der Erwerbstätigen in v.H.

	Beitrag zum Wachstum der Gesamtproduktion		Beitrag zum Wachstum der Gesamterwerbstätigen	
Sektor	80 – 85	85 – 90	80 – 85	85 – 90
Landwirtschaft, Forstwirt. Fischerei	1,2	0,0	-57,4	-15,4
Energie, Wasser, Bergbauerzeugnisse	1,9	2,5	1,1	-1,2
Verarbeitendes Gewerbe	38,2	43,2	-12,0	16,2
Bau	1,9	14,3	0,7	14,6
Handel	8,8	5,0	22,6	52,1
Kreditinstitute und Versicherungen	4,6	5,5	19,4	4,9
Vermietung von Gebäuden und Wohnungen	5,0	4,5	3,5	2,0
Leistungen des Verkehrs und Postdienstes	5,0	4,3	7,0	2,4
Sonstige Dienstleistungen	32,9	21,5	109,7	25,8
Sonstige Aktivitäten	0,5	-0,7	5,4	-1,4
'HighTech' -Sektoren (insgesamt)	14,8	14,1	22,3	2,8
33 Medikamente	1,4	1,4	-3,1	0,5
55 Büromaschinen	1,0	0,7	0,2	0,6
56 Dienstleistungsmaschinen	0,2	0,3	0,1	0,3
57 Haushaltselektrogeräte	2,0	1,3	2,7	-1,0
58 Computer	2,2	3,0	7,3	0,1
59 Kommunikationsgeräte	2,5	2,6	5,6	0,5
60 Elektronikgeräte	1,8	1,6	5,1	0,6
61 Elektromeßgeräte	0,3	0,1	0,6	0,0
62 Halbleiter & IC	1,1	1,3	3,3	0,4
63 Elektronenröhren	0,3	0,1	0,9	-0,2
64 Industriestarkstromgeräte	0,7	1,0	1,3	1,1
73 Kameras und optische Instrumente	0,1	0,2	-1,0	-0,2
75 Sonstige Präzisionsmaschinen	0,6	0,3	0,2	0,3
76 Spielwaren, Sportgeräte	0,3	0,1	-1,0	-0,1

3 Input-Output Analyse der Halbleiter & IC - Branche

Für die Analyse des Zusammenhangs zwischen Innovation und Entwicklung in Japan ist es nötig, die Einführung und Ausbreitung der IC-Technologie und der F&E-Aktivitäten zu untersuchen, weil diese Technologien die maßgebliche Quelle der Innovation und der Entwicklung, insbesondere seit dem Beginn der 80er Jahre, waren. Für beide ist charakteristisch, daß sie nicht zur Endnachfrage zählen oder als Ausrüstungsgüter investiert werden. Sie gehen überwiegend als *intermediäre Inputs* direkt und indirekt in den Produktionsprozeß ein.

In diesem Abschnitt wird die Nutzung der *Halbeiter- & IC*-Inputs jedes Sektors analysiert. Tabelle 5 zeigt, in welchem Umfang der Sektor *Halbleiter & IC* direkt und indirekt dazu beiträgt, jedes Erzeugnis zu produzieren.[4] Obwohl es Schwankungen gibt, ist es einfach, die steigende Tendenz der Inputkoeffizienten für *Halbeiter & IC* zu beobachten. Insbesondere stieg der Koeffizient für die Sektoren *Computer*, *Elektromeßgeräte*, *Spielwaren*, *Dienstleistungsma-*

[4] Auch der indirekte Inputkoeffizient wird in Prozent des Produktionswerts angegeben.

schinen, etc. stark an. Damit stiegen in diesen Sektoren auch die indirekten Inputkoeffizienten der *Halbleiter & IC* für die Erzeugung anderer Güter.

Tab. 5: Direkter und indirekter Inputkoeffizient der *Halbleiter & IC* in v.H.

Direkter Inputkoeffizient der Halbleiter & IC für jeden Sektor (nach der Größe im Jahr 1990)	1980	1985	1990	Indirekter Inputkoeffizient der Halbleiter & IC für jeden Sektor (nach der Größe im Jahr 1990)	1980	1985	1990
58 Computer	6,8	8,6	10,2	58 Computer	1,4	2,0	2,7
60 Elektronikgeräte	4,8	9,2	6,9	60 Elektronikgeräte	1,0	3,1	2,4
61 Elektromeßgeräte	1,1	3,5	6,6	55 Büromaschinen	1,3	1,7	2,4
55 Büromaschinen	6,3	5,0	6,0	59 Kommunikationsgeräte	1,1	1,0	1,6
76 Spielwaren, Sportgeräte	0,0	0,5	5,6	61 Elektromeßgeräte	0,4	0,9	1,6
74 Uhren	0,5	4,3	4,3	74 Uhren	0,2	1,7	1,5
59 Kommunikationsgeräte	3,2	2,9	4,1	56 Dienstleistungsmaschinen	0,0	0,5	1,3
56 Dienstleistungsmaschinen	0,2	1,5	3,8	57 Haushaltselektrogeräte	0,6	1,0	1,0
57 Haushaltselektrogeräte	2,2	3,2	3,2	62 Halbleiter & IC	1,0	1,2	1,0
75 Sonst. Präzisionsmasch.	0,0	1,4	2,4	76 Spielwaren, Sportgeräte	0,0	0,0	0,9
73 Kameras und optische Instrumente	0,0	1,8	2,4	73 Kameras und optische Instrumente	0,0	0,6	0,9
62 Halbleiter & IC	2,6	1,5	2,2	116 Reparaturen	0,2	0,4	0,7
64 Industriestarkstromgeräte	0,0	0,6	1,7	121 Bürobedarf	0,2	0,3	0,7
77 Sonstiges verarbeitendes Gewerbe	0,0	0,2	0,7	63 Elektronenröhren, sonstiges Zubehör	0,3	0,3	0,6
65 Elektr. Beleuchtung, Batterien, etc.	0,0	0,0	0,7	75 Sonstige Präzisionsmaschinen	0,0	0,2	0,5
71 Luftfahrzeuge	0,3	0,3	0,5	64 Industriestarkstromgeräte	0,1	0,2	0,5
116 Reparaturen	0,2	0,2	0,4	71 Luftfahrzeuge	0,2	0,2	0,4
52 Allg. Maschinenbau	0,1	0,1	0,3	102 Amtsdienste (zentral)	0,0	0,1	0,4
70 Schienenfahrzeuge	0,0	0,0	0,2	115 Vermietung	0,0	0,0	0,3
68 Kfz-Teile und Zubehör	0,0	0,3	0,2	66 Kraftfahrzeuge	0,0	0,2	0,3

Eine andere interessante Frage ist, welche Sektoren durch Endnachfrage oder Ausfuhr ihrer Produkten verstärkt zur inländischen Produktion von *Halbleitern & IC* beitrugen. Wie aus der linken Seite der Tabelle 6 klar wird, beeinflußte die Endnachfrage nach *Halbleiter & IC* selbst die inländische Produktion desselben Produktes am meisten. Jedoch wird dies nicht als letzter Verbrauch oder Anlageinvestition sondern als Vorratsveränderungen oder Ausfuhr nachgefragt.

Tab. 6: Struktur der durch Endnachfrage und Ausfuhr induzierten Produktion von Halbleiter & IC

in v.H.

	Die 20 Sektoren in 1990, deren Endnachfrage am stärksten zur inländischen Produktion von Halbleiter & IC beitrugen	1980	1985	1990		Die 20 Sektoren in 1990, deren Ausfuhren am stärksten zur inländischen Produktion von Halbleiter & IC beitrugen	1980	1985	1990
62	Halbleiter & IC	30,1	31,0	38,7	62	Halbleiter & IC	28,0	26,5	37,9
58	Computer	8,6	15,4	20,2	58	Computer	1,1	4,9	7,1
60	Elektronikgeräte	4,8	13,0	8,1	60	Elektronikgeräte	2,3	6,3	3,1
57	Haushaltselektrogeräte	19,6	12,2	6,1	59	Kommunikationsgeräte	4,1	2,0	1,8
59	Kommunikationsgeräte	12,7	4,8	5,2	57	Haushaltselektrogeräte	7,6	5,0	1,8
55	Büromaschinen	6,7	4,4	3,5	55	Büromaschinen	4,1	2,6	1,3
64	Industriestarkstrom-geräte	0,7	1,4	2,0	66	Kraftfahrzeuge	0,7	1,9	0,8
61	Elektromeßgeräte	1,1	2,1	1,9	61	Elektromeßgeräte	0,3	0,6	0,6
66	Kraftfahrzeuge	1,3	3,1	1,9	64	Industriestarkstrom-geräte	0,2	0,4	0,5
76	Spielwaren, Sport-geräte	0,0	0,3	1,5	73	Kameras und optische Instrumente	0,1	0,7	0,4
75	Sonstige Präzisionsma-schinen	0,0	1,2	1,1	74	Uhren	0,4	1,1	0,4
56	Dienstleistungs-maschinen	0,2	0,5	1,0	75	Sonstige Präzisionsma-schinen	0,0	0,3	0,3
73	Kameras und optische Instrumente	0,2	1,2	0,8	76	Spielwaren, Sportge-räte	0,0	0,0	0,2
52	Allg. Maschinenbau	1,3	0,7	0,7	52	Allg. Maschinenbau	0,4	0,2	0,2
74	Uhren	0,7	1,8	0,7	53	Spez. Maschinenbau	0,4	0,2	0,2
53	Spez. Maschinenbau	1,6	0,7	0,6	65	Elektr. Beleuchtung, Batterien, etc.	0,0	0,0	0,2
116	Reparaturen	1,6	0,7	0,5	77	Sonstiges verarbeiten-des Gewerbe	0,0	0,0	0,0
81	Sonstige Gebäu-de(ohne Wohnungen)	0,8	0,4	0,5	56	Dienstleistungs-maschinen	0,0	0,0	0,0
102	Amtsdienste (zentral)	0,8	0,4	0,4	68	Kfz-Teile und Zubehör	0,0	0,0	0,0
77	Sonstiges verarbeiten-des Gewerbe	0,0	0,3	0,4	69	Wasserfahrzeuge	0,1	0,0	0,0
⋮	⋮	⋮	⋮	⋮	⋮	⋮	⋮	⋮	⋮
	Summe	100,0	100,0	100,0		Summe	50,8	53,6	57,4

In Wirklichkeit betrug die Ausfuhr dieses Produktes 37,9% der Produktion von 1990. Das war der höchste Beitrag aller Sektoren, wie aus der rechten Seite der Tabelle 6 ersichtlich ist. An zweiter Position liegt der Beitrag der Endnachfrage bzw. der Ausfuhr von *Computern* zur inländischen Produktion der *Halbleiter & IC*, der ebenfalls stieg. Im Gegensatz zum Sektor *Computer* nahm der Beitrag der *Haushaltselektrogeräte*, *Kommunikationsgeräte* und *Büromaschinen* zur Produktion von *Halbleiter & IC* im Zeitablauf stark ab. Die gleiche Tendenz bestätigt sich für den Beitrag der Ausfuhr. Der Beitrag der gesamten Ausfuhr zur Produktion von *Halbleiter & IC* wuchs stetig und erreichte im Jahr 1990 ca. 57,4%. Aus Tabelle 2 und Tabelle 5 läßt sich schließen, daß eine stärkere Inputorientierung eines Sektors in bezug auf den Einsatz von *Halbleiter & IC* zu einer höheren Wachstumsrate des betreffenden Sektors führt. Läßt sich dies auch statistisch bestätigen? Tabelle 7 zeigt das Ergebnis der Korrelationskoeffizienten zwischen den direkten (und indirekten) Inputkoeffizienten der Sektoren in bezug auf *Halbleiter & IC*, und der Zuwachsrate der inländischen Produktion bzw.der Erwerbstätigen jedes Sektors.

Es ist offensichtlich, daß die sektorale Wachstumsrate eine hohe Korrelation mit dem Input von *Halbleiter & IC* aufweist. Am deutlichsten ist dieses Verhältnis bei Maschinenbauerzeugnissen und „HighTech"-Sektoren, wenngleich dort der Input seit 1985 gefallen ist. Das Ausmaß dieser Korrelation ist jedoch für die Zuwachsrate der Erwerbstätigen vergleichsweise niedrig, vor allem nach 1985 (r = 0,184).

Tab. 7: Korrelationskoeffizienten zwischen Halbleiter & IC-Input und sektoralen Wachstumsraten

	Inputkoeffizient Halbleiter & IC in 1980 und Wachstumsrate der Produktion 1980 bis 1985	Inputkoeffizient Halbleiter & IC in 1985 und Wachstumsrate der Produktion 1985 bis 1990	Inputkoeffizient Halbleiter & IC in 1980 und Wachstumsrate der Erwerbstätigkeit 1980 bis 1985	Inputkoeffizient Halbleiter & IC in 1985 und Wachstumsrate der Erwerbstätigkeit 1985 bis 1990
Gesamte Sektoren	0,740	0,451	0,355	0,085
Verarbeitendes Gewerbe	0,812	0,599	0,567	0,120
Maschinenbau	0,817	0,600	0,591	0,116
'HighTech"-Sektoren	0,816	0,614	0,666	0,184

4 Input-Output Analyse der Forschung und Entwicklung

Tabelle 8 zeigt die Input- und Outputstruktur der F&E-Aktivitäten. Aus der linken Seite wird klar, daß diese Inputkoeffizienten in der Reihenfolge Bruttowertschöpfung, Dienstleistungen und schließlich Warenproduktion abnehmen. Andererseits wurde der Inputkoeffizient der Bruttowertschöpfung im Zeitablauf immer niedriger, während die Inputkoeffizienten bezüglich Dienstleistungen und verarbeitenden Industrien zunahmen. Zum Beispiel ist der Koeffizient für *Unternehmensbezogene Dienstleistungen*, *Vermietung*, *Postdienst & Fernmeldewesen* und der *Informationsdienstleistungen* in dieser Hinsicht hervorzuheben.

Tab. 8: Input- und Outputstruktur der F&E-Aktivitäten

	Inputkoeffizient der F&E-Aktivitäten (nach der Größe in 1990)	1980	1985	1990		Outputkoeffizienten der F&E-Aktivitäten (nach der Größe in 1990)	1980	1985	1990
93	Immobilienvermittlung	7,7	8,3	6,7	66	Kraftfahrzeuge	11,4	15,2	12,1
26	Textilien	8,1	8,4	6,6	58	Computer	3,1	4,1	10,0
117	Unternehmensbez. Dienstleistungen	3,2	5,5	5,5	59	Kommunikationsgeräte	6,2	7,1	8,1
85	Elektrizität	3,3	2,6	3,0	33	Medikamente	8,5	5,2	7,1
100	Postdienst und Fernmeldewesen	1,2	1,9	2,3	62	Halbleiter & IC	3,2	5,0	5,9
115	Vermietung	1,8	1,2	2,0	60	Elektronikgeräte	2,3	4,7	5,1
122	Sonstige Aktivitäten	0,6	0,7	2,0	57	Haushaltselektrogeräte	5,2	6,3	4,5
90	Einzelhandel	1,5	1,2	1,6	53	Spez. Maschinenbau	4,3	4,2	3,4
116	Reparaturen	1,2	1,2	1,6	64	Industriestarkstrom-geräte	3,8	3,1	2,8
114	Informations-Dienstl.	0,1	0,9	1,5	52	Allg. Maschinenbau	4,0	3,4	2,7
89	Großhandel	1,5	1,3	1,4	34	Chemische Endprodukte	3,1	3,5	2,6
121	Bürobedarf	0,9	1,2	1,2	30	Organische Grundlagenchemie	2,8	3,5	2,5
77	Sonstiges verarbeitendes Gewerbe	0,9	1,0	1,1	68	Kfz-Teile und Zubehör	2,2	3,0	2,0
35	Mineralölerzeugnisse	0,3	0,5	1,0	122	Sonstige Aktivitäten	1,6	1,4	1,8
91	Kreditinstitute	0,2	0,5	0,9	65	Elektr. Beleuchtung, Batterien, etc.	1,5	1,3	1,7
57	Haushaltselektrogeräte	0,0	0,0	0,9	75	Sonstige Präzisionsmaschinen	1,2	1,1	1,6
82	Baureparaturen	0,6	0,7	0,9	45	Eisen und Stahl	2,3	1,8	1,4
37	Kunststoffprodukte	0,5	0,5	0,6	55	Büromaschinen	1,8	1,7	1,3
34	Chem. Endprodukte	0,3	0,3	0,6	61	Elektromeßgeräte	1,1	1,1	1,2
96	Leistungen d. Straßenverkehrs	0,9	1,0	0,5	31	Harzerzeugnisse	1,4	1,1	1,1
⋮	⋮	⋮	⋮	⋮	⋮	⋮	⋮	⋮	⋮
Verarbeitendes Gewerbe (insgesamt)		11,6	12,3	12,8	Verarbeitendes Gewerbe (insgesamt)		93,8	94,3	93,6
Energie (insgesamt)		3,8	3,2	3,7	darunter: – Chemische Erzeugnisse (insgesamt)		19,8	15,8	15,0
Diensteistungen (insgesamt)		22,5	25,9	25,9	– Maschinenbau (insgesamt)		58,4	65,7	66,4
Bruttowertschöpfung		59,8	55,7	53,2	Summe		100,0	100,0	100,0

Die Outputstruktur dieser Aktivitäten kann aus der rechten Seite der Tabelle 8 ersehen werden. Die F&E-Leistungen an das Verarbeitende Gewerbe waren überwiegend hoch und der Anteil des Maschinenbaus (insgesamt) stieg kontinuierlich, während der der Chemie-Sektoren zurückfiel. Die größte F&E-Nachfrage entfaltete immer der Sektor *Kraftfahrzeuge*, an zweiter Stelle *Computer*, *Kommunikationsgeräte*, etc. Der Nachfrageanteil (Outputkoeffizient) dieser Sektoren übertraf den der *Medikamente*. Der Nachfrageanteil des Sektors *Halbleiter & IC* und *Elektronikgeräte* nach *F&E* nahm ebenfalls zu. Jedoch gab es viele Sektoren, wie *Haushaltselektrogeräte*, *Industriestarkstromgeräte*, *Maschinenbau*, etc., deren Anteil der Nachfrage nach *F&E* tendenziell abnahm.

Tab. 9: Direkter bzw. indirekter F&E-Bedarf einzelner Sektoren in v.H.

	Direkter F&E-Bedarf einzelner Produkte oder Dienstleistungen (nach der Größe in 1990)	1980	1985	1990		Indirekter F&E-Bedarf einzelner Produkte oder Dienstleistung (nach der Größe in 1990)	1980	1985	1990
62	Halbleiter & IC	24,8	17,3	13,0	58	Computer	6,3	5,5	5,3
33	Medikamente	14,9	8,8	10,5	60	Elektronikgeräte	6,0	8,0	5,0
58	Computer	15,4	7,5	10,1	59	Kommunikationsgeräte	4,1	4,0	4,0
61	Elektromeßgeräte	5,4	6,1	8,3	67	Krafträder	2,0	3,8	4,0
60	Elektronikgeräte	13,9	11,0	8,2	61	Elektromeßgeräte	2,1	3,1	3,8
63	Elektronenröhren, sonstiges Zubehör	8,4	7,3	7,2	71	Luftfahrzeuge	1,3	1,0	3,8
59	Kommunikationsgeräte	7,0	7,2	6,9	55	Büromaschinen	5,8	4,6	3,8
71	Luftfahrzeuge	1,6	0,7	6,0	66	Kraftfahrzeuge	2,4	4,2	3,8
75	Sonstige Präzisionsmaschinen	3,0	3,3	5,6	31	Harzerzeugnisse	3,1	4,4	3,3
57	Haushaltselektrogeräte	3,6	5,3	4,3	57	Haushaltselektrogeräte	2,9	3,9	3,0
30	Organische Grundlagenchemie	2,5	4,9	4,2	30	Organische Grundlagenchemie	2,7	3,5	2,8
64	Industriestarkstromgeräte	3,2	3,8	3,8	68	Kfz-Teile und Zubehör	2,0	2,6	2,8
55	Büromaschinen	11,0	6,1	3,8	109	Ärztliche Behandlung	1,9	1,7	2,7
56	Dienstleistungsmaschinen	1,3	5,2	3,5	56	Dienstleistungsmaschinen	1,6	2,8	2,7
27	Chemischer Dünger	4,2	4,2	3,5	62	Halbleiter & IC	4,4	4,4	2,7
68	Kfz-Teile und Zubehör	2,5	4,8	3,3	32	Synthetische Fasern	2,4	3,5	2,6
28	Anorganische Grundlagenchemie	2,5	3,1	3,2	116	Reparaturen	1,6	2,3	2,6
34	Chemische Endprodukte	2,4	3,4	3,2	72	Sonstige Transportmaschinen	1,4	2,6	2,5
67	Krafträder	2,9	3,0	3,1	37	Kunststoffprodukte	1,8	2,2	2,3
66	Kraftfahrzeuge	2,3	3,7	3,0	74	Uhren	2,4	2,6	2,3

Die linke und rechte Seite der Tabelle 9 zeigen den *direkten* und den *indirekten* Inputbedarf einzelner Sektoren[5] an F&E-Leistungen. Der direkte Inputkoeffizient der F&E war für *Halbleiter & IC* stets am höchsten. Im Unterschied zur Nachfragestruktur der F&E, wie sie in Tabelle 7 abgebildet war, war der Inputkoeffizient für *F&E* bei *Kraftfahrzeugen* nicht so hoch. Statt dessen, zeigten sich höhere Inputkoeffizienten für die sogenannten „HighTech"-Sektoren, obwohl es einige Fluktuationen gab. Die Sektoren, deren direkte Inputkoeffizienten kontinuierlich wuchsen, waren: *Elektromeßgeräte*, *Sonstige Präzisionsmaschinen*, *Anorganische Grunderzeugnisse*, *Krafträder*, etc. Andererseits sanken die Koeffizient der *Elektronikgeräte*, *Elektronenröhren* und *Büromaschinen.*

Bei den *indirekten* Inputkoeffizienten[6] fällt auf, daß sie für *Krafträder*, *Kraftfahrzeuge* und *Sonstige Transportmaschinen* höher liegen als der direkte Koeffizient, weil diese Erzeugnisse aus verschiedenen Teilen und Zubehör hergestellt werden, die einen hohen F&E-Bedarf haben. Es gibt aber auch einige

---

[5] Ifo (1989) veröffentlichte dieselbe Analyse in bezug auf Innovationsaufwendungen für die Bundesrepublik. S. auch Schnabl (1995), S. 319 - 321.

[6] Der indirekte F&E-Input wird hier als Differenz der kumulierten und der direkten Inputs berechnet, entspricht also der Differenz $r_{ij} - a_{ij}$

Dienstleistungs-Sektoren, wie *Ärztliche Behandlung* oder *Reparaturleistungen*, wo dies ebenfalls der Fall ist, weil diese Sektoren „HighTech"-Erzeugnisse als Vorleistungsinput benötigen.

Tab. 10: Zurechnung der F&E-Leistungen auf Endnachfrage und Ausfuhr

	Endnachfragebeitrag der 20 wichtigsten Sektoren in 1990 zur inländischen Produktion von F&E -Leistungen, in v.H.					Ausfuhrbeitrag der 20 wichtigsten Sektoren in 1990 zur inländischen Produktion von F&E-Leistungen, in v.H.			
		1980	1985	1990			1980	1985	1990
66	Kraftfahrzeuge	14,2	18,4	14,9	66	Kraftfahrzeuge	7,5	11,3	6,7
58	Computer	3,5	5,7	12,5	58	Computer	0,4	1,8	4,4
109	Ärztliche Behandlungsleistungen	7,4	5,1	6,4	62	Halbleiter & IC	1,0	1,6	2,6
60	Elektronikgeräte	2,4	6,1	6,0	60	Elektronikgeräte	1,2	2,9	2,3
57	Haushaltselektrogeräte	6,8	8,1	5,4	59	Kommunikationsgeräte	1,6	1,8	1,8
59	Kommunikationsgeräte	5,0	4,2	5,1	57	Haushaltselektrogeräte	2,6	3,3	1,6
53	Spez. Maschinenbau	5,5	5,0	4,2	53	Spez. Maschinenbau	1,4	1,4	1,1
81	Sonstige Gebäude (ohne Wohnungen)	2,8	2,0	2,9	52	Allg. Maschinenbau	1,1	0,9	0,7
52	Allg. Maschinenbau	3,5	3,3	2,8	64	Industriestarkstromger.	0,9	0,9	0,7
64	Industriestarkstromger.	3,4	2,8	2,8	30	Organ. Grundlagenchemie	0,7	0,7	0,6
62	Halbleiter & IC	1,1	1,9	2,6	55	Büromaschinen	1,4	1,3	0,6
83	Öffentlicher Hochbau	2,0	1,6	1,7	122	Sonstige Aktivitäten	0,3	0,3	0,5
79	Sonstige Wohnungen	1,4	1,1	1,6	61	Elektromeßgeräte	0,3	0,4	0,5
55	Büromaschinen	2,2	2,1	1,6	68	Kfz-Teile und Zubehör	0,0	0,2	0,5
34	Chem. Endprodukte	1,8	2,1	1,5	34	Chem. Endprodukte	0,4	0,6	0,4
75	Sonst. Präzisionsmaschinen	0,9	1,0	1,5	63	Elektronenröhren, sonstiges Zubehör	0,6	0,4	0,4
61	Elektromeßgeräte	0,9	1,4	1,5	45	Eisen und Stahl	0,9	0,7	0,4
78	Holzwohnungen	1,7	1,1	1,3	75	Sonst. Präzisionsmaschinen	0,2	0,3	0,4
33	Medikamente	1,5	0,9	1,2	65	Elektr. Beleuchtung, Batterien, etc.	0,3	0,3	0,3
84	Sonstiger Tiefbau	1,8	1,3	1,1	73	Kameras und optische Instrumente	0,8	0,4	0,3
⋮	⋮	⋮	⋮	⋮	⋮	⋮	⋮	⋮	⋮
	Summe	100,0	100,0	100,0		Summe	29,7	36,2	29,9

Tabelle 10 zeigt die Sektoren nach der Rangordnung mit der ihre Endnachfrage bzw. ihre Ausfuhr inländische F&E-Produktion induzierten. Die der Endnachfrage zugerechneten F&E-Aktivitäten waren beim Sektor *Kraftfahrzeuge* am größten. Der Beitrag der Ausfuhr des Sektors *Kraftfahrzeuge* zu den F&E-Aktivitäten betrug im Jahr 1990 etwa 6,7%. Ein Sektor, dessen Beitrag zur F&E ebenfalls merklich anstieg, war *Computer*. Seine Ausfuhr induzierte 1990 auch 4,4% der F&E-Aktivitäten, ansonsten waren die Sektoren *Baugewerbe*, *Holz- und Sonstige Wohnungen* von Bedeutung. Im Gegensatz dazu nahmen die Sektoren *Spezieller Maschinenbau*, (allgemeiner) *Maschinenbau* und *Büromaschinen* in ihrer Bedeutung für die Produktion von F&E-Leistungen immer weiter ab. Die gesamte Ausfuhr induzierte ungefähr 30% der F&E-Leistungen. Wegen des dramatischen Absinkens der Ausfuhren fiel er jedoch von 1985 bis 1990 um ca. 7%. Nur der Prozentsatz der Sektoren *Computer* und *Halbleiter & IC* nahm zu.

Analog zum Verhältnis zwischen den Inputs bezüglich des Sektors *Halbleiter & IC* und dem Wachstum der Produktion bzw. der Erwerbstätigen im letzten Abschnitt, soll hier auch die Beziehung zwischen den Inputs des Sektors *F&E* und der Wachstumsrate überprüft werden.

Tabelle 11 gibt eine Zusammenfassung der Korrelationskoeffizienten zwischen den direkten und indirekten Inputkoeffizienten für *F&E* und der Zuwachsrate der inländischen Produktion sowie der Erwerbstätigen jedes Sektors wieder. Es ist auch hier eine gute Korrelation zwischen Produktionswachstum der einzelnen Sektoren und dem F&E-Input zu beobachten, besonders beim Sektor *Maschinenbau* und den „HighTech"-Sektoren, obwohl die Koeffizienten selbst seit 1985 abnahmen. Jedoch ist es schwer, die Korrelationsbeziehung zwischen dem Wachstum der Erwerbstätigen und dem Input von F&E zu bestätigen, besonders seit 1985, wie im Fall von *Halbleiter & IC*. Im Vergleich zu der Tabelle 7 sind die Zahlenwerte der Tabelle 11 noch etwas höher.

Tab. 11: Korrelation zwischen sektoralen Wachstumsraten und F& E-Input

	F&E-Inputkoeffizienten in 1980 vs. Wachstumsrate der Produktion 1980 bis 1985	F&E-Inputkoeffizienten in 1985 vs. Wachstumsrate der Produktion 1985 bis 1990	F&E-Inputkoeffizienten in 1980 vs. Wachstumsrate der Beschäftigung 1980 bis 1985	F&E-Inputkoeffizienten in 1985 vs. Wachstumsrate der Beschäftigung 1985 bis 1990
Gesamte Sektoren	0,726	0,481	0,230	0,085
Verarbeitendes Gewerbe	0,701	0,697	0,474	0,219
Maschinenbauerzeugnisse	0,858	0,753	0,620	0,226
'HighTech"-Sektoren	0,881	0,773	0,619	0,194

Die F&E-Aktivitäten sind wichtig und unentbehrlich für Innovationen und neue Technologien. Sie erlauben jenen Sektoren ein höheres Wachstum, die das innovative Know-how absorbiert haben. Produktinnovationen hängen heute oft mit den Produkten der *Halbleiter & IC* und *Computer* zusammen, wie die durch Computer kontrollierten Haushaltselektrogeräte oder Kameras mit Autofokus-Funktion belegen. Der Kern der Büro-, Fabrik- oder der Haushaltsautomation ist ebenfalls Computertechnologie und führt zu Prozeßinnovationen. Dieser Zusammenhang wird in Abbildung 1 dargestellt.

Abb. 1 : Zusammenhänge von *F&E*, *Halbleiter &IC* und Innovation

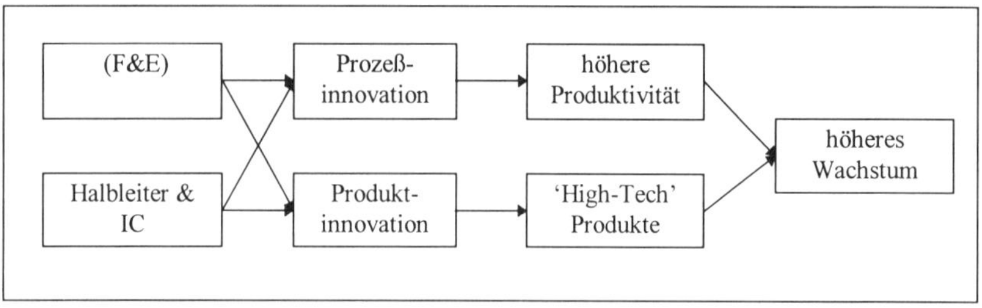

5 Komponentenzerlegung von Wachstum und Beschäftigung

Es ist gezeigt worden, daß „HighTech" Produkte in den 80er Jahren infolge der F&E-Orientierung ein höheres Wachstum verwirklichten und zu über 10% des Wachstums der gesamten Produktion beitrugen. Trotzdem führte dies nicht immer zu einer Steigerung der Erwerbstätigenzahlen, wie die Tabelle 3 oder 4 zeigen. In diesem Abschnitt wird die *Veränderung* der Erwerbstätigenzahl in den 80er Jahren im Rahmen einer Komponentenzerlegung untersucht.

Angenommen, die Zahl der Erwerbstätigen L werde durch die folgende Gleichung bestimmt:

$$L_1 = \langle l_1 \rangle R_1 (C_1 + G_1 + I_1 + Ex_1 - Im_1)$$

$$L_2 = \langle l_2 \rangle R_2 (C_2 + G_2 + I_2 + Ex_2 - Im_2)$$

so kann das Wachstum von L wie folgt zerlegt werden.[7]

Einfluß der Veränderung...

$L_2 - L_1 = 1/2(<l_1>R_1 + <l_2>R_2)(C_2 - C_1)$ des Konsums

$+1/2(<l_1>R_1 + <l_2>R_2)(G_2 - G_1)$ der Staatsausgaben

$+1/2(<l_1>R_1 + <l_2>R_2)(I_2 - I_1)$ der Investition

$+ 1/2(<l_1>R_1 + <l_2>R_2)(Ex_2 - Ex_1)$ der Ausfuhr

$- 1/2(<l_1>R_1 + <l_2>R_2)(Im_2 - Im_1)$ der Einfuhr

$+1/4(<l_1> + <l_2>)(R_2 - R_1)[(C_2 + G_2 + I_2 + Ex_2 - Im_2) + (C_1 + G_1 + I_1 + Ex_1 - Im_1)]$
der Inputkoeffizienten

$+ 1/4(<l_2> - <l_1>)(R_1 + R_2)[(C_2 + G_2 + I_2 + Ex_2 - Im_2) + (C_1 + G_1 + I_1 + Ex_1 - Im_1)]$
der Arbeitskoeffizienten

wobei $< l_i >$: Diagonalmatrix der Arbeitkoeffizienten l_i,
R : Leontief-Inverse $(I-A)^{-1}$
C : Inländischer privater Konsum (Vektor)
G : Staatsverbrauch (Vektor)

[7] Für alternative Methoden der Komponentenzerlegung. S. z.B. Schnabl (1995), Kapitel 3.

I : Investition (Vektor)
Ex : Ausfuhr (Vektor)
Im : Einfuhr (Vektor),
1 und 2 bedeuten verschiedene Zeitpunkte.

Tabelle 12-1 und Tabelle 13-1 fassen die Ergebnisse der Rechnung in absoluten Größen zusammen. Der Beitrag jedes Faktors zur gesamten Veränderung der Erwerbstätigen in beiden Dekadenhälften ist ebenfalls in Tabelle 12-2 und 13-2 wiedergegeben.

In der ersten Dekadenhälfte hatte das Wachstum des privaten Verbrauchs den größten positiven Einfluß, anschließend Ausfuhr und Anlageinvestitionen. Besonders typisch für diesen Zeitraum ist, daß die Ausfuhr den zweitgrößten positiven Einfluß aufwies, die Einfuhr aber einen nicht ganz so großen negativen Einfluß hatte. Der negative Effekt sinkender Arbeitskoeffizienten war so groß, daß die Zahl der Erwerbstätigen insgesamt abgenommen hätte, wäre er nicht durch die anderen Einflüsse kompensiert worden, wie beim Sektor *Landwirtschaft*, dem *Verarbeitenden Gewerbe* und *Medikamenten*. Das ist der Hauptgrund, warum die Zahl der Erwerbstätigen beim *Verarbeitenden Gewerbe* in diesem Zeitraum abnahm, obwohl seine inländische Produktion stieg. Mit anderen Worten, stieg die Arbeitsproduktivität stark an, während die Nachfrage nach diesen Produkten nicht ausreichte, um die Erwerbstätigenzahl anzuheben. Das trifft auch für einige „HighTech" Produkte wie *Kameras* oder *Medikamente* zu. Bei den „HighTech"-Sektoren insgesamt nahm jedoch wegen des Einflusses der Ausfuhr und Anlageinvestitionen die Zahl der Erwerbstätigen zu. Bemerkenswert ist auch der Einfluß der Veränderung der Inputkoeffizienten in diesen Sektoren. Für die meisten Sektoren – ohne „HighTech"-Sektoren – nämlich *Transportleistungen* und *Sonstige Dienstleistungen*, wirkte dieser Einfluß negativ auf die Beschäftigung. Für die „HighTech"-Sektoren, insbesondere für *Büromaschinen*, *Kommunikationsgeräte* und *Halbleiter & IC* war der Einfluß positiv und erhöhte die Zahl der Erwerbstätigen. Dies bedeutet selbstverständlich, daß diese Produkte verstärkt als Vorleistungsinput nachgefragt wurden. Im allgemeinen war der positive Einfluß der Ausfuhr und Anlageinvestitionen größer als der des privaten Verbrauchs bei den „HighTech"-Sektoren.

In der zweiten Dekadenhälfte änderte sich die Situation dramatisch. Die negativen Einflüsse des zunehmenden Einfuhrwachstums und der abnehmenden Wachstumsrate der Ausfuhr hätten die Beschäftigung reduziert, wenn es nur diese zwei Endnachfragekomponenten gegeben hätte. In Wirklichkeit nahm jedoch die Zahl der Erwerbstätigen zu, und zwar stärker als in der ersten Dekadenhälfte. Dies wurde hauptsächlich durch die schnelle Entwicklung der Anlageinvestitionen und durch die Sektoren *Handel* und *Sonstige Dienstleistungen* bewirkt. In diesem Zeitraum wurde der Zinssatz auf das tiefste Niveau seit dem zweiten Weltkrieg gesenkt, um die Rezession wieder anzukurbeln, die durch den stark gewordenen Yen hervorgerufen worden war. Die Kapitalbeschaffung verlagerte sich auf die direkte Finanzierung, d.h. die Unternehmen refinanzierten sich schwerpunktmäßig durch Aktien und Wertpapiere statt durch Kreditaufnahme bei Banken. Meistens investierten die Unternehmen jedoch ihr reichlich vorhandenes Kapital nicht nur in Aktien und Grundstücken, sondern auch in Fabrikanlagen und Ausrüstungen, in denen sich die neuen Technologien niederschlugen. Diese Nachfrage hatte einen positiven Einfluß auf die Entwicklung der Beschäftigung und kompensierte den negativen Einfluß der wachsenden Einfuhr.

Das Wachstum der Erwerbstätigen insgesamt war in der zweiten Dekadenhälfte ungefähr dreimal so groß wie in der ersten. Die Beschäftigung nahm auch in den „HighTech"-Sektoren zu, ihr Wachstum fiel jedoch schwächer aus, als in der ersten Dekadenhälfte. Im Fall der Sektoren *Computer*, *Kommunikationsgeräte* und *Elektronenröhren* wird dies primär durch den negativen Einfluß der sinkenden Arbeitskoeffizienten erklärt. Im Fall von *Elektronikgeräten* kann es hauptsächlich durch die abnehmende Ausfuhr erklärt werden. Beim Sektor *Halbleiter & IC* hatte die Zunahme der Einfuhr und das Sinken des Inputkoeffizienten einen negativen Einfluß. Bei „HighTech"-Sektoren insgesamt wirkte sich der negative Einfluß des verringerten Ausfuhrwachstums am stärksten aus, in zweiter Linie der Einfluß sinkender Arbeitskoeffizienten und die Zunahme der Einfuhr. Dies war der Grund, warum das Wachstum der Erwerbstätigen in den „HighTech"- Sektoren nicht die selbe Höhe wie in der ersten Dekadenhälfte erreichte. In der zweiten Hälfte fällt die kräftige Arbeitsersparnis in den „High-Tech"-Sektoren ins Auge, die mit -1.078.105 Erwerbstätigen oder rund 742% zu Buche schlug, was die ständig ansteigende Arbeitsproduktivität widerspiegelt.

An letzter Stelle sei die Tendenz sinkender Arbeitskoeffizienten betrachtet. Tabelle 14 zeigt, daß der Druck zur Einsparung von Arbeitskräften in den „HighTech"-Sektoren größer als in den sonstigen Sektoren war. Obwohl es einige Sektoren gibt, deren Einsparungen niedriger ausfielen, lagen doch die Arbeitskoeffizienten der „HighTech"-Sektoren im allgemeinen höher als in der ersten Dekadenhälfte der 80er Jahren.

Tab. 12-1: Komponentenzerlegung der Veränderung der Erwerbstätigen von 1980 bis 1985

Sektoren	Änderung der Zahl der Erwerbs-tätigen	Einfluß der Änderung der Arbeits-koef-fizienten Δl	Einfluß der Änderung der Input-koef-fizienten Δa_{ij}	Einfluß der Änderung des privaten Verbrauchs ΔC	Einfluß der Änderung des Staats-verbrauchs ΔG	Einfluß der Änderung der Anlage-invest-itionen ΔI	Einfluß der Änderung der Ausfuhr ΔEx	Einfluß der Änderung der Einfuhr ΔIm
Landwirtschaft, Forstwirt., Fischerei	-936413	-1439094	-71138	316302	15740	271724	41400	-71347
Energie, Wasser, Bergbauerzeugnisse	17741	-82479	-483946	173453	45141	68566	84694	212312
Verarbeitendes Gewerbe	-195682	-2783092	-297915	927902	47293	887988	1176718	-154576
Bau	10906	-173873	13253	40564	3664	115733	10674	892
Handel	368612	-774405	-1060395	1567843	22672	238294	383711	-9108
Leistungen d. Kreditinst. u. Versicherungen	316696	-162816	-60503	407198	5979	60837	77637	-11636
Vermietung von Gebäuden und Wohnungen	56842	-41704	-23045	75713	2167	15220	22605	5885
Leistungen des Verkehrs und Postdienstes	114820	-424671	35056	261440	13241	95301	150600	-16146
Sonstige Dienstleistungen	1790512	-2020904	416702	2259470	472115	219445	446671	-2987
Sonstige Aktivitäten	87417	89314	-19319	5796	442	3273	6381	1530
Summe	1631451	-7813725	-1551250	6035681	628453	1976380	2401090	-45180
Maschinenbauerzeugnisse (insgesamt)	466734	-1290741	113618	246522	8801	610650	822270	-44386
'HighTech'-Sektoren (insgesamt)	363418	-954909	193707	267441	4166	400283	498206	-45476
33 Medikamente	-50859	-159073	50389	64414	940	-470	3430	-10488
55 Büromaschinen	3917	-77286	13099	1578	79	28171	38428	-152
56 Dienstleistungsmaschinen	2311	-8955	1603	50	4	9707	-697	598
57 Haushaltselektrogeräte	44501	-100306	10895	93215	252	-19779	61077	-854
58 Computer	119801	-93207	8931	7107	47	134311	75923	-13311
59 Kommunikationsgeräte	90564	-145476	74328	18316	1688	56656	91317	-6265
60 Elektronikgeräte	82907	-97571	13858	25724	45	60815	79997	39
61 Elektromeßgeräte	9828	-12636	-15071	419	22	26343	11289	-539
62 Halbleiter & IC	53716	-92690	43998	8619	163	33672	65603	-5650
63 Elektronenröhren	14602	-7659	4363	2293	27	4872	12088	-1382
64 Industriestarkstromgeräte	21324	-24018	-7393	3408	152	27388	24560	-2773
73 Kameras und optische Instrumente	-15655	-31131	2822	1990	73	-1292	10316	1567
75 Sonstige Präzisionsmaschinen	2890	-49694	-7262	8531	216	34638	19724	-3263
76 Spielwaren, Sportgeräte	-16429	-55207	-854	31776	459	5252	5148	-3003

Tab. 12-2: Komponentenzerlegung der Veränderungen der Erwerbstätigen von 1980 bis 1995 in v.H.

Sektoren	Änderung der Zahl der Erwerbs-tätigen	Einfluß der Änderung der Arbeits-koef-fizienten Δl	Einfluß der Änderung der Input-koef-fizienten Δa_{ij}	Einfluß der Änderung des privaten Verbrauchs ΔC	Einfluß der Änderung des Staats-verbrauchs ΔG	Einfluß der Änderung der Anlage-invest-itionen ΔI	Einfluß der Änderung der Ausfuhr ΔEx	Einfluß der Änderung der Einfuhr ΔIm
Landwirtschaft, Forstwirt. Fischerei	-100,0%	-153,7%	-7,6%	33,8%	1,7%	29,0%	4,4%	-7,6%
Energie, Wasser, Bergbauerzeugnisse	100,0%	-464,9%	-2727,8%	977,7%	254,4%	386,5%	477,4%	1196,7%
Verarbeitendes Gewerbe	-100,0%	-1422,3%	-152,2%	474,2%	24,2%	453,8%	601,3%	-79,0%
Bau	100,0%	-1594,3%	121,5%	371,9%	33,6%	1061,2%	97,9%	8,2%
Handel	100,0%	-210,1%	-287,7%	425,3%	6,2%	64,6%	104,1%	-2,5%
Leistungen der Kreditinst. und Versicherungen	100,0%	-51,4%	-19,1%	128,6%	1,9%	19,2%	24,5%	-3,7%
Vermietung von Gebäuden und Wohnungen	100,0%	-73,4%	-40,5%	133,2%	3,8%	26,8%	39,8%	10,4%
Leistungen des Verkehrs und Postdienstes	100,0%	-369,9%	30,5%	227,7%	11,5%	83,0%	131,2%	-14,1%
Sonstige Diensteistungen	100,0%	-112,9%	23,3%	126,2%	26,4%	12,3%	24,9%	-0,2%
Sonstige Aktivitäten	100,0%	102,2%	-22,1%	6,6%	0,5%	3,7%	7,3%	1,8%
Summe	100,0%	-478,9%	-95,1%	370,0%	38,5%	121,1%	147,2%	-2,8%
Maschinenbauerzeugnisse (insgesamt)	100,0%	-276,5%	24,3%	52,8%	1,9%	130,8%	176,2%	-9,5%
'HighTech'-Sektoren (insgesamt)	100,0%	-262,8%	53,3%	73,6%	1,1%	110,1%	137,1%	-12,5%
33 Medikamente	-100,0%	-312,8%	99,1%	126,7%	1,8%	-0,9%	6,7%	-20,6%
55 Büromaschinen	100,0%	-1973,1%	334,4%	40,3%	2,0%	719,2%	981,1%	-3,9%
56 Dienstleistungsmaschinen	100,0%	-387,5%	69,4%	2,2%	0,2%	420,0%	-30,2%	25,9%
57 Haushaltselektrogeräte	100,0%	-225,4%	24,5%	209,5%	0,6%	-44,4%	137,2%	-1,9%
58 Computer	100,0%	-77,8%	7,5%	5,9%	0,0%	112,1%	63,4%	-11,1%
59 Kommunikationsgeräte	100,0%	-160,6%	82,1%	20,2%	1,9%	62,6%	100,8%	-6,9%
60 Elektronikgeräte	100,0%	-117,7%	16,7%	31,0%	0,0%	73,4%	96,5%	0,0%
61 Elektromeßgeräte	100,0%	-128,6%	-153,3%	4,3%	0,2%	268,0%	114,9%	-5,5%
62 Halbleiter & IC	100,0%	-172,6%	81,9%	16,0%	0,3%	62,7%	122,1%	-10,5%
63 Elektronenröhren	100,0%	-52,4%	29,9%	15,7%	0,2%	33,4%	82,8%	-9,5%
64 Industriestarkstromgeräte	100,0%	-112,6%	-34,7%	16,0%	0,7%	128,4%	115,2%	-13,0%
73 Kameras und optische Instrumente	-100,0%	-198,9%	18,0%	12,7%	0,5%	-8,3%	65,9%	10,0%
75 Sonstige Präzisionsmaschinen	100,0%	-1719,5%	-251,3%	295,2%	7,5%	1198,5%	682,5%	-112,9%
76 Spielwaren, Sportgeräte	-100,0%	-336,0%	-5,2%	193,4%	2,8%	32,0%	31,3%	-18,3%

Tab. 13-1: Komponentenzerlegung der Veränderungen der Erwerbstätigen von 1985 bis 1990 (absolut)

Sektoren	Änderung der Zahl der Erwerbs-tätigen	Einfluß der Änderung der Arbeits-koef-fizienten Δl	Einfluß der Änderung der Input-koef-fizienten Δa_{ij}	Einfluß der Änderung des privaten Verbrauchs ΔC	Einfluß der Änderung des Staats-verbrauchs ΔG	Einfluß der Änderung der Anlage-invest-itionen ΔI	Einfluß der Änderung der Ausfuhr ΔEx	Einfluß der Änderung der Einfuhr ΔIm
Landwirtschaft, Forstwirt. Fischerei	-794966	-649364	-273753	433417	25899	80516	4169	-415851
Energie, Wasser, Bergbauerzeugnisse	-63295	-155541	-40253	179618	16368	175396	20286	-259170
Verarbeitendes Gewerbe	834670	-2759083	237136	1698473	49474	2259546	449718	-1100595
Bau	750881	-1341223	-39127	69232	5969	2068151	3315	-15436
Handel	2681086	753378	-584472	1901828	30030	898430	-134130	-183978
Leistungen der Kreditinst. und Versicherungen	254648	-525808	273385	397193	8776	195019	23550	-117468
Vermietung von Gebäuden und Wohnungen	101177	60491	-107784	111392	2947	60197	2068	-28135
Leistungen des Verkehrs und Postdienstes	125709	-571054	-72652	540001	15569	366943	9076	-162174
Sonstige Dienstleistungen	1329739	-1996006	-254715	2233827	619959	1210024	214178	-697529
Sonstige Aktivitäten	-74157	-59485	-21476	7463	537	13675	4640	-19513
Summe	5145492	-7243695	-883710	7572446	775529	7327899	596871	-2999848
Maschinenbauerzeugnisse (insgesamt)	480069	-1351022	110013	429933	2735	1124448	417047	-253084
'HighTech'-Sektoren (insgesamt)	145138	-1078105	129182	258107	8810	648226	331693	-152775
33 Medikamente	25263	-60039	54526	26894	6959	2022	1878	-6976
55 Büromaschinen	31365	-17529	12075	2824	92	33725	2532	-2353
56 Dienstleistungsmaschinen	15264	-5982	794	274	7	19886	775	-490
57 Haushaltselektrogeräte	-52761	-161220	12050	117863	255	-2979	-3316	-15413
58 Computer	6009	-230884	2400	6550	31	164687	88917	-25692
59 Kommunikationsgeräte	24812	-233471	12840	24736	56	166620	82691	-28660
60 Elektronikgeräte	31154	-111064	10059	24453	58	71700	39624	-3677
61 Elektromeßgeräte	1067	-11075	428	109	3	13733	4424	-6555
62 Halbleiter & IC	20905	-104510	27542	11221	68	37672	76606	-27694
63 Elektronenröhren	-11971	-23600	-2891	3203	29	5385	8062	-2158
64 Industriestarkstromgeräte	56752	-36163	-7704	5930	104	89961	14111	-9488
73 Kameras und optische Instrumente	-11100	-31846	2428	7136	47	4405	9584	-2854
75 Sonstige Präzisionsmaschinen	14261	-25802	-1206	3191	662	38456	6257	-7297
76 Spielwaren, Sportgeräte	-5882	-24920	5842	23721	438	2953	-450	-13466

Tab. 13-2: Komponentenzerlegung der Veränderungen der Erwerbstätigen von 1985 bis 1990 in v.H.

Sektoren	Änderung der Zahl von Erwerbs-tätigen	Einfluß der Änderung der Arbeits-koef-fizienten Δl	Einfluß der Änderung der Input-koef-fizienten Δa_{ij}	Einfluß der Änderung des privaten Verbrauchs ΔC	Einfluß der Änderung des Staats-verbrauchs ΔG	Einfluß der Änderung der Anlage-invest-itionen ΔI	Einfluß der Änderung der Ausfuhr ΔEx	Einfluß der Änderung der Einfuhr ΔIm
Landwirtschaft, Forstwirt. Fischerei	-100,0%	-81,7%	-34,4%	54,5%	3,3%	10,1%	0,5%	-52,3%
Energie, Wasser, Bergbauerzeugnisse	-100,0%	-245,7%	-63,6%	283,8%	25,9%	277,1%	32,1%	-409,5%
Verarbeitendes Gewerbe	100,0%	-330,6%	28,4%	203,5%	5,9%	270,7%	53,9%	-131,9%
Bau	100,0%	-178,6%	-5,2%	9,2%	0,8%	275,4%	0,4%	-2,1%
Handel	100,0%	28,1%	-21,8%	70,9%	1,1%	33,5%	-5,0%	-6,9%
Leistungen der Kreditinst. und Versicherungen	100,0%	-206,5%	107,4%	156,0%	3,4%	76,6%	9,2%	-46,1%
Vermietung von Gebäuden und Wohnungen	100,0%	59,8%	-106,5%	110,1%	2,9%	59,5%	2,0%	-27,8%
Leistungen des Verkehrs und Postdienstes	100,0%	-454,3%	-57,8%	429,6%	12,4%	291,9%	7,2%	-129,0%
Sonstige Dienstleistungen	100,0%	-150,1%	-19,2%	168,0%	46,6%	91,0%	16,1%	-52,5%
Sonstige Aktivitäten	-100,0%	-80,2%	-29,0%	10,1%	0,7%	18,4%	6,3%	-26,3%
Summe	100,0%	-140,8%	-17,2%	147,2%	15,1%	142,4%	11,6%	-58,3%
Maschinenbauerzeugnisse (insgesamt)	100,0%	-281,4%	22,9%	89,6%	0,6%	234,2%	86,9%	-52,7%
'HighTech'-Sektoren (insgesamt)	100,0%	-742,8%	89,0%	177,8%	6,1%	446,6%	228,5%	-105,3%
33 Medikamente	100,0%	-237,7%	215,8%	106,5%	27,5%	8,0%	7,4%	-27,6%
55 Büromaschinen	100,0%	-55,9%	38,5%	9,0%	0,3%	107,5%	8,1%	-7,5%
56 Dienstleistungsmaschinen	100,0%	-39,2%	5,2%	1,8%	0,0%	130,3%	5,1%	-3,2%
57 Haushaltselektrogeräte	-100,0%	-305,6%	22,8%	223,4%	0,5%	-5,6%	-6,3%	-29,2%
58 Computer	100,0%	-3842,3%	39,9%	109,0%	0,5%	2740,7%	1479,7%	-427,6%
59 Kommunikationsgeräte	100,0%	-941,0%	51,7%	99,7%	0,2%	671,5%	333,3%	-115,5%
60 Elektronikgeräte	100,0%	-356,5%	32,3%	78,5%	0,2%	230,1%	127,2%	-11,8%
61 Elektromeßgeräte	100,0%	-1037,9%	40,1%	10,3%	0,2%	1287,1%	414,6%	-614,4%
62 Halbleiter & IC	100,0%	-499,9%	131,7%	53,7%	0,3%	180,2%	366,4%	-132,5%
63 Elektronenröhren	-100,0%	-197,1%	-24,2%	26,8%	0,2%	45,0%	67,3%	-18,0%
64 Industriestarkstromgeräte	100,0%	-63,7%	-13,6%	10,4%	0,2%	158,5%	24,9%	-16,7%
73 Kameras und optische Instrumente	-100,0%	-286,9%	21,9%	64,3%	0,4%	39,7%	86,3%	-25,7%
75 Sonstige Präzisionsmaschinen	100,0%	-180,9%	-8,5%	22,4%	4,6%	269,7%	43,9%	-51,2%
76 Spielwaren, Sportgeräte	-100,0%	-423,7%	99,3%	403,3%	7,5%	50,2%	-7,7%	-228,9%

Tab. 14: Durchschnittliche Wachstumsraten der Arbeitskoeffizienten

	Die durchschnittliche Veränderung der Arbeitskoeffizienten von 1980 bis 1985 (nach Einsparvolumina)	80 - 85		Die durchschnittliche Veränderung der Arbeitskoeffizienten von 1985 bis 1990 (nach Einsparvolumina)	85 - 90
55	Büromaschinen	-18,6%	9	Erdöl	-21,7%
67	Krafträder	-17,6%	58	Computer	-18,1%
33	Medikamente	-16,9%	2	Molkerei	-13,8%
29	Petrochemische Grunderzeugnisse	-15,9%	62	Halbleiter & IC	-13,3%
62	Halbleiter & IC	-15,1%	63	Elektronenröhren, sonstiges Zubehör	-13,2%
60	Elektronikgeräte	-13,7%	60	Elektronikgeräte	-11,5%
58	Computer	-11,2%	10	Erdgas	-11,1%
76	Spielwaren, Sportgeräte	-10,1%	59	Kommunikationsgeräte	-10,4%
94	Hausvermietung	-10,0%	95	Leistungen der Eisenbahn	-8,7%
71	Luftfahrzeuge	-9,9%	29	Petrochemische Grunderzeugnisse	-8,6%
45	Eisen und Stahl	-9,2%	57	Haushaltselektrogeräte	-8,3%
2	Molkerei	-8,7%	3	Landwirtschaftliche Dienstleistungen	-7,9%
30	Organische Grundlagenchemie	-8,6%	38	Gummierzeugnisse	-7,9%
4	Forstwirtschaft	-8,2%	48	NE-Metalle	-7,5%
32	Synthetische Fasern	-8,1%	33	Medikamente	-7,5%
59	Kommunikationsgeräte	-8,0%	91	Kreditinstitute	-7,5%
56	Dienstleistungsmaschinen	-7,6%	69	Wasserfahrzeuge	-7,1%
23	Holzmöbel und Holzwaren	-7,2%	37	Kunststoffprodukte	-7,0%
75	Sonstige Präzisionsmaschinen	-7,2%	44	Roheisen und Rohstahl	-6,8%
100	Postdienst und Fernmeldewesen	-7,2%	42	Feinkeramische Erzeugnisse	-6,4%
⋮	⋮	⋮	⋮	⋮	⋮
Durchschnitt		-2,7%	Durchschnitt		-2,8%
	Verarbeitendes Gewerbe (insgesamt)	-3,6%		Verarbeitendes Gewerbe (insgesamt)	-3,8%
	Maschinenbauerzeugnisse (insgesamt)	-5,0%		Maschinenbauerzeugnisse (insgesamt)	-5,7%
	'HighTech'-Sektoren (insgesamt)	-7,9%		'HighTech'-Sektoren (insgesamt)	-9,1%

6 Zusammenfassung

In diesem Beitrag ist der Zusammenhang von Innovation und Beschäftigung in Japan für die Dekade von 1980 bis 1990 untersucht worden. Sektoren, die mit den Sektoren *Halbleiter & IC* oder *F&E-Aktivitäten* direkt und indirekt stärker inputmäßig verflochten waren, und Innovationen realisierten, erzielten im allgemeinen höhere Wachstumsraten bei der inländischen Produktion. Um den Arbeitsmarkt stärker zu berücksichtigen, mußten die Arbeitskoeffizienten und die Prozeßinnovation einbezogen werden. So erzielten z.B. die sogenannten „HighTech"-Sektoren nicht nur Produktinnovationen sondern auch Prozeßinnovationen, wobei letztere nicht immer ein überdurchschnittliches Beschäftigtenwachstum ergaben. (Vgl. hierzu auch die Ergebnisse des Beitrags von Schnabl in diesem Band.)

Innovationen durch F&E-Aktivitäten sind unentbehrlich, um die internationale Konkurrenzfähigkeit zu erhalten. Sie werden auch immer wichtiger für verschiedene dringende Aufgaben, z.B. für die Lösung der Umweltprobleme. Zur Kompensation des Beschäftigungsabbaus unter dem Druck arbeitssparenden technischen Fortschritts durch Prozeßinnovationen, spielte die Entwicklung der Endnachfrage eine entscheidende Rolle. In Japan waren der private Verbrauch und die Anlageinvestitionen für die Beschäftigung von 1985 bis 1990 von großer Bedeutung, insbesondere unter den ungünstigen Bedingungen eines schnellen Einfuhrwachstums und der schrumpfenden Ausfuhr, die auch auf den stark gewordenen Yen zurückgingen. Seit dem Ende der Hochkonjunktur im Jahr 1990 verschlechterte sich die Konjunkturlage der japanischen Wirtschaft immer mehr, wozu nicht nur das schwache Wachstum der Ausfuhr sondern auch stagnierende Anlageinvestitionen und ein stagnierender privater Verbrauch beitrugen. Diese, insbesondere im Verarbeitenden Gewerbe ausgeprägten Tendenzen lassen das Arbeitslosenproblem immer schwieriger erscheinen, das die Lage der japanischen Wirtschaft wesentlich mitprägt.

Anhang: Gliederung der 122 Sektoren

Num.	Produktionsbereich	Num.	Produktionsbereich
1	Landwirtschaft	62	Halbleiter & IC
2	Molkerei	63	Elektronenröhren, sonstiges Zubehör
3	Landwirtschaftliche Dienstleistungen	64	Industriestarkstromgeräte
4	Forstwirtschaft	65	Elektr. Beleuchtung, Batterien, etc.
5	Fischerei	66	Kraftwagen
6	Metallerzeugnisse	67	Krafträder
7	Nichtmetallerzeugnisse	68	Kraftfahrzeugzubehör
8	Kohle und Verkokung	69	Wasserfahrzeuge
9	Erdöl	70	Schienenfahrzeuge
10	Erdgas	71	Luftfahrzeuge
11	Fleisch, Milch, Butter und Käse	72	Sonstige Transportmaschinen
12	Fisch und Fischerzeugnisse	73	Kameras und optische Instrumente
13	Mühlenerzeugnisse	74	Uhren
14	Brot, Nudeln, Süßwaren	75	Sonstige Präzisionsmaschinen
15	Salz, Zucker, Speiseöl	76	Spielwaren, Sportgeräte
16	Andere Nahrungsmittel	77	Sonstiges verarbeitendes Gewerbe
17	Getränke	78	Holzwohnungen
18	Futter	79	Sonstige Wohnungen
19	Tabakwaren	80	Holzgebäude (ohne Wohnungen)
20	Textilien	81	Sonstige Gebäude (ohne Wohnungen)
21	Bekleidung	82	Baureparaturen
22	Holz und Holzprodukte	83	Öffentlicher Hochbau
23	Holzmöbel und Holzprodukte	84	Sonstiger Tiefbau
24	Zellstoff und Papier	85	Elektrizität
25	Papier- und Pappewaren	86	Gas, Dampf, Warmwasser
26	Druckerzeugnisse	87	Wasser
27	Chemische Dünger	88	Abwasser und Abfälle
28	Anorganische Grundlagenchemie	89	Großhandel
29	Petrochemische Grunderzeugnisse	90	Einzelhandel
30	Organische Grundlagenchemie	91	Kreditinstitute
31	Harzerzeugnisse	92	Versicherungen
32	Synthetische Fasern	93	Immobilienvermittlung
33	Medikamente	94	Hausmiete
34	Chemische Endprodukte	95	Leistungen der Eisenbahn
35	Mineralölerzeugnisse	96	Leistungen des Straßenverkehrs
36	Kohlenbergbau	97	Leistungen der Schiffahrt
37	Kunststoffprodukte	98	Leistungen der Luftfahrt
38	Gummierzeugnisse	99	Leistungen des sonstigen Verkehrs
39	Lederwaren	100	Postdienst und Fernmeldewesen
40	Glas und Glaswaren	101	Rundfunk und Fernsehen
41	Zement und Zementerzeugnisse	102	Amtsdienste (zentral)
42	Feinkeramische Erzeugnisse	103	Amtsdienste (lokal)
43	Keramik, Steine und Erden	104	Schulerziehung
44	Roheisen und Rohstahl	105	Sozialerziehung
45	Eisen und Stahl	106	Forschungsinstitute (Naturwissenschaft)
46	Gießereierzeugnisse	107	Forschungsinstitute (Sozialwissenschaft)
47	Sonstige Stahlerzeugnisse	108	Forschung und Entwicklung (F&E)
48	NE-Metalle	109	Ärztliche Behandlung
49	Erzeugnisse von NE-Metallen	110	Leistungen des Gesundheitswesens
50	Metallerzeugnisse für das Bauwesen	111	Sozialversicherung
51	Sonstige Metallerzeugnisse	112	Sonstige öffentliche Dienstleistungen
52	Allgemeiner Maschinenbau	113	Werbeagenturen
53	Spezieller Maschinenbau	114	Informationsdienstleistungen
54	Sonstiger Maschinenbau	115	Vermietung
55	Büromaschinen	116	Reparaturen
56	Dienstleistungsmaschinen	117	Unternehmensbezog. Dienstleistungen
57	Haushaltselektrogeräte	118	Vergnügungsgewerbe
58	Computer	119	Gastgewerbe
59	Kommunikationsgeräte	120	Sonstige persönliche Dienstleistungen
60	Elektronikgeräte	121	Bürobedarf
61	Elektromeßgeräte	122	Sonstige Aktivitäten

Literatur

H.-W. Holub & H. Schnabl (1994)
Input-Output-Rechnung : Input-Output-Analyse. München

Ifo-Institut für Wirtschaftsforschung (1989)
Technologiegeber und -nehmer, gemessen an Innovationsaufwendungen 1986. In: Ifo-Schnelldienst 1-2/1989

T, Kiji (1996)
Was ist der Unterschied der Kostenstruktur zwischen wachsenden Industrien und stagnierenden Industrien? (auf japanisch). In: Business Journal of PAPAI-OS, Vol.6, No.3.

Ministry of International Trade and Industry (1995)
The 1980-1985-1990 Link Input-Output Table for Japan, MITI.

Nakajou, A. (1992)
Vielseitigkeit des Inputs und Outputs für F&E Aktivität (auf japanisch). In: Business Journal of PAPAIOS, Vol.3, No.4.

Schnabl, H.(1995) (Hrsg.)
Technologieverflechtung und Strukturwandel. Mohr-Siebeck, Tübingen

Yoshinaga, K. (1996)
Introducing, recompiling and analysing Input-Output Tables for Japan.
Paper presented at the 5th Input-Output Workshop in Stuttgart 1996.

Branchenwachstum und Beschäftigung

Mittelfristige Szenarien mit einem disaggregierten ökonometrischen Modell

Thomas Siebe, Essen

1 Einleitung

Produkt- und Prozeßinnovationen beeinflussen die Beschäftigung in vielfältiger Weise. Während die Beschäftigungseffekte von Produktinnovationen wegen neuer Marktchancen und Produktionsmöglichkeiten generell positiv beurteilt werden, haftet Prozeßinnovationen häufig ein *jobkiller*-Image an. Beide Einschätzungen basieren jedoch auf einem partialanalytischen Ansatz: Das erste Urteil vernachlässigt, daß neue Produkte in aller Regel Verdrängungswirkungen bei eingeführten Gütern zeitigen. Die negative Bewertung der Prozeßinnovationen und der damit verbundenen Produktivitätssteigerungen läßt dagegen durch Kostenreduktionen zu öffnende Marktpotentiale außer acht.

Werden die Beziehungen zwischen Forschungs- und Innovationsaktivitäten und Produktivitätssteigerungen als gegeben betrachtet und dementsprechend unterschiedliche Pfade des technischen Fortschritts vorgegeben, dann stellt sich die Frage nach gegenläufigen sektoralen und gesamtwirtschaftlichen Wirkungen von Prozeßinnovationen. Gerade mit Blick auf die zukünftige wirtschaftliche Entwicklung ist die „Aufteilung" der Produktivitätsentwicklung in konsistente Produktions- und Beschäftigungsperspektiven mit einer Reihe von Prognoserisiken behaftet. Zu nennen wären etwa die internationale Wettbewerbsfähigkeit der deutschen Wirtschaft, die Geschwindigkeit des Aufholprozesses in den neuen Bundesländern oder spezifische Unwägbarkeiten auf dem Arbeitsmarkt.

Trotzdem grenzen empirische Studien zur zukünftigen Entwicklung der deutschen Wirtschaft die Wachstumserwartungen relativ eng ein (Blazejzak 1993; Prognos 1993): Für Westdeutschland werden mittelfristig jahresdurchschnittliche Produktionsänderungen zwischen 2 und 2,5 v.H. für wahrscheinlich gehalten. Aussagen über die zukünftige Entwicklung auf dem Arbeitsmarkt weisen naturgemäß eine größere Bandbreite auf. Eher optimistische Voraussagen verknüpfen dies mit der Hoffnung auf Beschäftigungszuwächse (BMWi 1995), bei Wachstumserwartungen am unteren Rand sind mittelfristig Beschäftigungsrückgänge nicht auszuschließen (Gornig 1994, Barth/Klauder 1994, ERECO 1994). Offenbar bestehen also bezüglich zukünftiger Veränderungen der Arbeitsproduktivität erhebliche Unsicherheiten. Damit ist umgekehrt die Frage nach der beschäftigungsneutralen Wachstumsrate (Beschäftigungsschwelle) sowie nach den Beschäftigungseffekten des Produktionswachstums offen.

Der vorliegende Beitrag stellt Simulationsergebnisse eines mittelfristigen (Basis-) Szenarios bis zum Jahr 2005 dar. Darauf aufbauend werden alternative Produktivitätspfade vorgegeben und auf ihre Produktions- und Beschäftigungswirkungen untersucht. Derartige Sensitivitätsanalysen erfordern einerseits die Simulationsfähigkeit des zu verwendenden Modells. Zum anderen sollten Branchenentwicklungen hinreichend erfaßt und diese zu gesamtwirtschaftlichen Trends aggregiert werden, wobei Wechselwirkungen zwischen sektoralen und gesamtwirtschaftlichen Größen sowie Vorleistungsbeziehungen zwischen Branchen zu berücksichtigen sind. Diesem Anforderungsprofil folgend wird das *RWI-Strukturmodell* als disaggregiertes ökonometrisches System zur empirischen Analyse eingesetzt. Die Beschränkung auf den alten Gebietsstand erfolgt aufgrund der für ein disaggregiertes Simulationsmodell noch unzureichenden statistischen Basis; allerdings sprechen auch die zu erwartenden Aggregationsprobleme dafür, die Entwicklung in Westdeutschland und den Aufholprozeß der neuen Bundesländer gesondert abzubilden.

Im Vergleich zu Prognosen, die in der kürzeren Frist bei weitgehend bekannten Vorgaben die zu erwartende (gesamt-)wirtschaftliche Situation beschreiben sollen, muß der Informationsanspruch an eine mittelfristige Vorausschau zugunsten einer möglichst konsistenten Umsetzung exogener Vorgaben auf Branchenentwicklungen und deren gesamtwirtschaftliche Konsequenzen akzentuiert werden. Dementsprechend sind die folgenden Ergebnisse nicht als möglichst treffsichere Prognose, sondern als *konsistente Projektion* einer aus heutiger Sicht plausiblen Strukturentwicklung zu interpretieren.

Die Arbeit ist wie folgt aufgebaut: Das Simulationsinstrument und die wesentlichen Projektionsannahmen sind in Abschnitt 2 dargestellt. Daraus ergeben sich die anschließend diskutierten gesamtwirtschaftlichen und sektoralen Wachstumsaussichten (Abschnitt 3). Abschnitt 4 prüft, ob sich Wachstum und Beschäftigung tatsächlich verstärkt entkoppeln und skizziert mögliche Beschäftigungspfade unter alternativen Produktivitätsannahmen. Abschließend werden die Ergebnisse der Simulationsstudien in Abschnitt 5 zusammengefaßt.

2 Methodik und Prämissen

Den Kern des RWI-Strukturmodells bildet ein *Input-Output-System*, das die zur Erstellung der Endnachfrage notwendigen intermediären Lieferungen sowie die Produktion jeweils nach 58 Gütergruppen abbildet. Die Komponenten der Endnachfrage – Privater Verbrauch, Ausrüstungsinvestitionen, Bauten und Exporte – werden nach Lieferbereichen endogenisiert. Grundsätzlich hängen sie – wie die Vorleistungsnachfrage – u.a. von relativen Preisen ab. Weitere Module sind (Hillebrand/Kiy/Neuhaus 1989):

- ein Arbeitsmarktmodell, in dem auf gesamtwirtschaftlicher Ebene das Arbeitsangebot vorgegeben und den sektoralen Arbeitsvolumina unter Vorgabe tariflicher Bestimmungen (Löhne, Arbeitszeiten) gegenüberstellt wird;

- eine Kapitalbestandsrechnung, die aus den sektoralen Investitionsentscheidungen und den Abgängen aus dem Bruttoanlagevermögen die sektoralen Kapitalbestände fortschreibt und die Abschreibungen erklärt;
- ein Umverteilungsmodell, das das Einnahmen- und Ausgabensystem des Staates abbildet, um daraus u.a. das verfügbare Einkommen der privaten Haushalte zu bestimmen;
- ein duales Input-Output-Modell, das die Stückkosten aus dem Zusammenwirken der mit der jeweiligen Kostenstruktur gewichteten Faktorpreise und staatlichen Be- oder Entlastungen bestimmt.

Im Vergleich zu früheren Versionen bezieht das gegenwärtig verwendete Strukturmodell in größerem Umfang angebotsseitige Elemente ein. Dies betrifft insbesondere die Modellierung der Kostenstrukturen. Bei der Güterpreisbildung spielen Kostenniveaus, aber auch „mark up"-Elemente eine Rolle. Durch Preisrigiditäten können Ungleichgewichte auf dem Arbeitsmarkt auch längerfristig bestehen. Das Simulationsinstrument ist also nicht als rechenbares Gleichgewichtsmodell[1], sondern als empirisch fundiertes System auf der Basis einer neoklassisch-keynesianischen Synthese anzusehen.

Die *Datenbasis* des intersektoralen Modellkerns beruht auf den Input-Output-Tabellen des Statistischen Bundesamtes für die Jahre 1978 bis 1990[2]. Zur Modellierung der Güterstruktur des Privaten Verbrauchs werden die Konsumverflechtungstabellen des RWI herangezogen, die für den Zeitraum von 1970 bis 1992 zur Verfügung stehen (Oberheitmann, Wenke 1994). Die Investitionen werden ebenfalls auf der Basis von Verflechtungsmatrizen bestimmt, die 51 investierende Bereiche und 13 Investitionsgüter für die Jahre von 1975 bis 1991 unterscheiden (Gerstenberger u.a. 1989). Nach Gütergruppen disaggregierte Daten über Exporte und Importe stammen aus den jährlichen Volkswirtschaftlichen Gesamtrechnungen von 1970 bis 1993. Dies gilt ebenso für Zeitreihen, die den Arbeitsmarkt, die Einkommensentstehung, -verteilung und -umverteilung sowie das Budget des Staates betreffen. Der Stützbereich der einzelnen Teilmodelle orientiert sich an den skizzierten Datenverfügbarkeiten.

Insgesamt besteht das Strukturmodell aus etwa 3 800 Gleichungen und endogenen Variablen. Es kann in einen vorab zu lösenden rekursiven Block, einen interdependenten Block von 2 400 Gleichungen und einen weiteren rekursiven Block zerlegt werden. Wichtigste exogene Modellvariablen sind demographische Faktoren (Wohnbevölkerung nach Altersgruppen, Anzahl der Haushalte, Erwerbsquote), die Ergebnisse von Tarifabschlüssen (Lohnsätze,

---

[1] Dieser zuletzt stark in den Vordergrund gerückte Modelltyp beschreibt Gleichgewichtszustände ohne Zeitbezug. Außerdem werden die Modellparameter überwiegend gesetzt und nicht ökonometrisch geschätzt (Shoven / Walley 1984).

[2] Statistisches Bundesamt (1989, 1990, 1994). Da aufgrund der letzten Revision der Volkswirtschaftlichen Gesamtrechnungen neuere und ältere Tabellen nicht voll vergleichbar sind, wurde dies durch eigene Berechnungen sichergestellt.

Arbeitszeiten), geld- und finanzpolitische Rahmenbedingungen (Steuersätze, staatliche Investitionsausgaben, öffentlich Beschäftigte) sowie die weltwirtschaftliche Entwicklung (Weltimporte, Wechselkurse zum Dollar und zur ECU, Importpreise, Auslandspreise). Um die künftige Entwicklung der modellbestimmten Variablen zu projizieren, müssen diese exogenen Variablen für die kommenden zehn Jahre so vorgegeben werden, daß sie aus heutiger Sicht ein wahrscheinliches Szenario darstellen.

Bezüglich des für Westdeutschland relevanten Welthandelsvolumens wird im Durchschnitt ein Wachstum von 5,5 v.H. angenommen (Tabelle 1). Dies orientiert sich an den Wachstumsperspektiven der wichtigsten Handelspartner (de Jong/Zalm 1992) und schließt nicht aus, daß in anderen Weltregionen höhere Außenhandelszuwächse realisiert werden. Die Importpreise steigen in Inlandswährung jahresdurchschnittlich zunächst um 2 v.H., nach dem Jahr 2000 wird aufgrund anziehender Rohstoffpreise eine stärkere Weltinflation angenommen. Hinsichtlich der Wechselkurse wird gegenüber dem Dollar eine „no change"-Annahme gemacht, gegenüber der für die Exporte wichtigeren ECU wird eine sich abschwächende Aufwertung angenommen. Ohne näher auf mögliche Änderungen der institutionellen Gegebenheiten einzugehen wird also unterstellt, daß Währungsanpassungen in Europa künftig eine kleinere Rolle als bisher spielen.

Mögliche Optionen der *Fiskalpolitik* sind Gegenstand einer jüngst veröffentlichten RWI-Studie (Heilemann u.a. 1994): Auf der Einnahmeseite wird bei einem stetigen Wachstum der Bemessungsgrundlagen postuliert, daß die derzeit überdurchschnittlich hohe Abgabenquote mittelfristig zurückgeführt wird. Deshalb muß im Rahmen konsistenter Prämissen für Bund, Länder, Gemeinden und Sozialversicherung unterstellt werden, daß dort die Beschäftigung allenfalls am Ende des Projektionszeitraums wieder leicht zunimmt. Während der Konsolidierungsphase steigt der Staatsverbrauch damit deutlich schwächer als das Sozialprodukt, wie dies schon in der zweiten Hälfte der achtziger Jahre zu beobachten war. Auch von den staatlichen Investitionsausgaben werden keine expansiven Impulse erwartet. Nach den hier unterstellten Prämissen sinken die Investitionen in konstanten Preisen zunächst, über den gesamten Projektionszeitraum betrachtet wird ein ausschließlich preisbedingter Ausgabenanstieg zugrundegelegt. Die Übertragungsleistungen werden auf hohem Niveau mit moderaten Veränderungsraten fortgeschrieben.

Bis zum Jahr 2000 wird ein jahresdurchschnittlicher nominaler Lohn- und Gehaltsanstieg von 4 v.H. angenommen – dies bedeutet, daß die Verbraucherpreissteigerungen voll und die Produktivitätsfortschritte teilweise in die Entlohnung eingehen. Erst nach 2000 läßt die Lage am Arbeitsmarkt wieder etwas höhere Lohnabschlüsse zu. Die Arbeitszeit sinkt weiter leicht – im Vergleich zu den achtziger Jahren spielen allerdings weniger allgemein gültige Vereinbarungen als vielmehr flexiblere Arbeitszeitmodelle eine Rolle.

Die Lage auf dem *Arbeitsmarkt* hängt außerdem von der Entwicklung des Arbeitsangebots ab. Im folgenden wird diesbezüglich angenommen, daß sich der Zuzug aus Ostdeutschland und die Einwanderungen von mehr als 3 Mill. zwischen 1990 und 1995 in den kommenden fünf Jahren auf etwa 2 Mill. und danach weiter auf 1,7 Mill. Personen verringert. Unter Berücksichtigung der rückläufigen natürlichen Bevölkerungsentwicklung werden damit im Jahr 2005 gut 2 Mill. Personen mehr im früheren Bundesgebiet leben als dies gegenwärtig der Fall ist. Trotz erheblicher altersbedingter Abgänge und veränderten Altersstrukturen verändert sich die Zahl der Personen im erwerbsfähigen Alter kaum. Falls die Erwerbsneigung wie zuletzt steigt, wird die Zahl der Erwerbspersonen im Laufe der kommenden zehn Jahre um 750 000 zunehmen.

Schließlich wird für die *Geldpolitik* unterstellt, daß die Bundesbank im Rahmen ihres Stabilisierungsziels Zinssenkungen längerfristig nur bei einer fallenden Inflationsrate zuläßt. In diesem Sinne wird angenommen, daß der um Preissteigerungsraten bereinigte Langfristzins mit 5 v.H. auf dem Durchschnittsniveau der vergangenen Jahre verharrt.

Tab. 1: Ausgewählte exogene Variablen des RWI-Strukturmodells
Veränderungen im angegebenen Zeitraum in v.H. (1980-2005)

Dimension		1980 /1990	1990 /1995	1995 /2000	2000 /2005
Außenwirtschaftliche Vorgaben:					
Relevantes Welthandelsvolumen	Veränd.[1]	5,7	7,4	5,5	5,5
Importpreise in inl. Währung[2]	Veränd.[1]	1,4	0,2	2,0	2,5
Konsumgüterpreis OECD	Veränd.[1]	5,2	4,2	3,0	3,5
Außenwert					
gegenüber dem Dollar	Veränd.[1]	1,2	2,2	0,0	0,0
gegenüber der ECU	Veränd.[1]	3,6	2,4	1,6	1,3
Politisch/institutionelle Bedingungen:					
Beschäftigte des Staates	Veränd.[1]	0,9	0,8	0,0	0,5
Staatl. Bauinvestitionen (real)	Veränd.[1]	-1,7	0,8	-1,0	0,0
Arbeitsmarktrelevante Vorgaben:					
Tariflohn/Gehalt	Veränd.[1]	4,0	4,8	4,0	4,5
Arbeitszeit je Erwerbstätigen	Veränd.[1]	-0,8	-0,7	-0,5	-0,5
Wohnbevölkerung	Mill.	63,3	66,5	68,1	68,7
Bevölkerung zwischen					
20 und 60 Jahren	Mill.	37,5	38,3	37,7	37,7
Erwerbspersonen	Mill.	30,4	30,7	31,2	31,5
Geldpolitische Vorgaben:					
Langfristiger Realzins	v.H.	4,9	4,8	5,0	5,0

Eigene Berechnungen.

[1] Jahresdurchschnittliche Veränderung gegenüber dem vorher genannten Zeitpunkt.

[2] Durchschnitt aller Gütergruppen.

3 Ergebnisse des Basisszenarios

Unter diesen Annahmen setzen sich die in der Vergangenheit beobachteten Tendenzen des sektoralen Strukturwandels in den kommenden zehn Jahren fort. Auf der Nachfrageseite erweist sich die Güterstruktur des *Privaten Verbrauchs* bei einem moderaten Einkommenswachstum als relativ starr. Der Nachfrageanteil inferiorer Gütergruppen – in der Gütersystematik der Input-Output-Rechnung sind dies Energie, Nahrungsmittel und nichtdauerhafte Konsumgüter – sinkt weiter leicht. Während der Budgetanteil der Gebrauchsgüter nochmals zulegt, steigt die Nachfrage nach sonstigen privaten Dienstleistungen – nicht zuletzt aufgrund der unterstellten demographischen Bedingungen und deren Konsequenzen auf dem Wohnungsmarkt – im Projektionszeitraum weniger stark als bisher. Die Güterstruktur der *Ausfuhren* verschiebt sich weiterhin zugunsten der Investitionsgüter. Dies unterstellt letztlich, daß die internationale Wettbewerbsfähigkeit in diesem bedeutenden Segment mittelfristig bestehen bleibt. Im Grundstoffgewerbe legen die Ausfuhren der metallerzeugenden Unternehmen schwächer zu als die der Chemischen Industrie und der Kunststoffindustrie. Die Ausfuhrzuwächse konsumnaher Güter liegen unter dem gesamtwirtschaftlichen Durchschnitt von knapp 5 v.H. pro Jahr.

Ausgeprägte Güterstrukturänderungen finden bei den Vorleistungslieferungen statt. Die *intermediäre Nachfrage* nach sonstigen Dienstleistungen nimmt weiter überdurchschnittlich zu; die Bemühungen der Unternehmen um eine verstärkte sektorale Arbeitsteilung halten diesen Ergebnissen zufolge an. Während die industriellen Vorleistungslieferungen in etwa gleichem Ausmaß wie die Vorleistungen insgesamt wachsen, geht die Expansion der intermediären Dienstleistungen zu Lasten der Energielieferungen an die Unternehmen. Die Importe als Teil der Vorleistungen vollziehen diese Strukturveränderungen mit- bei annähernd unverändertem Volumen nimmt ihr Energieanteil kräftig ab. Überdurchschnittliche Importzuwächse sind dagegen bei industriellen Gütern, und hier insbesondere bei Investitionsgütern, zu erwarten. Dies reflektiert die zunehmende internationale Konkurrenz in den „Vorzeigebereichen“ der deutschen Wirtschaft. So werden die Importe von Gütern des Maschinenbaus, des Straßenfahrzeugbaus und der Elektrotechnischen Industrie deutlich schneller steigen als deren Inlandsproduktion.

Wegen der weitgehenden Fortschreibung der in der Vergangenheit beobachteten Angebotsbedingungen prägen die skizzierten Strukturänderungen der Nachfragekomponenten die Entwicklung der Produktionsstruktur: Vor allem aufgrund der dynamischen Vorleistungsnachfrage wachsen die privaten Dienste stärker als die gesamte Produktion. Der Produktionsanteil des Verarbeitenden Gewerbes verringert sich bei nach wie vor guten Absatzchancen für Investitionsgüter und Einbußen im konsumnahen Bereich kaum. In dieser groben Disaggregation werden also die Landwirtschaft, die Energiewirtschaft und der öffentliche Dienst die Verlierer des Strukturwandels sein (Tabelle 2).

Tab. 2: Ergebnisse einer mittelfristigen Projektion (1996-2005)
Jahresdurchschnittliche Veränderungsraten in v.H.

	1981/90[a]	1991/95	1996/00	2001/05
Reale Bruttoproduktion:				
Land- und Forstwirtschaft	1,4	1,1	0,8	1,0
Energiewirtschaft	-0,3	0,5	0,3	0,2
Grundstoffe	1,7	1,8	2,4	2,4
Chemische Industrie	3,2	2,6	3,2	2,8
Steine und Erden	-0,6	1,8	0,5	0,8
Eisen/Stahl	-2,0	-2,0	-0,7	-1,1
NE-Metalle	3,2	-0,6	2,1	2,0
Investitionsgüter	3,1	0,4	2,9	3,1
Maschinenbau	1,9	-1,6	2,4	2,2
Straßenfahrzeugbau	3,8	1,5	2,5	2,3
Elektrotechnik	4,5	0,6	4,2	4,5
Konsumgüter	0,9	-0,7	1,7	1,4
Holzverarbeitung	-0,7	2,2	1,6	1,6
Textilien	0,8	-3,8	0,2	0,5
Nahrungs- und Genußmittel	0,9	2,2	1,3	1,4
Baugewerbe	0,5	2,1	1,3	1,6
Handel und Verkehr	3,0	2,2	2,8	2,8
Großhandel	2,6	1,7	2,2	2,2
Einzelhandel	2,3	1,4	1,8	1,9
Übriger Verkehr	4,6	4,5	4,2	3,9
Sonst. priv. Dienste	4,6	3,7	3,9	3,9
Kreditinstitute	4,3	3,8	3,8	3,8
Wissenschaft, Verlage, Medien	3,6	5,1	4,6	4,6
Übrige marktbest. Dienste	6,3	4,7	4,8	4,6
Leistungen der Gebietskörperschaften, Sozialversicherung und Priv.O.o.E.	1,6	1,0	1,4	1,6
Insgesamt	2,4	2,1	2,5	2,6
Reale Einkommensverwendung:				
Bruttoinlandsprodukt	2,2	1,8[a]	2,2	2,3
Privater Verbrauch	1,9	1,7[a]	2,1	2,3
Staatsverbrauch	1,3	0,3[a]	1,0	1,3
Ausrüstungen	3,8	0,3[a]	3,7	3,9
Bauten	0,3	2,3[a]	1,3	1,7
Ausfuhr	5,5	5,3[a]	4,8	4,8
Einfuhr	4,2	5,7[a]	4,8	4,9

Eigene Berechnungen. – [a]Beobachtete Entwicklung.

In einer tieferen Sektorgliederung ergeben sich zwar divergierende Zeitpfade der Endnachfrage, der Vorleistungsnachfrage und der Importe. Zwei generelle Muster scheinen jedoch zu dominieren: In den *Industriebranchen* steigen die Einfuhren weiter wesentlich kräftiger als die Produktion. Die Endnachfrage legt im allgemeinen stärker zu als die Vorleistungsnachfrage. Dagegen wird die Bereitstellung von *Dienstleistungen*, die keinen nennenswerten Auslandseinflüssen unterliegt, besonders durch die Vorleistungsnachfrage gestützt. Innerhalb des Grundstoffbereichs können die Hersteller nichtmetallischer Produktionsgüter weiterhin deutlich höhere Wachstumsraten als die metallerzeugenden und -verarbeitenden Bereiche realisieren. Die verhaltene Aufwärtsbewegung im Bereich Steine und Erden beruht auf der verbesserten Situation im Baugewerbe. Ähnliches gilt für den Zusammenhang zwischen der Nachfrage nach NE-Metallen und den unverändert günstigen Aussichten der Investitionsgüterindustrie. Unter den größeren Branchen dieses Bereichs wird der Maschinenbau weiterhin nur unterdurchschnittlich wachsen[3]. Voraussichtlich deutlich enger als in der Vergangenheit werden die Wachstumsspielräume für den Straßenfahrzeugbau sein. Die Elektrotechnische Industrie wächst demnach schneller als das Verarbeitende Gewerbe insgesamt.

Gemessen an der gesamtwirtschaftlichen Produktionsentwicklung expandiert der Groß- und Einzelhandel schwächer. Dagegen schneidet der Güter- und Personenverkehr in der Luft und auf der Straße weiterhin überdurchschnittlich ab. Allerdings sind bei dieser Projektion weder Effekte der Privatisierung der Bundesbahn noch mögliche künftige verkehrspolitische Lenkungsmaßnahmen berücksichtigt. Im Bereich der Nachrichtenübermittlung können die Auswirkungen der bereits wirksamen und zu erwartenden institutionellen Regelungen im Zusammenhang mit der Öffnung dieses Marktes kaum quantifiziert werden – die projizierte Wachstumsrate von 4,5 v.H. p.a. ist aber wohl als vorsichtige Schätzung zu interpretieren. Als besonders stark expandierende Tätigkeiten unter den sonstigen privaten Dienstleistungen sind neben den unternehmensnahen Diensten die Leistungen des Medienbereichs zu nennen.

Folgt man dem vorgelegten Szenario, dann bewegt sich Westdeutschland in den kommenden Jahren *auf einem mäßigen Wachstumspfad*: Die Produktion wächst mit 2,5 v.H.. Ein Vergleich dieser Ziffer mit der projizierten Wachstumsrate der Wertschöpfung macht deutlich, daß die sektorale Fertigungstiefe – nicht zuletzt wegen einer sich weiter intensivierenden Einfuhr von Vorprodukten und Komponenten – auch künftig weiter abnimmt. Das reale verfügbare Einkommen wird kaum stärker als in den achtziger Jahren zunehmen. Wie schon in den achtziger Jahren verändert sich die funktionale Einkommensverteilung zugunsten der Einkommen aus Unternehmertätigkeit und Vermögen. Aufgrund der weiterhin günstigen Gewinnsituation der Unternehmen werden

[3] Der Maschinenbau ist nach wie vor durch Einzel- oder Kleinserienfertigung gekennzeichnet. Qualitätssteigerungen seiner Produkte kommen besonders in höheren Preisen zum Ausdruck; preisbereinigte Kennziffern unterschätzen die "tatsächlichen" Produktionspotentiale daher mehr als in andeen Sektoren (Löbbe 1993, S. 169).

die Sachkapitalrenditen zumindest nicht fallen. Die Investitionen nehmen in der Mehrzahl der Branchen stärker als die Produktion zu; die Produktivität des Kapitaleinsatzes wird also leicht sinken.

Die Produktionszuwächse fallen naturgemäß schwächer aus, wenn sich die internationale Konjunktur oder die wechselkursbedingte Wettbewerbsfähigkeit der deutschen Wirtschaft ungünstiger entwickelt, als dies hier unterstellt wurde. Die sektoralen Wachstumspfade unter veränderten außenwirtschaftlichen Bedingungen werden an anderer Stelle näher untersucht (Siebe 1995a).

4 Beschäftigungspfade unter alternativen Annahmen zum Produktivitätswachstum

Der Übergang von der sektoralen Produktionsentwicklung auf die Beschäftigung erfolgt durch Arbeitsnachfragegleichungen des Typs:

$$\ln(A/X)_{it} = a_{0i} + a_{1i}\,t + a_{2i}\ln(l/p)_{it}.$$

A_i/X_i beschreibt die sektoralen Arbeitskoeffizienten und l_i/p_i ist der sektorspezifische Reallohn – also der Nominallohn der entsprechende Branche bezogen auf den Sektorpreis. Die Parameter für 34 Industrie- und 13 private Dienstleistungsbranchen beruhen auf ökonometrischen Schätzungen für den Zeitraum von 1975 bis 1992: a_1 ist als Hicks-Fortschrittsbias zu interpretieren, und a_2 erfaßt eine Substitutionskomponente.

Wird im Basisszenario angenommen, daß sich die Parameter der Arbeitsnachfragefunktionen im Projektionszeitraum nicht verändern, dann ergeben sich die in Tabelle 3 dargestellten sektoralen Beschäftigungs- und Produktivitätspfade. Demnach beschleunigt sich das Produktivitätswachstum im Vergleich zu den achtziger Jahren allenfalls leicht; die zuletzt hohen Produktivitätszuwächse werden als temporäre Anpassungsprozesse an die konjunkturellen Verwerfungen des Jahres 1993 und an die jüngere Wechselkursentwicklung betrachtet. Ähnlich moderate Produktivitätsprämissen liegen anderen Mittelfristszenarien zugrunde (Prognos 1993; Meyer 1994).

Unter diesen Bedingungen können überdurchschnittlich wachsende Industriezweige des Grundstoff- und Investitionsgütergewerbes ihren Beschäftigungsanteil trotz hoher Produktivitätszuwächse halten, während unterdurchschnittlich wachsende oder produktivitätsstarke Sektoren mit Beschäftigungseinbußen zu rechnen haben (Vgl. hierzu den Beitrag von Schnabl in diesem Band). Vor allem aufgrund der projizierten Produktionsstrukturentwicklung ergibt sich eine weitere Akzentuierung der Beschäftigungsstruktur zugunsten des Dienstleistungsbereichs. Mittelfristig dürfte das Produktivitätswachstum im tertiären Sektor insgesamt kaum schwächer als im gesamtwirtschaftlichen Durchschnitt sein. Während die Beschäftigungszuwächse im Handel eher mäßig ausfallen, bleiben sie im öffentlichen Bereich annahmegemäß fast ganz aus.

Obwohl die *Tertiarisierung* die Beschäftigungsperspektiven tendenziell aufhellt, ist das projizierte Wachstum trotz einer moderaten Produktivitätsentwicklung zu schwach, um eine durchgreifende Wende am Arbeitsmarkt herbeizuführen. Das Produktionswachstum liegt über der Produktivitätsschwelle, so daß die Beschäftigung bis zum Jahre 2000 um insgesamt 0,75 bis 1 Mill. Personen zunimmt. Selbst im Falle einer relativ spannungsfreien Entwicklung entstehen in den darauf folgenden fünf Jahren nicht ganz so viele Arbeitsplätze. In Kombination mit den Annahmen über die Entwicklung der Erwerbspersonenzahl impliziert dies bis 2000 (2005) einen *Rückgang der Arbeitslosigkeit* in Westdeutschland auf 2,0 Mill. (1,5 Mill.) Personen.

Tab. 3: Beschäftigungsaussichten bei moderater Produktivitätsentwicklung
Jahresdurchschnittliche Veränderungsraten in v.H. (1996-2005)

	Beschäftigte	Produktion	Arbeitsproduktivität	Arbeitsproduktivität (z.Vergl.: 1981-90)
Chemische Erzeugnisse, Mineralöl Kunststoffe, Gummi	1,0	2,8	1,8	1,1
Baumaterial, Glas. Keramik	-1,0	1,3	2,3	1,8
Metallerzeugung und -erstverarbeitung	-0,5	1,0	1,5	1,5
Maschinen, Anlagen, Fahrzeuge	0,5	2,8	2,3	2,1
Elektrotechnische, optische und feinmechanische Erzeugnisse, EBM, MSSS	0,5	3,5	3,0	3,0
Holz, Papier, Druck	0,5	2,4	1,9	1,8
Leder, Textil und Bekleidung	-3,0	0,0	3,0	4,0
Nahrungs- und Genußmittel	-0,5	1,4	1,9	1,8
Baugewerbe	-0,5	1,5	2,0	1,7
Handel und Verkehr	0,5	2,8	2,3	2,5
Sonstige private Dienstleistungen	2,0	3,9	1,9	1,7
Gesamt	0,6	2,6	2,0	1,7

Eigene Berechnungen.

Angesichts dieser Ergebnisse ist es fraglich, ob die Prämisse künftig allenfalls leicht zunehmender Produktivitätszuwächse vor dem Hintergrund des jüngst zu beobachtenden Arbeitsnachfrageverhaltens realistisch ist. Nach kräftigen Veränderungsraten in den sechziger Jahren schwächte sich das Wachstum der gesamtwirtschaftlichen Arbeitsproduktivität in den siebziger Jahren auf etwa 2 v.H. und in den achtziger Jahren weiter auf gut 1,5 v.H. p.a. ab. Nicht zuletzt deshalb reichte selbst das nicht allzu dynamische Wachstum von 1980 bis 1990, die Beschäftigung (einschl. Teilzeitbeschäftigung) um immerhin 1,6 Mill. Personen zu erhöhen. In der ersten Hälfte der neunziger Jahren stiegen einige sektorale Produktivitätsraten wieder leicht an. Insbesondere an der Arbeitsmarktentwicklung am aktuellen Rand entzündete sich eine Debatte um die Entkopplung der Beschäftigung vom Wachstum. Das bisher verfügbare Datenmaterial läßt allerdings nicht den Schluß zu, daß sich die gesamtwirtschaftliche Beschäftigungsschwelle – also das Produktionswachstum, bei dem sich die Beschäftigung nicht ändert – bisher signifikant erhöht hat (RWI 1995).

Generell hat dieser Befund auch für die Veränderungen der Bruttowertschöpfung pro Erwerbstätigen in einzelnen Wirtschaftsbereichen Bestand. Die folgende Abbildung zeigt die Veränderungsraten dieser Kennziffer von 1971 bis 1995 jeweils in Fünfjahresdurchschnitten. Während sich das Produktivitätswachstum sowohl im Handel und Verkehr als auch im privaten Dienstleistungsbereich seit 1990 abschwächte, verzeichnete die Bauwirtschaft sogar eine rückläufige Arbeitsproduktivität. Allein im Verarbeitenden Gewerbe könnte sich ein längerfristiger Trend umgekehrt haben; die industrielle Beschäftigungsschwelle wäre demnach gestiegen.

Abb. 1: Veränderungen der Arbeitsproduktivität in v.H.

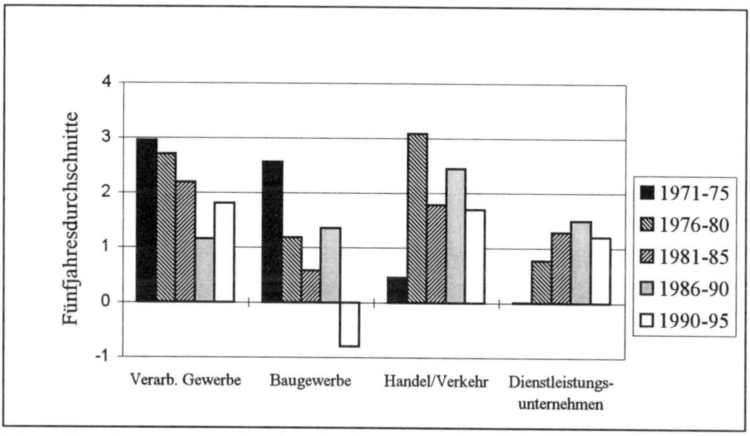

Eigene Berechnungen nach Angaben des Statistischen Bundesamtes (1996)

Um dies zu testen, werden für zusammengefaßte Branchen des Verarbeitenden Gewerbes Regressionen geschätzt, die die Beschäftigungsänderungen durch die Veränderungsraten der realen Bruttowertschöpfung der laufenden Periode und Vorperiode beschreiben:

$$w(A_{it}) = b_o + b_1\ w(BWS_{it}) + b_2\ w(BWS_{it-1}).$$

Zur Identifikation gesamtwirtschaftlicher *Beschäftigungsschwellen* wurde eine ähnliche Spezifikation von Schalk (1991) herangezogen; Löbbe (1996) wendet sie für internationale Vergleichsrechnungen an.

Die Ergebnisse sind in Tabelle 4 zusammengefaßt. Alle geschätzten Koeffizienten weisen das erwartete Vorzeichen auf. Mit Ausnahme der Gleichung für die Chemische Industrie und damit verflochtene Branchen sind die Bestimmheitsmaße für eine Spezifikation in Veränderungsraten zufriedenstellend. Hohe Beschäftigungsschwellen werden für Produzenten von Baumaterialien, für metallerzeugende Branche und für Teile der Investitionsgüterindustrie ermittelt. Insbesondere in den Grundstoffsektoren sind einige Ergebnisse schwer mit den oben dargestellten Produktivitätsziffern vereinbar. Außerdem fällt bei der Gegenüberstellung von beobachteten und geschätzten Beschäftigungsänderungen auf, daß die Beschäftigung für die meisten Sektoren am aktuellen Rand überschätzt wird. Aus den für 1986, 1988 und 1990 durchgeführten Chow-Tests läßt sich jedoch nicht ableiten, daß sich der Zusammenhang zwischen Wachstum und Beschäftigung im letzten Jahrfünft generell geändert hat. Allenfalls für die metallerzeugenden Sektoren deuten die empirischen F-Statistiken auf keinen stabilen Zusammenhang zwischen Beschäftigung und Produktion hin. Allerdings ist zu bedenken, daß der Chow-Test relativ anfällig gegen Multikollinearität und Autokorrelation ist, so daß mögliche Strukturbrüche in anderen Sektoren nicht identifiziert werden (Krämer 1991).

Tab. 4: Beschäftigungsschwellen im Verarbeitenden Gewerbe (1972-1995)

	b_o	b_1	b_2	R^2	BS	Chow-Test 86	88	90
Chemische Erzeugnisse, Mineralöl, Kunststoffe, Gummi	*-0,5*	*0,1*	0,2	0,20	2,0	0,4	0,6	0,4
Baumaterial, Glas. Keramik	-2,4	0,3	0,2	0,60	4,1	0,8	0,4	0,2
Metallerzeugung und -erstverarbeitung	-2,8	0,4	0,3	0,76	4,0	*3,4*	*5,0*	*4,8*
Maschinen, Anlagen, Fahrzeuge	-1,2	0,3	0,3	0,76	1,9	0,1	0,2	0,3
Elektrotechnische, optische und feinmechanische Erzeugnisse, EBM, MSSS	-3,0	0,5	0,4	0,80	3,3	1,6	0,8	0,9
Holz, Papier, Druck	-1,4	0,3	0,3	0,53	2,3	0,6	0,4	0,8
Leder, Textil und Bekleidung	-2,9	0,5	0,6	0,77	2,7	0,5	1,0	1,0
Nahrungs- und Genußmittel	-1,0	0,3	0,3	0,50	1,9	0,2	0,5	0,7

Eigene Berechnungen.
- BS: Beschäftigungsschwelle $[= -b_o/(b_1 + b_2)]$.
- kursiv: Nullhypothese nicht auf dem 5%-Niveau gesichert.

Obwohl auch weitere Strukturbruchtests die Hypothese erhöhter Beschäftigungsschwellen am aktuellen Rand überwiegend verwerfen, kann nicht ausgeschlossen werden, daß die Arbeitsproduktivitäten in den kommenden zehn Jahren stärker als im Beobachtungszeitraum wachsen. Um Implikationen eines solchen Szenarios im Vergleich zu den bisher vorgestellten Ergebnissen zu prüfen, wird alternativ unterstellt, daß das Wachstum der industriellen Arbeitsproduktivitäten künftig um einen v.H.-Punkt höher als im Basisszenario ausfällt. In diesem Falle reichen die jahresdurchschnittlichen Veränderungsraten der Arbeitsproduktivität in der Industrie an Größenordnungen heran, wie dies vor den Ölpreisschocks der Fall war; Fortschrittsraten also, die bei knappem Arbeitsangebot realisiert wurden, und die deshalb als Obergrenze aufzufassen sind.

Im Simulationsmodell werden sämtliche Parameter a_l in den Arbeitsnachfragefunktionen des Verarbeitenden Gewerbes um 0,01 heraufgesetzt. Durch diesen Impuls verändern sich die sektoralen Faktoreinsätze, Kosten und Preise sowie schließlich die Nachfragedispositionen[4]. Während sich die nachgelagerten Effekte im Modellzusammenhang ergeben, müssen die resultierenden Kostenvorteile unter der Annahme unveränderter Nominallöhne explizit in den Preisfunktionen (Siebe 1995, S. 194f.)

$$\ln(p_{it}) - \alpha_i \ln(pv_{it}) - \beta_i \ln(l_{it}) = c_0 + (c_1 + 0{,}01\ \beta_i)\ t$$

eingeführt werden. Im dualen Input-Output-Modell ergeben sich die *Güterpreise* p_i, bei konstanten Produktionselastizitäten α_i und β_i durch die Vorleistungspreise pv_i und die Nominallöhne l_i . Sie werden ferner durch mark-ups c_0 und die Veränderungsrate der totalen Faktorproduktivität c_1 bestimmt. Unter der Annahme unveränderter Effizienzpfade der übrigen Einsatzfaktoren beeinflussen die veränderten Arbeitsproduktivitäten die Kosten nach Maßgabe der Produktionselastizitäten der Arbeit β_i und wirken sich über die Vorleistungspreise pv_i auf alle Märkte aus. Bei gleichbleibenden Nominallöhnen und sinkenden Preisen steigen die Reallöhne, so daß ferner ein Anreiz zur Substitution von Arbeit durch Kapital und Material besteht.

Die Ergebnisse dieser *angebotsseitigen Anpassungen* sind in den ersten beiden Spalten der folgenden Tabelle aufgeführt: In der Industrie fallen die Preissteigerungen um bis zu einen halben v.H.-Punkt p.a. geringer als im Basisszenario aus; die Arbeitsproduktivitäten steigen umgekehrt um etwas mehr als einen v.H.-Punkt. Diese Relation reflektiert die direkten und indirekten Kostenanteile der Arbeit. Die gesamtwirtschaftliche Arbeitsproduktivität (hier: reale Bruttoproduktion/Beschäftigung) steigt um 0,4 v.H. stärker als im Basisszenario – die Beschäftigungsschwelle liegt entsprechend bei 2,5 v.H.. Unter Berücksichtigung der intersektoralen Verflechtungen wird der Preisanstieg insgesamt leicht gedämpft und im Vergleich zu den Dienstleistungen werden Erzeugnisse des Verarbeitenden Gewerbes erwartungsgemäß billiger. Innerhalb der Industrie fallen im Nahrungsmittelgewerbe die geringsten Preiseffekte an,

---

[4] Johnson (1995, S. 38) unterscheidet zwischen unmittelbar wirkenden angebotsseitigen und längerfristig auftretenden nachfrageseitigen Anpassungen an veränderte Produktivitätspfade. Demnach betreffen die direkten Wirkungen die Arbeitsnachfrage und die Kostensituation der Unternehmen, während die indirekten Wirkungen überwiegend von der generellen Preisflexibilität und von der Preiselastizität der Nachfrage abhängen.

weil indirekte Preiseffekte dort durch die Dominanz landwirtschaftlicher Vorprodukte weitgehend ausgeschlossen sind.

Tab. 5: Forcierte Produktivitätzuwächse: Abweichungen der jahresdurchschnittlichen Veränderungsraten vom Basisszenario (1996-2005)

	Arbeitsproduktivität	Preisindex	Produktion	Arbeitseinsatz
Chemische Erzeugnisse, Mineralöl Kunststoffe, Gummi	1,2	-0,3	0,3	-0,9
Baumaterial, Glas. Keramik	1,3	-0,4	0,4	-1,0
Metallerzeugung und -erstverarbeitung	1,1	-0,3	0,2	-1,0
Maschinen, Anlagen, Fahrzeuge	1,3	-0,5	0,4	-0,9
Elektrotechnische, optische und feinmechanische Erzeugnisse, EBM, MSSS	1,2	-0,5	0,5	-0,7
Holz, Papier, Druck	1,1	-0,4	0,3	-0,8
Leder, Textil und Bekleidung	1,3	-0,4	0,2	-1,1
Nahrungs- und Genußmittel	1,2	-0,2	0,1	-1,2
Baugewerbe	0,1	-0,1	0,1	0,1
Handel und Verkehr	0,0	-0,1	0,1	0,1
Sonstige private Dienstleistungen	0,0	-0,1	0,2	0,2
Gesamt	0,4	-0,2	0,2	-0,2

Eigene Berechnungen.

Die *Güternachfrage* reagiert in zweierlei Hinsicht auf die veränderten Relativpreise. Unter der Prämisse, daß sich die Wechselkurspfade trotz stärkerer Produktivitätsfortschritte gegenüber dem Basisszenario nicht verändern und daß im Ausland keine vergleichbaren Produktivitätszuwächse auftreten, gehen von einem erhöhten Auslandsabsatz bei gleichzeitig gedämpfter Importkonkurrenz Nachfrageimpulse aus. Aufgrund eines steigenden Aktivitätsniveaus müßten die realen Importe c.p. steigen; wegen der veränderten Preisposition nehmen sie in einigen Gütergruppen sogar leicht ab. Beide Mechanismen wirken sich besonders auf die Nachfrage nach Investitionsgütern aus. Außerdem werden Vorleistungen bei unverändertem Nominallohn im Vergleich zum Arbeitseinsatz billiger – der überwiegende Teil des im Grundstoff- und Produktionsgütergewerbe beobachtbaren Nachfrageanstiegs ist auf diesen Effekt zurückzuführen – für chemische Erzeugnisse tritt allerdings ein kräftiger Exportnachfrageeffekt hinzu. Die vom Konsum ausgehenden Effekte sind dagegen verhalten. Zwar wirken die Reallohnsteigerungen den Mengeneffekten auf dem Arbeitsmarkt etwas entgegen und die Einkommen aus Unternehmertätigkeit steigen real leicht an; die resultierenden Änderungen des verfügbaren Einkommens der privaten Haushalte sind jedoch gering. Entsprechend schwach fallen die Produktionswirkungen in konsumnahen Industriebereichen aus.

Produktion und Arbeitsproduktivität bestimmen die *Beschäftigungswirkungen*: In der Industrie reichen die durch einen simulierten Produktivitätsschub induzierten Nachfragezuwächse nicht aus, um die Beschäftigungswirkungen des Produktivitätsanstiegs zu kompensieren. Dagegen profitieren die übrigen Sektoren – und hier vor allem das private Dienstleistungsgewerbe – von dem zusätzlichen Produktionsimpuls. Generell entspricht dieses Muster den Vorstellungen über die Wirkungen des technischen Fortschritts auf Wachstum und Beschäftigung (EU-Kommission 1996): Überdurchschnittliche industrielle Produktivitätssteigerungen fördern den Beschäftigungsstrukturwandel zugunsten des tertiären Sektors. Sie tragen aber gleichzeitig dazu bei, eine wettbewerbsfähige Industrieproduktion zu erhalten.

Unter diesen alternativen Annahmen sowie unter Vernachlässigung kontraktiver Wirkungen temporärer Auslastungsschwankungen werden im Jahr 2005 gut 500 000 Personen weniger als im Basisszenario beschäftigt sein. Im Verarbeitenden Gewerbe liegt die Differenz sogar bei 750 000 Arbeitsplätzen. Dennoch dürfte die Beschäftigung auch bei einem forcierten Produktivitätswachstum über dem derzeitigen Stand liegen. Die dann in den nächsten zehn Jahren entstehenden Arbeitsplätze werden allerdings überwiegend zur Deckung des zusätzlichen Arbeitsangebots benötigt, so daß die Rückführung der Arbeitslosenzahl deutlich geringer als im Basisszenario ausfällt.

5 Zusammenfassung

Unter Vorgabe von aus heutiger Sicht plausiblen Rahmendaten nimmt der vorliegende Beitrag eine Projektion möglicher Produktions- und Beschäftigungsentwicklungen in Westdeutschland für die kommenden zehn Jahre vor. Zu diesem Zweck werden Simulationsstudien mit einem disaggregierten ökonometrischen Modell durchgeführt. Sofern die in das Modell eingehenden Verhaltensmuster hinreichend stabil bleiben, setzt sich der sektorale Strukturwandel bei einem mäßigen Produktionswachstum mit den bekannten Mustern fort:

- Eine verstärkte *außenwirtschaftliche Integration* eröffnet einigen Industriebranchen überdurchschnittliche Wachstumschancen, andere müssen sich an eine verstärkte Importkonkurrenz anpassen.
- Sektoren mit einem hohen Lieferanteil von Vorleistungen profitieren generell von der sich weiter verringernden Fertigungstiefe. Dabei dürften Anbieter *unternehmensbezogener Dienstleistungen* am stärksten profitieren: Die zu erwartende Intensivierung der intersektoralen Arbeitsteilung ist einerseits mit einem fortgesetzten Tertiarisierungstrend gekoppelt. Andererseits dürften Dienstleistungen auch in absehbarer Zukunft keiner nennenswerten Importkonkurrenz ausgesetzt sein.

- Die Tertiarisierung hellt die Beschäftigungsperspektiven zwar tendenziell auf. Dennoch fällt das projizierte *Wachstum zu schwach* aus, um eine durchgreifende Wende am Arbeitsmarkt herbeizuführen. Nur unter relativ günstigen Bedingungen wird die Arbeitslosenzahl in Westdeutschland bis zum Jahr 2000 die 2-Millionen-Grenze unterschreiten können.
- Bei unveränderten Angebotsbedingungen dürften die Sachkapitalrenditen nicht fallen; die Investitionen steigen in der Mehrzahl der Branchen stärker als die Produktion. Einerseits eröffnet die Kapitalintensivierung den Investitionsgüterproduzenten ein beträchtliches Nachfragepotential; anderseits nimmt die Produktivität des Kapitaleinsatzes weiter ab.

Vor dem Hintergrund der in jüngster Vergangenheit zu beobachtenden Produktivitätsentwicklung ist fraglich, ob eine weitgehende Fortschreibung des längerfristigen Produktivitätswachstums als realistische Prämisse anzusehen ist. Aus empirischen Tests kann zwar nicht geschlossen werden, daß sich die industriellen Beschäftigungsschwellen bisher signifikant erhöht haben. Trotz dieses Ergebnisses lassen sich künftige Produktivitätsschocks nicht ausschließen. Deshalb werden alternativ mögliche Wachstums- und Beschäftigungsimplikationen eines beschleunigten technischen Fortschritts diskutiert (vgl. Hierzu den Beitrag vom Meyer&Ewerhart in diesem Band, die mit endogenisierten Produktivitätsänderungen arbeiten.).

Stärkere Zuwächse der industriellen Arbeitsproduktivität verschlechtern die Beschäftigungsaussichten nicht in vollem Umfang, wie dies eine kurzfristige Sichtweise suggerieren könnte. Neben direkten Effekte auf den Faktormärkten treten vielmehr *gegenläufige Anpassungsmechanismen auf den Gütermärkten*. Werden die mit einem forcierten technischen Fortschritt verbundenen Kostenvorteile im Falle unveränderter Nominallöhne, Wechselkurse und Auslandspreise überwiegend in den Preisen weitergegeben, nimmt die Wettbewerbsfähigkeit gegenüber dem Ausland zu. Die Auslandsnachfrage steigt bei einer sinkenden Importquote. Intermediäre Nachfrageeffekte stimulieren die Beschäftigung zusätzlich.

Dennoch ist nicht davon auszugehen, daß die negativen direkten Arbeitsnachfragewirkungen dadurch in vollem Umfang aufzuwiegen sind. Aus der Alternativrechnung ergibt sich als *Faustregel*, daß der Produktivitätsschub durch indirekte expansive Nachfragewirkungen etwa zur Hälfte auf die gesamtwirtschaftliche Beschäftigung durchschlägt: Bei dem unterstellten zusätzlichen Anstieg der gesamtwirtschaftlichen Arbeitsproduktivität um 0,4 v.H. p.a steigt die Produktion aufgrund von Wettbewerbsvorsprüngen jährlich um 0,2 v.H. stärker als im Basisszenario. Folglich fallen die jahresdurchschnittlichen Beschäftigungszuwächse um 0,2 v.H. geringer aus. Der Produktionsstrukturwandel zu Lasten der Industrie würde gebremst, während sich die Tertiarisierung der Beschäftigung beschleunigt. Diese Einschätzung bestätigen auch Vergleiche mit der beobachteten Entwicklung der OECD-Länder (Johnson 1995, S.

55): Mit Ausnahme Japans realisierten Volkswirtschaften mit hohen industriellen Fortschrittsraten in den achtziger Jahren überdurchschnittliche Anteilsverluste der Industriebeschäftigung.

Literatur

Barth, A.; Klauder, W. (1994)
Arbeitsmarkttendenzen bis zum Jahr 2000. Ergebnisse auf Basis eines makroökonometrischen Modells. In: Beihefte der Konjunkturpolitik, Heft 42, S. 55ff.

Blazejzak, J.; Weiß, J.P. (1993)
Szenarien der gesamtwirtschaftlichen Entwicklung in Westdeutschland bis zum Jahr 2000. In: J.P. Weiß (Hrsg.), Wirtschaftliche Entwicklung in Deutschland bis zum Jahr 2000, Wiesbaden.

BMWi (1995)
Projektion der gesamtwirtschaftlichen Entwicklung in der Bundesrepublik Deutschland bis zum Jahre 1999 (BMWi-Dokumentation Nr. 376), Bonn.

EU-Kommission (1996)
Grünbuch zur Innovation. Bulletin der Europäischen Union, Beilage 5/95, Luxemburg.

ERECO (1994)
Medium-term Forecasts of Employment by EU-Districts and Sectors of Industry. München, S. 288ff.

Gerstenberger, W. u.a. (1989)
Die sektorale Kapitalbildung in der deutschen Wirtschaft nach dem Eigentümer- und Benutzerkonzept. Ifo-Studien zur Strukturforschung, Nr. 12. München.

Gornig, M. (1994)
Szenarien zur Entwicklung der Bundesrepublik Deutschland bis zum Jahr 2000. In: Beihefte der Konjunkturpolitik, Heft 42, S. 39ff.

Heilemann, U. u.a. (1994)
Konsolidierungs- und Wachstumserfordernisse – Fiskalperspektiven der Bundesrepublik in den neunziger Jahren. Untersuchungen des Rheinisch-Westfälischen Instituts für Wirtschaftsforschung, Heft 14, Essen.

Hillebrand, B.; Kiy, M.; Neuhaus, R. (1989)
Das RWI-Strukturmodell – Konzeption, Hypothesen und Wirkungsanalysen. RWI-Papiere Nr. 19, Essen.

Johnson, K.H. (1995)
Productivity and Unemployment: Review of Evidence. In: OECD (Hrsg.), Investment, Productivity and Employment (OECD Job Study), Paris.

de Jong, A. Zalm, G. (1992)
Scanning the Future: A Long-term Scenario Study of the World Economy 1990-2015. In: OECD (Hrsg.): Long-term Prospects of the World Economy. Paris, S. 27ff.

Krämer, W. (1991)
Modellspezifikationstests in der Ökonometrie. In: RWI-Mitteilungen, Jg. 42, S. 103ff.

Löbbe, K. u.a. (1993)
Strukturwandel in der Krise. Untersuchungen des Rheinisch-Westfälischen Instituts für Wirtschaftsforschung, Heft 9, Essen.

Löbbe, K. (1996)
Sectoral Employment Elasticities in Germany. (Erscheint in: Welfens, P.J.J. (Hrsg.), European Labor Markets and Social Security).

Meyer, B. (1994)
Die gesamtwirtschaftliche Entwicklung in Deutschland bis zum Jahre 2000. In: B. Meyer (Hrsg.), Prognose 2000 – Die Branchen der deutschen Wirtschaft im internationalen Wettbewerb, Osnabrück, S. 57ff.

Oberheitmann, A.; Wenke, M. (1994)
Strukturveränderungen des westdeutschen Privaten Verbrauchs – Methoden und ausgewählte Ergebnisse einer Neuberechnung der RWI – Konsumverflechtungstabellen. In: RWI-Mitteilungen, Jg. 45, S. 103ff.

Prognos (1993)
Die Bundesrepublik Deutschland 2000-2005-2010. Entwicklung von Wirtschaft und Gesellschaft, Basel.

RWI (1995)
Wachstum ohne Beschäftigung, In: RWI-Konjunkturberichte, Jg. 46, S. 150f.

Schalk, H.J. (1991)
Zur Entkopplungsthese von Wachstum und Beschäftigung: Eine empirische Untersuchung mit Okun´s Law für die Bundesrepublik Deutschland. In: RWI-Mitteilungen, Jg. 42, S. 205ff.

Shoven, J.B.; Walley, J. (1984)
Applied General Equilibrium Models of Taxation and International Trade: An Introduction and Survey. In: Journal of Economic Literature, Bd. 22, S. 1007ff.

Siebe, T. (1995)
Taxes and Subsidies in a Multisectoral Econometric Model. In: Economic Modelling, Vol. 12, S. 193ff.

Siebe, T. (1995a)
Zur mittelfristigen sektoralen und gesamtwirtschaftlichen Entwicklung in Westdeutschland. In: RWI-Mitteilungen, Jg. 46, S. 257ff.

Statistisches Bundesamt (1989)
Ergebnisse der Input-Output-Rechnung 1970 bis 1986 (Fachserie 18, Reihe S12). Stuttgart, Mainz.

Statistisches Bundesamt (1990)
Input-Output-Tabellen 1985 bis 1988 (Fachserie 18, Reihe 2). Stuttgart, Mainz.

Statistisches Bundesamt (1994)
Input-Output-Tabellen 1986, 1988, 1990 (Fachserie 18, Reihe 2). Stuttgart, Mainz.

Statistisches Bundesamt (1996)
Konten und Standardtabellen 1995 (Fachserie 18, Reihe 1.2). Stuttgart, Mainz.

Lohnsatz, Produktivitätswachstum und Beschäftigung

Ergebnisse einer Simulationsstudie mit dem disaggregierten ökonometrischen Modell INFORGE

Bernd Meyer und *Georg Ewerhart,* Osnabrück

1 Einleitung

Die Arbeitslosigkeit ist als drängendes wirtschaftspolitisches Problem wieder in den Vordergrund des Interesses gerückt. In Deutschland hat der überraschende Anstieg der Arbeitslosigkeit eine Standortdebatte ausgelöst, in der vor allem zu hohe Produktionskosten als Ursache für eine mangelnde internationale Wettbewerbsfähigkeit und Verlagerungen des Kapitals ins Ausland gelten. Der Sachverständigenrat (1993) sieht diese Herausforderung im Zuge der zunehmenden Internationalisierung der Wirtschaft für alle westlichen Industrieländer als gegeben. Giersch/Paqué/Schmieding (1992) sprechen von „Eurosklerose", die vor allem zu hohe Löhne und Lohnnebenkosten als Ursache habe.

Für Deutschland kommen die im Zuge der Vereinigung entstandenen besonderen Probleme hinzu: Dornbusch (1993) sieht das Ende des Wirtschaftswunders in Westdeutschland, weil die mit der Finanzierung der Transfers nach Ostdeutschland verbundene Erhöhung der Steuerlast für die nächsten zehn Jahre das Wachstum drosseln werde.

Der Sachverständigenrat (1996) hat angesichts der aktuellen dramatischen Entwicklung auf dem Arbeitsmarkt einen lohnpolitischen Kurs gefordert, der „verläßlich mittelfristig" orientiert ist. „Das heißt zum einen, daß ein Abschlag von einem produktivitätsgerechten Lohn vorzunehmen ist, zum anderen, daß dies über einen längeren Zeitraum zu geschehen hat." (Sachverständigenrat 1996, Ziffer 313)

Kritiker wenden sich gegen solche Vorschläge der Lohnzurückhaltung, weil sie das Wachstum der Arbeitsproduktivittät als weitgehend exogen betrachten und somit auf der Angebotsseite der Wirtschaft keine beschäftigungsfördernden Effekte einer moderaten Lohnpolitik und eben nur die nachfragemindernden Wirkungen erwarten. Entscheidend ist also die Frage, ob das Wachstum der Arbeitsproduktivität vom Lohnkostendruck abhängt und wie stark dieser Einfluß ist. Der theoretische Hintergrund ist klar: bei einer substitutiven Technologie wird ein moderater Anstieg des Reallohns zu einer Verlangsamung der Substitution von Arbeit durch Kapital führen und somit das Wachstum der Arbeitsproduktivität reduzieren. Liegen Limitationalitäten vor, so bedarf es der Prozeßinnovation. Auch hier ist anzunehmen, daß bei einer moderaten Lohnentwicklung sich das Wachstum der Arbeitsproduktivität vermindert. In diesem Fall würde der Druck zur Prozeßinnovation bei den Unternehmen abgeschwächt.

Im vorliegenden Beitrag soll eine empirische Analyse dieser Zusammenhänge versucht werden. Instrument der Analyse ist das sektoral tief disaggregierte makroökonometrische Modell INFORGE. Die tiefe Disaggregation, 58 Sektoren, ist bei dieser Fragestellung besonders wichtig, weil sowohl die Nachfrage- als auch die aus Innovationen resultierende Produktivitätsentwicklung in den einzelnen Sektoren sehr unterschiedlich verläuft (Rahmeyer 1993). Appelbaum (1990) hat gezeigt, daß vor allem die starken Produktivitätsunterschiede in Verbindung mit den im Vergleich zu den USA sehr geringen sektoralen Lohnunterschieden die vergleichsweise hohe Arbeitslosigkeit in Deutschland erklären.

Das Modell INFORGE (INterindustry FORecasting GErmany) ist zur Analyse der Fragestellung auch deshalb besonders geeignet, weil es als vollständig integriertes System die Verflechtung der Produktionsbereiche explizit herleitet und die Einkommensverwendung aus der Einkommensentstehung unter Berücksichtigung der distributiven Aktivität des Staates sachgerecht beschreibt. Somit ist gewährleistet, daß sowohl die Angebots- als auch die Nachfrageeffekte der Lohnzurückhaltung vollständig abgebildet werden.

Die Input-Output-Strukturen sind variabel und die Komponenten der Endnachfrage vollständig endogenisiert. Das Budget des Staates ist mit dem Wirtschaftskreislauf in großer Differenzierung verknüpft. Sowohl die Parameter der Geldpolitik als auch die der Fiskalpolitik sind umfassend modelliert und über Reaktionsfunktionen endogenisiert.

Im vorliegenden Beitrag wird dieses Modell zunächst einmal etwas ausführlicher vorgestellt. Anschließend entwickeln wir die Annahmen, die dem Referenzszenario zugrunde liegen, und erläutern die Basisprognose, die sich bei unveränderter Lohnpolitik ergeben würde. Es zeigt sich, daß die Zahl der Arbeitslosen in Deutschland in diesem Fall bis zum Jahr 2005 bei knapp 4,1 Millionen verharren wird.

Im folgenden Abschnitt stellen wir dann die Ergebnisse der Simulationsstudie vor: Wenn von 1997 bis zum Jahr 2005 der Lohnzuwachs Jahr für Jahr im Durchschnitt über alle Branchen um 0,5 vH unter dem Produktivitätszuwachs bleibt und danach wieder voll der Produktivitätsentwicklung folgt, wird die Zahl der Arbeitslosen im Jahr 2000 um 416 Tsd. und im Jahr 2005 um 892 Tsd. gegenüber der Entwicklung in der Basisprognose sinken.

Entscheidend für dieses Ergebnis ist die Reduktion des Innovationstempos: Wenn die Arbeitskosten weniger stark wachsen, vermindert sich der Druck auf die Unternehmen, Produktivitätsfortschritte zu realisieren.

2 Das Modell INFORGE

Das Modell stellt eine Weiterentwicklung früherer Varianten dar, die z.B. auch zur Analyse umweltökonomischer Fragestellungen eingesetzt worden sind

(Meyer&Ewerhart 1993). Eine ausführliche Beschreibung der Modellstrukturen findet sich in Meyer&Ewerhart (1997). Die besondere Leistungsfähigkeit des Systems beruht auf der INFORUM-Philosophie in einem internationalen Modellverbund (Almon 1991).

Die INFORUM-Modellphilosophie ist durch die Konstruktionsprinzipien *bottom up* und *vollständige Integration* gekennzeichnet. Das Konstruktionsprinzip *bottom up* besagt, daß die einzelnen Sektoren der Volkswirtschaft sehr detailliert (INFORGE berechnet etwa 400 Variablen für jeden der 58 Sektoren) modelliert und die gesamtwirtschaftlichen Variablen durch explizite Aggregation im Modellzusammenhang gebildet werden.

Das Konstruktionsprinzip *vollständige Integration* beinhaltet eine komplexe und hochgradig simultane Modellstruktur, die die interindustrielle Verflechtung ebenso erfaßt wie die Einkommensentstehung und -verteilung in den verschiedenen Sektoren, die Umverteilungstätigkeit des Staates und die Einkommensverwendung der privaten Haushalte für die verschiedenen Güter und Dienstleistungen. Es gelingt somit die lückenlose Darstellung der einzelnen Sektoren in der intersektoralen Verflechtung, die adäquate Beschreibung ihrer Rolle im gesamtwirtschaftlichen Prozeß sowie die Abbildung ihres Beitrags zur internationalen Arbeitsteilung.

Dieser Aufbau schlägt sich in einer gewaltigen und dabei konsistenten Informationsverarbeitung nieder: Die mehr als 30.000 Modellgleichungen prognostizieren die Input-Output-Verflechtung zwischen den 58 Sektoren, die Konsum-, Investitions-, Staats- und Exportnachfrage sowie Preise, Produktion, Importe, Löhne, Gewinne, Steuern und Beschäftigung für die 58 Sektoren. Das Input-Output-System wiederum ist konsistent in das Kontensystem der Volkswirtschaftlichen Gesamtrechnungen eingebettet.

Bei den exogenen Variablen handelt es sich zum ersten um Variablen des Auslands wie Zinsen, Preise und Importnachfrage der verschiedenen Handelspartner Deutschlands (jeweils nach Gütergruppen) sowie die jeweiligen Wechselkurse zur DM. Zum zweiten handelt es sich um Variablen des Arbeitsmarktes. Hier wird das Arbeitsangebot (Erwerbspersonenpotential) und die Jahresarbeitszeit in den Sektoren vorgegeben. Es sei besonders betont, daß das gesamte Staatsbudget mit Einnahmen und Ausgaben sowie die Geldpolitik vollständig endogen bestimmt werden.

Die Verhaltensgleichungen sind auf der Grundlage von Jahresdaten mit ökonometrischen Verfahren geschätzt. Das Modell wird zweimal jährlich aktualisiert und regelmäßig für Konjunkturprognosen (Zeithorizont 1 bis 3 Jahre), für mittel- und langfristige Strukturanalysen (Zeithorizont bis zu 15 Jahren) als auch für verschiedene Simulationsrechnungen und Sensitivitätsanalysen eingesetzt.

INFORGE ist Teil des internationalen Modellverbunds INFORUM (Nyhus 1991), in dem die einzelnen nationalen Modelle auf der Ebene der Gütergruppen über die Export- und Importströme sowie die zugehörigen Außenhandelspreise miteinander verflochten sind. Das INFORUM-System prognostiziert in jeweils tiefer Disaggregation die wirtschaftliche Entwicklung der Länder Belgien, Frankreich, Großbritannien, Italien, Spanien, Niederlande, Österreich, USA, Kanada, Mexiko, Japan, Südkorea und Deutschland. Der Modellverbund erfährt eine stetige Weiterentwicklung, in der näheren Zukunft werden entspechend konstruierte Modelle für China, Taiwan und Polen in das System eingebaut (Ma 1995).

Jedes nationale Modell liefert die nationale Importnachfrage und die nationalen Exportpreise – jeweils nach Gütergruppen – an das INFORUM Welthandelsmodell. Von dort erhält INFORGE für jede Gütergruppe Prognosen über die Nachfrage- und Preisentwicklung auf dem Weltmarkt. Der gegenüber isolierten und gegenüber aggregierten Modellen doppelte Informationsgewinn gestattet eine zuverlässige Prognose der deutschen Exporte.

Kommen wir nun zu den wichtigsten Spezifikationen für die Verhaltensgleichungen des INFORGE-Modells: Die Inputkoeffizienten des Systems sind variabel und hängen von den relativen Preisen und einem Zeittrend ab. Für die Vorleistungsinputs unterstellen wir auf der nicht beobachtbaren Ebene der einzelnen homogenen *Güter* Limitationalität (Georgescu-Roegen 1990). In Input-Output-Tabellen sind aber nur *Gütergruppen* dargestellt. Deren Input-koeffizienten sind dann bei Veränderungen im Produktmix des betrachteten Sektors variabel und preisabhängig.

Die Inputs der Gütergruppe „sonstige marktbestimmte Dienstleistungen" in allen Sektoren werden – abweichend von dieser Grundhypothese – als direkte Substitute zum Einsatz des Faktors Arbeit angesehen. Sie sind daher vom Reallohn des betrachteten Sektors in Einheiten des Dienstleistungsgutes und einem Zeittrend abhängig.

Die Preise werden im INFORGE-Modell entsprechend der Annahme der Aufschlagskalkulation bestimmt. Die Stückkosten und der konkurrierende Importpreis im betrachteten Sektor bestimmen den Preis in der Gütergruppe. Das Verhältnis zwischen Preisen und Stückkosten ist damit keineswegs konstant.

Die Verhaltensgleichungen für den privaten Verbrauch sind für die 58 Gütergruppen geschätzt. Das reale verfügbare Einkommen der privaten Haushalte und der Relativpreis des betrachteten Verwendungszwecks, definiert als Relation zwischen dem spezifischen und dem durchschnittlichen Preisindex des privaten Verbrauchs, sind die Hauptdeterminanten in diesen Funktionen. Daneben besteht ein Zinseinfluß auf die Nachfrage nach dauerhaften Konsumgütern.

Die Vektoren der Ausrüstungs- und der Bauinvestitionen hängen vom Realzins sowie von den Gewinnen und dem Produktionsvolumen ab. Die Vorratsveränderung der Sektoren wird im wesentlichen durch die Akzeleratorhypothese erklärt.

Die sektorale Arbeitsnachfrage – gemessen in Stunden – ist eine Funktion der realen Bruttowertschöpfung und des Reallohns in diesem Bereich. Die Anzahl der Beschäftigten ergibt sich per Definition entsprechend der Vorgabe für die sektorale Jahresarbeitszeit. Der Lohnsatz im Bereich Straßenfahrzeugbau hat die Rolle des Ecklohnes, an dem sich die Lohnfindung in den anderen Sektoren orientiert. Der Lohn des Straßenfahrzeugbaus erklärt zusammen mit sektorspezifischen Variablen die Lohnsätze in den anderen Sektoren. Der Ecklohn wird von der Entwicklung der gesamtwirtschaftlichen Produktivität und der des Preisniveaus bestimmt.

Die Exporte sind auf der Ebene der Gütergruppen mit dem internationalen INFORUM-Modellsystem verbunden. Das Exportvolumen in einer Gütergruppe bestimmt sich dabei erstens gemäß der Weltimportnachfrage nach dieser Gütergruppe und zweitens gemäß der Relation zwischen dem Exportpreis Deutschlands und dem Weltmarktpreis für diese Gruppe.

Bei den Importen einer Gütergruppe unterscheidet das INFORGE-Modell grundsätzlich zwischen importierten Vorleistungen und importierten Endprodukten. Letztere sind von der gesamten Endnachfrage nach dieser Gütergruppe im Inland und dem Verhältnis zwischen Inlands- und Importpreisindex der betreffenden Gütergruppe abhängig.

Noch detaillierter sind die Importe von Vorleistungen modelliert: Für jedes Element der Importmatrix, die den Einsatz importierter Vorleistungen in allen 58 Sektoren nach 58 Gütergruppen zeigt, ist eine Importquote definiert, die den Anteil der importierten an den gesamten Vorleistungen (aus inländischer Produktion plus importierte) mißt. Die Entwicklung dieser Importquoten ist variabel und wird durch die Relation zwischen Inlands- und Importpreis des jeweils betrachteten Inputs erklärt.

3 Die Basisprognose

Wegen der sehr weitgehenden endogenen Modellierung des Systems beschränkt sich die Vorgabe auf nur wenige exogene Variablen. Dies sind im einzelnen:

- die Wechselkurse der DM gegenüber 14 anderen Währungen,
- der Vektor der Jahresarbeitszeit der Beschäftigten nach 58 Wirtschaftsbereichen,
- das Erwerbspersonenpotential,
- der durchschnittliche Einkommensteuersatz,
- der Mehrwertsteuersatz und
- der Lohnsatz im Verarbeitenden Gewerbe Ostdeutschlands.

Bei den Wechselkursen sind keine gravierenden Änderungen gegenüber der heutigen Situation unterstellt. Gegenüber den europäischen Währungen wird mit der baldigen Einführung des EURO ohnehin ein absolut fester Kursverbund gegeben sein. Der US-Dollar befindet sich nach Auffassung vieler Marktbeobachter derzeit in einem längerfristigen Gleichgewicht. Ähnliches gilt für den japanischen Yen.

Unsere Vorgabe für das Erwerbspersonenpotential entnehmen wir einer Projektion des Instituts für Arbeitsmarkt- und Berufsforschung der Bundesanstalt für Arbeit (1995), das von einer geringfügigen Abnahme um 146 Tsd. Personen bis zum Jahr 2005 gegenüber 1996 ausgeht.

Die sektoralen Jahresarbeitszeiten der Beschäftigten geben wir im Rahmen unserer Prognose als konstant vor, weil im Moment zweifelhaft ist, ob in Zeiten sich abschwächenden Lohnwachstums auf der Seite der Arbeitnehmer weitere Arbeitszeitverkürzungen gewollt und dann gegenüber dem Tarifpartner durchsetzbar sein werden.

Neben diesen Annahmen für die exogenen Variablen gehen in unsere Rechnung Vorgaben für die Entwicklung der Weltwirtschaft ein, die aus einer „linked run"-Prognose des internationalen Modellverbunds INFORUM stammen, zu dem auch INFORGE gehört. Wir beschreiben diese Entwicklung mit:

- dem Vektor der Weltimportnachfrage,
- dem Vektor der Weltmarktpreise,
- dem Vektor der Importpreise aus der Sicht Deutschlands und
- dem US-Zins.

Die Weltimportnachfrage wird sich im Durchschnitt über alle Produktgruppen bis zum Jahr 2005 um durchschnittlich 3,7 vH weiter kräftig erhöhen. Das Wachstum der deutschen Importpreise wird mit 1,8 vH jährlich etwas unter dem Durchschnittszuwachs der Weltmarktpreise liegen, und der US-Zins wird langfristig leicht ansteigen.

Unter diesen Voraussetzungen errechnet das Modell für die kommenden zehn Jahre eine durchschnittliche Wachstumsrate des Bruttoinlandsprodukts von 1,8 vH. Wie Abbildung 1 zeigt, werden sich die einzelnen Komponenten des Bruttoinlandsprodukts sehr unterschiedlich entwickeln. Die Ausfuhr wird am stärksten expandieren, wobei sich die durchschnittliche Jahreszuwachsrate von 3,2 vH im Zeitraum 1996 bis 2000 noch auf 3,6 vH im Zeitraum 2001 bis 2005 steigern wird. Das Wachstum der Importe wird jeweils etwas schwächer ausfallen, so daß sich ein ansteigender Außenbeitrag ergibt.

Neben den Exporten stellen die Ausrüstungsinvestitionen eine Stütze des Wachstums dar, während der Private Verbrauch und die Bauinvestitionen sich wesentlich schwächer entwickeln werden: Die Bauinvestitionen werden von 1996 bis 2000 mit 0,2 vH durchschnittlichem Jahreswachstum beinahe stagnieren und auch in der zweiten Prognoseperiode (2001 bis 2005) mit einer durchschnittlichen Jahreswachstumsrate von 0,7 vH nur geringfügig zunehmen.

Der Private Verbrauch wird infolge der weiterhin schwachen Entwicklung des verfügbaren Einkommens der privaten Haushalte langsamer wachsen als das Bruttoinlandsprodukt. Der leicht überproportionale Anstieg des Staatsverbrauchs ergibt sich wie folgt: Bei unveränderter Aufgabenverteilung zwischen privater und staatlicher Produktion erfordert der geringere Produktivitätszuwachs im Bereich der öffentlichen Wirtschaft ein etwas stärkeres Wachstum der Staatsausgaben. Der „schlanke Staat" ist in der Basisprognose noch nicht realisiert.

Abb. 1: Die Entwicklung des Bruttoinlandsprodukts und seiner Komponenten in der Basisprognose
- durchschnittliche Wachstumsraten p.a. -

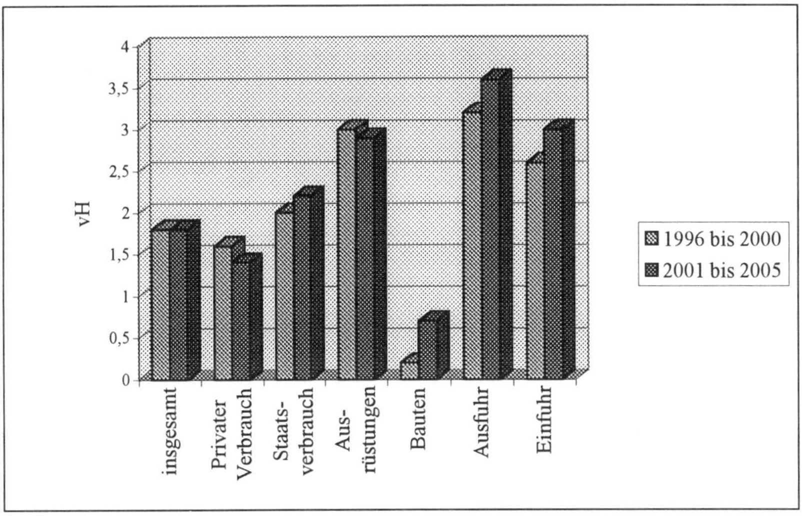

Quelle: Eigene Berechnungen

Abb. 2: Die Entwicklung der Arbeitslosigkeit in der Basisprognose

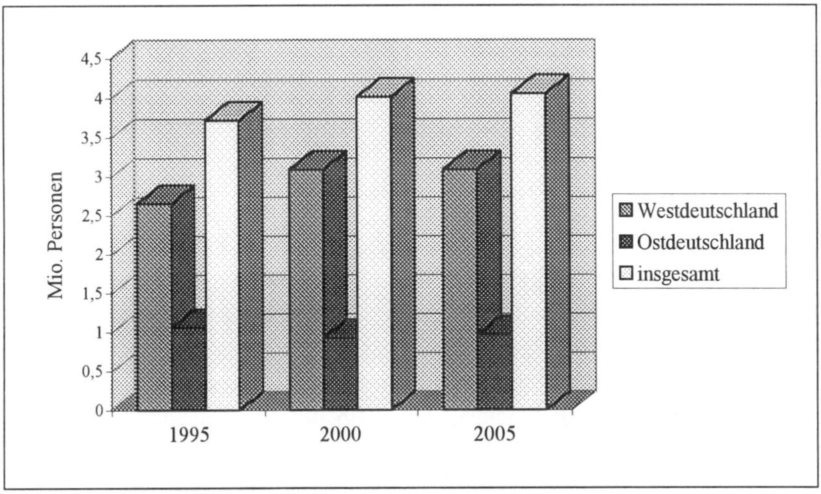

Werte für Jahre 2000 und 2005 eigene Berechnungen, 1995 Statistisches Bundesamt

Die Arbeitslosigkeit wird in Westdeutschland bis zum Jahr 2000 weiter ansteigen und sich in Ostdeutschland etwas vermindern, wie Abbildung 2 ausweist. Bis zum Jahr 2005 ergeben sich dann nur noch geringfügige Änderungen, so daß die Zahl der Arbeitslosen in Deutschland im Jahr 2000 bei 4,0 und im Jahr 2005 bei 4,1 Millionen liegen wird.

In den einzelnen Wirtschaftsbereichen zeigen sich sehr unterschiedliche Entwicklungen. In Tabelle 1 sind die durchschnittlichen jährlichen Wachstumsraten des Arbeitsvolumens für Westdeutschland angegeben. Aus Gründen der Übersichtlichkeit ist die im INFORGE-Modell für 58 Wirtschaftsbereiche berechnete Prognose auf 12 Bereiche aggregiert.

Gesamtwirtschaftlich reduziert sich das Arbeitsvolumen zunächst bis zum Jahr 2000 noch um 0,4 vH jährlich, steigt dann aber bis zum Jahr 2005 mit einer durchschnittlichen Wachstumsrate von 0,2 vH p.a. leicht an. Diese Entwicklung ist auf eine leichte Abschwächung des endogenen Lohnwachstums in der zweiten Phase der Basisprognose zurückzuführen.

Tab. 1: Die Entwicklung der Beschäftigung nach Wirtschaftsbereichen in der Basisprognose
- Arbeitsvolumen in Stunden, Westdeutschland, durchschnittliche Wachstumsraten p.a. -

		1996 bis 2000	2001 bis 2005
1	Land- und Forstwirtschaft, Fischerei	-1,9	-2,8
2	Energie, Wasserversorgung, Bergbau	-0,5	-0,9
3	Chemie, Mineralöl, Steine/Erden	-1,4	-0,4
4	Eisen, Stahl, NE-Metalle	-1,9	-0,8
5	Stahl- und Maschinenbau, EDV, Fahrzeuge	-0,2	0,4
6	Elektrotechnik, Feinmechanik, etc.	-1,9	-1,4
7	Holz, Papier, Leder, Textil, Bekleidung	-2,2	-1,8
8	Nahrungsmittel, Getränke, Tabak	-2,5	-2,2
9	Bau	-3,1	-2,1
10	Handel, Verkehr, Postdienst	-0,8	-0,2
11	Kreditinst., Versicherungen, Wohnungsw., sonst. Dienste	0,9	1,6
12	Staat, private Haushalte, private Organisationen o.E.	1,0	1,2
	alle Wirtschaftsbereiche	-0,4	0,2

Quelle: Eigene Berechnungen

Die prognostizierte Entwicklung der Struktur der Arbeitsnachfrage nach Wirtschaftsbereichen entspricht den allgemein vorherrschenden Erwartungen: Im Dienstleistungssektor sind deutliche Zuwächse, im Verarbeitenden Gewerbe sowie der Landwirtschaft, der Energiewirtschaft und beim Bau beträchtliche Arbeitsplatzverluste zu beobachten. Innerhalb des Verarbeitenden Gewerbes sind wiederum die Konsumgüterbereiche in besonders starkem Maße betroffen, was auf die unterproportionale Entwicklung beim Privaten Verbrauch zurückzuführen ist.

4 Das Simulationsszenario

Wie in Abbildung 3 dargestellt, unterstellen wir in der Simulation eine Reduktion des nominalen Bruttolohnsatzes je Stunde im (westdeutschen) Straßenfahrzeugbau im Zeitraum 1997 bis zum Jahr 2005 um knapp 8 vH. Im Durchschnitt werden die Arbeitskosten in diesem strategischen Bereich der deutschen Volkswirtschaft also um jeweils 1 vH pro Jahr gegenüber seiner Entwicklung in der Basiprognose gesenkt. Dabei wird in den ersten Jahren bis 2000 mit stärkeren Reduktionen der alte Wachstumspfad verlassen, und es erfolgt danach ein Einschwingen auf einen neuen Pfad mit entsprechend geringeren zusätzlichen Abschlägen gegenüber der Basisprognose.

Abb. 3: Die Entwicklung der Arbeitskosten je Stunde bei moderatem Lohnzuwachs - in jeweiligen Preisen, Differenzen zur Basisprognose in vH -

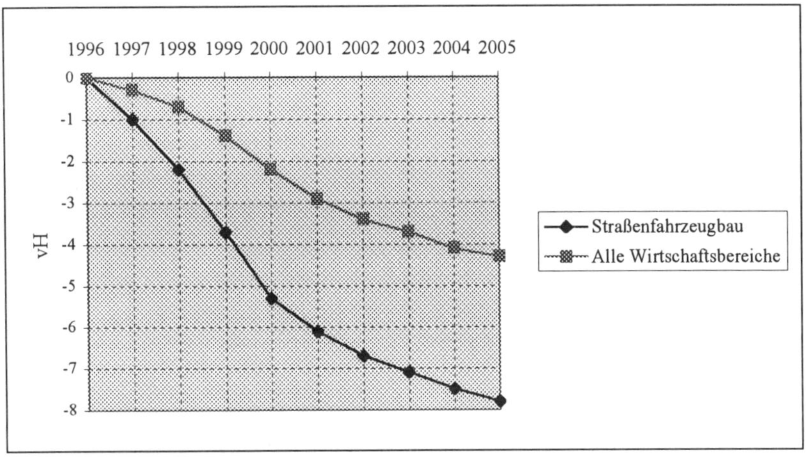

Quelle: Eigene Berechnungen

Der Lohn des Bereichs Straßenfahrzeugbau stellt im INFORGE-Modell den Ecklohnsatz dar, der – neben anderen sektorspezifischen Variablen – die Entwicklung der Löhne in den anderen Bereichen bestimmt. Die Entwicklung im Basisszenario beruht auf einer Fortschreibung des Ecklohns nach Maßgabe des Produktivitätsfortschritts und der Inflationsrate des Vorjahres. Wir geben in der Simulation also eine Lohnentwicklung vor, bei der die Arbeitnehmer auf einen Teil des Produktivitätszuwachses bzw. des Inflationsausgleichs verzichten.

Der gesamtwirtschaftliche Durchschnittslohnsatz in Westdeutschland, dessen Entwicklung ebenfalls in Abbildung 3 wiedergegeben ist, reduziert sich wesentlich schwächer als der Ecklohn, was einerseits auf eine erhebliche Lohnspreizung zwischen den Sektoren hinweist und andererseits den Straßenfahrzeugbau als Hochlohnbereich charakterisiert. Die Lohnspreizung ist vor allem auf die Unterschiede in den nachgefragten Arbeitsqualitäten sowie auf unterschiedliche Elastizitäten der sektoralen Löhne in bezug auf den Ecklohn zurückzuführen.

Was bedeutet dies nun für die Nettolöhne der privaten Haushalte? Um dies zu klären, müssen wir die distributive Rolle des Staates im INFORGE-Modell näher beleuchten. Der Staatsverbrauch hängt vom verfügbaren Einkommen des Staates ab, welches wiederum im wesentlichen durch die Steuereinnahmen, die Einnahmen der Sozialversicherung und die Sozialleistungen bestimmt ist.

Es ist nun im Modell unterstellt, daß der Staat die Beitragssätze zur Sozialversicherung jeweils so anpaßt, daß die Sozialausgaben von den Einnahmen gedeckt sind. Diese Vorgehensweise bedeutet, daß in der Simulation die Entwicklung des verfügbaren Einkommens des Staates und damit des Staatsverbrauchs weitgehend durch die Entwicklung der Steuereinnahmen festgelegt ist. Wenn nun infolge der Lohnsatzsenkung die Beschäftigung steigt, so wird die Lohnsumme – als Produkt aus Lohnsatz und Beschäftigung – und damit das Einkommensteueraufkommen weniger Varianz aufweisen. Somit wird auch der Staatsverbrauch nur schwach reagieren, was bei niedrigeren Löhnen zwangsläufig kräftige positive Beschäftigungseffekte beim Staat auslösen würde. Eine solche Entwicklung wäre nicht plausibel.

Wir haben deshalb zusätzlich unterstellt, daß der Staat die Einsparung bei seinen Lohnkosten zur Senkung der Einkommensteuersätze verwendet. In der Simulationsrechnung haben wir entsprechend in den ersten Jahren eine Senkung des Einkommensteuersatzes vorgenommen und ihn dann auf dem niedrigeren Niveau gehalten. Daß eine derartige Anpassung nicht unrealistisch ist, zeigt die gegenwärtige Debatte um eine Einkommensteuerreform mit „Verbreiterung der Bemessungsbasis“.

5 Die Simulationsergebnisse

Die jährliche Wachstumsrate der realen Arbeitskosten je Stunde reduziert sich in der Simulationsrechnung im Durchschnitt über alle Wirtschaftsbereiche von 1997 bis 2000 um 0,58 vH und von 2001 bis 2005 um 0,44 vH gegenüber der entsprechenden Wachstumsrate in der Basisprognose.

Die Entwicklung der Arbeitskosten nimmt unmittelbar Einfluß auf die Produktivität. Die Unternehmen werden bei steigendem Reallohnsatz dem Kostendruck durch Produktivitätssteigerungen zu entgehen versuchen. Da in unserer Simulation der Reallohn langsamer wächst als in der Basisprognose, schwächt sich die Wachstumsrate der Arbeitsproduktivität ab. In Tabelle 2 sind die Differenzen der sektoralen Wachstumsraten von Arbeitsproduktivität und Beschäftigung im Vergleich zur Basisprognose wiedergegeben.

Betrachten wir zunächst die Produktivitätsentwicklung: Auffällig ist hier die deutliche Spannweite der Ergebnisse in den verschiedenen Bereichen der Volkswirtschaft. Hier macht sich wiederum die schon angesprochene Lohnspreizung bemerkbar, die in der Phase der starken Lohnzurückhaltung von 1997 bis 2000 die Unterschiede in der Lohnentwicklung und damit auch der Produktivitätsentwicklung verstärkt. Wir beobachten deshalb im Bereich des

Verarbeitenden Gewerbes erheblich stärkere Effekte als im Dienstleistungsbereich.

Tab 2: Die Entwicklung von Beschäftigung und Arbeitsproduktivität nach Wirtschaftsbereichen bei moderatem Lohnwachstum
- Differenzen der durchschnittlichen Wachstumsrate p.a. zur Basisprognose, Westdeutschland -
- 1997 bis 2005 in v.H. -

		1996 bis 2000	2001 bis 2005
1	Land- und Forstwirtschaft, Fischerei	0,4	-0,4
2	Energie, Wasserversorgung, Bergbau	0,9	-0,7
3	Chemie, Mineralöl, Steine/Erden	1,7	-1,2
4	Eisen, Stahl, NE-Metalle	1,6	-0,9
5	Stahl- und Maschinenbau, EDV, Fahrzeuge	1,3	-1,0
6	Elektrotechnik, Feinmechanik, etc.	0,7	-0,4
7	Holz, Papier, Leder, Textil, Bekleidung	0,7	-0,3
8	Nahrungsmittel, Getränke, Tabak	0,6	-0,4
9	Bau	0,7	-0,3
10	Handel, Verkehr, Postdienst	0,4	-0,2
11	Kreditinst., Versicherungen, Wohnungsw., sonst. Dienste	0,1	-0,3
12	Staat, private Haushalte, private Organisationen o.E.	0,1	0,0
	alle Wirtschaftsbereiche	0,5	-0,4

Quelle: eigene Berechnungen

Im Durchschnitt über alle Branchen ergibt sich im Zeitraum 1997 bis 2005 eine Abschwächung der Wachstumsrate der Arbeitsproduktivität um 0,4 vH jährlich. Die Beschäftigung nimmt etwas stärker zu als die Produktivität abnimmt. Dieser Effekt geht auf eine Zunahme der Wertschöpfung zurück.

Die gesamtwirtschaftlichen Kreislaufeffekte sind an der in Abbildung 4 dargestellten Entwicklung der Endnachfragekomponenten ablesbar. Da mit der Lohnsenkung auch die Preise reagieren, ergibt sich relativ zur Basisprognose ein leichter Anstieg der Exporte. Die Importe reagieren dagegen kaum, weil der durch die Preissekung im Inland ausgelöste Rückgang durch den gleichzeitig erfolgenden Anstieg der inländischen Produktion und dem damit verbundenen Anstieg der Importe gerade kompensiert wird.

Eine ähnliche Kompensation ist auch bei den Bauinvestitionen zu beobachten, wobei der kontraktive Effekt hier auf den Rückgang der Inflationsrate zurückgeht, der den Realzins anhebt. Die Zunahme der Ausrüstungsinvestitionen ist vor allem auf einen Anstieg der Gewinne zurückzuführen.

Abb. 4: Die Entwicklung des Bruttoinlandsprodukts und seiner Komponenten bei moderatem Lohnzuwachs
- Differenzen der durchschnittlichen Wachstumsrate p.a. zur Basisprognose -

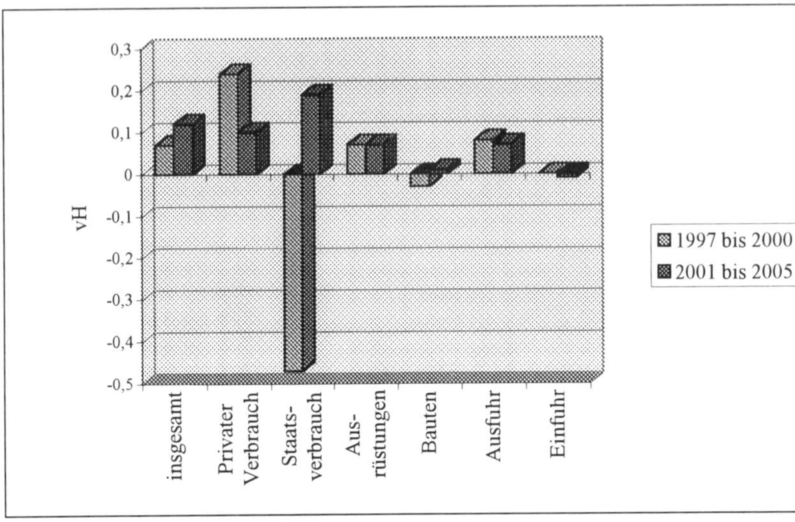

Quelle: Eigene Berechnungen

Die stärksten Effekte ergeben sich beim privaten und beim öffentlichen Konsum: Der Private Verbrauch nimmt deutlich zu, weil die Wachstumsrate des verfügbaren Einkommens der privaten Haushalte ansteigt. In der ersten Phase von 1997 bis 2000 steigt die durchschnittliche jährliche Wachstumsrate um 0,24 vH und in der zweiten Phase von 2001 bis 2005 um 0,1 vH gegenüber der Basisprognose an. Der Staatsverbrauch wird in der ersten Phase der Simulation kräftig zurückgenommen, weil das verfügbare Einkommen der öffentlichen Haushalte sich aufgrund der Steuersatzsenkung reduziert. In der zweiten Phase von 2001 bis 2005 wächst das verfügbare Einkommen der öffentliche Haushalte bei konstantem Einkommensteuersatz wieder parallel zum verfügbaren Einkommen der privaten Haushalte, was dann zu einer entsprechenden Expansion des Staatsverbrauchs führt.

Die oben bereits geschilderten Beschäftigungseffekte ergeben gesamtwirtschaftlich eine spürbare Entlastung des Arbeitsmarktes, wie in Abbildung 5 dargestellt. Die Zahl der Arbeitslosen kann im Jahr 2000 um 416 Tsd. und im Jahr 2005 um 892 Tsd. Personen vermindert werden.

Abb. 5: Die Entwicklung der Beschäftigung bei moderatem Lohnzuwachs
- Differenzen zur Basisprognose in Tausend Personen -

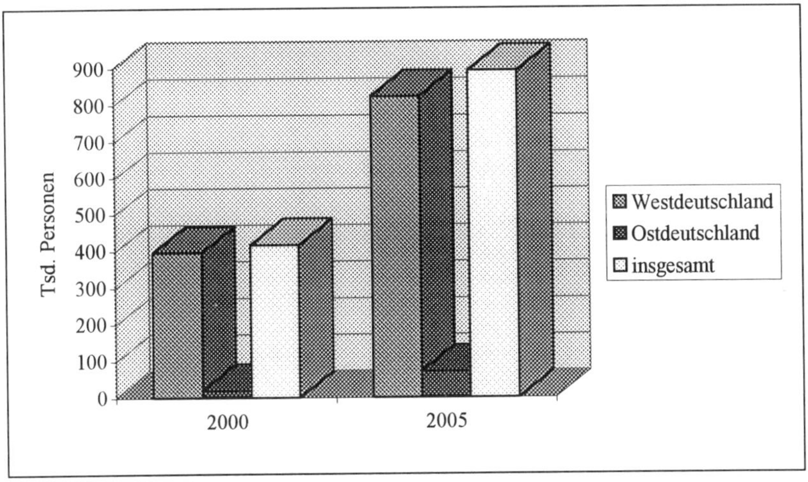

Quelle: Eigene Berechnungen

6 Zusammenfassung

Die Beschäftigungseffekte von Lohnsatzänderungen sind heftig umstritten. Unsere Ergebnisse stärken die Argumente derer, die eine Dominanz der Angeboteffekte sehen (Klauder/Schnur/Zika 1996). Eine Lohnsenkung reduziert dabei den Produktivitätsfortschritt vor allem in den Branchen des Verarbeitenden Gewerbes. Im Rahmen unserer Analyse sind ebenfalls nahezu alle denkbaren Nachfrageeffekte berücksichtigt. Es fehlt lediglich die Erfassung von Änderungen in der Einkommensverteilung auf den Konsum der privaten Haushalte. Es ist jedoch kaum anzunehmen, daß dieser Effekt die hier beschriebenen positiven Wirkungen auf den privaten Konsum überkompensieren könnte. Selbst in diesem Fall blieben immer noch die positiven Effekte auf die Investitionen und die Exporte.

Die Akzeptanz einer Politik der Lohnzurückhaltung leiten wir natürlich vom Ergebnis der deutlichen Verringerung der Arbeitslosigkeit ab. Aber was hat derjenige davon, der bereits in der Ausgangslage einen Arbeitsplatz besitzt? Muß er nicht befürchten, daß das schwächere Wachstum der Arbeitskosten auch entsprechende Einbußen beim Nettolohnsatz mit sich bringt? Dies ist aber im Rahmen der vorliegenden Simulationsstudie nicht der Fall, denn ein großer Teil der Einbuße beim Bruttolohnsatz kann durch Senkungen des Steuersatzes und der Beiträge zur Arbeitslosenversicherung kompensiert werden.

Literatur

Almon, C. (1991)
The INFORUM Approach to Interindustry Modeling. In: Economic Systems Research 3, S. 1 – 7.

Appelbaum, E. (1990)
Unbalanced Growth and the US Employment Expansion. In: Structural Change and Economic Dynamics 1, S. 91 – 101.

Dornbusch, R. (1993)
The End of the German Miracle. Journal of Economic Literature 31, S. 881 – 885.

Georgescu-Roegen, N. (1990)
Production Process and Dynamic Economics. In: Baranzini, M./ Scazzieri, R. (Hrsg.): The Economic Theory of Structure and Change. Cambridge u.a.O., S. 198 – 226.

Giersch, H./ Paqué, K.-H./ Schmieding, H. (1992)
The Fading Miracle: Four Decades of Market Economy in Germany. Cambridge/ New York.

Institut für Arbeitsmarkt- und Berufsforschung der Bundesanstalt für Arbeit (Hrsg.) (1995)

Zahlenfibel (Ausgabe 1995) – Ergebnisse der Arbeitsmarkt- und Berufsforschung in Tabellen. BeitrAB 101. Nürnberg.

Klauder, W./ Schnur, P./ Zika, G. (1996)
Wege zu mehr Beschäftigung. Simulationsrechnungen bis zum Jahr 2005 am Beispiel Westdeutschland. IABwerkstattbericht Nr. 5 / 10.9.1996. Nürnberg.

Ma, Q. (1994)
The Road to a Bilateral Trade Model. In: Janoska, J.J./ Monaco, L.S. (Hrsg.): Paper presented at the Second INFORUM World Conference. College Park, S. 51 – 83.

Meyer, B., Ewerhart, G. (1993)
Die „saubere" Dienstleistungsgesellschaft. Eine konsistente Projektion? In: Schnabl, H. (Hrsg.): Ökointegrative Gesamtrechnung. Ansätze, Probleme, Prognosen. Berlin/ New York, S. 215 – 231.

Meyer, B., Ewerhart, G. (1997)
INFORGE. Ein disaggregiertes Simulations- und Prognosemodell für Deutschland. In: Lorenz, H.-W./ Meyer, B. (Hrsg.): Studien zur Evolutorischen Ökonomik IV. Berlin.

Nyhus, D. (1991)
The INFORUM International System. In: Economic Systems Research 3, S. 55 – 64.

Rahmeyer, F. (1993)
Technischer Wandel und sektorales Produktivitätswachstum. Ein evolutionsökonomischer Erklärungsansatz. Jahrbücher für Nationalökonomie und Statistik 211, S. 259 – 285.

Sachverständigenrat zur Begutachtung der gesamtwirtschaftlichen Entwicklung (1993)
Zeit zum Handeln – Antriebskräfte stärken. Jahresgutachten 1993/94. Stuttgart.

Sachverständigenrat zur Begutachtung der gesamtwirtschaftlichen Entwicklung (1996)
Reformen voranbringen. Jahresgutachten 1996/97. Stuttgart.

Index

Technologieverflechtung und Strukturwandel

Herausgegeben von Hermann Schnabl

Inhaltsübersicht:

Lothar Scholz und *Horst Penzkofer:* Innovationsverflechtung und strategische Technologiepolitik. Ansatzpunkte für einen internationalen Vergleich – *Florian Straßberger* und *Reiner Stäglin:* Zur Ermittlung von Technologiegeber- und Technologienehmerverflechtungen für die Bundesrepublik Deutschland – *Hermann Schnabl:* Technologieverflechtung in der Bundesrepublik Deutschland. Ein Subsystemansatz – *Monika Kaise*r und *Werner Münzenmaier:* Technologische Verflechtungsstrukturen in Baden-Württemberg. Möglichkeiten und Grenzen eines Einbaus von F&E-Informationen in regionale Input-Output-Tabellen – *Eva Kigyóssy-Schmidt:* Produktionsbezogene Dienstleistungen und technologischer Wandel in Mittel- und Osteuropa. Möglichkeiten und Grenzen einer Analyse – *Helmut Mayer:* Aufkommen und Verwendung von Gütern. Der Strukturwandel in der BRD zwischen 1980 und 1990 – *Joachim Frohn*: Technik- und preisbedingte Input-Substitution. Modellkonzeption und Schätzung von Input-Koeffizienten für die BRD 1970–1988 – *Thomas Siebe:* Güterstruktur der Kapitalbestände und sektorale Produktivitätsentwicklung – *Josef Richter:* Technologie in Input-Output Tabellen. Abbildung von Produktionsverhältnissen oder statistische Artefakte?

1995. X, 198 Seiten. Fadengeheftete Broschur.

Mohr Siebeck

Arbeitslosigkeit und Möglichkeiten ihrer Überwindung

Herausgegeben von Bernhard Gahlen, Helmut Hesse, Hans Jürgen Ramser

Die Arbeiten dieses Bandes erörtern die folgenden Fragen: Wie erklärt die moderne Makroökonomie Arbeitslosigkeit? Gibt es strukturelle Arbeitslosigkeit? Welche Rolle spielen Gewerkschaften und Lohnbildung? Kann staatliche Wirtschaftspolitik Arbeitslosigkeit bekämpfen? Wie wirken sich internationale Konkurrenz und technischer Fortschritt aus?

1996. VIII, 437 Seiten
(Wirtschaftswissenschaftliches Seminar Ottobeuren 25). Leinen.

Standort und Region

Neue Ansätze zur Regionalökonomik. Herausgegeben von Bernhard Gahlen, Helmut Hesse, Hans Jürgen Ramser

Dieser Konferenzband beschäftigt sich mit den folgenden Fragen: Was sind die Ursachen und Konsequenzen regionaler Entwicklungsprozesse? Welche Rolle spielen dabei Forschung und Entwicklung? Kann regionale Wirtschaftspolitik die Entwicklung steuern? Gibt es einen Zusammenhang zwischen Wachstum und regionaler Wirtschaftsentwicklung?

1995. VIII, 342 Seiten
(Wirtschaftswissenschaftliches Seminar Ottobeuren 24). Leinen.